LA GUERRA CIVIL ESPAÑOLA:
CINE Y PROPAGANDA

Ariel Cine

Magí Crusells

LA GUERRA CIVIL ESPAÑOLA: CINE Y PROPAGANDA

Ariel

Diseño de la cubierta: Joana Gironella

Ilustración de la cubierta: *Dos operadores rodando en el frente*. Anónimo.

1.ª edición en colección Historia:
diciembre 2000
2.ª edición, actualizada, en colección Cine:
septiembre 2003

© 2000: Magí Crusells

Derechos exclusivos de edición en español
reservados para todo el mundo:
© 2000 y 2003: Editorial Ariel, S. A.
Avda. Diagonal, 662-664 - 08034 Barcelona

ISBN: 84-344-6813-1

Depósito legal: B. 35.124 - 2003

Impreso en España

A&M GRÀFIC, S. L.
Polígono Industrial «La Florida»
08130 Santa Perpètua de Mogoda
(Barcelona)

A mi madre,
a quien la guerra y la posguerra
le truncó una serie de esperanzas
que había depositado en el futuro.

AGRADECIMIENTOS

A José María Caparrós Lera, primer profesor titular de Historia Contemporánea y Cine de la Universidad de Barcelona, maestro y amigo, por adentrarme en el mundo apasionante de las relaciones entre historia y cine.

Agradezco también la colaboración del director Jaime Camino que amablemente contestó mis preguntas.

Asimismo, cito a quienes han contribuido con su colaboración a la realización de este trabajo: al Centre d'Investigacions Film-Història del Parc Científic de Barcelona, al Departamento de Historia Contemporánea de la Universidad de Barcelona (UB), a la Filmoteca Española, al Archivo de NO-DO, al Museu d'Història de Catalunya, al Centre d'Història Contemporània de Catalunya, a la Biblioteca de la Filmoteca de la Generalitat de Catalunya, a la Biblioteca Josep Maria Figueras-Centro de Estudios Históricos Internacional de la UB, al Archivo General de la Administración de Alcalá de Henares y al Instituto Municipal de Historia de la Ciudad de Barcelona.

Para finalizar, de manera especial, quisiera agradecer a mi mujer, Doribel Sorando, su desinteresado estímulo.

ÍNDICE GENERAL

PRÓLOGO

Prologar un libro, sobre todo si se trata de un tema al que uno ha dedicado muchas horas, siembre es una satisfacción. Lejos de los años en que acaso ocupé mi mejor tiempo a este período —*El cine republicano español 1931-1939* (1977), *Petita història del cinema de la Generalitat* (1978), *Arte y política en el cine de la República 1931-1939* (1981)—, aunque nunca he abandonado del todo la década de los treinta, han sido otros investigadores los que han continuado trabajando y buceando en esta apasionante etapa. Historiadores que han completado a los pioneros (Fernández Cuenca, Rotellar) y predecesores (Gubern, Oms, Sala o el abajo firmante) e incluso corregido (Del Amo) los errores de aquellos que redactamos nuestras obras muy poco después de la Dictadura de Franco. La perspectiva de los años y el distanciamiento de los más jóvenes han dejado mejor establecida esa construcción que siempre es la ciencia histórica.

Pienso que la Guerra Civil española ha sido una de las épocas mejor reflejadas en la pantalla. En esos apasionados y conflictivos años, los componentes de uno y otro bando se enfrentaron también con la cámara-tomavistas. El arma de la propaganda, no sólo hizo su aparición con los clásicos del cine soviético, nazi y fascista; pues las películas que los nacionales y republicanos filmaron durante el período bélico desempeñaron una función ideológica verdaderamente importante en la retaguardia: noticiarios y documentales, especialmente, que fueron rodados en los campos de batalla y los cuales «dispararían» 24 imágenes por segundo, defendiendo con convicción sus respectivos idearios políticos.

Estamos, por tanto, ante una etapa clave del cine bélico-propagandístico, que recientemente ha sido estudiada por los profesores María Antonia Paz y Julio Montero (*Creando la realidad. El cine informativo 1895-1945*, Barcelona, Ariel, 1999), la cual todavía no está cerrada y puede dar nuevas luces a los futuros historiadores, en ese «pozo sin fondo» que es la investigación. En este sentido, aún recuerdo con afecto el comentario que me hiciera Ignacio F. Iquino, en 1980; ante unas apreciaciones sobre *El expreso de Andalucía* (1934), *Diego Corrientes* (1935) y *Paquete, el fotógrafo público n.º 1* (1938), replicó: «Usted sabe más de mis películas que yo mismo.» Entonces decidí cerrar mi investigación —que podía transformarse en obsesiva—, recordando aquel refrán que dice *lo mejor es enemigo de lo bueno*.

No ha sido fácil convencer a Magí Crusells de que tenía que acabar este libro. Un nuevo título de la colección *Ariel Historia,* que viene a ser un estado de la cuestión sobre el tema que nos ocupa, más dirigido a estudiantes de Historia Contemporánea, Periodismo, Comunicación Audiovisual y Sociología. Conociendo al autor —que se doctoró en 1997, con una tesis titulada *Las Brigadas Internacionales en el cine documental*—, era difícil que pusiera punto final a un período que conoce bien —pues también le ha dedicado parte de su vida profesional—, por la sencilla razón de que le gusta dejar las cosas atadas y sin fallos u omisiones conscientes. Riguroso hasta casi la meticulosidad, he podido comprobar su espíritu de «detective» en la búsqueda del dato perdido, la comprobación de una fecha o cuestión... con el fin de aclarar un tema y descubrir algo que estaba sin clarificar convenientemente.

Digo que le conozco bien, porque me tocó dirigirle esa tesis y aprender de su constancia y seriedad profesional. Además, juntos trabajamos y presentamos una ponencia en un congreso de Albacete (cfr. «Las Brigadas Internacionales y la Guerra Civil española en la pantalla [1936-1939]», en Requena, M. [coord.], *La Guerra Civil española y las Brigadas Internacionales*, Cuenca, Universidad Castilla-La Mancha, 1998, pp. 83-117). Y juntos casi acabamos en la prisión de la casa-cuartel de la Guardia Civil de aquella capital manchega, al ocurrírsele fotografiar —con ingenuidad, ya que no solicitó el permiso oportuno— el portal del edificio donde residieron los brigadistas desde 1936 (que ahora ocupa la Benemérita). Gracias a mi carnet de profesor universitario logré que no durmiera en el calabozo e, incluso, que le devolvieran la cámara con el carrete. Corría el 31 de octubre de 1996.

Pero el doctor Magí Crusells tiene otras cualidades. Es uno de los que más sabe en España sobre los Beatles: fue coguionista del documental televisivo *¡Qué vienen los Beatles!* (1995) y también coautor del libro *The Beatles. Una filmografía musical* (Barcelona, Royal Books, 1995). Especialista, asimismo, en el NO-DO, ha impartido cursos y seminarios en el Col·legi de Doctors i Llicenciats de Catalunya y en la Universitat Catalana d'Estiu (Prada), además de sesiones y clases en el Museu d'Història de Catalunya —sobre la Guerra Civil— y en la Universitat de

Barcelona —dentro de la asignatura general «Història Contemporània i Cinema», en el posgrado «Cine y Sociedad», en mi curso de doctorado sobre historia del cine español— y, más recientemente, en la Universidad de La Rioja.

En fin, trabajador infatigable, Crusells participa en congresos españoles y extranjeros de su especialidad, forma parte del consejo de redacción de la revista *Film-Historia* y es responsable del Área de Investigación del Centre d'Investigacions Film-Història. En esa revista han visto la luz algunas de sus investigaciones —junto a diversos artículos publicados en *Historia 16*, *L'Avenç* e *Historia y Vida*—, y en este centro adscrito al Parc Científic de la Universitat de Barcelona desarrolla la dirección de tesis y nuevas monografías, como la becada por el Centre d'Història Contemporània de la Generalitat acerca de la filmografía catalana.

Por eso, *La Guerra Civil española: Cine y propaganda* comienza con una cronología esencial a través de los documentales españoles conservados, seguida de una panorámica sobre las productoras del país durante la guerra, así como las extranjeras —Alemania, Italia, Francia, Gran Bretaña, URSS y Estados Unidos— que se ocuparon de nuestra guerra fratricida.

A continuación ofrece un análisis comparativo de dos films emblemáticos: *Mourir à Madrid* (1963), de Frédéric Rossif; y la réplica nacional, *Morir en España* (1965), de Mariano Ozores.

Después trata de la historia oral en el cine documental de la Transición española entre 1976 y 1978, con el comentario de otros documentales de reconstitución histórica muy significativos: *España debe saber* (1976), de Eduardo Manzanos; *Entre la esperanza y el fraude* (1977), de la Cooperativa de Cine Alternativo; *Por qué perdimos la guerra* (1978), de Diego Santillán y Luis Galindo; y *La vieja memoria* (1977), de Jaime Camino —realizador al que entrevistó—. De este último film realiza un estudio más profundo por su significación cinematográfica.

El autor dedica los tres últimos capítulos a las películas españolas de ficción realizadas desde 1939 hasta la muerte de Franco, haciendo hincapié en un film tan célebre como *Raza* (1941-1950), de José Luis Sáenz de Heredia; y a los films argumentales producidos entre 1975 y 1999, extendiéndose en *Libertarias* (1996), de Vicente Aranda; para seguidamente ocuparse de las películas extranjeras de ficción rodadas durante los años 1939 a 1999, realizando un análisis más exhaustivo de la famosa *Tierra y Libertad* (1995), de Ken Loach. Una cuidada biblio-hemerografía cinematográfica cierra el volumen.

Por tanto, la presente obra es un *travelling* histórico enriquecedor, que espero ponga al alumno de hoy en conexión con uno de los hechos más relevantes del siglo que hemos dejado. Texto que va más allá de su utilización didáctica, pues estoy seguro que interesará tanto a los aficionados y cinéfilos como a aquellos que vivieron la Guerra Civil española o sufrieron sus consecuencias en la larga posguerra. Unos y otros quedarán agradecidos a la ecuánime visión crítica de Magí Crusells.

J. M. Caparrós Lera

Profesor Titular de Historia Contemporánea y Cine
Director del Centre d'Investigacions Film-Història
(Parc Científic de la Universitat de Barcelona)

INTRODUCCIÓN

LA GUERRA CIVIL ESPAÑOLA Y EL CINE, 60 AÑOS DESPUÉS

Si las causas de la Guerra Civil española son internas, su desarrollo y sus implicaciones la convirtieron rápidamente en la más internacional de las guerras civiles contemporáneas hasta aquella fecha. La Guerra Civil representó una feroz lucha ideológica entre los republicanos y los nacionales. El Cine fue utilizado como arma política y de propaganda bélica aprovechando los tres elementos que ofrece: la imagen, el texto verbal y la música. La diversidad de centros de producción cinematográficos, tanto españoles como extranjeros, durante el conflicto bélico proporcionó una gran variedad de puntos de vista, así como de propuestas estratégicas e ideológicas. Por primera vez en los conflictos bélicos del siglo XX, la cultura de la imagen jugó un papel sobresaliente en la Guerra Civil española. En este sentido, *Catálogo general del cine de la Guerra Civil* (edición a cargo de Alfonso del Amo con la colaboración de María Luisa Ibáñez, Madrid, Cátedra/Filmoteca Española, 1996) es una obra imprescindible no sólo para los cinéfilos sino también para los historiadores, ya que proporciona valiosa información —fichas técnicas y artísticas, así como una breve sinopsis argumental— de cualquier película —documental, noticiarios o ficción— que se ha podido localizar o de la que existen referencias, por escasas que sean.

Las películas filmadas en España entre 1936 y 1939 transmiten testimonios de primer orden de la vida cotidiana, tanto en la retaguardia como en los frentes de batalla. El bando republicano se mostró más innovador y consciente del papel propagandístico del cine. Las diversas productoras cinematográficas españolas existentes durante el conflicto bélico nos recuerdan que el cine tuvo un lugar importante como medio de comunicación. Prácticamente, los principales organismos públicos, partidos y sindicatos dedicaron una atención especial al cine. Pero no siempre los testimonios se debieron a operadores españoles, porque la expectación despertada en la opinión pública mundial por nuestra Guerra Civil atrajo a nuestro país a muchos cineastas extranjeros.

Asimismo, las películas de ficción pueden utilizarse como documento histórico no solamente por el mensaje que transmiten sino por el que omiten. Hemos de tener presente que el Cine como fuente de la historia es el instrumento más insólito con el que puede soñar un historiador: observar en imágenes a los protagonistas de la Historia en retrospectiva. El historiador Marc Ferro ha demostrado que las relaciones Historia y Cine —tanto el documental como el de ficción— se pueden establecer desde dos puntos: el histórico, evocado en la película, y el del momento concreto de realización del film (*Historia contemporánea y cine*, Barcelona, Ariel, 1995).

La guerra española fue un conflicto apasionado porque se sintió con mucha devoción, tanto internamente como por el eco que tuvo en el extranjero. España vivió entre 1936 y 1939 una etapa —con errores, sí, y con excesos que no habrían de haber pasado— y se abría otra protagonizada por una dictadura que duró casi 40 años. Sesenta años después de la finalización de la lucha fratricida, los factores de confrontación civil que entonces dividieron a los españoles en dos bandos han estado por fortuna superados. Pero superar no significa olvidar ni ignorar. La amnesia es siempre en la historia un error. Con el presente libro se quiere combatir de forma constructiva el espíritu del olvido. Esta obra pretende ser un homenaje a la memoria viva. A la memoria necesaria.

Desde la vuelta a España de la democracia, los diferentes actos oficiales en torno a la Guerra Civil han sido escasos. Este silencio se debe al llamado «pacto del olvido» de la transición para asegurar una democracia reconciliadora, que renunciaba a cualquier ajuste de cuentas después de la muerte de Franco. Desgraciadamente, varias son las pruebas que demuestran este olvido. Un ejemplo lo tenemos en la noticia que el regreso a España, concretamente a Sevilla, en enero del 2000, de los restos del que fuera último presidente de la República, Diego Martínez Barrio, pasó sin pena ni gloria. Ni el presidente del Gobierno ni ningún ministro acompañó el féretro. Solamente asistió el alcalde sevillano y una comisión del Parlamento andaluz. Martínez Barrio murió en París en 1962 y en su testamento dejó escrito que deseaba ser enterrado en la capital andaluza. En cambio, la madre del rey Juan Carlos, María de las Mercedes, que falleció unos días antes, no solamente fue enterrada en Madrid con todos los honores de una reina —título que, por cierto, nunca llegó a tener— sino que el Gobierno español en pleno asistió al sepelio.

José María Aznar proclamó que uno de los efectos del resultado de las elecciones legislativas del 12 de marzo de 2000 —que proporcionó la mayoría absoluta al Partido Popular— era que España
había pasado página y que había enviado al baúl de los recuerdos
las viejas cuestiones históricas. No sé a qué cuestiones históricas se
refería. Si hacía referencia a la Guerra Civil española creo que ésta
debe seguir abierta. No como elemento de enfrentamiento político
o electoral, pero sí como deber de memoria colectiva.

Que la Guerra Civil continúa creando controversia lo ponen de
manifiesto las diversas reacciones sobre el papel de la Iglesia española, la cual está dividida sobre si debe pedir perdón por su participación en el conflicto. Después de que el Papa ofreciera siete veces perdón por los pecados de la Iglesia el 12 de marzo de 2000 en
el acto más importante del jubileo, y de que pidiera perdón por el
holocausto judío en su posterior viaje a Israel, el cardenal arzobispo de Barcelona, Ricard Maria Carles, propuso el 2 de abril que los
dos bandos en la Guerra Civil se perdonaran. El presidente de la
Conferencia Episcopal española, Antonio María Rouco, contestó al
día siguiente que la Iglesia no ha de pedir perdón por su participación en la contienda española y en el franquismo. La polémica continúa.

La mayoría de los españoles somos unos desmemoriados con
nuestro pasado. Es ridículo que de los 800 films que se han realizado en España entre 1990 y 1999, sólo una media docena tengan
como protagonista a la Guerra Civil española. En cambio, sobre la
conquista del Oeste o la participación estadounidense en la Segunda Guerra Mundial se han dirigido varios centenares de películas
en los Estados Unidos. Afortunadamente, hay algunos directores interesados en combatir este olvido. En este sentido, conviene recordar el debate enriquecedor que provocó hace unos años el estreno
de *Tierra y Libertad* (1995) y *Libertarias* (1996). Asimismo, el gran
número de espectadores que asistió demuestra el interés por parte
del público.

CAPÍTULO 1

UNA CRONOLOGÍA DE LA GUERRA A TRAVÉS DEL CINE DOCUMENTAL ESPAÑOL: 1936-1939

En el presente capítulo se realiza un recorrido cronológico, a través de los documentales producidos durante el conflicto civil, por los principales acontecimientos que hubo en España entre el 17 de julio de 1936, inicio de la sublevación militar en Marruecos, hasta el 1 de abril de 1939, día en el que oficialmente acabó la guerra. La mayoría de los documentales están contrastados, en la medida de lo posible, con la prensa de la época, proporcionando de esta forma información hasta ahora desconocida.

El Cine como arte de amplia difusión ha cumplido y cumple funciones propagandísticas y de reflejo de una época. Como fuente de Historia Contemporánea, el documental es el instrumento más insólito con el que puede soñar un historiador de épocas anteriores: observar a los protagonistas de la Historia en diferido. Pero un documental no es necesariamente más objetivo, más real, más científico que una película de ficción. Y ello se comprueba claramente cuando se constata que, lejos de ser una objetiva representación de la realidad, en muchos casos han servido para la manipulación de la opinión pública.

Muchos de los documentales que se rodaron durante el conflicto español eran películas mudas a las que posteriormente se les incorporaba el sonido en un laboratorio. Unas imágenes mudas son objetivas en principio. Lo que las convierte en subjetivas es la utilización que se hace de ellas. Por ejemplo, las imágenes, durante la fase de montaje, se manipulan al seleccionar cuáles son válidas o no y al incorporarles una banda sonora, o sea, el comentario y la música. Pongamos por caso una escena muda en la que se observa cómo unos milicianos queman unos objetos religiosos no nos aporta más información de la que vemos. En cam-

bio, la explicación del narrador nos proporcionará más información. Si el locutor indica que lo que realizan estos hombres es una
gesta heroica contra la Iglesia y que abre el horizonte de una España futura libre de la clericalla, no cabe duda que es de tendencia anarcosindicalista. Por el contrario, si el narrador explica que
este acto es una prueba del caos y de la persecución religiosa en
la zona republicana, es una muestra del cine profranquista. Esto
demuestra que el montaje permite contraponer dos bandos dis-
tanciados en el tiempo y en el espacio.

Por razones obvias, diversos hechos polémicos no se trataron
cinematográficamente, como fueron la intervención armada republicana que terminó con el gobierno del Consejo de Aragón o las
pugnas entre las dos fracciones falangistas que se disputaban el poder, por poner un par de ejemplos. Hacerlo hubiera sido reconocer
las divergencias y tensiones que existían en las dos zonas. Además,
no todo lo que rodaban los operadores cinematográficos era estrictamente «real»; la colaboración de las tropas en simular acciones
bélicas era, en muchos casos, imprescindible.

En este capítulo sólo se describen los documentales de producción española o algún documental extranjero, conservados en
versión en castellano, y que se hallan depositados en la Filmoteca
Española de Madrid, para facilitar la consulta de los historiadores
e investigadores españoles.[1] No se citan noticiarios ni películas de
ficción sino documentales que tratan monográficamente un período determinado y no los que ofrecen una visión general de los tres
años de confrontación.

Los comienzos de la Guerra Civil

Reportaje del movimiento revolucionario en Barcelona está considerado como el primer documental rodado durante la Guerra Civil. Su filmación tuvo lugar entre el 19 y el 24 de julio y la dirección corrió a cargo del periodista Mateo Santos, director de la revista *Popular Film*. Este documental, producido por la CNT-FAI,
muestra cómo la sublevación militar fue abortada en la Ciudad
Condal y el nuevo orden social que implantaron las fuerzas anarcosindicalistas con un lenguaje anticlerical. El locutor comentaba
que el fracaso de la sublevación se debió al pueblo que «magnífico
en su furor, hizo fracasar el cobarde propósito de unos militares sin
honor en sorda alianza con la alta burguesía y los negros cuervos

---

1. De no indicarse lo contrario, los documentales son sonoros.

de la Iglesia que inspira el Vaticano». La quema de edificios religiosos es descrita de la siguiente manera: «Todos los reductos del jesuitismo y de la clericalla, allí donde con el pretexto del culto católico se conspiraba contra la libertad, se vejaban las conciencias, se asesinaban en flor las mentes infantiles, se protegía y se organizaba la usura, todos esos lugares revestidos de santidad cayeron bajo el empuje de las masas encendidas de coraje que alumbraron, con sus llamas, el alba roja de que está tiñéndose el horizonte español.» Asimismo se muestran las momias de monjas y frailes expuestas en la puerta del convento de las Salesas, en sus ataúdes y fuera de ellos, de quienes se afirma que fueron martirizados por los mismos religiosos, demostrando que «la Iglesia católica, en éste y otros hechos, ha dejado al desnudo su alma podrida, ha deshecho en unas horas la mentira fabulosa de veinte siglos. Esos cadáveres petrificados en sus ataúdes constituyen la diatriba más áspera que se ha lanzado jamás contra el catolicismo». Este anticlericalismo provocó que este reportaje fuera utilizado por la contrapropaganda franquista, a partir de una copia que el distribuidor del documental, José Arquer, hizo llegar a Berlín. Para los franquistas, las imágenes de *Reportaje del movimiento revolucionario en Barcelona* demostraban el desorden que reinaba en la zona republicana.

Alberto Bayo, oficial de aviación que se mantuvo fiel a la República, dirigió una operación naval, bajo la autoridad de la Generalitat de Catalunya, que partió de Barcelona y se apoderó de Ibiza el 8 de agosto. El día 16 desembarcó en Mallorca e inició la conquista. A pesar del éxito inicial, tuvo que reembarcar a sus fuerzas, el 3 de septiembre, que se hallaban en una situación precaria debido a los ataques de las tropas nacionales y a la falta de ayuda del Gobierno republicano. Bajo el título descriptivo de *Expedición a Mallorca y Milicias pirenaicas* se conservan sin sonido dos partes diferenciadas: la primera recoge fragmentos del viaje en barco de los milicianos, el desembarco en una de las islas y el regreso de los heridos al puerto de Barcelona; mientras que en la segunda se observa a un grupo de soldados por el Pirineo.

Mateo Santos dirigió el documental *Barcelona trabaja para el frente* sobre el avituallamiento de diferentes productos alimenticios en la provincia de Barcelona, organizado por el Comité Central de Abastos de la CNT-FAI. Asimismo, se incluyen escenas del Hotel Ritz de la Ciudad Condal convertido en comedor popular y de una cocina de campaña en el frente de Aragón. De todas formas, este documental no fue exhibido comercialmente a causa de la desaparición el 17 de octubre de 1936 del Comité de Abastos —fue sustituido por el Departamento de Abastecimiento de la Generalitat de Catalunya—.

Además, se ha de tener en cuenta que empezaban a aparecer problemas alimentarios en el territorio republicano debido a que la guerra iba a durar más de lo que en un principio se pensaba. Tal como apunta Ramón Sala, proyectar en tales condiciones una película en la que hay «un reiterado e interminable desfile de vituallas, podía constituir una involuntaria provocación al espectador».[2]

La vida cotidiana de la capital española, tras el fracaso de la rebelión militar, está reflejada en *18 de julio - N.º 2 - Madrid*, producido por Izquierda Republicana: gente circulando por las calles y bañándose en una piscina; el funcionamiento del mercado del Carmen, del matadero municipal y de un taller de costura; una corrida de toros; propaganda del Quinto Regimiento; instrucción de milicianos; desfile de tropas republicanas; y heridos que son atendidos en un centro sanitario. Lo que se pretende con todas estas imágenes es mostrar que, a pesar de la guerra, la ciudad, no sólo continuaba su ritmo sino que dedicaba sus esfuerzos para derrotar al enemigo.

El Partido Comunista de España contaba con una buena organización propagandística en Madrid. Los comunistas, desde diferentes medios de comunicación, exhortaban a luchar contra el fascismo. Un ejemplo es el film *Julio 1936*, en el que José Díaz, secretario general del Partido Comunista de España (PCE), dirige unas palabras para animar a los combatientes republicanos a derrotar al enemigo. También se proyectan imágenes de algunas poblaciones cercanas a Madrid, tal es el caso de Alcalá de Henares o Guadalajara, donde los militares sublevados contra la República fueron vencidos. En un momento determinado el narrador señala que «los rebeldes no ofrecieron mucha resistencia» y que entre los cadáveres se encuentra el antiguo general golpista Barrera, que había participado en la conspiración contra la República en agosto de 1932. Si bien los milicianos que se dirigieron a Guadalajara la conquistaron rápidamente, los oficiales de esta ciudad se defendieron con valor bajo las órdenes de los generales Emilio Barrera y Gonzalo González de Lara, aunque la mayoría fueron asesinados después. Los que no fallecieron en el combate fueron juzgados y ejecutados. De todas formas, el general Barrera consiguió evadirse, vestido de paisano, y trasladarse a Burgos.

La victoria sobre los militares rebeldes significó, en Madrid y sus alrededores, como en el resto de la España republicana, el inicio de la revolución. *¡¡Pasaremos!! Documental sobre la Guerra Civil en España* es un film producido por los comunistas que presen-

2. Sala, Ramón, *El cine en la España republicana durante la Guerra Civil*, Bilbao, Mensajero, 1993, p. 70.

ta varios sucesos del verano de 1936: homenaje en Valencia a los soldados que se dirigen al frente; Margarita Nelken observando la instrucción que reciben los miembros del Quinto Regimiento; milicianos que parten hacia el campo de batalla en el sector de Pego (Alicante); el crucero *Libertad* zarpando de Valencia; trabajos de trilla en el campo de Montoro (Córdoba), después de ser conquistado por los republicanos; papel moneda emitido por el Ayuntamiento de Villa del Río (Córdoba); combates en El Carpio (Córdoba); la Albufera valenciana como centro de provisiones alimentarias; desfile por Madrid de una columna del Quinto Regimiento que ha luchado en la sierra; combates en la sierra del Guadarrama; actividades propagandísticas de un centro de cultura popular; sede del PCE en Andújar (Jaén); y desfile de unos afiliados al PCE.

Alma y nervio de España es una producción de 1937 del Departamento de Prensa y Propaganda de Falange Española Tradicionalista y de las JONS (Juntas de Ofensiva Nacional Sindicalista) que contiene imágenes filmadas en Marruecos durante los primeros días de la sublevación militar: desfiles y actos militares; transporte de tropas en avión, barco y ferrocarril; desembarco en Algeciras; falangistas controlando unas zonas fortificadas en la sierra de Ronda; etc.

Franco y tropas nacionalistas está formado por fragmentos sin sonido de una producción del bando nacional no identificada: unidades marroquíes embarcando para Andalucía; el gran visir Sidi Ahmed el Ganmia junto a militares nacionales; y Franco y Queipo de Llano en un acto público.

Bajo el título *Un viaje del jalifa por la zona del protectorado* se conservan en la Filmoteca Española dos materiales incompletos sin banda de sonido sobre la estancia del jalifa Muley Hassan por diversos puntos geográficos del Marruecos español. En el primer material, filmado entre julio y agosto, entre otras imágenes mudas aparece un acto oficial en el cuartel del Batallón de Cazadores de África n.º 6 y un desfile militar en una población. En el segundo, que tiene rótulos en castellano y fue rodado a mediados de septiembre, se observa el jalifa visitando Tetuán, Arcila, Alcazarquivir y Bení Aros. En este último lugar, el teniente coronel Juan Beigbeder —alto comisario de España en Marruecos y uno de los organizadores de la recluta de marroquíes que servirían de fuerza de choque en las primeras etapas de la guerra civil— nombra capitán de la Guardia Imperial al hermano del jalifa, Sidi Mohamed.

La dirección del Ejército rebelde fue conferida, el 24 de julio, a una junta establecida en Burgos bajo la presidencia del general Cabanellas. La Junta de Defensa Nacional se encargó de imponer un orden basado en nuevas leyes y símbolos que eliminaban todo elemento republicano. En este sentido decretó, el 29 de agosto, adoptar en la España nacional la bandera bicolor, roja y gualda, como bandera nacional. Precisamente, *Homenaje a la bandera nacional* —documental mudo pero con rótulos en castellano— muestra los actos patrióticos celebrados en Vigo y Pontevedra con motivo de esta reinstauración, ya que había sido bandera del Estado español entre 1843 y 1931.

Tras la investidura del general Franco como nuevo jefe del Estado, el 1 de octubre de 1936, éste estableció su cuartel general en el Palacio Episcopal de Salamanca: recibía visitas y comía en el primer piso, y trabajaba con su estado mayor en el segundo. *Instalación de oficinas del mando en Salamanca*, título descriptivo dado por la Filmoteca Española a este fragmento, recoge el nuevo emplazamiento del mando franquista en esta ciudad, tratando de ofrecer una imagen de normalidad y bienestar cotidiano.

El documental *La tragedia española* está elaborado con informaciones del noticiario francés *Éclair Journal* y que corresponden al verano de ese año: imágenes de diferentes zonas de Algeciras, Córdoba y la costa mallorquina bombardeadas por los republicanos; Franco, Queipo de Llano y Joaquín Miranda —jefe provincial de Falange Española en Andalucía— en diversos actos militares celebrados en Sevilla; un campo de aviación republicano en Sariñena (Huesca); desfile de requetés en Pamplona; entierro en la capital navarra de los restos del coronel Ortiz de Zárate, fallecido en el frente de Irún; traslado del cadáver del general Goded en Barcelona, militar que asumió la responsabilidad de la sublevación en la Ciudad Condal y tras el fracaso fue juzgado y condenado a muerte; tropas republicanas desembarcando en Porto Cristo (Mallorca); y refugiados dirigiéndose a la frontera hispano-francesa en Irún.

El frente de Aragón en 1936

Derrotada la sublevación militar en Cataluña, se organizaron una serie de milicias que se dirigieron al frente aragonés en el verano de 1936 con la finalidad de derrotar al enemigo. *Los aguiluchos de la FAI por tierras de Aragón* fue una serie de cuatro reportajes sobre las conquistas que los anarcosindicalistas habían llevado a cabo en poblaciones aragonesas. En el primero, subtitulado *Estampas de la revolución antifascista*, una columna de milicianos descansa en Bujaraloz, «población recién conquistada» según el narrador, para proseguir su avance hacia Pina de Ebro y Gelsa. El film acaba con imágenes de este último pueblo, una vez conquistado, donde los anarcosindicalistas colaboran en faenas agrícolas. Si *Los aguiluchos de la FAI por tierras de Aragón (Reportaje n.º 2)* está centrado en las conquistas de Pina de Ebro y Osera, el *Reportaje n.º 3* lo está en la toma de Siétamo. *La batalla de Farlete (Reportaje n.º 4)*, a pesar del título, no hace referencia a la lucha en torno a esta población sino a las actividades que se desarrollaban en la zona de Osera, Pina de Ebro y Bujaraloz entre septiembre y octubre de 1936. La principal diferencia de estos cuatro documentales es que en los dos primeros el tono del narrador es triunfalista, mientras que en los dos restantes comenta la estabilización del frente y la preocupación de los milicianos por reactivar la vida cotidiana en estos pueblos. Sobre la situación en el frente no se comentan las dificultades que las milicias anarquistas tenían para enfrentarse con éxito a un ejército profesional, sino que la línea de batalla está detenida hasta la completa extensión por la parte de Huesca.

Al producirse la revolución en territorio republicano, en un primer instante se produjo la ocupación de tierras, el acceso del campesino a la propiedad y la supresión de los arrendamientos y aparcerías; después, los anarquistas pasaron a la colectivización del campo a escala municipal. Las colectivizaciones afectaron especialmente a la zona de Aragón ocupada por los anarcosindicalistas. Probablemente fueron colectivizadas el 70 % de las tierras de esta zona —se realizaron alrededor de 275 colectivizaciones—, afectando a una población de unas 150.000 personas. Sobre sus resultados, las interpretaciones, a pesar de haber pasado más de 60 años, son contradictorias: para los anarquistas fueron un paraíso, mientras que para los comunistas, un infierno. *Bajo el signo libertario* es un documental de propaganda anarcosindicalista que tiene como tema central el desarrollo de la vida colectivizada en el pueblo aragonés de Pina de Ebro durante los primeros meses de la Guerra Civil española. Una serie de imágenes nos revelan el funcionamiento del pueblo: el sistema de abastecimientos, las faenas en el campo —que se realizan, según el locutor, «libre de caciques y de especuladores sin conciencia»— y el trabajo en una cooperativa textil y en el ateneo libertario, «modesta universidad de cultura popular y libre» —se dice, refiriéndose al mismo—.

Este film se realizó no sólo con la idea de ensalzar el sistema implantado por los anarcosindicalistas, sino de explicar de un modo sencillo sus ventajas. Según el narrador, los anarquistas son los autores de la reorganización de la vida cotidiana en buena parte de la zona republicana y la fe que proclaman por su revolución social. En este sentido, el locutor comenta: «Venceremos porque con nuestros guerrilleros avanza el Ejército de la reconstrucción social-revolucionaria. Somos los combatientes, los obreros del campo y de la ciudad los que hemos de decidir sobre el porvenir del levantamiento proletario español y sólo un régimen de libertad, organizado de abajo hacia arriba, debe ser el premio al sacrificio y al tremendo esfuerzo que está realizando el pueblo español. ¡Viva la revolución, camaradas! ¡Viva la CNT! ¡Viva la FAI!»

Day at the Aragon front, documental producido por el Comissariat de Propaganda de la Generalitat de Catalunya para su difusión en el extranjero,[3] relata la vida de un día cualquiera de las tropas anarcosindicalistas en esta zona: despertándose, aseándose, afeitándose, leyendo las instrucciones del día, haciendo ejercicios, desfilando, cocinando, bromeando, realizando un ataque contra un pueblo, etc. Otros documentales, en esta ocasión producidos por los anarquistas, que reflejan las batallas que se producían en el frente de Aragón en 1936, fueron *La Columna de Hierro (Hacia Teruel)* —con imágenes de La Puebla, Aldehuela y frente a Castralvo— o *La conquista del carrascal de Chimillas (Frente de Huesca)* —que permitió controlar la carretera a Jaca en octubre—.

El avance hacia Madrid

A comienzos de agosto de 1936, el general Franco consiguió trasladar a la Península al Ejército de África —formado por la Legión y los Regulares— por el estrecho de Gibraltar con la ayuda de aviones alemanes e italianos. El general Queipo de Llano, que había hecho triunfar el alzamiento en Sevilla, recibió el apoyo de las fuerzas africanistas. A continuación, las tropas nacionales emprendieron el avance por Extremadura. En *De Vigo a Mérida*, film mudo pero con rótulos en castellano, se observa a tropas nacionales de Vigo en el frente extremeño. La ocupación de Mérida provocó el contacto con las tropas del general Mola, que descendía desde el norte de Extremadura. El avance continuó hacia Toledo y Madrid. En Toledo, los sublevados se refugiaron en el Alcázar, que era la sede de la Academia de Infantería, hasta que fueron liberados por la columna del general Valera el 28 de septiembre de

---

3. En la actualidad no se conserva una copia completa de este documental en versión castellana, que en la época se estrenó como *Un día de guerra en el frente de Aragón* en 1936. La copia inglesa, *Day at the Aragon front*, es posterior, ya que incluye un rótulo que hace alusión a la victoria de Guadalajara, en marzo de 1937.

1936. Por otro lado, la conquista de Irún y el cierre de la frontera de Francia propiciaron la caída de San Sebastián y el aislamiento del frente republicano en el norte, que ya no podrá recibir
refuerzos a través de la frontera francesa.

La productora gala Éclair Journal realizó *La gran angustia española*, probablemente destinado a la difusión en la España nacional y que fue elaborado con sucesos ocurridos entre mediados de
julio y principios de octubre: toma de Irún; milicianos fusilando al
Sagrado Corazón, en el Cerro de los Ángeles; el asedio del Alcázar,
contra el que el Ejército republicano actuó con energía; fanatismo
antirreligioso en Barcelona con la exposición de momias de monjas; y, en Burgos, nombramiento de Franco como —dice el locutor— «Jefe del Gobierno del Estado Español y Generalísimo de las
Fuerzas Nacionales de Tierra, Mar y Aire». En *Toledo, la heroica* se
incluyen imágenes de esta ciudad poco después de que los nacionales la conquistaran, mientras el locutor pone énfasis en la tenaz
resistencia del general Moscardó.

El general Aranda se alineó en Oviedo con el bando nacional,
llevando a cabo una defensa hábil de la ciudad. Después de un mes
de sitio, las tropas franquistas procedentes de Galicia levantaron el
asedio. Mientras *En el frente de Asturias* está dedicado al avance de
la columna del coronel Martín Alonso para romper el cerco ove-
tense, *Oviedo, la mártir* es un documental sobre el estado de la ciudad después de la entrada de las fuerzas de este jefe militar: monumentos destruidos, la iglesia de San Pedro de los Arcos, la Catedral, la estación del Norte transformada en cuartel de los regulares... *Oviedo* es una película producida por la España franquista en
1938 que recuerda las distintas etapas del cerco de la ciudad, mostrando los efectos destructivos del sitio y las fortificaciones cons-
truidas durante los combates.

Como continuación de la política de alfabetización que la Segunda República impuso a partir de 1931, los republicanos siguieron
en esta línea durante la guerra. *Instituto Regional Agropecuario* es un
documental sobre las actividades de este organismo, controlado por
los anarquistas, donde la Federación Regional de Campesinos y Alimentación del Centro imparte clases sobre técnicas agrarias y de cultura general durante los primeros meses de la guerra.

A causa de la hipócrita política de no intervención de las democracias occidentales, el Gobierno republicano se vio obligado a
comprar armas al único país que se las ofrecía, la Unión Soviética.
Ello provocó que los comunistas se atribuyesen la ayuda internacional a la República y redoblaran sus esfuerzos para celebrar cualquier acto o efeméride relacionada con este país. La visita que una

delegación española realizó a la URSS, entre octubre y noviembre, es el tema central del documental soviético *Salud España*. *El Ziryanin en Barcelona* es un reportaje, producido por los Amigos de la Unión Soviética, sobre la llegada de este buque a Barcelona el 14 de octubre, que había partido de Odesa cargado con 3.000 toneladas de víveres, obsequio del pueblo soviético. En *Conmemoración del XIX aniversario de la Revolución soviética*, film de la Generalitat de Catalunya que no conserva el sonido pero sí los rótulos en castellano, se observa la impresionante manifestación celebrada en la Ciudad Condal el 8 de noviembre en homenaje a este evento, con la asistencia del presidente de la Generalitat, Lluís Companys, y el cónsul de la URSS, Vladimir Antonov-Ovseenko.

Buenaventura Durruti se hizo cargo de la primera columna que salió de Barcelona para conquistar Zaragoza el 24 de julio. Posteriormente se dirigió al frente de Madrid, donde murió el 20 de noviembre de 1936. Su entierro, celebrado en Barcelona dos días más tarde, fue multitudinario y sobre él se realizaron varios documentales-homenajes: *El entierro de Durruti*, producido por la CNT-FAI; o *L'enterrament de Durruti*, de la Generalitat. En ambos se refleja que su sepelio en la Ciudad Condal constituyó una manifestación de duelo pocas veces superada por el número de asistentes. El presidente de la Generalitat presidió el duelo. Al parecer, el mítico dirigente anarquista murió al dispararársele fortuitamente su propio fusil, mientras discutía con uno de sus ayudantes.[4] Este suceso fue piadosamente camuflado en 1936 para no destruir el mito de héroe de la guerra que entonces se estaba forjando.[5]

Debido al avance del Ejército nacional, el Gobierno republicano se trasladó a Valencia el 6 de noviembre. La primera sesión de las Cortes republicanas, el 1 de diciembre de 1936, en la capital del Turia, fue filmada por las cámaras de cine. El resultado fue el documental *Les Corts de la República prossegueixen la seva tasca legislativa a València*, distribuido por el Comissariat de Propaganda de la Generalitat de Catalunya. Se incluyen discursos de Diego Martínez Barrio y Francisco Largo Caballero. Martínez Barrio, presidente de las Cortes, sitúa a esta institución dentro del ámbito cons-

---

4. Sobre las diferentes posibilidades de la desaparición del líder anarquista, *vid.* Llarch, Joan, *La muerte de Durruti*, 3.ª ed., Barcelona, Plaza & Janés, 1985.
5. Clemente Cuyàs, el mecánico catalán que servía de chófer a Durruti, estaba a su lado cuando se produjo el mortal accidente. El mismo Cuyàs aseguró que él y otros siete testigos del accidente se juramentaron entonces para mantener el secreto y no desmerecer el mito. Cfr. Manresa, Andreu, «Así murió Durruti», *El País* (11-7-1993), p. 20.

titucional y de la lucha por la defensa de la libertad de España. Largo Caballero habla de la defensa de Madrid y de la agresión fascista apoyada en las tropas marroquíes. En ningún momento se dice que el Gobierno había huido de Madrid porque creía que la conquista de la capital española por los franquistas era inminente.

Las tropas nacionales intentaron conquistar Madrid por el sur, pero el Ejército republicano logró detener el avance en la Casa de Campo y la Ciudad Universitaria. El frente se estabilizó y dio lugar a la batalla de Madrid, que se prolongó hasta enero de 1937. Sobre este hecho existen varias películas. La CNT-FAI produjo una nueva serie: *Madrid, tumba del fascio (Primera jornada-Documental n.º 5)* contiene imágenes de tropas milicianas por las calles y los alrededores de la ciudad. En la *Cuarta jornada-Documental n.º 8*, los anarcosindicalistas aparecen en el interior de las trincheras realizando diversas actividades: preparación y distribución de la comida, trabajos de fortificación, etc. En *Madrid, tumba del fascio (Quinta jornada-Documental n.º 9)* se incluyen escenas de la Ciudad Universitaria, la Casa de Campo y El Pardo; la descripción y funcionamiento de un carro blindado; la actividad de una batería antiaérea; y el lanzamiento de granadas de mano. Como prueba de la intervención del fascismo internacional a favor de los nacionales aparece un avión alemán derribado.

La obra del fascismo: bombardeos de Madrid, producido por el Socorro Rojo Internacional, entidad creada por la Comintern, recuerda los efectos devastadores de la aviación enemiga, ilustrándolos con diferentes destrucciones: el cine Cervantes; socavón sobre un túnel del metro en la Puerta del Sol, así como edificios dañados en este lugar y en la calle de Alcalá; el Palacio de Lerma bombardeado... Cuando se ven una serie de cadáveres y unas personas practicando labores de rescate, el locutor indica que son más de 100.000 *(sic)* las víctimas.

Socorro Rojo Internacional, con la colaboración de la Alianza de Intelectuales Antifascistas, produjo *Defensa de Madrid*, compuesta por dos partes. Buena parte de la primera está dedicada a las diferentes actividades del Socorro Rojo Internacional: talleres de costura, recogida de ropa para el frente, venta ambulante del periódico de este organismo, etc. En la segunda se señala que «la solidaridad internacional nos llega a Madrid representada por los más ilustres intelectuales del mundo: Gaston Lafarge, escritor mejicano; Ludwig Renn; Louis Aragon; Andrés Irruarte; Gustavo Regler... Todos ellos han visto su palabra convertida en acción». Mientras el locutor pronuncia estas frases se observan escenas de la población civil madrileña en la retaguardia y de combates en los alrededores de la ciudad. *Defensa de Madrid. 2.ª parte* recoge la intervención de Rafael Alberti que recita, con sonido directo, el poema «Defensa de Madrid»,[6] que sintetiza muy bien cómo la capital española se convirtió en un símbolo de la resistencia republicana. La visión franquista del sitio de esta ciudad la encontramos en *¡¡Madrid!! Cerco y bombardeamiento de la capital de España*, donde se muestra a las tropas nacionales en Navalperal, Leganés, Carabanchel, el Cerro de los Ángeles y en Cuatro Vientos. Para demostrar la ayuda que la URSS daba a la República española se enseña un avión soviético y otro francés derribados. Emeterio Díez Puertos señala que esta película pasó por la Comisión de Censura de La Coruña, el 16 de enero de 1937, sufriendo el corte de un plano en el que se veía un tanque con la inscripción «Voluntario Portugués», posiblemente eliminado para ocultar la participación de los portugueses en la lucha contra la República.[7] Una muestra de la solidaridad del Gobierno de Antonio Oliveira Salazar con la España nacional la encontramos en el documental mudo, pero con rótulos en castellano, *Homenaje a Portugal*. Se incluyen imágenes de un desfile conmemorativo del golpe de estado de 1926 que acabó con la democracia lusa y del panteón donde yacen los restos del general José Sanjurjo, en el cementerio de Dos Anxos, en Estoril. Sanjurjo murió en un accidente de aviación cuando desde Portugal iba a dirigirse a Burgos, el 20 de julio, para ponerse al frente de la sublevación militar.

Durante la guerra se fomentó la unión entre Madrid y Barcelona. Los anarquistas catalanes fueron los responsables de *¡¡Ayuda a Madrid!!*, realizado como parte de la campaña para prestar soporte a la capital española en los primeros meses del conflicto.

De la unidad en la zona nacional a las luchas internas en el bando republicano

Las milicias populares fueron fuerzas republicanas compuestas por elementos civiles armados y organizados bajo la dirección de los grupos políticos de izquierda y de organizaciones sindicales. Las milicias demostraron que no se podía combatir, en una guerra convencional, con resultados positivos y espectaculares. A finales de 1936, el Gobierno republicano difundió la idea de crear un ejército

---

6. Este poema apareció publicado por primera vez en la revista *El Mono Azul* (29-10-1936).
7. Cit. en Amo, Alfonso del (ed. en colaboración con M.ª Luisa Ibáñez), *Catálogo general del cine de la Guerra Civil*, Madrid, Cátedra-Filmoteca, 1996, p. 611.

regular con un mando único —el Ejército Popular—. Para ello necesitaba concentrar el máximo de poder para reforzar su autoridad. Esta idea se difundió a través de todos los medios de propaganda, entre ellos el cine. Una prueba es el documental *Todo el poder para el Gobierno* (1937), producido por el Ministerio de Propaganda, sobre la manifestación celebrada en Valencia, el 14 de febrero, en apoyo de la política de reorganización practicada por el gobierno. El Partido Comunista de España (PCE) fue uno de los máximos defensores de esta unidad, y de que toda práctica que no estuviera encaminada hacia esta finalidad quedara desautorizada. Unos ejemplos los encontramos en los documentales *Por la unidad hacia la victoria* y *Reportaje sobre la Conferencia Nacional de Juventudes celebrada en Valencia*. El primero está producido por el PCE y contiene imágenes del Pleno Ampliado del Comité Central de este partido, celebrado entre el 5 y el 8 de marzo de 1937 en Valencia. Se observa la presencia de los principales líderes comunistas españoles como Dolores Ibárruri, Joan Comorera, Santiago Carrillo, Vicente Uribe, Jesús Hernández, Santiago Álvarez, etc. Abundan las pancartas dedicadas a la Unión Soviética: «Viva el partido bolchevique de la URSS y el jefe del proletariado mundial, Camarada Stalin» o «Viva la Unión Soviética, baluarte de la paz mundial y paladín de la ayuda internacional a nuestro pueblo». En *Reportaje sobre la Conferencia Nacional de Juventudes celebrada en Valencia*, producido por las Juventudes Socialistas Unificadas, aparecen muchos de los dirigentes anteriormente citados, así como otros, tal es el caso de Julio Álvarez del Vayo y Antonio Machado. Esta conferencia fue convocada por las Juventudes Socialistas Unificadas. Es interesante observar la consigna republicana de identificar la Guerra Civil con la Guerra de Independencia (1808-1814), precisamente como consecuencia de la política de mando único: el recurso al patriotismo evitaba así las referencias a los enfrentamientos internos. En cambio, desde el bando franquista, otra manera de alcanzar el mismo efecto unificador que los republicanos era presentar el conflicto como una guerra de «liberación».

    Una vez el Gobierno republicano abandonara Madrid se creó una Junta de Defensa presidida por el general Miaja, que organizó la resistencia de la capital española. Esta Junta organizó su propia Delegación de Prensa y Propaganda. Por lo que al cine se refiere, produjo *Reportaje de la causa de los prisioneros del Cerro Rojo*; en él se explica cómo los 83 prisioneros rebeldes capturados en la antigua población del Cerro de los Ángeles fueron juzgados en el Palacio de las Salesas en febrero de 1937, en Madrid. Las imágenes están acompañadas de un discurso sobre la nueva concepción de la justicia republicana al servicio del pueblo.

El 8 de febrero, la CNT-FAI organizó en Valencia una recaudación para destinarla a los hospitales de sangre y guarderías de niños. La colecta culminó con una gran manifestación que se dirigió al Ayuntamiento, en cuyo balcón se encontraban los ministros de Justicia —Juan García Oliver— y de Industria —Juan Peiró—. Esta manifestación es el tema central de *Solidaridad del pueblo hacia las víctimas del fascismo*. En este documental anarquista se incluye parte del discurso, con sonido directo, de García Oliver, destacando las atenciones que han de recibir los combatientes heridos para su rápida recuperación. También aparece Juan Bellver, uno de los miembros de la comisión organizadora, agradeciendo al público su asistencia

Entierro del diplomático cubano D. Manuel Pichardo es un reportaje, que no conserva el sonido, sobre el sepelio de esta personalidad. Pichardo, que también era poeta, falleció de muerte natural el 13 de marzo en Madrid.[8] Tres días más tarde, el funeral congregó una gran cantidad de personas. Una compañía de la Cruz Roja, con banda musical incluida, rindió honores en la entrada del Decanato del Cuerpo Diplomático. La gran asistencia de público fue también una muestra de agradecimiento hacia Cuba. Por aquel entonces, la solidaridad de país caribeño con la República española se manifestó en lo político con mítines y publicaciones; en lo material con envíos de alimentos, ropa y medicamentos; y en lo militar, con el envío de cerca de mil combatientes voluntarios. El Gobierno de Fulgencio Batista, en el poder desde diciembre de 1936, aún no era el régimen represivo en el que se convirtió posteriormente.

El cerco de Huesca ilustra el sitio que las milicias de la CNT-FAI hicieron sobre la capital del Alto Aragón ocupando el cementerio, que estaba a escasos kilómetros de la ciudad. *División heroica (En el frente de Huesca)* es un documental con elementos de ficción, acerca de las ofensivas de la Columna Durruti y la División Ascaso sobre este frente entre marzo y abril de 1937. Las tropas republicanas intentaron en repetidas ocasiones tomar la ciudad, pero no lo consiguieron. *Alas Rojas sobre Aragón* tiene como eje central la actividad de esta escuadrilla que tenía su base en el aeródromo de Sariñena (Huesca). Este último documental fue producido por Cinamond Films y realizado por el teniente coronel Alfonso de los Reyes, militar profesional retirado que reingresó como jefe de la aviación republicana en el frente aragonés.

---

8. El embajador cubano desmintió, en un comunicado, el rumor difundido en la España nacional de que Manuel Pichardo había muerto de forma violenta. Cfr. *Solidaridad Obrera* (17-3-1937).

La producción anarquista *¡Criminales! (Bombardeo de Barcelona)* contiene los efectos causados por el primer bombardeo naval que sufrió la Ciudad Condal el 13 de febrero.[9] También se incluyen escenas de la gran manifestación de duelo que acompañó a los cadáveres por las calles barcelonesas. Asimismo, aparecen escenas del desfile del Batallón de la Muerte que tuvo lugar en Barcelona el día 14 de marzo. Esta unidad militar desfiló desde la avenida 14 de Abril hasta la plaza de Sant Jaume ante una enorme multitud. El presidente Lluís Companys arengó a los combatientes desde el balcón del Palacio de la Generalitat. Este batallón contó con el apoyo del consejero de Economía de la Generalitat, Diego Abad de Santillán, y su composición básica era de anarquistas italianos. Un rótulo afirma que esta unidad «será la vanguardia de la lucha contra el fascismo», pero la verdad fue muy distinta, ya que entró en combate en el frente de Huesca con pésimo resultado, siendo rápidamente disuelta.

Las campañas en torno a Madrid produjeron tres importantes batallas en los primeros seis meses de 1937: la del Jarama, la de Guadalajara y la de Brunete. La batalla del Jarama se produjo ante el intento del Ejército nacional de dominar el valle del río Jarama, cortar la carretera Madrid-Valencia y completar el asedio de la capital española. Aunque los nacionales conquistaron terreno, no alcanzaron su objetivo principal: tomar Madrid. Coincidiendo con la batalla del Jarama, los nacionales operaron con éxito en el frente malagueño, consiguiendo el dominio de Málaga y su provincia en febrero. *La reconquista de Málaga*, producido por Films Nueva España, describe con interesantes imágenes el bombardeo naval de posiciones republicanas desde el *Almirante Cervera*. Posteriormente se observa la ocupación militar de la ciudad y de algunos de los desfiles que se organizaron, y que contaron con la presencia de diversas autoridades militares como los generales José Millán Astray o Gonzalo Queipo de Llano.

La batalla de Guadalajara se produjo en marzo ante el avance hacia Madrid de unidades italianas, enviadas por Mussolini como ayuda a la España nacional. Pero éstos fueron derrotados y puestos en fuga por el Ejército republicano. Esta victoria supuso una gran inyección de moral para el Gobierno republicano, que supo extraer de ella el máximo rendimiento. *La Non Intervention* es un film

---

9. El documental indica que el bombardeo tuvo lugar el 19 de febrero, pero ese día no hubo ningún ataque de estas características. Además, el único bombardeo del mes de febrero tuvo lugar el día 13. Cfr. Villarroya, Joan, *Els bombardeigs de Barcelona durant la Guerra Civil: 1936-1939*, Barcelona, Publicacions de l'Abadia de Montserrat, 1981.

LA GUERRA CIVIL ESPAÑOLA: CINE Y PROPAGANDA

español,[10] producido por Film Popular para el Estado Mayor Central, que comenta, en tono irónico, los efectos de la política de no intervención ilustrándolos con escenas de la batalla de Guadalajara e imágenes del material de los prisioneros italianos capturados. *La batalla de Guadalajara* es un breve documental de propaganda, producido por la Subsecretaría de Propaganda en 1938, que recuerda la capacidad del Ejército republicano para conseguir la victoria sobre el enemigo. Por ello, se muestra a las tropas republicanas bien equipadas y uniformadas. Asimismo, aparecen prisioneros y armamento capturados al enemigo. El militarismo y la guerra son presentados como la esencia misma del fascismo italiano. Casi desde el comienzo de la guerra, el bando republicano planteó la contienda como una lucha por la independencia nacional. Es de señalar que Franco hizo lo mismo.

El Gobierno de Euzkadi participó en la producción de dos películas con la clara intención de mostrar un País Vasco en el que se respetan los valores religiosos: *Entierro del benemérito sacerdote vasco José de Korta y Uribarren, muerto en el frente de Asturias*, celebrado en marzo, y *Semana Santa en Bilbao*, que se rodó en abril.

Presentación de credenciales del embajador de Alemania en Salamanca, título descriptivo dado por la Filmoteca Española a este material sin banda de sonido, es un reportaje sobre la recepción oficial al embajador Wilhelm von Faupel, el 3 de marzo de 1937, a su llegada a la plaza Mayor de Salamanca y en el interior del Ayuntamiento. De hecho, Alemania ya había reconocido a la España nacional el 18 de noviembre de 1936. Este reconocimiento diplomático de esta potencia con peso propio en las relaciones internacionales dio a Franco un fuerte espaldarazo e impulso en este terreno.

Franco en Salamanca I y II, título descriptivo dado a este material, contiene filmaciones para su difusión en el extranjero. En él se ven imágenes del general Franco y el embajador Faupel, que son aclamados por la multitud a su llegada al Ayuntamiento de Salamanca. Después se observa al jefe del Estado español trabajando en el interior de su despacho oficial y ofreciendo un discurso, con sonido directo, en el que afirma que «un estado totalitario armonizará en España el funcionamiento de todas las capacidades y energías del país». Para finalizar, ambos fragmentos incluyen unas breves palabras de Franco y un mensaje de su hija Carmen casi idénticos: si en el primer fragmento, Carmen se dirige a los niños alemanes; en el segundo lo hace a los de todo el mundo. Por su interés y valor documental reproduzco el diálogo del segundo:

10.   Una copia de la versión original en castellano, titulada *La No Intervención*, no se ha localizado actualmente.

Franco (dirigiéndose a su hija que está sobre las rodillas de su madre):
—«¡Oye, nena!»
Carmen: «¿Qué?»
Franco: «¿Quieres decirles algo a los niños del mundo?»
Carmen: «Bueno, ¿pero qué les digo?»
Franco: «¡Lo que quieras!»
Carmen: «Pido a Dios que todos los niños del mundo no conozcan los sufrimientos y las tristezas que tienen los niños que aún están en poder de los enemigos de mi patria, a los que envío un beso fraternal. ¡Viva España!» (saludando al estilo fascista).

Esta secuencia quiere transmitir la sensación de naturalidad cuando en realidad no lo es por dos motivos: primero, es evidente que Carmen está leyendo el discurso que pronuncia, pues no mira a la cámara sino que lo hace fijamente a un punto determinado, donde seguramente está el escrito; y segundo, la escena ha estado ensayada tantas veces que su padre se sabe de memoria el discurso, como lo demuestra que, mientras su hija habla, mueve los labios diciendo, sin que se le oiga, las mismas palabras que Carmen. Esta secuencia —en la que vemos a Franco junto a su mujer y su hija— ofrece una imagen familiar que resulta favorable en una sociedad, la franquista, que consideraba la célula-familia como la base de la comunidad.

El 21 de marzo de 1937 se celebró por la mañana la inauguración, presidida por Lluís Companys, del primer campo de preparación militar, establecido en Pins del Vallès —antes y actualmente Sant Cugat del Vallès (Barcelona)—, con maniobras, desfile de fuerzas y discursos. Por la tarde se celebró una concentración deportivo-militar, dentro de la Semana de la Juventud, en el Estadio de Montjuïc, que también contó con la asistencia del presidente de la Generalitat. Ambos actos son reproducidos en *Primer campo de instrucción del Ejército Popular Regular*.

Madrid, en la primavera de 1937 continuaba sitiada y bombardeada, pero el pueblo madrileño resistía. Los intentos de uno y otro bando para romper la situación de guerra de trincheras serán inútiles. Madrid pasó a ser una ciudad de resonancias épicas.

Mientras el mundo marcha destaca el heroísmo del pueblo madrileño en la defensa de su libertad, haciendo un canto a la resistencia. En un momento determinado se escucha al poeta Rafael Alberti recitar «Madrid, corazón de España». Durante los 42 minutos que dura este reportaje, no sólo se muestran los sufrimientos del pueblo sino que se denuncia la indiferencia de los gobiernos extranjeros ante esta situación.

El general Sebastián Pozas fue nombrado jefe del Ejército del Este, con sede en Barcelona, el 6 mayo de 1937. Una de las inspecciones que realizó por tierras aragonesas está reflejada en el documental anarquista *El general Pozas visita el frente de Aragón*, que incluye escenas de su estancia en Bujaraloz, Monegrillo y Farlete. También se ve la visita a la antigua Columna Durruti, que se denomina 26 División. El locutor no entra en detalles sobre el motivo de este cambio. La realidad es que cuando el avance de la guerra y la presión de socialistas, comunistas y partidos republicanos de izquierda hicieron necesaria la militarización de las milicias, surgió el Ejército Popular. De esta forma, los anarcosindicalistas vieron disminuida su influencia en la zona republicana. La polémica entre guerra y revolución se resolvió finalmente a favor de la primera. Una prueba de ello fueron los tristemente célebres Sucesos de Mayo de 1937, en Barcelona, de los que no existen filmaciones.[11]

El domingo 4 de julio de 1937 se inauguró el Segundo Congreso Internacional de Escritores para la Defensa de la Cultura en el Salón de Sesiones del Ayuntamiento de Valencia. Este congreso fue organizado por el Gobierno republicano y contó con la participación de la Generalitat de Catalunya, del Comisariado General de Guerra y de la Alianza de Escritores. El Segundo Congreso Internacional de Escritores se celebró en Valencia, Madrid y Barcelona, constituyendo un gran acto de adhesión de la intelectualidad mundial hacia la España republicana. El Congreso no fue solamente una reunión de comunistas, ya que estaban representados diversos sectores de la izquierda. De aquí la presencia de intelectuales como Antonio Machado, Julien Benda y Octavio Paz. Los temas que se trataron en él fueron: el papel del escritor en la sociedad; la dignidad del pensamiento; el individuo, humanismo, nación y cultura; los problemas de la cultura española; la herencia cultural; la creación literaria; el refuerzo de los lazos culturales; y la ayuda a los escritores españoles republicanos. La película *El Congreso Internacional de los Escritores*, una producción de Film Popular que en la actualidad no conserva el sonido, recoge en imágenes varias de las jornadas que transcurrieron en las tres ciudades antes citadas.

Si *El Congreso Internacional de los Escritores* no conserva el sonido, *El Congreso Internacional de los Escritores en Defensa de la Cultura*, que está clasificado como descartes del anterior, sí que lo

---

11.   Sobre los Hechos de Mayo, *vid.* Mintz, Frank y Peciña, M., *Los Amigos de Durruti, los trotsquistas y los Sucesos de Mayo*, Madrid, Campo Abierto, 1978; Gorkin, Julián. *El proceso de Moscú en Barcelona*, Barcelona, Aymà, 1974; y Langdon-Davies, John, *La setmana tràgica de 1937 i altres vivències de la Guerra Civil a Cataluña. Els fets de maig*, Barcelona, Edicions 62, 1987.

tiene. Uno de los momentos más emotivos, durante la sesión de apertura, se produjo cuando Julio Álvarez del Vayo recordó a los internacionales fallecidos defendiendo la causa republicana: «Las ausencias, en algunos casos irreparables, como la del camarada [cubano] Pablo de la Torriente, comisario de guerra... La ausencia del camarada [alemán] Regler [aplausos], recobrado rápidamente al fin de sus heridas; pero con la imagen dolorosa en su sensibilidad de combatiente antifascista de haber visto caído a su lado a uno de los más esforzados comandantes de las Brigadas Internacionales, al general [húngaro] Lukacs [aplausos]. Brigadas Internacionales de auténtica voluntariedad, venidas a España por una adivinación precisa de que la lucha que aquí se libraba era la lucha de todos los escritores y de todos los hombres libres.»

El 6 julio de 1937 se inició la ofensiva de Brunete. Con ello, los republicanos pretendían envolver al Ejército nacional que sitiaba Madrid y aliviar, al mismo tiempo, la ofensiva sobre Santander. El intento fracasó ante la resistencia de los nacionales. *Nos prisonniers* es un documental —producido por el Subcomisariado de Agitación, Prensa y Propaganda del Comisariado General de Guerra— en el que se mostraba el buen trato que se daba a los presos en poder de los republicanos.[12] Como testimonio se aportan las entrevistas a una enfermera falangista apresada en Brunete, así como a un italiano capturado en el monte Ibarra, en Guadalajara. Sus compañeros aparecen fumando, leyendo o charlando. Según el inspector general de las Brigadas Internacionales, Luigi Longo, los prisioneros italianos no fueron maltratados ni recibieron ningún tipo de represalia, y los describe como «una masa de pobres gentes, traídas a España con engaños y por hambre y mezcladas con una muchedumbre de ilusos y aventureros que ninguna disciplina militar o ideal logra amalgamar».[13] Por contra, la opinión del bando nacional sobre el destino de los italianos capturados era bien diferente, ya que una vez finalizados «los actos y la impresión de las películas, los prisioneros fueron fusilados».[14]

Quijorna es un film, que no conserva la banda sonora, realizado por la Sección de Propaganda de la 46 División «El Campesino». Es otro documental enmarcado dentro de la batalla de Brunete. En él, no sólo se visionan los ataques contra Quijorna, sino también la entrada de los republicanos en la población y la fiesta que se organizó para celebrarlo.

12. La versión original castellana, *Nuestros prisioneros*, en la actualidad no está localizada.
13. Longo, Luigi, *Las Brigadas Internacionales en España*, Méjico, Era, 1968, p. 238.
14. Lizón Gadea, Adolfo, *Brigadas Internacionales en España*, Madrid, Editora Nacional, 1940, p. 28.

La campaña nacional en la zona norte en 1937

A finales de marzo empezó la ofensiva para conquistar Vizcaya. En ella tuvieron un papel destacado tanto las tropas italianas como la aviación alemana. Los bombardeos aéreos se emplearon de forma masiva, especialmente sobre dos ciudades: Durango —31 de marzo— y Guernica —26 de abril—. La tragedia de Guernica, producida por la Legión Cóndor, constituyó uno de los sucesos que más repercusión tuvieron en la opinión pública internacional durante todo el conflicto. La campaña de Vizcaya culminó el 19 de junio con la conquista de Bilbao.

Frente de Vizcaya y 18 de julio fue una de las primeras producciones de la Sección Cinematográfica de Falange Española Tradicionalista y de las JONS. El documental está dividido en dos partes: en la primera se relata la campaña final en la conquista militar del País Vasco, mientras que la segunda está dedicada a los actos conmemorativos del 18 de julio en Salamanca en 1937. El lenguaje que se utiliza para describir al enemigo es muy agresivo y despectivo, como se demuestra cuando se le dice «canalla marxista», «hordas moscovitas» o «babosos mercenarios». La falsa interpretación de los desastres de la guerra tiene su punto culminante en el bombardeo de Guernica con un lenguaje agresivo. El locutor afirma que la destrucción se debió a los propios republicanos: «La prensa judía y masónica del mundo y las hipócritas plañideras de Valencia rasgaron sus vestiduras ante nuestro Caudillo, cuyo nombre, limpio como el cielo, pretendieron manchar con la baba de su información calumniosa. La cámara fotográfica *(sic)*, que no sabe mentir, dice bien claro que tanta y tamaña destrucción no fue sino obra de incendiarios y dinamiteros.» Después se observa a un par de requetés con bayoneta calada y en actitud solemne al lado del roble y la Casa de Juntas de Guernica, mientras suenan las notas del *Gernikako arbola*, el himno vasco. ¿Trata esta escena de desagraviar de alguna manera a los vascos? ¿Está destinada a reforzar indirectamente la versión de los incendios y voladuras de los dinamiteros?[15]

En *Frente de Vizcaya y 18 de julio* también se encuentran conexiones entre la Guerra Civil española y las dos Guerras Carlistas del siglo XIX. Por ejemplo, se recuerda el carácter de Durango como Corte Real de Carlos VII durante la Segunda Guerra Carlista y se compara la muerte de Zumalacárregui con la del general Mola. Fi-

---

15.   Un análisis de este documental se encuentra en Pablo, Santiago de y Logroño, José María, «Cine y propaganda en el País Vasco durante la Guerra Civil: los reportajes franquistas», *Film-Historia*, vol. III, n.º 1-2 (1993), pp. 231-238.

nalmente se incluyen escenas de la entrada de las tropas nacionales en Bilbao, así como de edificios y edificios destruidos.

Guernika[16] es un documental, difundido internacionalmente por
el Gobierno Vasco, que no solamente recoge imágenes de las ruinas
de esta población, sino que explica la evacuación de niños vascos y
su vida en colonias extranjeras establecidas en Francia, Inglaterra,
Holanda, Bélgica... Esta película no contiene filmaciones de cómo
quedó Guernica porque la casa alemana Agfa sustituyó una bobina
con imágenes de esta localidad destruida por la Legión Cóndor por
otra con vistas de Italia, seguramente para evitar que fuera des-
mentida la versión franquista sobre el célebre bombardeo. En su lugar se intercalaron unas fotografías de Guernica. También aparece
el piloto alemán Hans Joachim Wandel, que participó en el bombardeo de dicha localidad, después de ser capturado en mayo al ser
derribado su avión en el frente de Vizcaya.

Bilbao para España, una producción de Cifesa, describe el avance de las tropas nacionales por diferentes poblaciones vascas —Amo-
rebieta, Larabezua, Derio, etcétera.— hasta su entrada en la capital
de Vizcaya. El locutor acaba diciendo que las fuerzas franquistas continúan el avance hacia Santander. El narrador indica que la rapidez
del Ejército franquista impidió que los republicanos llevaran a cabo
los mismos daños que causaron en otras poblaciones. La verdad es
que antes de la caída de Bilbao se planteó una pugna entre quienes
querían destruir la ciudad y las industrias de la zona —marxistas y
anarquistas— y los que se oponían a toda voladura y se dispusieron
a evitarlo, si es preciso, por la fuerza —los nacionalistas vascos—.
Cuando el Gobierno de Euzkadi abandonó la ciudad se quedó una
junta que no defendió la capital a ultranza, sino que se ocupó de la
evacuación y de evitar desmanes.

El Gobierno vasco abandonó Bilbao el 13 de junio. El presidente de Euzkadi, José Antonio Aguirre, se refugió en Santander, de
allí pasó a Francia y finalmente llegó a Barcelona el 22 de julio, fi-
jando su residencia en dicha localidad. *El president d'Euzkadi, hoste d'honor de Catalunya* es un reportaje del Comissariat de Propaganda de la Generalitat de Catalunya dedicado a la Delegación del
País Vasco en Cataluña. Se inicia con la llegada del presidente Aguirre al aeropuerto de Reus. A continuación se traslada, en coche, hacia la Ciudad Condal, recibiendo varias muestras de afecto en diversas poblaciones. En Barcelona es recibido por Lluís Companys.

---

16. El título de este documental es una mezcla de la palabra vasca Gernika y
de la castellana Guernica. Para un detallado y amplio estudio de este documental
vid. Pablo, Santiago de, «El bombardeo de Gernika: información y propaganda en
el Cine de la Guerra Civil», *Film-Historia*, vol. VIII, n.º 2-3 (1998), pp. 225-248.

La ofensiva republicana contra Huesca, iniciada el 12 de junio, fue diseñada como un intento de descongestionar el frente del Norte. Aunque se lograron tomar algunos pueblos, la capital altoaragonesa no fue conquistada a causa de la resistencia de las tropas nacionales, así como por su superioridad aérea. En *El Ejército de la Victoria. Un episodio: Casa Ambrosio*, producida por los anarcosindicalistas, se describe la efectividad de las operaciones en la toma de este caserío que la locución sitúa a 150 metros de Huesca.

Poco tiempo después se preparó una nueva ofensiva sobre Aragón, que empezó el 24 de agosto, con la intención de reducir de nuevo la presión que el Ejército franquista ejercía en el norte. En esta ocasión, el objetivo principal era la toma de Zaragoza. La capital aragonesa no se llegó a conquistar, pero sí diversas poblaciones próximas como Quinto y Belchite. Precisamente, *La ofensiva en Aragón* (1937), producción de la Generalitat catalana, narra la toma de estas localidades. El locutor destaca que en Belchite, ocupada el 5 de septiembre, tuvieron lugar unos duros combates debido a que la resistencia del enemigo fue muy tenaz. *Aragón 1937*, también producido por el anterior organismo, describe los trabajos de reconstrucción y producción en la retaguardia. En primer lugar se construyen vías de regadío y obras hidráulicas, como la presa del pantano de Mediana, en la que intervienen prisioneros; campesinos y soldados colaboran en la recogida de cosechas; se reparan carreteras y vías férreas que enlazan Barcelona y Zaragoza; y continúa la educación de los niños.

En el otoño de 1937, un equipo de filmación de los anarquistas que se dirigía a Belchite fue testigo de un bombardeo sobre Lérida. A partir de este suceso, que produjo numerosas víctimas entre la población civil, se realizó el documental *Alas negras (Bombardeos sobre la retaguardia de Aragón y Cataluña)* que, a continuación, enlaza con la acción de las 29 y 45 Divisiones en el frente aragonés.

La guerra por la paz es un documental falangista sobre la celebración del Día de la Raza, el 12 de octubre, en Burgos. Se observa a Franco en diferentes actos: ofreciendo un discurso, con sonido directo, ante una concentración del Sindicato Español Universitario; junto a su familia y a la de Ramón Serrano Súñer; recibiendo a Augusto Atalaya, jefe de la Misión Iberoamericana de Falange; y dirigiendo unas palabras a los pueblos de habla castellana. Este documental muestra toda la parafernalia que había alrededor del *Generalísimo*. Francisco Franco llega escoltado por la Guardia Mora. Se dirige a una hiperbólica tribuna, mientras formaciones juveniles de Falange le rinden honores. Finalmente, un falangista y un carlista cruzan sus armas bajo la estatua de Carlos I. El locutor describe al general Franco como «genio invicto de la guerra y artífice de la nueva España».

El frente republicano del Norte fue liquidado definitivamente el 21 de octubre con la conquista de Gijón y Avilés —el 26 de agosto los nacionales habían entrado en Santander—. *La fin del frente rojo cantábrico. La toma de Gijón* es una producción italiana que ilustra la conquista de esta localidad por el Ejército nacional, mostrando el avance de las tropas por las inmediaciones de la población hasta su completa ocupación. La locución es profranquista, anticomunista y con todas las connotaciones religiosas que hicieron de la Guerra Civil una *cruzada* para las fuerzas nacionales. La locutora describe de forma despectiva a los republicanos como «hordas rojas» que sólo sembraban la anarquía y la muerte. Este comentario está ilustrado con diversas imágenes que pretenden mostrar su perversidad: depósitos de gasolina ardiendo y que fueron incendiados «por los cabecillas rojos que huían»; iglesias destruidas y que ya «habían sido violadas desde el inicio infame del dominio marxista»; y las sedes de las diferentes organizaciones republicanas «que habían transformado lujosas habitaciones en establos inmundos» —como ejemplo se enseña un primer plano de la fachada del Hotel Salomé, sede de la CNT—. Se acusa a las autoridades republicanas que, para dar de comer a la tropa, dejaron a la población civil hambrienta y que ésta, para alimentarse, «no tenía más que llamamientos radiofónicos, proclamas de entonación comunista, estúpidas exhortaciones pintadas en las paredes de las casas...», mostrando carteles en los que se incide en la resistencia a ultranza. En el film se muestra, como símbolo de la desesperación en que se encontraban los habitantes de Gijón y de la magnanimidad de los nacionales, el reparto de víveres, no sólo entre la población civil —se observa a falangistas entregando alimentos desde un camión—, sino también entre los prisioneros, entre los que hay adolescentes que, a pesar de su corta edad, fueron llamados a incorporarse al Ejército republicano.

La Guerra Civil española se convirtió en una *cruzada* en defensa del catolicismo. Era habitual que en las poblaciones conquistadas por los nacionales se celebrara una ceremonia religiosa en la plaza principal a la que asistían, además de los habitantes, las nuevas autoridades militares y civiles. El Ejército nacional conquistó Gijón el 21 de octubre. Tres días más tarde, «una enorme muchedumbre asistió, con ejemplar y conmovedora devoción —en palabras de la locutora de *La fin del frente rojo cantábrico. La toma de*

Gijón—, a la primera misa en el campo, celebrada después de quince meses de prohibición de cualquier servicio religioso en la plaza del Ayuntamiento, para dar las gracias al Todopoderoso por la victoria que devuelve Gijón a España y a la civilización».

Los conquistadores del Norte (Homenaje a las Brigadas Navarras) tiene como característica principal la de atribuir la ocupación de la zona norte a esta unidad militar sin mencionar la participación de otras fuerzas del bando franquista. Una vez ocupada Santander, la locución habla de un total de 60.000 prisioneros y de los 11.000 asesinatos que cometieron los «rojos». Tras acabar la guerra en aquella parte de España, fueron diversos los actos que se les rindieron. Este documental recoge los celebrados en San Sebastián y en Pamplona, el último efectuado el 9 de noviembre. Para finalizar, Francisco Franco impone la Cruz Laureada de San Fernando a la provincia de Navarra «a título único, como recuerdo a su gesta heroica en el Movimiento Nacional», según el locutor. Hay una exaltación de la figura de Franco, que es filmado en contrapicado para dar sensación de más altura y, por tanto, de más poder. *Los conquistadores del Norte (Homenaje a las Brigadas Navarras)* está producido por Falange Española Tradicionalista y de las JONS. Por este motivo hay muchas más referencias a símbolos falangistas que a los carlistas: banderas de Falange, camisas azules de los combatientes, el himno *Cara al Sol...*

Por contra, *Homenaje a las Brigadas Navarras* es otro documental de temática similar, producido por Cifesa, en el que las referencias carlistas son más evidentes. El film tiende a identificar a Navarra con el carlismo y presenta el levantamiento de esta provincia contra la República como algo muy popular, con participación masiva de la población. Aunque en el film hay una exaltación de los símbolos requetés, no se tiene que pensar que las Brigadas Navarras estaban integradas sólo por unidades de esta ideología. En abril de 1937, cuando se había iniciado la campaña de Vizcaya, la infantería de las cuatro Brigadas Navarras estaba formada por 24 batallones procedentes del reclutamiento forzoso, 11 de carlistas, siete de falangistas y uno de marroquíes. De esta manera, se había integrado a los milicianos carlistas en un esquema militar que los desbordaba cuantitativamente y anulaba su poder político. Recordemos que el 19 de abril se decretó la unificación política en la zona nacional, bajo la autoridad militar, naciendo Falange Española Tradicionalista y de las JONS. Los carlistas, que aportaron a la sublevación el único movimiento realmente masivo y popular —Navarra y sus requetés—, aceptaron a regañadientes la unificación.

De la conquista republicana de Teruel
a la llegada de las tropas nacionales del Mediterráneo

Madrid es un reportaje de la Subsecretaría de Propaganda del Gobierno republicano sobre su primer año de asedio destinado a mantener el espíritu de combate. En una sucesión cronológica, se describe el avance del enemigo hacia la ciudad; la preparación de la defensa madrileña; los ataques aéreos, así como las víctimas y las ruinas que provocan; la construcción de fortificaciones; el establecimiento de la cartilla de racionamiento, etc. Pese a todo, los madrileños continúan viviendo. El narrador establece la noche del 6 de noviembre como la fecha de inicio y a partir de este instante una serie de rótulos indica la intensidad de los bombardeos: entre las jornadas 28 a la 40 fueron continuos; a partir del día 56, la aviación republicana consiguió rechazar los ataques aéreos; y desde el día 170 se vuelven a intensificar.

Norteamérica en España, una realización de Film Popular, está dedicada a la visita de los dos miembros de la Cámara de Representantes de los Estados Unidos por diversas poblaciones republicanas a mediados de octubre: Valencia, Tarazona de la Mancha, Albacete —coincidiendo con el primer aniversario del establecimiento de las Brigadas Internacionales en esta ciudad—, Masarrochos, Saelices, Benicasim y Madrid. El narrador concluye su locución diciendo que «nuestros amigos han vuelto a su país con la convicción plena de la razón que asiste a nuestro pueblo y con la seguridad absoluta de nuestra victoria: de la victoria final sobre el fascismo». Este documental coincidió con unas declaraciones del presidente Franklin D. Roosevelt —con motivo de la inauguración de un viaducto en Chicago el 5 de octubre—, en las que alertaba de la amenaza que para la paz entrañaba la actitud de algunos países que, sin previa declaración de guerra, invadían territorios extranjeros asesinando a su población. Aunque nos las citó, se estaba refiriendo a las situaciones que sufrían España y China. Esta tímida declaración del presidente estadounidense despertó ciertas esperanzas en el Gobierno republicano para condenar los procedimientos de violencia y deslealtad internacional de los países totalitarios. Finalmente, las palabras de Roosevelt sólo se tradujeron en vagas promesas de ayudar a la Sociedad de Naciones para conseguir la paz.

La CNT-FAI organizó diversos actos en Barcelona en memoria de Buenaventura Durruti al cumplirse un año de su muerte. Los homenajes celebrados en el cementerio de Montjuïc y en el cine Tívoli, en los que intervino Juan García Oliver, aparecen en *20 de noviembre*. Los anarquistas también fueron los responsables de *20 de noviembre de 1936 ¿Te acuerdas de esta fecha, compañero?*, título descriptivo dado por la Filmoteca Española a este film que no tiene sonido pero sí rótulos en castellano, en el que se presenta a Durruti como un símbolo del pueblo.

El ataque republicano sobre Teruel se efectuó en los últimos días de 1937 para desviar la atención que el Ejército nacional mantenía sobre Madrid. En medio de unas duras condiciones climáticas, Teruel fue tomada completamente por las tropas republicanas el 7 de enero. Los diferentes medios de comunicación republicanos, entre ellos el cine, se hicieron eco de esta noticia por la importancia que representó conquistar una capital de provincia. Los anarquistas dedicaron a este hecho al menos cuatro documentales. *1937. Tres fechas gloriosas* rememora las victorias republicanas obtenidas en Quinto y Belchite, en septiembre de 1936; en Biescas, en octubre; y en Teruel, en diciembre. El narrador habla del victorioso Ejército Popular que se ha fijado un nuevo objetivo: Zaragoza. *La toma de Teruel* recoge el cerco sobre la ciudad y los primeros momentos de la entrada de las tropas republicanas antes de completarse la conquista. *Teruel ha caído* es un reportaje sobre la manifestación que tuvo lugar en Barcelona el 26 de diciembre para celebrar la toma de la capital del Bajo Aragón, incluyendo discursos, con sonido directo, de Leon Jouhaux —representante de la Confederación General de Trabajadores de Francia—, Francisco Esgleas —dirigente anarquista—, Rafael Vidiella —consejero de Trabajo de la Generalitat— y Lluís Companys. *Jornadas de victoria. Teruel* es una producción de la Generalitat en la que se muestra el avance del Ejército republicano y la evacuación de la población civil. Las imágenes muestran que los combates fueron de extrema dureza y agudas condiciones climáticas.

El general Franco hizo de la reconquista de Teruel una cuestión de honor y el Ejército nacional lanzó una fuerte contraofensiva, recuperándola finalmente el 22 de febrero. *El derrumbamiento del Ejército rojo* es un documental de montaje, que en la actualidad no conserva la banda de sonido, sobre la ofensiva nacional hacia Teruel, que concluye con la visita del general Franco a dicha ciudad una vez conquistada.

Tras la reconquista de Teruel, el Ejército nacional realizó una fuerte ofensiva sobre el Mediterráneo. *Jóvenes españoles y catalanes* es un reportaje de las Juventudes Socialistas Unificadas elaborado sobre un discurso, con sonido directo, de Santiago Carrillo, quien promulga una política de lucha a ultranza contra el enemigo. El líder comunista incita al reclutamiento para la formación de dos nuevas divisiones del Ejército Popular que impidan la llegada de los nacionales a la costa. Carrillo cree que la victoria se conseguirá «con nuestro esfuerzo y sacrificio, unido a la ayuda formidable de la Unión Soviética, nuestra segunda patria, y las masas populares y el proletariado del mundo entero». Desgraciadamente para los intereses de la República, la ayuda militar soviética fue sustancial, pero nunca suficiente para que su triunfo se produjera. La URSS no deseó verse envuelta en un conflicto bélico generalizado. Pero además de cobrar en oro su ayuda, poco a poco fue imponiendo su influencia política y militar, aspecto que se hizo insoportable para los partidos no comunistas.

Roto el frente de Aragón, los nacionales llegaron al Mediterráneo el 15 de abril. Las tropas nacionales amenazaban Valencia y la España republicana estaba dividida en dos, quedando Cataluña aislada del resto. *Resistencia en Levante*, producido por el Estado Mayor del Grupo de Ejércitos del Centro, es sobre la ofensiva que hacia Valencia lanzaron las tropas franquistas y la resistencia republicana a mediados de ese mismo año. Este documental empieza con una dedicatoria del general José Miaja a los «abnegados combatientes de Levante, que con vuestro heroísmo levantasteis una muralla infranqueable para el enemigo, cuando apoyado por toda clase de elementos materiales intentaba conquistar las prodigiosas tierras levantinas».

El segundo año de guerra: la Batalla del Ebro

En medio de este clima, el 1 de mayo de 1938, el Gobierno republicano hizo pública una declaración de trece puntos en la que exponía los objetivos para conseguir la paz. El programa había sido pensado tanto por su valor propagandístico de cara al extranjero como porque constituía un esquema de mediación. La Subsecretaría de Propaganda editó el documental *Los trece puntos de la victoria* para asegurar su difusión en la zona republicana a través de sus proyecciones cinematográficas, tanto en los frentes como en la retaguardia. Cinematográficamente hablando, se realizaron tres versiones diferentes tituladas *Los trece puntos de la victoria*, ilustradas con imágenes de archivo. En esta declaración se exponían los objetivos para conseguir el fin de la guerra: 1) la independencia del Estado español; 2) liberar a España de militares extranjeros invasores; 3) república democrática con un gobierno de plena autoridad; 4) plebiscito para determinar la estructuración jurídica y social de la República española; 5) libertades regionales sin menoscabo de la unidad española; 6) conciencia ciudadana garantizada por el Estado; 7) garantía de la propiedad legítima y protección al elemento productor;

8) democracia campesina y liquidación de la propiedad semifeudal; 9) legislación social que garantice los derechos del trabajador; 10) mejoramiento cultural, físico y moral de la raza; 11) ejército al servicio de la nación, libre de tendencias y partidos; 12) renuncia a la guerra como instrumento de política nacional; 13) amplia amnistía para los españoles que quieran reconstruir y engrandecer España.

En la misma línea de *Los trece puntos de la victoria* está la serie de cuatro cortometrajes *Palabras del Excmo. Sr. Presidente del Consejo Dr. Negrín* de la Subsecretaría de Propaganda. Todos ellos tienen en común la consigna de resistir para obtener la victoria.

El documental *La Ciudad Universitaria*, producido por el Departamento Nacional de Cinematografía (DNC) de la España franquista, está dedicado a «la juventud heroica de España, a los estudiantes, a los campesinos, a los obreros que han venido a esta Ciudad Universitaria para doctorarse en la muerte». En el mismo se explica la situación de Madrid después de dos años de guerra. El narrador afirma que la ciudad es defendida por las Brigadas Internacionales, que están formadas por «40.000 hombres reclutados en los suburbios de Europa por el Gobierno rojo que inicia así con ellos la intervención extranjera». Por razones evidentes, no se menciona la ayuda que la Alemania nazi y la Italia fascista empezaron a enviar a la España nacional en el verano de 1936, unos meses antes de la intervención de los brigadistas en el frente de Madrid, en noviembre de 1936. Además, cuando se realizó este documental en 1938, los interbrigadistas no se hallaban defendiendo Madrid, sino otros lugares.

Aunque el comentarista es triunfalista cuando dice que «nuestros soldados pasan el río y la flecha triunfal de nuestro avance se clava en Madrid. La Ciudad Universitaria es nuestra», hay que reconocer que las tropas franquistas fracasaron en su objetivo inicial, que era la conquista de la capital española. Y tras dos años de guerra la situación seguía igual. El locutor destaca que la ciudad ha sido bombardeada durante este tiempo sin tregua. Se observan los efectos de los combates en el Hospital Clínico y en las facultades de Farmacia y de Medicina, en la Escuela Universitaria, en el parque del Oeste, en el Palacio de la Moncloa...

Tejados hundidos recuerda la resistencia de Madrid en el segundo año de guerra. Sobre imágenes de las destrucciones producidas por los continuos bombardeos, la narración alude a la bárbara agresión fascista y a la heroica resistencia de los madrileños, depositando la esperanza en la victoria final de sus habitantes.

Desde el inicio de la contienda, en julio de 1936, las tropas republicanas iban perdiendo paulatinamente territorio. Precisamente, el DNC produjo el documental *18 de julio* para conmemorar los dos años de guerra. Según el locutor, el general Franco «posee 363.483 km² —el 72 por ciento del territorio español—» y en el último año se han conquistado «41.000 km²; unos 112 km² por día». En definitiva, 37 capitales de provincia de las 50 que forman España estaban en manos de los nacionales, además de los territorios africanos y las islas, a excepción de Menorca. En un mapa se señala el territorio de los republicanos, identificado didácticamente con una hoz y un martillo. Este film contiene escenas de los actos conmemorativos en Ceuta y en Valladolid del Día de África, el 17 de julio de 1938. El Alto Comisario de España en Marruecos, el coronel Juan Beigbeder, y el ministro de la Gobernación, Ramón Serrano Súñer, presiden los actos celebrados en Ceuta. En Valladolid, «los actos revistieron caracteres de verdadera grandiosidad», según el narrador, mientras se observa una gran parada al estilo fascista en las que aparecen el general José Millán Astray y el ministro Raimundo Fernández Cuesta. Finalmente se incluyen imágenes de un desfile en Salamanca, mientras se escucha la voz de Franco reafirmando su fe en la victoria gracias al ímpetu del Ejército y a la generosidad de la juventud española.

La Batalla del Ebro, iniciada el 25 de julio, fue la más reñida de todo el conflicto bélico porque en ella se decidía la suerte de la República. En la orilla izquierda del río se concentraron un gran número de efectivos militares. Los primeros hombres atravesaron el río en barcas, y poco después se instalaron pasarelas y puentes de distintas clases. La operación del cruce fue un éxito que tuvo una enorme repercusión moral en ambos bandos. En el documental *El paso del Ebro*, producido por la Sección de Propaganda de la 46 División «El Campesino» y que en la actualidad no tiene sonido, se reconstruye dicha batalla con imágenes rodadas con posterioridad, pero la labor del director y montador, Antonio del Amo, fue tan espléndida que transmite la sensación de como si hubieran sido rodadas en directo. Se observa a las tropas republicanas, una vez alcanzada la orilla, destruyendo una alambrada. Tras construir un puente sobre el río, unos camiones transportan material bélico y las unidades republicanas entran en varios pueblos, identificándose Miravet. También aparecen primeros planos de los principales jefes militares de la República que participaron en dicha batalla: Valentín González *El Campesino*, Enrique Líster, Juan Modesto y Manuel Tagüeña. Antes ya se ha indicado que el paso del río se realizó con éxito, pero a continuación el avance quedó frenado.

El documental del DNC *La Batalla del Ebro* describe la contraofensiva del Ejército nacional para contrarrestar el avance de las tropas republicanas en dicha batalla. En esta película se destaca que si el Ejército nacional venció a las tropas republicanas fue gracias a cuatro aspectos: porque superaban en número a sus enemigos; por su moral de combate; por su desprecio al peligro; y, finalmente, por su preparación militar. A pesar de todo «azuzados por la propaganda de las Internacionales, miles y miles de hombres (republicanos) dejan su vida en las trincheras enemigas. Lejos de la guerra, los verdaderos responsables de la tremenda tragedia afilan sus uñas y lanzan proclamas inflamadas que alimentan una resistencia inútil». A finales de octubre se inició la contraofensiva nacional y la retirada de los republicanos. En *La Batalla del Ebro* se indica que el 17 de noviembre de 1938 se redactó el parte de guerra en el cual el Ejército nacional reconocía el final de esta batalla. El documental finaliza destacando que el general Francisco Franco es invencible, mientras se observa una concentración militar en la plaza Mayor de Salamanca en la que se ve a Franco caminando, mientras se escucha la *Marcha Granadera*, himno de la España nacional desde que se oficializó por decreto el 27 de febrero de 1937.

Nota extraordinaria del II año triunfal es un documental de la Delegación Nacional de Prensa y Propaganda de Falange, destinado a los países de habla castellana en América, que presenta la situación después de la Batalla del Ebro e incluye un discurso del general Juan Yagüe. Opina que la zona nacional es «una España justa, de caballeros y héroes, labradores, artesanos y soldados; la España de Carlos V y la de Felipe II»; o sea, una visión imperialista.

Durante la crisis de Munich, el presidente Juan Negrín anunció en la Sociedad de Naciones —el 21 de septiembre de 1938— su decisión de retirar a todos los extranjeros que luchaban en el Ejército republicano con la esperanza de que con esto, tanto las autoridades británicas como las francesas se pusieran a favor de la República. De esta forma se perseguían dos objetivos: que la actitud republicana tuviera repercusiones políticas favorables en el área internacional, y que el bando nacional accediera también a retirar a las tropas extranjeras que combatían en su Ejército. *Voluntarios de la libertad*, título otorgado por la Filmoteca Española con el que se designa este material en fase de montaje que no conserva el sonido, tiene dos partes diferenciadas: el desfile multitudinario celebrado en la avenida Diagonal de Barcelona en honor a los combatientes extranjeros, el 28 de octubre, y el banquete ofrecido a los brigadistas por las autoridades republicanas en el castillo de Vic al día siguiente.

Juventudes de España (Documental de la Primera Demostración Nacional de Organizaciones Juveniles en Sevilla) es una producción del DNC que tiene como protagonistas a estas secciones de Falange. En él aparecen exhibiciones gimnásticas, desfiles militares y bailes regionales celebrados el 29 de octubre. Asisten varios falangistas reconocidos como Raimundo Fernández Cuesta, Miguel y Pilar Primo de Rivera, Sancho Dávila... Fernández Cuesta —secretario general de Falange y ministro de Agricultura— pronuncia un discurso, con sonido directo, glosando la figura de José Antonio, que murió con valentía y honor como «los elegidos de los dioses, como Sigfrido te enfrentaste con el dragón, como Amadis luchaste con afán por la dama de tus velos». La muerte del que fuera líder de la Falange es descrita de forma grandilocuente y retórica por Fernández Cuesta: «Como Garcilaso hiciste poesía y caíste por el Imperio sin casco ni coraza, a cara descubierta, para asaltar el castillo de tus ilusiones. En tierra de palmeras, gallardas cual fuera y cerca del mar Mediterráneo, clásico como tu cultura, luminoso como tu cerebro y azul como tu camisa, reposa por ahora tu cuerpo. Pero tu alma habrá entrado ya en ese paraíso que cantaras y en donde en las gambas de las puertas, junto a los ángeles con espadas, hacen guardia tus escuadras caídas cara al sol por Dios y por España victoriosa de todos tus enemigos, sin pactos ni mediaciones.»

El populismo que intentaba recrear la Falange, y que se caracterizaba —tal como se comprueba visionando este film— por el uniforme —la camisa azul—, la bandera revolucionaria roja y negra —con el yugo y las flechas que recordaba la España imperial de los Reyes Católicos—, el grito ritual patriótico —«¡Arriba España!»—, etc., no dejaba de ser, sin embargo, más efectista que real. Los militares eran quienes dirigían la vida política. En la película se observa, por ejemplo, la presencia del general Gonzalo Queipo de Llano —máxima autoridad militar en el sur— y del comandante José Cuesta Monereo en la tribuna presidencial.

El final de la guerra

Tras la Batalla del Ebro, el Ejército republicano quedó destrozado y la defensa de Cataluña se volvió imposible para la República. Con el inicio de la ofensiva del Ejército nacional sobre el territorio catalán, el 23 de diciembre de 1938, el frente republicano se rompió en varios puntos. *Celestino García Moreno* es seguramente uno de los últimos documentales republicanos que se realizaron. El protagonista es este cabo de infantería, perteneciente al V Cuerpo de Ejército, que se hizo famoso por destruir el 17 enero de 1939 tres tanques italianos, capturar a sus ocupantes y provocar la huida de otros diez tanques. Este hecho ocurrió en las inmediaciones de Santa Coloma de Queralt (Tarragona), donde las unidades de Enrique Líster trataban de frenar el avance de las tropas enviadas por Benito

Mussolini. Tras explicar su hazaña, este héroe anima a todos los combatientes a luchar contra el invasor. Con una naturalidad desbordante, García Moreno dice: «¡Camaradas! Aquí sabéis... que defendemos el pan nuestro; nosotros defendemos nuestra tierra, nosotros defendemos lo que hay que defender los hombres y no esos invasores que nos quieren destruir nuestra España y todo el mundo entero. Cuando acabaran con España, irían con Francia, irían con todas... del mundo entero.» El film se cierra con textos de aliento y esperanza en la victoria del presidente Juan Negrín. Por tanto, la intencionalidad de esta película es doble: animar a la retaguardia y estimular a los soldados en el frente de batalla. Celestino García Moreno, un campesino de Morata de Tajuña (Madrid) fue ascendido a sargento y obtuvo un permiso de 15 días para ir a ver a su familia y a su novia. Al acabar la guerra fue capturado, juzgado, condenado a muerte y fusilado por las autoridades franquistas.

Con el Ejército republicano desmoralizado y destruido, las tropas nacionales entraron en Barcelona el 26 de enero de 1939. *La liberación de Barcelona* es un reportaje del DNC sobre los primeros días de la entrada de las tropas nacionales en la Ciudad Condal: un gran número de personas en la calle da vítores a Franco; el Auxilio Social distribuye víveres; las autoridades militares son aclamadas a su llegada a la plaza de Cataluña, donde asisten a una misa de campaña; desfiles donde predomina una nueva simbología —el saludo fascista y el *Cara al Sol*—; etc. Estas imágenes demuestran que para una parte de los barceloneses habían llegado sus partidarios; para otros representó el final de la pesadilla de hambre, privaciones y bombardeos. Seguro que familiares o conocidos de todos ellos habían iniciado un duro y penoso exilio. El locutor dice que el general Franco destaca la importancia de la conquista de la capital de Cataluña, porque ello provocará como consecuencia el final de la guerra. Y a decir verdad, no erró en el cálculo porque dos meses después concluiría el conflicto bélico. *La gran parada militar en Barcelona, con asistencia de S.E. el Jefe del Estado y Generalísimo de los ejércitos nacionales* es un film del DNC sobre el desfile celebrado en la avenida Diagonal el 21 de febrero, en el que tomaron parte representaciones de los cuerpos del Ejército que participaron en la campaña de Cataluña.

A pesar de la resistencia a ultranza del Gobierno republicano, éste estaba deshecho. El DNC produjo dos films: *La llegada de la Patria* y *¡Vivan los hombres libres!* En el primero se explica que eran 32 las provincias que estaban en poder de los nacionales; mientras que el otro es un documental, con algunas imágenes ficcionadas, sobre las checas halladas en Barcelona tras la toma de la ciudad, describiendo los elementos y formas de tortura de las que hace responsable al Gobierno republicano. Este documental, según reza un rótulo, fue realizado pocas horas después del descubrimiento de varias de estas cárceles, mostrándonos celdas «con ladrillos en el suelo que impedían pasear» —afirma el locutor—; habitaciones con pinturas alucinantes «como las que ven en las pesadillas los que tienen fiebres altas»; «lechos inclinados para no poder conciliar el sueño» o instrumentos utilizados en la tortura. De *¡Vivan los hombres libres!* se hicieron versiones en francés e inglés para ser proyectadas en el Congreso Internacional Antimarxista que se celebró poco tiempo después en Ginebra.[17]

Las tropas nacionales conquistaron lo que aún estaba bajo la zona republicana sin encontrar resistencia. El 28 de marzo de 1939 entraron en Madrid y cuatro días más tarde finalizó la guerra. La Agrupación de Cine Amateur de Madrid produjo *Reportaje de la liberación de Madrid por el glorioso Ejército español*, que tiene como tema la entrada de las tropas nacionales en la capital y los diversos actos militar-religiosos que se celebraron los días siguientes. El documental del DNC *La liberación de Madrid* (1939) está dedicado a la ocupación de la capital española por parte del Ejército franquista. El comentarista habla de Madrid, erigida sede del Imperio español por Felipe II, y relata cómo el 18 de julio de 1936 «se hundió en poder de las turbas marxistas y brigadas de asesinos, convirtiéndose en un antro espantoso de suciedad y abyección», pero que ahora «el corazón de Madrid es ya de Franco». El film acaba con fotografías del dictador y de José Antonio, mientras la locución se refiere al último parte oficial; aquel que acababa diciendo «la guerra ha terminado». Precisamente, *El gran desfile de la Victoria en Madrid* es un reportaje del DNC sobre este acto celebrado el 19 de mayo en el que participaron tropas de todos los ejércitos, incluyendo representaciones de unidades alemanas e italianas. En la tribuna figuran miembros del cuerpo diplomático de estos países, así como de Portugal, Francia, Inglaterra, Japón, Ciudad del Vaticano, entre otros.

A partir del final de la guerra, en España se continuaron realizando documentales sobre la Guerra Civil. Huelga decir que siempre bajo una única visión: la de los vencedores.

---

17. Memoria de las actividades desarrolladas por el Departamento de Cinematografía [sin fecha, pero probablemente en marzo de 1939]. Archivo General de la Administración, Sección Cultural, Archivador 273.

CAPÍTULO 2

LA PRODUCCIÓN ESPAÑOLA
DURANTE EL CONFLICTO BÉLICO

Hasta poco antes de la muerte de Franco, los casi tres años que duró la Guerra Civil española fueron ignorados por las diversas obras escritas sobre el cine español[1] o, en su defecto, narran este período de forma breve, como si el conflicto bélico hubiera interrumpido la producción cinematográfica. Nada más lejos de la realidad: el cine producido en España durante la contienda civil es una fuente documental privilegiada para el historiador, ya que permite saber cuál era el entorno social e histórico en el que fue producido. Unas cifras aproximativas de las películas documentales y de ficción producidas durante la Guerra Civil son las siguientes:[2]

	Republicanas	Nacionales
1936	66	11
1937	210	25
1938	80	22
1939	4	35
Total	360	93

Si se alcanzaron estas cifras fue porque anteriormente había una industria cinematográfica. Tal como señala el especialista José María Caparrós Lera, los diferentes gobiernos de la Segunda República manifestaron un desinterés por el fenómeno cinematográfico, a diferencia de la iniciativa privada, que «consiguió sorpren-

1. Cabero, Juan Antonio, *Historia de la cinematografía española (1896-1948)*, Madrid, Gráficas Cinema, 1949 y Méndez Leite, Fernando, *Historia del cine español*, vol. 1, Madrid, Rialp, 1965.
2. Amo, Alfonso del (ed. en colaboración con M.ª Luisa Ibáñez), *Catálogo general del cine de la Guerra Civil*, Madrid, Cátedra-Filmoteca Española, 1996, p. 31.

dentemente crear las bases de la primera industria del cine nacional e incluso vencer en taquilla al cine norteamericano de los años treinta, especialmente durante las temporadas 1934-1935 y 1935-1936, en plenos *bienio negro* y Frente Popular».[3]

Tras el fracaso de la sublevación militar, iniciada el 17 de julio de 1936 en el Marruecos español, el pronunciamiento se transformó en guerra civil, quedando España dividida en dos zonas irreconciliables. A partir de este instante aparecen dos cinematografías diferenciadas: la realizada por el bando republicano y la de la zona nacional. Con el inicio del conflicto bélico, la zona republicana disponía de los dos principales centros de producción cinematográfica de España, Barcelona y Madrid, pues en ambas ciudades la rebelión militar había sido sofocada. Mientras, el bando nacional solamente contaba con los equipos cinematográficos que se habían desplazado a rodar un par de películas en Andalucía: *Asilo naval* (Tomás Cola) en Cádiz y *El genio alegre* (Fernando Delgado) en Córdoba. Esta situación tuvo sus consecuencias cinematográficas durante los primeros meses de guerra. Desde las primeras semanas del conflicto armado, el bando republicano movilizó a toda la industria cinematográfica, que estaba en su poder, como elemento ideológico y político. En cambio, la producción de la zona nacional sólo consiguió despegar debido a la ayuda de Alemania, Italia y Portugal.

Dos son las características comunes de las producciones fílmicas producidas por ambos bandos: primero, defender la legitimidad y legalidad de sus acciones por el bien de España; y segundo, la descalificación del enemigo. Por lo que se refiere a este último aspecto, mientras en las producciones republicanas se tilda a los militares sublevados de «fascistas», «traidores sin honor», «bestias feroces»…, en las películas nacionales se llama a los republicanos «rojos», «canallas marxistas», «traperos desharrapados del Frente Popular», etc.

La principal diferencia cinematográfica entre las producciones republicanas y nacionales se refiere al nivel de censura en que trabajaban los cineastas. Los operadores de la zona republicana, tras filmar una noticia, entregaban las imágenes rodadas para que pasaran la censura oficial. En cambio, los operadores de la zona nacional tenían que solicitar primero el permiso para poder filmar una noticia. Tras obtener la autorización y rodar la noticia, el material filmado era entregado para que pasara la censura —censura que no sólo era política, *la oficial*, sino militar y religiosa—. Otra

3. Caparrós Lera, José María, *Historia crítica del cine español (desde 1897 hasta hoy)*, Barcelona, Ariel, 1999, p. 52.

diferencia entre los documentales de ambas zonas es que la vida cotidiana era prácticamente inexistente en las secuencias del bando nacional, donde predominan los temas militares.

Con la finalización del conflicto bélico, toda la industria e infraestructura del país, incluida la cinematográfica, estaba económica y materialmente destrozada después de casi tres años de guerra. Hubo que esperar unos cuantos años para lograr los niveles cualitativa y cuantitativamente anteriores a julio de 1936. Tanto los republicanos como los nacionales utilizaron la industria cinematográfica para sus intereses ideológicos respectivos, sin pensar en consolidar unas bases sólidas mínimas para que ésta perdurara una vez finalizado el conflicto bélico.

I. Zona republicana

En la España republicana, a semejanza de lo que pasó en la industria, en general, se colectivizaron los locales de espectáculos. En Barcelona pasaron a manos de la Confederación Nacional del Trabajo-Federación Anarquista Ibérica (CNT-FAI), en Madrid a la Unión General de Trajadores (UGT) y en Valencia a un organismo unitario que incluía a ambas centrales sindicales. En el caso de Cataluña, la Generalitat inició, desde octubre de 1936, un proceso progresivo de intervención y control de todas las industrias, provocando la reacción anarquista, que veía en ello una agresión contra sus intereses. Por su parte, la aparición de la Junta de Espectáculos en Madrid favoreció la acción común de la Administración republicana y de los sindicatos. Normalmente, en cada una de las salas socializadas se creó un consejo obrero o comité de control en el que estaban representados los profesionales del sector y el sindicato o sindicatos en cuestión.

En principio, la cartelera cinematográfica funcionó con toda normalidad desde el otoño de 1936. Las sesiones estaban compuestas por noticiarios de actualidad, documentales de guerra y películas de ficción. La presencia de películas soviéticas se convirtió en un hecho habitual, pero no exclusivo, ya que también se exhibieron producciones norteamericanas y españolas. Los problemas aparecieron cuando las distribuidoras estadounidenses suspendieron, a mediados de 1937, sus envíos, alegando la falta de pagos. Por tanto, a partir de esta fecha, fue más frecuente la progresiva ausencia de novedades en la pantalla de producciones de los EE.UU.

A diferencia de la zona nacional, en la España republicana casi no existe legislación sobre la censura.

La inmensa mayoría de las películas realizadas por los republicanos estuvieron producidas por las centrales sindicales, los organismos gubernamentales, los partidos políticos y muy pocas por la iniciativa privada. En un principio, los estudios y laboratorios de cine de Barcelona y Madrid paralizaron su actividad a la espera que la situación se aclarase. A medida que el conflicto fue alargándose, Barcelona ganó importancia respecto a Madrid, siendo varios los factores que determinaron esta situación:

a) la pérdida real de Madrid como capital y de cualquier tipo de inversión para la industria cinematográfica;

b) la situación geográfica de Barcelona —ciudad que posee puerto y que dispone de vías de comunicación con la frontera francesa, lo que facilitaba la exportación de las películas y la importación de material cinematográfico—;

c) las infraestructuras cinematográficas de la Ciudad Condal —contaba con cuatro estudios de rodaje: Orphea, Trilla-La Riva, Kinefon y Lepanto—;

d) la capital catalana estaba alejada del frente de guerra, la ocupación militar por parte del Ejército nacional no se inició hasta marzo de 1938, mientras que Madrid sufrió desde el otoño de 1936 el asedio y bombardeo, que provocaron una serie de consecuencias como, por ejemplo, las interrupciones en el suministro de energía eléctrica.

Si bien en un primer momento las organizaciones anarcosindicalistas monopolizaron las producciones cinematográficas, a partir de 1937, las únicas productoras que mantuvieron una continuidad en su esfuerzo fueron las relacionadas con organizaciones marxistas e instituciones gubernamentales. Por tanto, se puede afirmar que la República dedicó un esfuerzo mayor, humano y económico, a la propaganda cinematográfica que la España nacional y los noticiarios fueron un ejemplo de ello, pues mientras en la España republicana se exhibían algunos desde 1936, el Gobierno franquista no produjo su propio noticiario hasta casi dos años después de comenzar la guerra.

La producción anarquista

Al iniciarse la confrontación civil se paralizó la producción cinematográfica en Barcelona. El Sindicato Único de Espectáculos Públicos (SUEP), sindicado por la CNT-FAI, pasó a controlar todas las salas de exhibición y gran parte de la infraestructura. Como sindicato anarquista defendió los puestos de trabajo de sus afiliados y era partidario de producir un nuevo cine revolucionario. El SUEP se transformó en el Sindicato de la Industria del Espectáculo (SIE). A partir de este instante, las producciones de la CNT-FAI aparecieron bajo la firma SIE Films. La CNT-FAI fue, hasta finales de 1936, la productora cinematográfica hegemónica en el bando republicano, ya que produjo diversos cortometrajes de propaganda.

Reportaje del movimiento revolucionario en Barcelona (Mateo Santos), filmado entre el 19 y el 22 de julio de 1936, es un documento excepcional porque nos muestra a las fuerzas anarcosindicalistas luchando contra la sublevación militar en Barcelona, así como el nuevo orden social que éstas implantaron. Mateo Santos también fue el responsable de *Barcelona trabaja para el frente*. Otros documentales anarquistas realizados en 1936 son *Bajo el signo libertario* (Les)[4] —centrado en el desarrollo de la vida colectivizada del pueblo zaragozano de Pina de Ebro—, *El entierro de Durruti* —del que se distribuyeron versiones para su proyección en los EE.UU. y en diferentes países europeos—, *¡Ayuda a Madrid!*, etc.

A excepción de la producción cinematográfica de la CNT-FAI, hasta finales de 1936 ningún otro organismo republicano conseguirá estabilizar su actividad fílmica. En el bando nacional se produjeron muy pocas películas en 1936.

La producción cinematográfica de los anarquistas fue muy importante, tanto por su número como por la originalidad de varias de sus películas.[5] Entre 1936 y 1938, la CNT-FAI produjo alrededor de 30 números del noticiario *España gráfica*, con una media de 8 a 10 minutos de duración. Las milicias catalanas actuaron principalmente en los frentes de Aragón y Madrid. En las series *Los aguiluchos de la FAI por tierras de Aragón* y *Madrid, tumba del fascio* (1936-1937) se presentan sus actuaciones, tanto en la retaguardia —las colectivizaciones— como en el frente de batalla. La guerra es vista como una lucha decisiva, sin cuartel ni tregua, donde se ventila un rumbo nuevo de progreso y de justicia social revolucionaria.

Asimismo, SIE Films produjo diversas películas de ficción: *Aurora de esperanza* (Antonio Sau, 1937) y *Barrios bajos* (Pedro Puche, 1937) fueron sus dos largometrajes más ambiciosos por ser obras representativas del «cine social» producido por los anarcosindicalistas.[6]

4. Posiblemente tras el alias «Les» se escondiera el nombre de Ángel Lescarboure.
5. Rigol, Antoni, «Cine anarcosindicalista en la Guerra Civil española», *Historia y Vida*, n.º extra 72 (1994), pp. 74-81.
6. *Aurora de esperanza* y *Barrios bajos* son estudiadas y analizadas por José María Caparrós Lera en su tesis doctoral *Arte y política en el cine de la República (1931-1939)*, Barcelona, Universidad de Barcelona y Editorial 7 1/2, 1981, pp. 175-194.

¡No quiero... No quiero! (1938) fue una película que, según palabras del propio director, Francisco Elías, fue obstaculizada por los comunistas para la edición de la copia estándar y su posterior exhibición.[7] De estas tres películas, *Aurora de esperanza* es la que tiene un mayor contenido social. Juan, el protagonista interpretado por Félix de Pomés, es un obrero que al regreso de las vacaciones se queda en paro. Tras buscar trabajo infructuosamente, decide organizar una «Marcha de Hambre» entre los parados. Cuando se dirigen a la capital estalla la revolución en el país. Entonces Juan decide, junto con sus compañeros, ir a luchar al frente. Como veremos más adelante, una vez acabada la guerra española, Antonio Sau tuvo problemas con el régimen franquista a causa de esta película.

El SIE también dirigió varios cortometrajes de ficción, como *En la brecha* (Ramón Quadreny) o *La silla vacía* (Valentín R. González), ambos de 1937. En el primero de ellos se cuentan las actividades de los afiliados a la CNT-FAI en favor de la guerra y en el desarrollo de la revolución anarcosindicalista, a través de un día en la vida de un trabajador que es delegado del sindicato en una fábrica de hilados. *La silla vacía* es un film de propaganda sobre el alistamiento en el que, mediante imágenes de documentales que muestran las actividades de los anarquistas en Aragón, ficciona la aventura de un joven ocioso que, a la vista de un herido que regresa del frente, se alista como voluntario a las milicias, hasta que fallece en el frente. En cambio, *Nosotros somos así* (Valentín R. González, 1937) es un mediometraje de ficción con estructura de comedia musical infantil en el que se describen las aventuras de un grupo de niños de diferentes clases sociales que, pese al desprecio que les muestra uno de ellos, cuyo padre es un contrarrevolucionario y antirrepublicano, por lo que es condenado a muerte, ellos se las ingenian para conmutarle la pena de muerte por la de condena a prisión y hacer variar las ideas conservadoras de su amigo.

Tras los Sucesos de Mayo de 1937, los anarcosindicalistas catalanes vieron disminuir su poder e influencia en la zona republicana. Es curioso comprobar que, con posterioridad a esta fecha, la SIE abandona la temática de adoctrinamiento y la exaltación revolucionaria para mostrar la vida y moral en la retaguardia —*Así vive Cataluña* (Valentín R. González, 1938)—, los efectos destructores de la

---

7. Caparrós Lera, José María (ed.), *Memorias de dos pioneros: Francisco Elías y Fructuós Gelabert*, Barcelona, CILEH, 1992, p. 52. Tras la guerra, *¡No quiero... No quiero!* fue distribuida por Cifesa y estrenada en 1940, lo que demuestra que el contenido del film no era nada virulento. La película, basada en una comedia de Jacinto Benavente, satirizaba cierta clase de enseñanza.

aviación enemiga —¡*Criminales!* (*Bombardeo de Barcelona*) (1937), *Bombas sobre el Ebro* (Félix Marquet, 1938), *Bajo las bombas fascistas* (1938)...— o conmemorar alguna efeméride —*20 de noviembre* (1937), homenaje a Durruti en el primer aniversario de su muerte, o *Teruel ha caído* (1937), sobre una manifestación en Barcelona que celebraba la toma de dicha capital por los republicanos—.

El frente y la retaguardia (Joaquín Giner, 1937) es un ejemplo del nuevo rumbo que tomó la producción cinematográfica anarcosindicalista. Es un documental de propaganda, con elementos de ficción, que hace un llamamiento a colaborar con el frente a través de los trabajos organizados en la retaguardia. En este sentido, en ningún momento se habla de la colectivización de la tierra sino de estimular la producción agraria, ni tampoco se menciona que el objetivo principal es consolidar la revolución sino «ganar la guerra». En el apartado musical, en lugar de reproducir canciones revolucionarias como *A las barricadas* o *La Internacional*, empleadas en la mayoría de los documentales anteriores a mayo de 1937, se utilizaron fragmentos de obras célebres de la denominada música clásica cuyo título, en algún caso, hace referencia al mensaje social que los productores del filme querían transmitir a los espectadores. El caso más evidente es el tema que se escucha en los créditos iniciales de esta película y durante los primeros minutos de la misma: el cuarto movimiento de la *Sinfonía número 9* de Anton Dvorák, llamada del *Nuevo Mundo*, una composición rica y potente.

En Madrid existía el Sindicato Único de la Industria Cinematográfica y Espectáculos Públicos (SUICEP), de orientación confederal, que produjo diversos documentales: la serie *Estampas guerreras* (1936) —con bastante similitud a la serie *Los Aguiluchos de la FAI por tierras de Aragón*, producido por el SUEP barcelonés—, *Evacuación* (Fernando Roldán, 1937), *Castilla libertaria* (1937), *Frente libertario* (1938) (ambos dirigidos por Méndez Cuesta)... En *Castilla libertaria* se muestra la labor desarrollada por los campesinos en las tareas de colectivización agraria.

La Federación Regional de la Industria Cinematográfica y Espectáculos Públicos (FRIEP), organización madrileña de orientación anarquista, produjo algunos documentales; entre ellos, *Hijos del pueblo* (Domingo Martín, 1937), ¡*Así venceremos!* (Fernando Roldán, 1937), *Olivos y aceite* y *Ganadería* (ambos realizados por Antonio Polo en 1937) o *Nuestro culpable* (Fernando Mignoni, 1937) —largometraje de ficción—. La mayoría de estas películas tenían como tema central la consigna «Trabaja y lucha por la revolución». Por ejemplo, *Nuestro culpable* es una comedia musical que ironiza sobre las relaciones entre la justicia y la sociedad burguesa.

A partir de mediados de 1937, la polémica entre guerra y revolución se resolvió finalmente a favor de la primera. El documental *Teruel por la República* (A. Polo, 1937) se limitó a reafirmar esta idea. Este film está rodado en dicha ciudad durante los primeros días de la entrada de las tropas republicanas.

Otra productora anarquista madrileña fue Spartacus Films, la cual llegó a editar el noticiario *Momentos de España*, del que se montaron pocos números. Como se puede comprobar, la industria cinematográfica anarcosindicalista en Madrid tuvo una producción menor respecto a la de Barcelona, debido a que el grado de afiliación sindical no era comparable al de la capital catalana y a diversas dificultades, como se ha puesto de manifiesto anteriormente —cerco y ataques aéreos, cortes en el suministro eléctrico, etc.—. Ello motivó que algunas películas no fueran terminadas: *Hambrientos del mundo* (Domingo Martín, 1937), *Tierra Jarama* (1937), *Castilla se liberta* (Adolfo Aznar, 1937) o *¡Caín!* (Santiago Ontañón, 1938) —todos documentales, a excepción del film de Ontañón, que era un largometraje de ficción—.

LA PRODUCCIÓN GUBERNAMENTAL

El Gobierno de la Generalitat de Catalunya

En Cataluña, el 12 de septiembre de 1936, Josep Tarradellas, consejero-delegado, por sugerimiento del presidente de la Generalitat, Lluís Companys, creó el Comissariat de Propaganda al frente del cual estuvo Jaume Miravitlles. De este organismo dependía el Departament de Cinema, el cual sería bautizado con el nombre de Laya Films. Joan Castanyer fue nombrado jefe del Departament, y se rodeó de un buen grupo de profesionales. Para Ramon Biadiu, operador cinematográfico de Laya Films, la labor llevada a cabo por este organismo fue «un acierto del presidente Companys al crearlo y mérito del comisario Miravitlles, que supo rodearse de una plantilla de entusiastas colaboradores que trabajaron con eficacia, no registrándose ni una sola deserción a pesar de tener grandes facilidades».[8] Por su parte, Joan Castanyer manifestó que detrás de todo existía la voluntad de «crear una base para un futuro próximo. No hay arte sin base industrial; así me parece. Empezamos, entonces, creando una industria y después llegará la hora de hacer arte. Por esto creí que Laya Films podía

---

8. Caparrós Lera, Josep Maria y Biadiu, Ramon, *Petita història del cinema de la Generalitat: 1932-1939*, Mataró, Robrenyo, 1978, pp. 23-24.

convertirse en la propulsora que diera lugar a una industria con perspectivas insospechables e inéditas para nosotros»[9].

La actuación más valiosa del Departament de Cinema del Comissariat de Propaganda fue la creación de un noticiario. Tres fueron las etapas por las cuales pasó este noticiario:[10]

a) Producidos por Laya Films entre diciembre de 1936-enero de 1937 y marzo de 1937. Su título fue *Noticiario Laya Films* o *Noticiari Laya Films*, dependiendo si la copia era en castellano o en catalán.

b) Producidos conjuntamente por Laya Films y Films Popular —productora afín al Partido Comunista de España (PCE) y de la cual se hablará más adelante— entre marzo y mayo-junio de 1937. Según si la versión era en catalán o castellano, el noticiario recibía la denominación *Espanya al dia* o *España al día*, respectivamente.

c) Producción, de forma independiente, de Laya Films entre mayo-junio de 1937 y enero de 1939. El noticiario se llamó *Espanya al dia*.

Espanya al dia o *España al día* —dependiendo si la versión era en lengua vernácula o no— fue un noticiario estructurado, tal como lo eran el resto de los europeos. Se incluían alrededor de diez noticias por número, con una conciencia clara de que su trabajo estaba al servicio de la actualidad. Además, se encargó de editar versiones en francés e inglés para su difusión en el extranjero. La diferencia de los noticiarios del Departament de Cinema del Comissariat de Propaganda con el resto de noticiarios producidos por otras fuerzas republicanas era que los noticiarios de Laya Films no tenían una ideología precisa, a excepción de la defensa de la libertad de la República, que era también la de Cataluña. Una prueba, por ejemplo, la tenemos en los homenajes que se dedicaron a dos personalidades de ideología tan opuesta como eran mosén Jacint Verdaguer o el anarquista Buenaventura Durruti. Según Ramon Biadiu, teniendo en cuenta que el primer *Noticiari Laya Films* se editó a mediados de diciembre de 1936 y el último número de *Espanya al dia* durante la segunda semana de enero de 1939, el número aproximado de noti-

9. Cit. Sala, Ramon y Álvarez, Rosa, *Laya Films (1936-1939)*, opúsculo editado por la Filmoteca Nacional de España, Madrid-Barcelona, marzo de 1978.
10. Crusells, Magí, «Infrastructures del cinema de la Generalitat de Catalunya durant la Guerra Civil: *Espanya al dia*», *Cinematògraf*, n.º 2 (Segunda época), 1995, p. 49. Comunicación presentada en las II Jornades sobre Recerques Cinematogràfiques. Infrastructures industrials i celebrades entre el 13 y 14 de mayo de 1995 en Barcelona.

ciarios del Comissariat de Propaganda es la suma de las semanas transcurridas entre estos meses; o sea, 108.[11]

Pero además de la realización de noticiarios, Laya Films también produjo diversos documentales que reflejaban tanto la situación en los frentes —*Un dia de guerra en el frente de Aragón* (Joan Serra, 1936), *Aragón 1937* (1937), *La toma de Belchite* (1937), *Catalanes en la Alcarria* (1937), *Transfusiones de sangre en el frente* (Ramon Biadiu, 1937) o *Jornadas de victoria. Teruel* (1938)— como la vida en la retaguardia —*Conmemoración del XIX Aniversario de la Revolución Rusa* (1936), *L'enterrament de Durruti* (1936), *El president d'Euzkadi, hoste d'honor de Catalunya* (1937) o *Catalunya màrtir* (1938)—. Ramon Biadiu realizó para Laya Films una serie de documentales etnográficos como *Arrozales* (1937) —comenta el trabajo en estos cultivos de la zona mediterránea—, *Industrias del corcho* (1937) —describe las características y los diversos aspectos de la industria corchera catalana—, *El vino* (1937) —muestra la elaboración de este producto en Cataluña— o *Vall d'Aran* (1938) —film sobre esta zona del pirineo catalán—. En 1938, Laya Films contaba con un archivo propio de 90.000 metros y más de 130.000 copias para su distribución.[12] Laya Films también se encargó de distribuir por Cataluña, hasta 1938, películas y documentales producidos en la Unión Soviética.

El Gobierno del País Vasco

El Gobierno vasco, según Santos Zunzunegui,[13] produjo al menos dos documentales a través del Gabinete Cinematográfico de la Sección de Propaganda, que dependía de Presidencia: *Entierro del benemérito sacerdote vasco José de Korta y Uribarren, muerto en el frente de Asturias* y *Semana Santa en Bilbao* (ambos de 1937). En el primero, como indica su título, narra el funeral, celebrado en marzo, del que fue jefe de los capellanes vascos de los Batallones Nacionalistas. Los dos documentales tienen la característica común de demostrar que en su territorio existía culto de la religión católica. De esta forma se contrarrestaba la campaña franquista sobre las

11.   Caparrós Lera, Josep Maria y Biadiu, Ramon, *op. cit.*, p. 77.
12.   Gubern, Román, *1936-1939: la Guerra de España en la pantalla*, Madrid, Filmoteca Española, 1986, p. 28.
13.   Zunzunegui, Santos, «La producción fílmica en el País Vasco: 1936-1939», *Revista de Occidente*, n.º 53, octubre 1985, p. 24. Para este tema, cfr. también la síntesis de Zunzunegui, Santos, *El cine en el País Vasco*, Bilbao, Diputación Foral de Bizkaia, 1985 y Pablo, Santiago de, *Cien años de cine en el País Vasco*, Vitoria, Diputación Foral de Álava, 1996.

persecuciones religiosas y atentados contra edificios y monumentos de la Iglesia católica.

La escasa filmografía del Gobierno vasco se debe a la corta vida de su Estatuto —ni siquiera llegó al año, de octubre de 1936 a julio de 1937— y a la inferior tradición cinematográfica en el País Vasco. De todas formas, el Gobierno presidido por José Antonio Aguirre no llegó a crear un Departamento de Propaganda como existió en la Generalitat de Catalunya.

El Gobierno de la República

Al comienzo de la guerra, la información y propaganda cinematográfica del Gobierno de la República dependían de una Sección de Propaganda incluida en el Ministerio de Instrucción Pública y Bellas Artes. En enero de 1937 se creó el Ministerio de Propaganda. *Todo el poder para el Gobierno* (1937) fue un reportaje en apoyo a la política de concentración del poder gubernamental: movilización general, depuración de mandos militares y orden social dirigido por el Gobierno.

Tras la caída de Francisco Largo Caballero —mayo de 1937— se fundó una Subsecretaría de Propaganda, dependiente del Ministerio de Estado, donde se incluyó el cine. Entre sus actuaciones destacamos: *Atentado a Madrid* (1937), *España por Europa* (1937), *Un año de guerra* (Arturo Ruiz Castillo, 1937), *Niños españoles en Méjico* (1938), *Palabras del Excmo. Sr. Presidente del Consejo, Doctor Negrín* (1938), *Bombardeo de la Universidad de Barcelona* (1938), *Los trece puntos de la victoria* (1938), *La batalla de Guadalajara* (1938) o *Campesinos de ayer y hoy* (1938).

España 1936 ha pasado a la historia, no tanto por su valores estrictamente cinematográficos —que los tiene, ya que es uno de los primeros ejemplos del cine de montaje bélico— sino por el grado de participación que Luis Buñuel tuvo en el documental; un trabajo que, aún hoy en día, continúa siendo confuso, principalmente por la actitud del propio director aragonés, que nunca mantuvo una posición clara al respecto.

Buñuel fue enviado en septiembre de 1936 por el Gobierno republicano a la Embajada de París como agregado de los servicios de información. Allí, y según palabras del propio Luis Buñuel, «me ocupaba del material [cinematográfico] rodado en España y hasta mandé hacer un film de montaje, cuyo título no recuerdo».[14] Posiblemen-

---

14. Texto reproducido de una carta que Buñuel envió al historiador José Francisco Aranda. Cfr. Aranda, José Francisco, *Luis Buñuel. Biografía crítica*, Barcelona, Lumen, 1970, p. 179.

te, Buñuel se estaba refiriendo a *España 1936*, que fue producida por la Subsecretaría de Propaganda del Gobierno republicano. El historiador José Francisco Aranda preguntó a Luis Buñuel si intervino en el montaje de dicha película, a lo que éste le respondió: «¡No soy tan frívolo! Supervisé el montaje en la fase de copión, en positivo y en la sonorización.»[15] *España 1936* fue montado a partir de material cinematográfico de procedencia diversa: imágenes filmadas por los soviéticos Roman Karmen y Boris Makaseiev y secuencias de noticiarios y documentales republicanos. Por su parte, el historiador cinematográfico Román Gubern indica que en dos ocasiones diferentes preguntó a Luis Buñuel sobre la autoría de *España 1936* y éste siempre le respondió categóricamente que «había sido montado por Jean-Paul Le Chanois».[16] Asimismo, cuando Tomás Pérez Turrent y José de la Colina entrevistaron al director aragonés, a mediados de los años setenta, para elaborar un libro biográfico, la respuesta del realizador sobre su labor en la Embajada española en París fue: «Entre otras cosas, en la Embajada se me encargó la propaganda cinematográfica. Le Chanois montaba una película con el material que yo recibía y supervisaba. Algunos libros apuntan esa película como mía, pero no es así.»[17]

Desgraciadamente, en la actualidad no existe documentación de la época que certifique ninguna de las hipótesis existentes.[18] Este documental hace hincapié en dos aspectos: que el conflicto español mereció por parte de los gobiernos extranjeros la cínica política de no intervención; y la defensa de Madrid, una de las leyendas de la Guerra Civil española. Precisamente, la defensa de Madrid se convirtió en uno de los *leitmotivs* básicos de la política republicana a partir de 1937: una población entusiasta, unida a un ejército, frena lo que se consideraba una ofensiva imparable del enemigo, pasando a ser una ciudad de resonancias épicas.

La Subsecretaría de Propaganda también fue responsable de la coproducción del largometraje de ficción *Sierra de Teruel*, film realizado por André Malraux entre julio de 1938 y enero de 1939 en diferentes poblaciones catalanas. Pero cuando se produjo la total ocupación militar de Cataluña por el Ejército franquista, en febrero de 1939, todavía quedaban algunas escenas por rodar. Fue finalizado du-

15. Aranda, Francisco, «La etapa española: 1932-1937», VV.AA., *Luis Buñuel*, Venecia, XLI Mostra Internazionale di Cinema, 1984, p. 51.

16. Cfr. Gubern, Román, *op. cit.*, p. 25.

17. Pérez Turrent, Tomás y Colina, José de la, *Buñuel por Buñuel*. Madrid, Plot Ediciones, 1993, p. 41.

18. En la actualidad, una copia completa del documental *España 1936* no ha sido localizada. En la Filmoteca Española hay una versión en francés titulada *Espagne 1936*, pero que no posee títulos de crédito.

rante los meses posteriores en Francia gracias a la intervención del productor Edouard Corniglion-Molinier. En la película, basada en una parte de *L'espoir*, libro escrito por el propio Malraux y publicado en 1937, se narran las dificultades de la aviación republicana, a consecuencia de la falta de medios, para bombardear la zona enemiga.[19]

Además de la Subsecretaría de Propaganda, varias fueron las organizaciones —dependientes del Gobierno republicano— que tenían su propia sección de cine y producían sus propios documentales; entre ellas destacan:

1) Comisariado General de Guerra: *Nuestros prisioneros* (1937), en el que se mostraba el buen trato que recibían los presos de los nacionales.

2) Estado Mayor del Ejército del Centro: *Invasión* (Francisco Díaz Romero, 1937), sobre el desastre de las tropas de la Italia fascista en Guadalajara y Brihuega, o *Resistencia en Levante* (Rafael Gil, 1938), acerca de la solidez defensiva en el frente mediterráneo.

3) Información y Propaganda del Ejército: *Alas rojas sobre Aragón* (teniente coronel Alfonso de los Reyes, 1937), sobre la actuación de la aviación republicana.

4) Servicio de Información Gráfica de Ingenieros de Madrid: realizó el noticiario *Gráfico de Ingenieros*, siendo editado el primer número en 1937.

5) Comité Pro-Ejército Popular Regular: *El ejército del pueblo nace* (1937), que tiene como eje central la movilización e instrucción militar.

6) Dirección General de Carabineros: *Transporte de carabineros* (1937) o *Prácticas de la Escuela de Carabineros en Caldas de Montbuy* (1938).

7) Milicias de la Cultura del Ministerio de Instrucción Pública y Sanidad: *España vieja* (Manuel Lara y Pepe García, 1937) —documental en cuya producción colaboró la organización Milicias de la Cultura—, sobre las campañas de alfabetización entre los soldados, o *La República protege a sus niños* (1938) —film producido en colaboración con los Auxiliares Mecánicos de la Enseñanza—.

8) Delegación de Propaganda y Prensa de la Junta Delegada de Defensa de Madrid: *Reportaje de la causa de los prisioneros del Cerro Rojo* (1937), sobre el juicio a más de 80 personas capturadas en los primeros combates en torno al Cerro de los Ángeles, en la provincia de Madrid, al iniciarse el cerco de la capital española.

---

19. Esta película es analizada con más profundidad en el capítulo 8.

LA PRODUCCIÓN DE LAS ORGANIZACIONES MARXISTAS

En este apartado se hace referencia a aquellas películas producidas por organizaciones marxistas afines o adheridas a la tercera Internacional; por lo tanto, no se citan entidades como el Partido Obrero de Unificación Marxista (POUM) —que no produjo ninguna película al no disponer de una sección de cine—. Así pues, las organizaciones que se comentan aquí son el Partido Comunista de España (PCE), el Partit Socialista Unificat de Catalunya (PSUC), las Juventudes Socialistas Unificadas (JSU), la UGT, la Alianza de Intelectuales Antifascistas para la Defensa de la Cultura, el Socorro Rojo Internacional, el 13 Regimiento de Milicias Populares «Pasionaria» y la 46 División «El Campesino».

El máximo organismo responsable de la producción cinematográfica del PCE y del PSUC fue Film Popular. Film Popular nació como empresa distribuidora —primero de las películas importadas de la Unión Soviética y, posteriormente, de sus propias producciones y de otras organizaciones—. Antes de la creación de Film Popular como productora, el PCE ya había producido algunos documentales como por ejemplo *¡Traición! Fanjul, Mola, Franco, Queipo* (1937) o *Mando único* (Antonio del Amo, 1937); este último hace referencia a la unificación del mando militar.

Anterior a la firma Film Popular fue la creación, en el verano de 1936, de la Cooperativa Obrera Cinematográfica afín al PCE y al Sindicato General de la Cinematografía o Sindicatos de la Industria Cinematográfica de la UGT. La Cooperativa Obrera Cinematográfica fue una empresa que se encargó de producir sus propios films —*Julio 1936* o *¡¡Pasaremos!! Documental sobre la Guerra Civil en España* (dirigidos por Fernando G. Mantilla en 1936), en los que se describe la situación de Madrid—. Este último documental se inicia con un rótulo dirigido a los trabajadores del sector del cine para que ingresen en la Cooperativa Obrera Cinematográfica: «Necesitamos vuestra colaboración para crear una industria cinematográfica grande y digna, que defienda y oriente nuestros intereses de clase.» Esta firma también se encargó de distribuir diversas películas, entre ellas títulos clásicos del cine soviético como *El acorazado Potemkin* (S. M. Eisenstein, 1925) —evocación de la revolución de unos marineros rusos en 1905—, *Chapaiev, el guerrillero rojo* (Sergei y Georgi Vasiliev, 1934) —biografía del combatiente ucraniano que luchó junto al Ejército soviético y murió durante una emboscada en la Guerra Civil rusa por las tropas blancas— o *Los marinos de Cronstadt* (Iefim Dzigam, 1936) —la rebelión de estos hombres contra la tiranía zarista—. Cuando se proyectaba *Chapaiev, el guerrillero rojo* se omitía el final —pues moría el protagonista— para no desanimar a los soldados republicanos.[20] Por tanto, se puede afirmar que el cine soviético ofrecía la posibilidad de orientar la lucha revolucionaria hacia la destrucción del fascismo. La labor más importante de Film Popular fue la edición del noticiario *España al día*, creado —como se ha apuntado antes— junto con Laya Films, y que fue coeditado por los comunistas en versión castellana difundida fuera de Cataluña. La coedición con Laya Films duró sólo unos meses porque Film Popular editó, desde finales de abril de 1937, su propia versión de *España al día*, con noticias distintas. Seguramente, el noticiario *Espanya al dia/España al día* llegó a editar alrededor de un millar de noticias a lo largo de cerca de un centenar de números, constituyendo un hecho insólito en la cinematografía española, sólo comparable a lo que posteriormente sería el NO-DO franquista. Consultada la prensa de la época, el último número editado del noticiario *España al día* del que se tiene constancia fue el número 82, estrenado en el cine Actualidad de Valencia el 30 de enero de 1939.[21]

Conjuntamente a la edición del noticiario *España al día*, Film Popular produjo diversos documentales de temática variada: *La cerámica de Manises* y *Tesoro Artístico Nacional* (realizadas por Ángel Villatoro en 1937), *Con la 43 División* (Clemente Cimorra, 1938) —sobre la actuación de esta unidad militar en el Pirineo catalán—, *Celestino García Moreno* (1939) —que narra cómo este hombre se enfrentó, él solo, y con éxito, a trece tanques enemigos—, entre otros. Es lógico que el PCE viera a la Unión Soviética como un modelo a imitar. Por ello, en algunos documentales se rinde tributo a este país. Una prueba, por ejemplo, fue el documental *Homenaje de Cataluña a la URSS* (1937), sobre los actos que se celebraron al cumplirse el vigésimo aniversario de la Revolución bolchevique. El conflicto alteró todas las pautas sociales establecidas porque se vivía bajo la iniciativa creadora de una sociedad revolucionaria. La mujer vio posible acceder a puestos de responsabilidad insospechados hasta entonces. *La mujer y la guerra* (Mauricio A. Sollin, 1938) versa sobre el trabajo femenino, no en el frente de batalla sino supliendo a los hombres en sus puestos de trabajo en la retaguardia.

---

20. Cfr. Fernández Cuenca, Carlos, *La guerra de España y el cine*, Madrid, Editora Nacional, 1972, p. 313. *Vid.* también el revelador análisis contextual de Ferro, Marc, *Historia contemporánea y cine*, Barcelona, Ariel, 1995, pp. 73-90.

21. Cfr. *La Voz Valenciana* (30-1-1939). De todas formas, en la relación del material existente el 11 de enero de 1943 en el Departamento Nacional de Cinematografía, y exhibido en la zona republicana durante la guerra, figuran 62 números no correlativos del noticiario España al día, el último con el n.º 88. Archivo General de la Administración (AGA), Sección Cultura, Archivador 649.

El PSUC, al igual que el PCE, rodó pocas películas porque a partir de la creación de Film Popular produjo y distribuyó sus films a través de dicha firma. *Quan el camperol és soldat i el soldat és camperol* (1937) es uno de los pocos documentales producidos por el PSUC. Dicho film, sobre las relaciones entre el Ejército y los agricultores, fue realizado por la entidad denominada Cameramans al Servicio de la República —los cámaras en cuestión eran Alfonso Gimeno, Alberto García Nicolau, Joaquín Lepiani y Rafael Roca—. Precisamente, los Cameramans también fueron los responsables de otros documentales de propaganda como *Las democracias internacionales contra los bombardeos de ciudades abiertas* (1938). En esta ocasión, Ramiro Aragonés sustituyó a Rafael Roca.

La JSU produjo, a través de su Secretaría de Agitación y Propaganda, una serie de documentales como *La juventud desfila* (1937) e incluso realizó un noticiario, *Gráfico de la juventud* (1936-1937). En ellos se destaca que el sistema educativo implantado por los republicanos era participativo e independiente.

La UGT no dedicó una especial atención al cine documental a pesar de contar con un sindicato en el ramo de la industria cinematográfica. Si no fuera por algún caso aislado, como el film *Banquete de la UGT a los combatientes internacionales* (1938) —sobre un acto celebrado durante la despedida de las Brigadas Internacionales en Cataluña—, se podría decir que la producción cinematográfica de este organismo fue nula y que prefirió velar por los intereses de sus afiliados.

La Alianza de Intelectuales Antifascistas para la Defensa de la Cultura, creada en 1935, produjo varios films, algunos de los cuales estuvo dedicado a la protección de la capital española —*La defensa de Madrid* (Ángel Villatoro), producción realizada en dos partes, entre 1936 y 1937, y en colaboración con Socorro Rojo Internacional; *Niños de Chamartín* (1937); u *Obuses sobre Madrid* (1937).

La organización solidaria Socorro Rojo Internacional poseía una sección cinematográfica que produjo algunos documentales como *La obra del fascismo: bombardeos de Madrid* (1936), *Niños de hoy, hombres de mañana* (José Fogués, 1937), el noticiario *Gráfico español* —empezado a editar en 1936— o la serie *Tres minutos* realizada, al parecer, también por Fogués.

Solidaridad Internacional Antifascista produjo el mediometraje de montaje *Amanecer sobre España* (1938), centrado sobre la nueva vida del pueblo español que lucha contra el fascismo.

Dentro de las organizaciones marxistas que combatían en el frente existía el 13 Regimiento de Milicias Populares «Pasionaria» —que desapareció cuando éste pasó a formar parte del V Cuerpo del Ejército— que disponía de una sección de cine que produjo algunos films como *Frente a frente* (1936), mediometraje de ficción en el que se relata la conspiración de la oligarquía en un pueblo castellano y la reacción de los trabajadores hasta aplastar la rebelión.

A su vez, la 11 División, al frente de la cual estaba Enrique Líster, produjo *Y cuando Líster llegó...* (Mauro Azcona, 1937). En este documental de propaganda se explica la desconfianza que tenían los habitantes de un pueblo castellano hacia esta unidad militar. Una vez conquistado, Líster comunica que no se practicarán requisaciones ni matanzas de forma indiscriminada. Finalmente, soldados y vecinos de la población desfilan con júbilo.

La 46 División —a cuyo mando estaba Valentín González *El Campesino*— también poseía su propia sección cinematográfica, como lo demuestra la producción de algunos films en los que se exaltan las conquistas militares en las que intervino esta unidad: *Quijorna* (Antonio Vistarini, 1937), *La conquista de Teruel* (Julián de la Flor, 1938) o *El paso del Ebro* (Antonio del Amo, 1938). Éste fue uno de los últimos documentales que narraba una victoria del Ejército republicano. La contraofensiva que lanzaron los nacionales marcó el comienzo del derrumbamiento republicano.

LA PRODUCCIÓN PRIVADA

La marginación de la empresa privada en la cinematografía de la España republicana fue casi absoluta durante la guerra. Sólo algunas pequeñas empresas desarrollaron alguna actividad cinematográfica. Tal fue el caso de Cifesa Consejo Obrero o Ediciones Antifascistas Films.

Cifesa (Compañía Industrial Films Español, S. A.) era una de las pocas productoras españolas que, antes de la guerra, destacaba dentro de la cinematografía del país. La sede central estaba en Valencia, mientras que existían sucursales en Madrid, Barcelona, Sevilla... El estallido de la Guerra Civil provocó que los equipos de Valencia, Madrid y Barcelona estuvieran bajo control republicano, mientras que otras sucursales, como la de Sevilla, quedaran en la zona nacional: el equipo de filmación de la película *El genio alegre*, instalado en Córdoba, pasó a colaborar con el Ejército sublevado.

Vicente Casanova, propietario de la empresa, permaneció un tiempo en territorio republicano, pero después se marchó al extranjero y desde allí se pasó a la España nacional. De esta forma se produjo la dualidad de Cifesa: la sede central de Valencia y las sucursales de Madrid y Barcelona estuvieron al servicio de los republicanos; y la sucursal de Sevilla, al de la causa nacional. Así, la película *Morena Clara* (Florián Rey, 1936), producida por Cifesa antes de la guerra, fue exhibida tanto en la España republicana como en la nacional, hasta que en marzo de 1937 fue retirada de la zona republicana por la colaboración de su director con las autoridades franquistas. La empresa valenciana pasó a regirse por un Consejo Obrero integrado por los propios empleados y presidido por Empar Puchades. A finales de 1937, este consejo solicitó al Ministerio de Hacienda y Economía la intervención estatal, que le fue concedida por Orden Ministerial el 11 de mayo de 1938.[22] La Cifesa «republicana» produjo una serie de documentales, como *Cuando el soldado es campesino* (1937) —sobre la intervención de los milicianos en las faenas del campo en Valencia— y un noticiario, *Noticiario Cifesa*, editándose el primer número en 1937.

Baltasar Abadal, empresario y realizador cinematográfico, fue el promotor de la productora Ediciones Antifascistas Films. Abadal, debido a su ideología prorepublicana y a sus vinculaciones con organismos oficiales, pudo desarrollar sus actividades cinematográficas aparentemente sin problemas. Ediciones Antifascistas Films produjo diversos cortometrajes musicales —*Sueño musical* (Justo Labal, 1937), *Cantando y bailando* (Alberto G. Nicolau, 1938) o *La Danza* (Francisco Rivera, 1938)— y cómicos —*Un mal negocio* (Ángel Villatoro, 1938)—, así como algún documental —*España ante el mundo* (Ángel Villatoro, 1938)—. En este último film aparece un discurso del ministro de Estado, Julio Álvarez del Vayo, dirigido a los países hispanoamericanos, hablando de la situación de aislamiento que sufre la República.

Nemesio M. Sobrevila produjo y realizó, en 1937, dos documentales sobre el País Vasco: *Guernika* —sobre el bombardeo de dicha población y el éxodo de los niños vascos a países extranjeros— y *Elai-Alai* —con canciones en euskera de una coral infantil—. Sobrevila vendió *Guernika* al Gobierno vasco a finales de 1937 para su difusión internacional.[23]

Manuel Ordóñez de Barraicúa, persona relacionada con algunos centros cinematográficos de Madrid y Valencia, produjo y realizó al menos dos documentales en 1937: *Mientras el mundo marcha*, sobre la defensa de la capital española, y *Con «El Campesino»*, exaltando la figura de Valentín González, que dirigía la 46 División.

---

22. Blasco, Ricardo, *Introducció a la història del Cine Valencià*, Valencia, Ajuntament de València, 1981, p. 54.

23. El título del documental *Guernika* mezcla el castellano (Guernica) con el euskera (Gernika).

Mención aparte son las películas que, aún habiéndose estrenado durante la guerra, se habían comenzado a rodar antes de la contienda. En Barcelona se estaban rodando diversos films que fueron proyectados en territorio republicano durante la Guerra Civil: *Los héroes del barrio* (Armando Vidal, 1936), de la productora Internacional Films; *La Alhambra* (Antonio Graciani, 1936), de la empresa P.C.E. (Falcó y Cía.); *Hogueras en la noche* (Arthur Porchet, 1936), producido por Exclusivas José Balart; *Diego Corrientes* (Ignacio F. Iquino, 1936), de la productora Diana; *La Millona* (Antonio Momplet, 1936), de la empresa Selecciones Capitolio; o *Las cinco advertencias de Satanás* (Isidro Socías, 1937), de Ediciones Cinematográficas Nave.

A diferencia de la capital catalana, en donde prácticamente casi todos los films en rodaje consiguieron concluirse, en Madrid quedaron interrumpidas varias películas: *Lola Triana, Nuestra Natacha* (Benito Perojo), *Carne de fieras*,[24] etc. De todas maneras, algunos films fueron acabados y estrenados durante la contienda; tal es el caso de *Luis Candelas* (Fernando Roldán), *El rayo* (José Buchs) y *Centinela alerta* (Jean Gremillon), todos de 1936.

Por otro lado, algunos films fueron rodados durante el conflicto pero estrenados una vez éste hubo concluido —tal es el caso de *Molinos de viento* (Rosario Pi, 1937), producido por la Star Films, y *Bohemios* (Francisco Elías, 1937), de la Asociación de Productores-Camille Lemoine—. El argumento de ambos films no estaba conectado con la realidad bélica de aquellos momentos. La película de Francisco Elías relataba la vida bohemia parisina de un compositor y una cantante, los cuales estaban apoyados por una persona que decía conocer a personalidades claves del mundo del espectáculo. El film de Rosario Pi describía un apasionado romance entre un marinero y una molinera en Holanda. El periodista y realizador anarcosindicalista Mateo Santos escribió, en una revista en 1937, que esta clase de películas no reflejaban «la moral actual, el nuevo orden que se está creando» porque eran «cintas aferradas a un ayer que la revolución proletaria está reduciendo a cenizas».[25] Si tenemos presentes estas palabras, tal vez encontremos una de las causas por las que tales películas no fueron estrenadas en territorio republicano durante la guerra.

---

24. Los materiales de esta película fueron recuperados por la Filmoteca de Zaragoza, que encargó a Ferran Alberich la reconstrucción en 1992.
25. *Tiempos Modernos* (1-2-1937).

II. Zona nacional

Como se ha señalado anteriormente, cuando estalló la guerra el bando nacional sólo disponía de los equipos cinematográficos que se habían desplazado a rodar un par de películas en Andalucía: *Asilo naval* (Tomás Cola), en Cádiz, y *El genio alegre* (Fernando Delgado), en Córdoba, producidas por CEA (Cinematografía Española Americana) y Cifesa, respectivamente.

En un primer momento, la descoordinación política del bando nacional durante los primeros meses de la guerra provocó que la producción cinematográfica quedara paralizada. Además, al menos al principio del conflicto bélico, la zona sublevada contra la República movilizó la capacidad de otros medios de comunicación —especialmente, la radio y la prensa— para difundir su ideario, en detrimento del cine. Historiadores franquistas, como Ricardo de la Cierva, reconocen que no es ningún secreto que la propaganda nacional durante la Guerra Civil estuvo a menor altura que la republicana.[26]

Durante los primeros meses de la guerra funcionaron juntas locales de censura que tenían un abasto territorial limitado. En la primavera de 1937 se creó una Junta de Censura en Sevilla y otra en La Coruña. En diciembre de ese mismo año se fundó la Junta Superior de Censura, primero instalada en Salamanca y, después, en Burgos. A finales de 1938 hizo aparición una Comisión de Censura. Ésta y la Junta Superior estuvieron bajo la autoridad del Ministerio del Interior, siendo un paso hacia la centralización. Por regla general, la Junta se encargaba de censurar los documentales y noticiarios, las producciones del Departamento Nacional de Cinematografía y la revisión de las películas censuradas antes por otros organismos ya desaparecidos. La Comisión tenía a su cargo el resto del material, principalmente los largometrajes de ficción que se estrenaban. La Falange será, juntamente con la Iglesia, el gran organismo interesado por vigilar y controlar la influencia del cine sobre las personas.

A partir de octubre de 1937, era obligatoria en las salas cinematográficas la ejecución del himno nacional en los dieciséis primeros compases mientras los espectadores, en pie, habían de saludar con el brazo estirado al estilo fascista. A su vez, en la pantalla

---

26. Cierva, Ricardo de la, *Cien libros básicos sobre la Guerra de España*, Madrid, Publicaciones Españolas, 1966, pp. 234 y 279, cit. por Fernández Cuenca, Carlos, *op. cit.*, p. 205. Cuando estaba a punto de finalizar el presente libro apareció en el mercado una aproximación que aporta nuevos datos sobre la cinematografía franquista durante la Guerra Civil: *vid.* Álvarez Berciano, Rosa y Sala Noguer, Ramón, *El cine en la zona nacional: 1936-1939*, Bilbao, Mensajero, 2000.

aparecía la imagen del general Franco. No existía un criterio unitario del momento en que se había de interpretar el himno, ya que algunos empresarios lo ponían en la media parte y otros al terminar la sesión. Lo que estaba claro es que ningún espectador podía abandonar la sala hasta el final de su ejecución. No cumplir ninguno de estos requisitos podía provocar consecuencias negativas. También durante el conflicto bélico se obligó a retransmitir el «parte oficial» de guerra. En febrero de 1940 se dejó de interpretar el himno en todas las sesiones para hacerlo sólo en las que tenían un carácter más solemne. Dos meses después se suprimió la exhibición en la pantalla de la imagen de Franco y la ejecución del himno con el saludo al estilo fascista.[27]

La ocupación militar de una población republicana iba acompañada de una serie de medidas destinadas a imponer un nuevo régimen político que eliminara cualquier recuerdo del enemigo vencido y derrotado. Hasta 1938, las actividades ligadas a la cultura estuvieron en manos de los servicios de propaganda. A partir de esta fecha, las relacionadas con el cine serán competencias del Departamento Nacional de Propaganda: incautación de los centros oficiales, políticos y sindicales cinematográficos; defender las instalaciones y material de los particulares hasta que puedan ser devueltos a sus legítimos propietarios; almacenamiento y catalogación del material incautado; depuración de las películas recuperadas; coordinación de las nuevas proyecciones; etc. En un primer instante, la programación estaba basada sólo en films de propaganda franquista. Muchos profesionales del sector, sobre todo los acusados de colaborar o simpatizar con el bando republicano, sufrieron la represión. Por ejemplo, Antonio Sau, por haber dirigido la película *Aurora de esperanza*, una producción de la CNT-FAI, pasó un mes y medio en la cárcel y tras un proceso fue liberado, tal como recordaba él mismo, por «ese tono universal, inconcreto del país»,[28] ya que en ningún momento se menciona el lugar donde transcurre la acción. De todas formas, su carrera como director quedó truncada, quedando relegado, como ayudante de dirección, a colaborar en guiones sin firmar y como jefe de producción. Estar exiliado no impedía ser sometido a una persecución judicial. Por ejemplo, Luis Buñuel era descrito por la Jefatura de Policía de La Coruña como un «sujeto morfinómano y alcohólico, que durante estos últimos

27. Añover, Rosa, *La política administrativa en el cine español y su vertiente censora*, Madrid, Universidad Complutense de Madrid, 1992, pp. 89-91.
28. Caparrós Lera, José María, *Arte y política en el cine de la República (1931-1939)*, p. 183.

tiempos ha estado en París al servicio de la propaganda roja».[29] El historiador Emeterio Díez Puertas ha cuantificado la persecución franquista en el ámbito profesional del cine: el 22 % de los directores que habían dirigido más de un largometraje durante la Segunda República sufrieron represión o exilio; el 20 % de los escritores de los argumentos de ficción; y un 9,4 % de los actores.[30]

Algunas personas han apuntado que las imágenes de las películas incautadas por las autoridades franquistas sirvieron para identificar y represaliar a diversos hombres. El operador de cine catalán Ramon Biadiu manifestó en una entrevista, en 1978: «Sobre el tema hay más de una versión. Parece que los documentos [cinematográficos] fueron aprovechados por la policía franquista para tareas de documentación.»[31] Esta declaración no es simplemente una hipótesis porque existen pruebas de ello. Una muestra, po ejemplo, es la carta —fechada en Madrid el 2 de diciembre de 1939— que el director general de Seguridad del Ministerio de la Gobernación envió al subsecretario de Prensa y Propaganda de dicho ministerio: «Recibida por conducto del Excmo. Señor Gobernador Civil de esta Provincia, su circular telegráfica interesando el envío al Departamento Nacional de Cinematografía de todas las películas recogidas a los rojos, debo participar a V.E. que en esta Dirección General se encuentran depositadas una colección de ellas que por contener detalles que pudieran ser muy útiles a las correspondientes investigaciones policiales, me permito significárselo así, aunque si V.E. lo estima más oportuno, pudieran ser puestas a disposición del Departamento antes referido.»[32] De esta forma, las imágenes de los films requisados sirvieron para identificar a las personas, y posteriormente detener; quedando así la censura a la represión política.

A diferencia de la zona republicana, en el bando nacional fueron muchas las películas que estuvieron producidas durante la guerra por la iniciativa de índole privada: Cifesa, CEA, Films Patria, Films Nueva España o Producciones Hispánicas. Conviene recordar dos aspectos de la cinematografía de la zona nacional: primero, las empresas no fueron colectivizadas ni nacionalizadas; y segundo, la actividad de las empresas privadas se orientó a la obtención de unos beneficios económicos, propios de una sociedad capitalista.

---

29. Cit. Díez Puertas, Emeterio, «La represión franquista en el ámbito profesional del cine», *Archivos de la Filmoteca*, n.º 30 (octubre 1998), p. 58.

30. *Idem.*, p. 78.

31. Delclós, Tomàs, «Ramon Biadiu, documentalista de Laya Films», *L'Avenç*, n.º 11 (diciembre 1978), p. 41.

32. AGA, Sección Cultura, Archivador 270.

LAS EMPRESAS PRIVADAS

El equipo de Cifesa que estaba rodando *El genio alegre* en Córdoba se integró en el Gabinete Civil y Diplomático del Ejército del Sur, pues la sucursal sevillana de Cifesa —convertida en sede central de la empresa en la España nacional— decidió trasladar los equipos de Córdoba a Sevilla. Una vez concluida la guerra, *El genio alegre* se terminó con algunos cambios en algunos actores, debidos a que éstos huyeron de la España nacional y no volvieron al país una vez finalizado el conflicto. Por ejemplo, la protagonista femenina, Rosita Díaz Gimeno, fue sometida a vigilancia y detenida en julio de 1936 por sus simpatías republicanas, aunque posteriormente fue puesta en libertad y se exilió a América. Reanudado el rodaje de la película, Carmen de Lucio sustituyó con trucajes a Rosita Díaz. En la copia que se conserva en la Filmoteca Española, en los títulos de crédito de *El genio alegre*, los nombres de los actores «republicanos» y de sus «dobles nacionales»[33] no aparecen. Esta película es una comedia y su argumento está basado en la obra de Serafín y Joaquín Álvarez Quintero.

Posiblemente, el primer documental realizado por el bando nacional fuera *Entierro del general Sanjurjo* (José Nunes das Neves, 1936), producido por Cifesa en unos laboratorios de Lisboa. Además de esta película, se rodaron otros films producidos por el equipo de Cifesa pero con la colaboración de Portugal —principalmente, laboratorios de montaje y sonorización—: *Asturias para España* (Fernando Delgado, 1937), *Bilbao para España* (Fernando Delgado, 1937), *Sevilla rescatada* (Alfredo Fraile, 1937), *Santander para España* (Fernando Delgado, 1937), *Santiago de Compostela (Ciudades de la nueva España)* (Fernando Fernández de Córdoba, 1938)...

Un ejemplo de la colaboración cinematográfica de Cifesa con el estamento castrense fue el largometraje documental *Hacia la nueva España* (Fernando Delgado, 1937), producido por Cifesa en colaboración con el Estado Mayor Central. En este film se narra el avance de las tropas nacionales, bajo las órdenes del general Varela, desde Extremadura hacia Madrid, entre agosto y octubre de 1936.

Cifesa también realizó la serie *Reconstruyendo España*, entre 1937 y 1938, en la que se explicaba la labor de reedificación desarrollada por el Ejército nacional tras conquistar un pueblo o ciudad.

El escritor Enrique Jardiel Poncela recibió de Cifesa, en la primavera de 1936, la propuesta de realizar una serie titulada *Celuloides cómicos*. Cuando parte de la misma ya estaba rodada en los es-

---

33. Además de Rosita Díaz Gimeno, los actores Anita Sevilla y Edmundo Barbero fueron sustituidos por Charito Benito y Erasmo Pascual, respectivamente.

tudios que CEA tenía en Madrid, la filmación se interrumpió con el estallido de la guerra. A finales de 1938, el proyecto se reanudó con la colaboración financiera de Luis Días Amado, fundador de la empresa CINESIA. En febrero de 1939, cuatro títulos de la serie ya estaban finalizados: *Definiciones*, *Letreros típicos*, *Un anuncio y cinco cartas* y *El fakir Rodríguez*.

El equipo de CEA, que estaba rodando *Asilo naval* en San Fernando (Cádiz), se puso a las órdenes de la Comandancia de la Marina de Cádiz. El material eléctrico de esta empresa iluminó la bahía de Algeciras, ayudando a desembarcar a las tropas que venían del Marruecos español. Posteriormente, todo el equipo se trasladó a San Sebastián —por decisión de su presidente, el banquero Rafael Salgado—, donde instaló unos improvisados laboratorios que fueron utilizados por la productora carlista Cine Requeté, que acabó cerrando muy pronto sus instalaciones. Precisamente, Miguel Pereyra —uno de los técnicos de sonido de *Asilo naval*— dirigió dos documentales para los carlistas: *Con las Brigadas Navarras* (1936) y *La toma de Bilbao* (1937).

Bajo la iniciativa del coronel Juan Beigbeder Atienza, alto comisario de España en Marruecos, CEA produjo *Romancero marroquí* (Carlos Velo y Enrique Domínguez Rodiño, 1939). Beigbéder fue uno de los organizadores de la recluta de marroquíes que se emplearon como fuerza de choque durante las primeras etapas de la Guerra Civil. *Romancero marroquí* es un documental argumentado —con personajes— en el que se explica la forma de vida de los marroquíes y cómo éstos participaban militarmente junto al Ejército nacional. Esta película fue realizada primero por Carlos Velo, miembro del PCE. Tras la huida de éste a la zona republicana, fue terminada por Enrique Domínguez Rodiño, que era consejero-delegado de la productora CEA. El estreno oficial de este film tuvo lugar el 18 de julio de 1939 en varias capitales españolas.

La empresa Films Patria fue creada durante el conflicto bélico —con sede en Vigo— con un nombre que evoca al imperialismo franquista. Esta entidad cinematográfica informaba —en una carta fechada el 22 de julio de 1938— al Jefe del Servicio Nacional de Propaganda del Ministerio del Interior que, aunque no era una productora, «tenemos en explotación tres películas sonoras de ambiente patriótico: *Cerco y bombardeamiento de Madrid*, *Toledo la heroica* y *En el frente de Asturias, Oviedo. La mártir*, realizadas por una casa portuguesa (Lisboa Film), poseedora de los negativos correspondientes, así como de dos películas mudas de la misma procedencia, *Fiesta de la bandera* y *Homenaje a Portugal*.[34] En *Cerco y*

---

34.   AGA, Sección de Cultura, Archivador 267.

bombardeamiento de Madrid se daba por hecha la inminente caída de la capital española en manos del Ejército nacional, considerándola como un objetivo esencial en la guerra. Debido a las constantes alusiones a la inmediata entrada de las tropas nacionales en Madrid, la autorización para exhibirlo fue denegada durante el período bélico, cuando los hechos demostraron lo contrario.

Andrés Pérez Cubero realizó algunos documentales —como por ejemplo *La reconquista de Málaga* (1937)— para Films Nueva España, una productora de efímera vida empresarial.

Antonio Calvache, que había sido director del Servicio de Prensa y Propaganda de Falange Española, fue el productor, director, operador, montador y comentarista del largometraje *El derrumbamiento del Ejército rojo* (1938), que narra la reconquista de Teruel en febrero de ese año. Calvache también dirigió *Marcha Triunfal* (1937), una realización de Producciones Hispánicas, empresa fundada en julio de 1936 por Antonio de Obregón y Joaquín Goyanes de Osés. Este último documental trataba sobre la conquista y reanudación de las actividades industriales en diversas poblaciones de la zona cantábrica conquistada por el Ejército franquista.

En 1937 se creó la productora Hispano-Film-Produktion, surgida a raíz de la iniciativa de Norberto Soliño —distribuidor de las películas de Cifesa en Iberoamérica— y el alemán Johann W. Ther. Mientras que Soliño aportó el realizador y los actores, Ther proporcionaba la infraestructura en Berlín y el capital económico. La sede en España de esta empresa estuvo en Salamanca primero y luego en Burgos, siendo tratada siempre como firma extranjera, radicada en Berlín. Hispano-Film-Produktion filmó entre 1938 y 1939 cinco largometrajes de ficción, con argumento no bélico sino del género denominado *españolada: Carmen la de Triana* (1938), *La canción de Aixa* (1939) —ambas dirigidas por Florián Rey y protagonizadas por Imperio Argentina—,[35] *El barbero de Sevilla* (1938), *Suspiros de España* (1938) y *Mariquilla Terremoto* (1939) —estas tres últimas películas realizadas por Benito Perojo y con Estrellita Castro como actriz principal—. Todas estas producciones se estrenaron en España después de la contienda.

Al mismo tiempo que se rodaba *Carmen la de Triana* se filmó una versión en alemán, también protagonizada por Imperio Ar-

35.   El director Fernando Trueba dirigió *La niña de tus ojos* (1998), en la que se narran las vivencias de un grupo de españoles que ruedan un film en los estudios berlineses UFA. Esta película recuerda el rodaje de *Carmen la de Triana* de Florián Rey. *La niña de tus ojos* es comentada en el capítulo 7.

gentina pero dirigida por Herbert Maisch, que se tituló *Andalusische nächte* —*Noches andaluzas*—. Ambas estaban basadas en una adaptación libre de la célebre obra de Prosper Mérimée. El mismo Joseph Goebbels, ministro de Propaganda de la Alemania nazi, se interesó por esta realización. Goebbels iba muy a menudo a los estudios, atraído por la belleza de la actriz española. El especialista José María Caparrós propone una segunda lectura de esta película. El protagonista masculino es un ex brigadier y contrabandista que ha perdido su graduación militar a causa de sus amores con Carmen, una mujer libertina —¿la República?—. Volverá, sin embargo, al ejército por fidelidad a su propia nación —¿la España de Franco?—, después de salvar a los suyos de una emboscada de los guerrilleros contrabandistas —¿la España republicana?—.[36]

La productora Hispano-Film-Produktion también se dedicó al cine documental, como lo demuestra el film *España heroica. Estampas de la Guerra Civil* (1938), coproducido con la empresa alemana Bavaria Filmkunst, en el que se recreaba la historia española desde la proclamación de la Segunda República hasta la conquista de Bilbao por parte de las tropas nacionales. Este film fue, sin lugar a dudas, la película más importante, desde el punto de vista propagandístico, que tuvo la España nacional. La etapa republicana es descrita como «la decadencia de España llevada a políticas que no consideraban su psicología étnica y potenciaban el particularismo disolvente del pueblo». Se justifica «la gloriosa gesta militar contra las hordas rojas» para evitar que en España acabará implantándose «el caos y la barbarie». El terror del bando republicano durante la guerra es ilustrado, entre otras imágenes, con escenas de ejecuciones y cadáveres (algunos de los fallecidos fueron fusilados en Badajoz ¡por los nacionales!). El documental fue montado con material rodado en la España nacional, con el incautado a los republicanos y con el filmado por los corresponsales extranjeros. *España heroica* llegó a ser exhibido ante el secretario del Comité de no Intervención como prueba del desorden y salvajismo que reinaba en la zona republicana. Cuando este film fue estrenado en Valencia, una vez finalizada la guerra, la crítica reconocía que era «el documento fílmico más prodigioso de la pasada epopeya».[37]

36. Caparrós Lera, J. M., «El cinema de propaganda durant la Guerra Civil Espanyola», *Film-Historia*, vol. III, n.º 1-2 (1993), p. 379.
37. *Las Provincias* (13-5-1939).

EL ESTADO MAYOR CENTRAL Y FALANGE ESPAÑOLA

El Ejército sublevado poseía algunas cámaras y equipos cinematográficos reducidos. Por ello, no ha de extrañar que el Estado Mayor Central del Ejército nacional produjera sus propios documentales, como es el caso de *Belchite* (Andrés Pérez Cubero, 1938). Como el Ejército no disponía de operadores profesionales, cuando había que realizar una película recurría a la experiencia de ellos. El operador gallego Pérez Cubero participó como realizador y director de fotografía.

A diferencia de la zona republicana, en la España nacional los partidos políticos, tal es el caso de Renovación Española o de Acción Popular, no realizaron ninguna actividad propia en el campo de la cinematografía. La excepción fue Falange Española, que a través de su Servicio de Prensa y Propaganda creó una sección cinematográfica. Tras el decreto de unificación política que firmó el general Franco el 19 de abril de 1937, nació Falange Española Tradicionalista y de las JONS. Al frente de la Delegación Nacional de Prensa y Propaganda de Falange estuvo el poeta Dionisio Ridruejo. *Frente de Vizcaya y 18 de julio* (1937) fue una de las primeras películas que produjo este organismo, y explica la campaña final en el norte y los actos conmemorativos del 18 de julio de 1937 en Salamanca.

Otras películas de la sección de cinematografía de la Delegación Nacional de Prensa y Propaganda de FET y de las JONS fueron: *Alma y nervio de España* (1936) —que contiene imágenes filmadas en Marruecos durante los primeros días de la sublevación militar—, *La guerra por la paz* (1937) —sobre la celebración del Día de la Raza, el 12 de octubre—, *España azul* (1937) —film para su difusión en los países de habla castellana en América— y *Voluntad: Falange en Argentina* (1938) (todas ellas dirigidas por Joaquín Martínez Arboleya).

EL DEPARTAMENTO NACIONAL DE CINEMATOGRAFÍA

El 30 de enero de 1938, el general Franco disolvió la Junta Técnica y constituyó el primer gobierno creando once ministerios. El 1 de abril de ese mismo año se fundó el Departamento Nacional de Cinematografía, dependiente de la Dirección General de Propaganda del Ministerio del Interior. Manuel Augusto García Viñolas estuvo al frente de dicho Departamento.[38] A partir de este instante, la producción fílmica de la zona nacional se basó en un mayor control. En una Orden Ministerial del 2 de noviembre de 1938 se establecieron unas normas para la censura. En ella se especificaba que «siendo innegable la gran influencia que el cinematógrafo tiene en la difusión del pensamiento y en la educación de las masas, es indispensable que el Estado lo vigile en todos los órdenes en que haya riesgo de que se desvíe de su misión».

Por lo tanto, las funciones del Departamento Nacional de Cinematografía fueron dos: a) producción de documentales y noticiarios, y b) control y regulación de la producción nacional y de la extranjera que se importase a la España nacional. De esta manera, la empresa privada quedó subordinada al poder político. La prioridad del Departamento fue la de poner en funcionamiento los servicios de producción, realización y difusión de aspectos relacionados con la guerra. En junio de 1938 se produjo el primer número del *Noticiario español*, cuyo impulsor fue García Viñolas, que estaba al frente de la Dirección General de Propaganda que dependía del Ministerio del Interior al mando del cual estaba Ramón Serrano Súñer. Este noticiario español incluía diversas noticias por edición, predominando los temas militares. En cierta manera, el *Noticiario español* se puede considerar un antecedente del NO-DO. Durante la Guerra Civil española se realizaron diecinueve números con una duración aproximada de diez minutos. Los once primeros números fueron procesados y sonorizados en Alemania —lo que demuestra la dependencia cinematográfica de la zona nacional del exterior— y el resto en España. El hecho de que no se hubiera creado anteriormente un noticiario realizado por el Gobierno franquista es una prueba de la escasez de medios y la falta de equipo humano. Al respecto, los responsables de la propaganda franquista afirmaban en noviembre de 1937: «El proyecto de hacer un noticiario semanal exclusivamente en español no pasa de ser una idea, pues además de carecer de medios para ello, no existen en España, actualmente, ni talleres, ni personal especializado en este trabajo.»[39]

38.   García Viñolas, antes del estallido de la guerra, trabajaba en Roma como corresponsal de *El debate*. Iniciado el conflicto bélico, formó parte de la Legión, obteniendo un permiso especial del General Jefe del Tercio a solicitud del Ministerio del Interior para ocupar su cargo de jefe del Departamento Nacional de Cinematografía. Por su labor como escritor y al frente de la producción cinematográfica, fue condecorado por el general Franco con la Encomienda de la Orden Imperial de las Flechas Rojas. Cfr. *Hoja Oficial del Lunes* (Sevilla, 3/10/1938).

39.   Informe de 30 de noviembre de 1937 al Estado Mayor del Cuartel General del Generalísimo, cit. Bizcarrondo, Marta, «Cuando España era un desfile: el Noticiario Español», en Amo, Alfonso del, *op. cit.*

Según las tesis de las autoridades de la España nacional, la presencia de combatientes extranjeros que lucharon a favor de la República fue exagerada por lo que se refiere a la cifra y presentada como un elemento sovietizante. Un ejemplo cinematográfico es *Prisioneros de guerra* (1938), donde se relata el buen trato que reciben los brigadistas prisioneros en la España nacional, lo cual es especialmente ilustrado en imágenes donde se les ve descansando, charlando, tocando instrumentos musicales, comiendo en abundancia, etcétera. Asimismo, trabajaban en la reconstrucción del país, indicando la locución que las autoridades nacionales «les permiten recuperar la dignidad perdida, haciendo así, la España de Franco, suyos a estos hombres que vinieron como enemigos». Según la narración, los prisioneros, que «vinieron por el oro de Moscú», no sólo se redimen con su trabajo sino que algunos acaban pasándose al bando franquista: «De las masas internacionales hicimos orden y concierto, olvidaron el rencor y como un tullido que desentumece su mano cerrada, estos hombres abrieron el puño y la hermandad de la mano abierta y el brazo extendido los recibió con la generosidad que el imperio de otro tiempo tuvo siempre con los vencidos: ésta es nuestra justicia. Mientras una propaganda infame nos creaba enemigos, la España de Franco iba haciendo de estos enemigos sus hombres.» Para finalizar, se ha de indicar que el locutor afirma que de los 200.000 hombres hechos prisioneros —una cifra realmente desorbitada si se refiere a las Brigadas—, sólo 45.000 permanecen en cárceles y campos de concentración, habiendo regresado el resto a sus hogares. *Prisioneros de guerra* fue filmado principalmente en el antiguo convento de San Pedro de Cardeña (Burgos), habilitado desde abril de 1938 como campo de concentración de combatientes de las Brigadas Internacionales, y en el sanatorio de Liérganes (Santander).

Otros films del Departamento Nacional de Cinematografía en los que aparecen reflejados diferentes aspectos del último año de guerra son: *La batalla del Ebro* (Antonio de Obregón, 1938) —sobre la contraofensiva nacional en este combate que culminó en noviembre—; *La Ciudad Universitaria* (1938), o *La liberación de Barcelona* y *La gran parada militar de Barcelona* (ambas de 1939) —que ponen en imágenes, respectivamente, la entrada del Ejército nacional en la Ciudad Condal, el 26 de enero, y los actos conmemorativos que se celebraron en dicha capital, días después, con la asistencia de Franco—. De características similares son *La liberación de Madrid* y *El gran desfile de la victoria en Madrid* (los dos de 1939).

CAPÍTULO 3

LA PRODUCCIÓN EXTRANJERA
SOBRE LA CONTIENDA ENTRE 1936 Y 1939

La expectación despertada en la opinión pública mundial por nuestra contienda atrajo a España a muchos cineastas extranjeros: Ivor Montagu, Joris Ivens, Roman Karmen, Jean-Paul Le Chanois, etcétera. La producción cinematográfica de los principales países involucrados es la siguiente:[1]

Reino Unido	32
Unión Soviética	21
Alemania	21
Francia	19
Italia	18
Estados Unidos	15
Total	126

En las democracias occidentales se hicieron algunas películas monográficas sobre la Guerra Civil española, pero fueron pocas —producidas por organismos progresistas, como, por ejemplo, la británica Progressive Film Institute—, porque los gobiernos de estos países fueron fieles a la política del Comité de no Intervención.

Por lo que se refiere a los noticiarios británicos —*British Movietone News, British Paramount News, Gaumont British News, Universal Talking News, Pathé Gazette*, etc.—, franceses —*Actualités Movietone Fox, Gaumont Actualités, Pathé Journal*...— y estadounidenses —*Fox Movietone News, Hearst Metrotone News*, entre otros—, no transmitieron la idea de internacionalización del conflicto español,

---

1. Amo, Alfonso del (ed. en colaboración con M.ª Luisa Ibáñez), *Catálogo general del cine de la Guerra Civil*, Madrid, Cátedra-Filmoteca Española, 1996, p. 31.

sino las consecuencias de los desastres de una lucha fratricida. Por regla general, las imágenes se centraron en lo espectacular y emotivo, mostrándose escenas de combates y bombardeos sin analizar las implicaciones internas y externas.

En cambio, los noticiarios soviéticos —*K sovitiyam v Ispanii*—, alemanes —*Ufa-Tonwoche, Bavaria-Tonwoche, Deutsche Monatsschau*, etc.— e italianos —*Cinegiornale Luce*— ensalzaron, por afinidades ideológicas, la resistencia y las victorias del bando que apoyaban, el republicano o el nacional.

Reino Unido

La casi totalidad de los noticiarios británicos oficialmente mantenía una posición de estricta imparcialidad sobre el conflicto español. Anthony Aldgate, tras un estudio sobre el tratamiento de la Guerra Civil en los noticiarios británicos,[2] detecta en ellos una cierta tendencia hacia la España nacional. El calificativo de «rojos» se mantiene prácticamente durante todo el conflicto al hablar del bando republicano, ya que en muy pocas ocasiones se refiere a él como el de los republicanos o gubernamentales. En cambio, los franquistas o los militares sublevados en armas contra la Segunda República sólo son identificados como tales al principio de la guerra, para pasar luego a ser los nacionales. Se puede afirmar que falta un sentido del equilibrio. Por ejemplo, las diversas atrocidades que practicaban los republicanos son ilustradas en los noticiarios británicos a través de varias imágenes —la exposición de momias de religiosos o la quema de edificios religiosos—. Pero las atrocidades realizadas por los nacionales no son comentadas, aunque se dispusiera de pruebas filmadas como los cadáveres de la represión llevada a cabo en Badajoz en agosto de 1936.

Por otro lado, la producción independiente es favorable a la causa republicana y denuncia la política de neutralidad del Gobierno inglés. Por su cantidad destaca la Progressive Film Institute, sociedad fundada por Ivor Montagu en 1935. El propio Montagu dirigió para la Progressive el documental *The defense of Madrid* (1936) en el que se denuncia el levantamiento militar contra la República, así como la ayuda extranjera que éste recibe. Este film está dividido en tres partes. En la primera, titulada «The assault on a

2. Aldgate, Anthony, *Cinema & History: British Newreels and the Spanish Civil War*, Londres, Scolar Press, 1979.

people», presenta la victoria en las principales ciudades de los republicanos contra la sublevación militar. En la segunda, «Defense of Liberty», se expone cómo la República se defiende de las tropas nacionales que cuentan con la ayuda de Italia y Alemania. La última parte, «The world assists», destaca la solidaridad internacional con la República española: el material soviético, las Brigadas Internacionales, etc. El comisario político del Batallón Thaelmann, Hans Beimler, aparece en pantalla cuatro días antes de que falleciera, el 1 de diciembre de 1936, a la edad de 41 años, en el frente de la Ciudad Universitaria. Ivor Montagu afirmó en una entrevista que filmó algunas escenas de *The defense of Madrid* en color, pero la copia se perdió.[3] Este documental tuvo un gran éxito en cuanto a recaudación, ya que se recogieron más de 6.000 libras, que fueron destinadas a la causa republicana, siendo repartidas entre diversas asociaciones.

Con motivo del éxito de *The defense of Madrid*, la productora decidió realizar, en la primavera de 1937, el documental *International Brigade* (Vera Elkan) —también conocido con el título *International Column*—.[4] Esta película tiene un alto valor documental, pues recoge escenas rodadas en diferentes bases y cuarteles de las Brigadas Internacionales, como la Escuela Militar, que estaba situada en los bosques de Pozo Rubio (Cuenca), o la base y la maestranza de artillería instalada en la antigua iglesia de los franciscanos en Almansa (Albacete). Además, los brigadistas aparecen realizando diversas tareas: haciendo instrucción, reparando un vehículo en un taller, tocando instrumentos musicales, en una función teatral, cobrando la paga...[5]

Otras producciones de la Progressive Film Institute en torno a nuestro conflicto fueron: *Crime against Madrid* —acerca de la defensa de dicha ciudad—; *Britain expects* (1937) —sobre el regreso al puerto de Londres de un barco que transportaba ayuda para la España republicana y que fue atacado por la Armada nacional cuando estaba cerca de Bilbao—; *News from Spain* (Herbert Marshall, 1937)

---

3. Hogenkamp, Bert, «Interview met Ivor Montagu over het Progressive Film Institute», *Skrien*, n.º 51 (julio-agosto, 1975), p. 27.

4. Hogenkamp, B., *Deadly Parallels. Films and the Left in Britain: 1929-1939*, Londres, Lawrence and Wishart, 1986, p. 157.

5. Para el tema de las Brigadas Internacionales *vid.* mi reciente tesis doctoral *Las Brigadas Internacionales en el cine documental*, Barcelona, Universidad de Barcelona, 1997. Cfr. también Crusells, Magí y Caparrós Lera, José María, «Las Brigadas Internacionales y la Guerra Civil española en la pantalla (1936-1939)», en Requena Gallego, Manuel (coord.), *La Guerra Civil española y las Brigadas Internacionales*, Cuenca, Ediciones de la Universidad de Castilla-La Mancha, 1998, pp. 83-117.

—que contiene noticias sobre la situación de los frentes—; *Behind the Spanish lines* (Sidney Cole y Thorold Dickinson, 1938) —reportaje de la vida cotidiana barcelonesa bajo la guerra—; *Spanish ABC* (también dirigido por Cole y Dickinson en 1938) —que narra el trabajo realizado por el Ministerio de Instrucción Pública en el terreno de la enseñanza, la difusión cultural y la protección del patrimonio artístico—; *Madrid today* (1937) —elaborado con imágenes que pretenden ser una prueba de la crueldad de un conflicto civil armado: bombardeos, edificios destruidos, personas que huyen, muertos...—.

La República recibió, a principios de diciembre de 1937, la visita del líder del Partido Laborista británico, Clement R. Attlee, junto a los diputados laboristas Ellen Wilkinson y Phillips Nöel-Baker. *Mr. Attlee in Spain* recogió su estancia por dos ciudades republicanas: Castellón de la Plana y Madrid. En el documental se observa a Attlee —saludando con el puño en alto— presidiendo un desfile en la Escuela Militar y, posteriormente, ofreciendo unas palabras a los presentes. A su regreso a Gran Bretaña, Clement R. Attlee fue criticado por sus adversarios políticos por adoptar una serie de gestos revolucionarios —como por ejemplo, saludar con el puño en alto—. Attlee comprobó que a pesar de la guerra, los madrileños continuaban desempeñando sus actividades. Como muestra se incluyen imágenes de unos niños en una escuela situada a tan sólo media milla —alrededor de un kilómetro— del frente, según indica un rótulo.

Prisoners prove intervention in Spain contiene dos interrogatorios: uno con Rudolf Rueker y otro con Gino Poggi. Rueker, teniente de la aviación nazi, fue capturado el 1 de marzo de 1938 en Vinaroz, después de ser derribado el hidroavión que tripulaba junto a tres alemanes más y un portugués. Poggi, subteniente italiano, fue hecho prisionero tras ser derribado el Savoia 79 que había despegado de la base aérea de Palma de Mallorca. Según Montagu, los prisioneros no sabían que estaban siendo filmados porque el material cinematográfico estaba camuflado en una sala. Para realizar esta película se contó con el permiso del Gobierno republicano. Su objetivo fue presentarla en una reunión del consejo de la Sociedad de Naciones, el 28 de abril de 1938, como prueba de la intervención extranjera en el bando nacional. Pero el mismo Montagu recuerda que no asistió mucho público a la proyección.[6] *Testimony of Non-Intervention* incluye las declaraciones de Alfonso Tanner y Giovanni Fromento, sargentos del Cuerpo de Tropas Voluntarias (CTV) y de un teniente de la misma unidad, así como la intervención de Willy Hesse, oficial de la Legión Cóndor.

---

6. Hogenkamp, Bert, *Deadly parallels. Films and the left in Britain: 1929-1939*, p. 169.

Visit to the International Brigade (Ivor Montagu, 1938) era un breve reportaje, del cual en la actualidad no se ha localizado ninguna copia, en el que se mostraban imágenes de la visita que Harry Pollit, secretario general del Partido Comunista de Gran Bretaña, hizo a los brigadistas del Batallón Británico que acababan de intervenir en la Batalla del Ebro. Por otra parte, el Partido Comunista de Sussex rodó el reportaje *People's scrapbook 1938*. Una de las noticias estaba dedicada a tres interbrigadistas que en diciembre de 1938 habían regresado de España.[7]

Modern orphans of the storm (1937), una coproducción entre Victor Saville Productions y Realist Films Unit, fue un documental sobre la acogida a los niños refugiados vascos en Gran Bretaña. *May day 1938* y *Challenge to fascism* (Helen Biggar, 1938), producidas ambas por el Kino Film Group, tienen en común que mostraban la solidaridad con la República española durante la celebración del 1 de Mayo de ese año.

Unión Soviética

La URSS se erigió como la única potencia protectora de la Segunda República española. Su ayuda fue sustancial, pero nunca suficiente para que el triunfo se produjera. El Gobierno soviético no sólo envió agentes y asesores militares, sino también operadores cinematográficos como Roman Karmen y Boris Makaseiev. Karmen y Makaseiev vinieron a España, en el verano de 1936, como corresponsales de Soiuzkinocronika —la productora oficial de noticiarios de la URSS—. El resultado fue incluido en un noticiario dedicado exclusivamente al conflicto español: la serie de 20 números *K sovitiyam v Ispanii*[8] —cuya traducción sería «Sobre los sucesos de España»—, editado entre septiembre de 1936 y julio de 1937. Es curioso comprobar que este noticiario desapareció de las pantallas coincidiendo con la finalización, en agosto de 1937, del primer contingente de barcos de la Unión Soviética que llevaban suministros bélicos para la República, iniciado en octubre de 1936. El segundo no se iniciaría hasta diciembre de 1937.

Asimismo, la productora Soiuzkinocronika realizó una serie de documentales para difundirlos en diferentes países con la intención de mostrar la resistencia de los republicanos. Un ejemplo fue *In de-*

7. *Idem.*, p. 203.

8. El redactor de los guiones de *K sovitiyam v Ispanii* fue Mijail Koltzov, corresponsal de *Pravda* y que colaboró con los mandos de las Brigadas Internacionales, sobre todo a raíz de su gran amistad con el general Lukacs.

fence of Madrid-La défense de Madrid (1936). Este film, que contiene rótulos en inglés y francés, explica la reacción de la población ante la proximidad del enemigo: aviones enemigos sobrevolando la ciudad; edificios bombardeados; una mujer llorando ante las ruinas de una casa; la artillería antiaérea y la aviación republicana preparada para entrar en acción; evacuación de niños hacia Levante; componentes del Quinto Regimiento realizando diversas actividades; etc. *Madrid v ognié*,[9] que contiene rótulos en francés e inglés, ofrece las consecuencias de los bombardeos en la zona centro —Gran Vía y mercado del Carmen— y cómo la población abandona la ciudad por la parte este.

Salyút Ispanii y *My s vámi* (los dos de 1936) —sus traducciones castellanas son «Salud España» y «Estamos con vosotros»—, también producidos por la misma entidad, son unos reportes de la ayuda soviética a los republicanos. En ocasiones se realizaban versiones en castellano de un documental de la URSS para su difusión en la España republicana. Tal fue el caso de *Salyút Ispanii*, distribuido por Laya Films, del Comissariat de Propaganda de la Generalitat de Catalunya.

Na pómosch dietiam i zhénschinam gueroícheskoi Ispanii —«En ayuda de los niños y mujeres de la heroica España»— (L. Zernov, 1936), *Dobró pozhálovath* —«Bienvenidos»— (V. Soloviov y D. Astradanzev, 1937), *Ispanskie diéti v SSSR* —«Niños españoles en la URSS»— (R. Guikov, 1937), todos producidos por la Soiuzkinocronika y *Nóvie továrischi* —«Nuevos amigos»— (1937), producido por el Estudio Central de Documentales de Moscú, tienen la característica que muestran la acogida de niños españoles en la URSS.

La defensa de la capital española es el tema central de *Madrid sibódnia* y *Madrid v ognié* —cuyas traducciones son «Madrid hoy» y «Madrid en llamas», respectivamente—, ambos producidos por Soiuzkinocronika en 1937. En *Madrid sibódnia* se alternan escenas sobre las consecuencias de los ataques aéreos con otras que muestran el ritmo de la vida cotidiana como puede ser la celebración del 1 de Mayo como «jornada de defensa del país». La consigna es clara: en el frente no hay días festivos y, por lo tanto, en la retaguardia tampoco.

A medida que la guerra fue avanzando y la victoria republicana era más difícil, la producción cinematográfica de la Unión Soviética dejó de dedicar atención al conflicto español. Una prueba es que en 1938 no se produjo ningún documental monográfico.

---

9. Este documental fue distribuido en la España republicana con el título *Madrid en llamas*, pero en la actualidad no se ha localizado ninguna copia.

Dién peremíria v Ispanii (1939), producido por Soiuzkinocroni-ka, habla sobre la derrota republicana. Su traducción al castellano es «El armisticio en España».

Ispania (1939), producido por Mosfilm y estrenado cuatro meses más tarde de que hubiera finalizado la Guerra Civil española, exalta la ayuda prestada por la URSS a la República española. Asimismo, también se hace un recorrido histórico del conflicto. Su duración es de casi 89 minutos. Los operadores soviéticos Roman Karmen y Boris Makaseiev soñaban con montar un largometraje titulado *Ispania* —en castellano, «España»— sobre la Guerra Civil. El proyecto fue aprobado a finales de 1936 y finalmente Mijail Koltzov —corresponsal de *Pradva* en la España republicana— se encargó de escribir el guión, mientras que la selección de material fue decisión de Roman Karmen y la realizadora y montadora sería Esther Shub. Pero como el material del que disponían no era suficiente —Karmen y Makaseiev regresaron a la URSS en junio de 1937— se decidió comprar más película cinematográfica rodada sobre el conflicto español —en los títulos de crédito del principio se señala que se contó con la colaboración de operadores republicanos españoles—. Durante todo el proceso de elaboración del documental en 1938 se produjeron una serie de cambios. El primero de ellos fue que Roman Karmen abandonó la URSS, pues fue a filmar la invasión que China había sufrido por parte de Japón. Además, Mijail Koltzov fue sustituido por Vsevolod Vishnevsky, como consecuencia de las purgas estalinistas, siendo ejecutado el primero de ellos en 1941. La locución estuvo a cargo del propio Vishnevsky.

Al final, *Ispania* se estrenó el 20 de agosto de 1939, cuatro meses más tarde de que hubiera finalizado la Guerra Civil española. Por este motivo, en la película se remarca mucho más la participación de la Italia fascista en el bando nacional que la de Alemania. Este aspecto se ha de enmarcar en el contexto sociopolítico de la época, cuando los gobiernos alemán y soviético estaban a punto de firmar el tratado de no agresión en vísperas del estallido de la Segunda Guerra Mundial. El resultado de este documental es de gran calidad visual por la fuerza expresiva de alguna de las secuencias montadas. El documental está dedicado «al gran pueblo español que ha luchado durante tres años contra el fascismo soportando el asedio y los bombardeos de los traidores». Se remarca que los efectos destructivos de la acción de los militares sublevados los sufre la población civil. De todas formas, los republicanos combaten en todos los frentes. Aunque los hechos demuestran que a lo largo de toda la guerra la República fue perdiendo territorio, en *Ispania* se afirma que los nacionales no pudieron quebrantar a los republicanos, teniendo que recurrir al bloqueo y al agotamiento. El film finaliza con la derrota de la República y la salida de las tropas hacia el exilio. La lucha antifascista sólo es atribuida a los comunistas o las fuerzas ideológicamente afines a ellos, como el Quinto Regimiento, las Brigadas Internacionales o la 11 División de Enrique Líster. Las descalificaciones no sólo van dirigidas a los nacionales sino también a algún dirigente militar republicano como, por ejemplo, el general Miaja, que es descrito como un traidor. El motivo, no señalado en el film, es porque en los últimos días de la contienda apoyó el golpe de estado que encabezó el coronel Segismundo Casado contra el Gobierno de Juan Negrín y los comunistas por su resistencia a ultranza. Miaja aceptó el cargo de presidente del Consejo Nacional de Defensa, desde el que intentó, sin fortuna, llegar a un entendimiento honroso con el general Franco y su Gobierno. Al final de la guerra se exilió.

Italia

Si en un principio, la producción cinematográfica italiana mostró una aparente equidistancia por la guerra española, a finales de 1936, y a consecuencia de la permisividad del Gobierno británico y por la ineficacia de la Sociedad de Naciones, fue claramente a favor de la causa nacional. De hecho, una vez reconocido el Gobierno franquista en noviembre de 1936, se creó una Oficina de Cultura y Propaganda. Esta oficina tuvo dos objetivos: crear nuevo material propagandístico para que fuera elaborado en Italia por el Instituto Nacional LUCE —Instituto Nacional para la Propaganda y la Cultura a través de la Cinematografía— y distribuir este material en España.

Le organizzazioni falangisti a Palma di Majorca (1936) fue uno de los primeros documentales de LUCE. En él se demostraba, sin ningún tipo de problemas, la intervención de la aviación italiana en dicha isla.

La exaltación del ideario falangista quedó patente en *¡Arriba España! Scene della Guerra Civile in Spagna* (Corrado d'Errico, 1937), ya que los miembros de la Falange eran descritos como fuertes y valientes luchadores que combatían por liberar a España de la barbarie comunista.

Era tal la fe del Gobierno de Benito Mussolini en que el Ejército nacional conquistaría Madrid durante el invierno 1936-1937 que concibió *Sulle soglie di Madrid la Dolorosa* (1937), en el que se consideraba inminente la toma de la ciudad. La férrea resistencia republicana impidió la exhibición de este documental.

La liberazione di Málaga (Giorgio Ferroni), *Liberazione di Bilbao* (Corrado d'Errico), *La presa di Gijón* —los tres de 1937— y *La battaglia del Ebro* (1938) tenían la característica de enseñar las distintas fases sobre la conquista de estos territorios. Como se ha apuntado anteriormente, en algunas ocasiones se realizaban en Italia copias en castellano para exhibirlas en la España nacional. Un ejemplo fue el de *La presa di Gijon*, distribuido con el título *La fin del frente rojo cantábrico. La toma de Gijón*.

No pasarán (Corrado d'Errico, 1939), cuyo título era una mofa a la consigna republicana, traza una historia de la guerra española, destacando la participación heroica del CTV hasta principios de ese año. El CTV también es el protagonista de *Voluntari* (1939), en el que se narra su actuación hasta la conquista de Cataluña.

Por último, señalar que la productora Incom, nacida en 1938, confeccionó tres documentales: *I fidanzati della morte* (Romolo Marcelini, 1938), *Cielo spagnolo* (G. G. Napolitano, 1938) y *Barcelona* (Giorgio Ferroni, 1939). Los dos primeros explican la actuación de la aviación italiana, mientras que el tercero muestra la situación de la Ciudad Condal antes y después de ser conquistada por el bando nacional. *I fidanzati della morte*, dedicado al asedio de Teruel y los prolegómenos de la Batalla del Ebro, es una pura exaltación de la fuerza aérea fascista. Se rodó en los aeródromos de Mallorca, Tudela, Logroño y Zaragoza. El documental empieza presentando a la aviación republicana como criminal, ya que, según el locutor, dirige sus bombas hacia objetivos civiles, destruyendo todo aquello que entra en su radio de acción. Por supuesto, el film ignora los constantes e indiscriminados ataques aéreos que sufrieron las diferentes poblaciones republicanas, situadas en el litoral mediterráneo, y que fueron obra de la aviación italiana. En este sentido, resultaron mortales los bombardeos efectuados por los fascistas sobre la Ciudad Condal entre los días 16 y 18 de marzo de 1938. En total, fueron 13 los ataques aéreos, afectando los barrios centrales, matando a un millar de personas y provocando el pánico entre la población. Tal como señala el historiador Joan Villarroya, fue la primera vez en la historia de la humanidad que una ciudad de más de un millón de habitantes era sometida a tales agresiones.[10]

Barcelona se inscribe dentro de la propaganda anticomunista realizada por la Italia de Benito Mussolini. Se acusa a los dirigentes republicanos de las penurias que sufrían sus habitantes. El comentarista ilustra triunfalmente el comunicado de la victoria, reconoce los ata-

10. Villarroya, Joan, *Els bombardeigs de Barcelona durant la Guerra Civil: 1936-1939*, Barcelona, Publicacions de l'Abadia de Montserrat, 1981, pp. 81-112.

ques aéreos italianos y justifica las enormes destrucciones causadas: «La aviación italiana que bombardea la capital catalana proporciona una gran ayuda a Franco, que entra vencedor en la ciudad. [...] La Cataluña roja tenía cuatro puertos y el tráfico del de Barcelona superaba a los otros tres. El puerto de Barcelona era el puerto de Cataluña y por eso hacía falta atacarlo, especialmente, porque era el centro de llegada y de distribución de las tropas, provisiones, armas, municiones... la base logística de abastecimiento desde y hacia Marruecos.» Pero una vez conquistada la ciudad, según el locutor, las tropas italianas se sacrificarán y mostrarán su magnanimidad con los que antes eran sus enemigos: «Los primeros barcos que han atracado en el puerto son italianos, que llevan a Barcelona las provisiones a las cuales los legionarios renunciarán para ofrecerlas a la población.» El documental finaliza con el siguiente mensaje, impreso en la pantalla, de Franco al *Duce*: «La sangre de vuestros soldados expandida en tierra española tiene unos vínculos indestructibles entre nuestros pueblos.»

Alemania

A diferencia de la URSS o de Italia, fueron pocos los documentales producidos en la Alemania nazi que tuvieran como tema monográfico la Guerra Civil española. Uno de los pocos que se realizaron fue *Geissel der welt* (E. A. Böhome y Walter Winning, 1936) —la traducción castellana es «Rehenes del mundo»—, producido por la Hispano-Film-Produktion, en el que se presenta la lucha del Ejército nacional como una parte del combate para liberar al mundo de la opresión comunista. Incorpora imágenes de sucesos hasta noviembre de 1936 y se exalta el rápido avance de las tropas franquistas hacia Madrid.

En el capítulo anterior se ha comentado que en 1937 se creó la productora Hispano-Film-Produktion, surgida a raíz de la iniciativa del distribuidor español Norberto Soliño y del alemán Johann W. Ther. Esta empresa colaboró en la producción de cinco películas comerciales: tres dirigidas por Benito Perojo —*El barbero de Sevilla, Suspiros de España* (ambas de 1938) y *Mariquita Terremoto* (1939)— y dos por Florián Rey —*Carmen la de Triana* (1938) y *La canción de Aixa* (1939)—. Todas fueron estrenadas después de la guerra y ninguna estaba ambientada en el conflicto español.

Kameraden auf see (Paul Heinz, 1938) —la traducción es «Camaradas en el mar»— fue un largometraje de ficción, producido por Terra Filmkunst, como ejemplo de propaganda antisoviética. La trama es la siguiente: unos comunistas asaltan un barco alemán de pasajeros que navega frente a las costas españolas hasta que la Armada nazi consigue el control.

Deutsche freiwillige in Spanien (1939), producido por la Deutsche Wochenschau Zentrale, destaca el desorden que reinaba en la zona republicana y cómo la Alemania nazi contribuyó, con el envío de la Legión Cóndor, al triunfo del Ejército franquista. Su traducción al castellano es «Voluntarios alemanes en España».

Im kampf geden den weltfein (Karl Ritter, 1939), cuya traducción es «En lucha contra los enemigos del mundo», se inscribe en la escuela documental propagandística nazi y representó el mayor esfuerzo cinematográfico en favor del bando nacional. Este documental de 86 minutos, producido por la UFA y concluido en junio de 1939. El film estaba a punto para su distribución a finales de agosto de 1939, pero fue retirado en el último instante debido al pacto de no agresión firmado entre Alemania y la URSS. En estas circunstancias su exhibición era contraindicada porque se presentaba como un ejemplo de la lucha nazi contra el comunismo internacional.

La película está dividida en tres partes: en la primera se explica el transcurso de la guerra española hasta la conquista de Cataluña; en la segunda se comenta la intervención de los aviadores alemanes en nuestra contienda civil; y la tercera está dedicada al regreso de los componentes de la Legión Cóndor a su país y el recibimiento que les brindaron Hermann Wilhelm Goering, ministro del Aire, y Adolf Hitler. Por razones obvias, la participación de la aviación nazi en el bombardeo de Guernica no es comentada. Franco, Mola, Queipo de Llano y Fernández Miranda son presentados como los salvadores de la barbarie marxista. Aparecen unos brigadistas prisioneros respondiendo a un pequeño cuestionario. Para infravalorar los motivos por los que decidieron abandonar su país y venir a España, no se les pregunta si lo hicieron por solidaridad con la causa republicana, sino que se les interroga sobre su situación laboral en su país de origen, respondiendo dos de ellos que estaban en el paro. Para demostrar el poderío de la maquinaria militar de la Alemania nazi se exhibe el armamento y las técnicas utilizados por el Ejército alemán en España, con imágenes de reconocimiento y combates aéreos, movimiento de columnas motorizadas y unidades de artillería.

Francia

La productora Éclair Journal dedicó gran atención a la Guerra Civil española enviando diversos corresponsales. El material filmado era destinado a su propio noticiario: *Éclair Journal*. Asimismo, elaboró dos documentales —*La tragedia española* y *La gran angustia española* (ambos de 1936)— para su difusión en la zona franquista o en países de habla castellana en los que se informaba de la evolución de la guerra con una locución moderada, propia de la no intervención. Para impactar a los espectadores se incluyen imágenes de los sufrimientos de unos refugiados cargados con enseres domésticos que esperan la orden de atravesar la frontera hispanofrancesa en Irún, huyendo del avance de las tropas nacionales; o cómo los símbolos que recuerdan en la España republicana la unión entre el poder político y la Iglesia son destruidos o profanados, como lo demuestran unas instantáneas de unas momias de monjas expuestas al público en Barcelona o unos soldados fusilando el monumento al Sagrado Corazón, en el Cerro de los Ángeles —en la provincia de Madrid—, rebautizado por los republicanos como Cerro Rojo.

El fracaso franquista en la conquista de la capital española provocó que esta ciudad se convirtiera en una fortificación inexpugnable para los nacionales. El eco internacional queda patente en una serie de documentales producidos en el extranjero. *Attentat contre Madrid* (Arnold, 1937) es un reportaje sobre la resistencia de sus habitantes: niños construyendo trincheras, milicianos haciendo instrucción, refugios, bombardeos, cadáveres o edificios destruidos. También se destaca la presencia de varios dirigentes republicanos como Largo Caballero, Álvarez del Vayo, Miaja y Durruti. En cambio, no se comenta que el Gobierno republicano se trasladó a Valencia ante el temor de que los nacionales tomaran la capital española.

Solamente organismos y hombres progresistas franceses produjeron una serie de documentales a favor de la República española. René Le Henaff rodó con un sistema en relieve *Euskadi* (1937). *S.O.S Espagne* (Jean Lordier, 1938) apela a la solidaridad internacional con los niños republicanos. En *Les métallos* (1938), una película sobre la actividad social del Sindicato de Metalúrgicos de la Región de París, se narraba el trato que 50 niños españoles recibían en una colonia de vacaciones de esta central sindical.

Jean-Paul Le Chanois filmó dos películas: *Au secours du peuple catholique basque* (1937) —sobre los refugiados vascos que partían de Bilbao— y *Un peuple attend* (1939) —acerca del trato inhumano que las autoridades francesas dispensaron a los republicanos españoles que cruzaron la frontera francesa tras la ocupación de Cataluña—. Le Chanois rodó escenas en el campo de concentración de Argelès sur Mer, uno de los lugares donde fueron instalados los refugiados republicanos. Este centro estaba ubicado en un espacio abierto en las dunas, junto al mar, rodeado por alambres con púas, ya que los refugiados tenían prohibida la salida del recinto. Las imágenes se ob-

tuvieron gracias a una mujer que ocultó la cámara en su cesto de ver-
duras. Con éstas, Le Chanois realizó el montaje *Un peuple attend*. Su
exhibición fue prohibida por las autoridades francesas y aunque el
negativo fue destruido, antiguos brigadistas lograron salvar una copia destinada a los EE.UU. titulada *A people is waiting*. Pero dejemos
que sea el propio Le Chanois quien recuerde el ambiente que rodeó
al rodaje y comprenderemos los motivos que condujeron a la censura francesa a prohibir su proyección: «Las condiciones del campo de
Argelès eran espantosas: miles de hombres vigilados por marroquíes
en pleno mes de febrero o marzo sin provisiones, ni refugios, ni atención sanitaria. Después, entré en un hospital de Perpignan donde los
hombres estaban recostados sobre los peldaños de la escalera, en el
suelo de las salas, etcétera. También estuve en lugares a donde se en-
viaba a las mujeres y a los niños. Era la zona más hostil de Francia
y se les encerraba en granjas o en casas en ruinas donde las mujeres
cantaban canciones muy tristes y desgarradoras.»[11]

L'Espagne vivra (1939) es un documental de montaje que incluye principalmente material rodado durante 1938 y que se estrenó en febrero de 1939.[12] La copia conservada en la Filmoteca Española no posee datos de producción, aunque su clara postura
contra la no intervención permite suponer que sus autores eran
miembros de algún partido de izquierdas. Presenta la resistencia
española como bastión necesario para la defensa de Europa ante
la amenaza nazi-fascista. Cuando *L'Espagne vivra* fue estrenada, la
suerte de la República ya estaba echada. Cataluña había sido ocupada militarmente. Por lo tanto, el objetivo principal del film era
suscitar, con su contenido, el máximo de adhesiones hacia la causa republicana. En enero de 1939, el Gobierno de Juan Negrín pre-
sionaba internacionalmente por la apertura de la frontera hispano-
francesa para que pasara el material soviético que había comprado
a la URSS y que estaba detenido en territorio francés.

El film comienza criticando la labor del Comité de no Intervención. El comentarista indica que la ayuda de la Italia de Benito
Mussolini es mucho mayor que la que reciben en conjunto los republicanos de países extranjeros. En el bloque dedicado a las víctimas producidas como consecuencia de la ayuda italiana y alemana

11.   Riambau, Esteve y Torreiro, Mirito, «Entrevistas con Joris Ivens y Jean-
Paul Le Chanois», *Dirigido por*, n.º 138 (julio-agosto, 1986), p. 56.
12.   Hogen Kamp, Bert, «Le film de gauche et la Guerre Civile d'Espagne»,
Revue Belge du Cinéma, n.º 17 (1986), p. 23. Para un análisis de este documental
vid. Sánchez, Inmaculada, «*L'Espagne vivra*, un ejemplo de cine documental francés en la Guerra Civil española», *Film-Historia*, vol. III, n.º 1-2 (1993), pp. 271-278.

a la España nacional se muestra la portada del periódico *Le petit parisien*, del 16 de agosto de 1936, en la que el general Francisco Franco declara: «Jamás bombardearé Madrid.» Un gráfico señala que el triunfo de Franco supondría que Francia quedaría rodeada por el fascismo: la península Ibérica, Baleares, Cerdeña, Italia y Alemania. Además, se muestra un párrafo de *Mein kampf* en el que se lee «el enemigo del pueblo alemán es Francia». El aspecto más destacable es que, tal como señala la historiadora Inmaculada Sánchez, *L'Espagne vivra* «nos permite ver que la izquierda francesa, a pesar de no tener medios económicos para la producción cinematográfica, conocía bien las posibilidades propagandísticas de la imagen basada en acontecimientos reales».[13]

Estados Unidos

Los noticiarios realizados en Estados Unidos presentan la característica común de que no se manifiestan partidarios por ninguno de los dos bandos enfrentados. Las imágenes se centran en lo espectacular y emotivo, mostrándose escenas de combates y bombardeos sin analizar las implicaciones internacionales de la guerra. Ni tan siquiera se nombra la participación de los brigadistas estadounidenses del Batallón Abraham Lincoln. La Guerra Civil española es presentada como un conflicto lejano que políticamente no interesa a los norteamericanos. Un ejemplo de esto último lo hallamos tras estudiar los números editados por el noticiario *Fox Movietone News* en 1938. Sólo se dedican tres noticias al conflicto español: la conquista de Lérida por las tropas nacionales, el general Franco condecorando a unos italianos y la Batalla del Ebro.

En el otoño de 1936 se creó, en Nueva York, la History Today, que poco tiempo después se transformaría en la Contemporary Historians. Escritores, actores y realizadores de ideología progresista —como por ejemplo Ernest Hemingway, John Dos Passos, Lillian Hellman, etc.— formaban parte de esta entidad. Uno de los objetivos que se marcó la History Today fue la de realizar una película sobre la situación a la que estaba sometida la República española tras la sublevación militar. El resultado fue *Spain in flames* (1936), dirigido por Helen van Dongen y con Joris Ivens como ayudante de realización. Este documental, de poco más de una hora de duración, fue realizado a partir del material de archivo que sobre la Guerra Civil española existía hasta aquel momento.

---

13. Sánchez, Inmaculada, *op. cit.*, p. 278.

Poco tiempo después, la Contemporary Historians propuso a Joris Ivens que rodara otra película sobre la Guerra Civil en España. El resultado fue *The Spanish earth*. El realizador holandés Joris Ivens y el escritor estadounidense Ernest Hemingway trabajaron juntos en el rodaje, entre marzo y mayo de 1937. En esta película se mezclan elementos de ficción con reales. Sobre la historia de Julián, un joven campesino de Fuentidueña, y la vida de este pueblo, cercano a Madrid, se construye una narración sobre la defensa de la capital española y la España republicana. Las escenas en los frentes de batalla fueron rodadas en la Ciudad Universitaria, en Morata de Tajuña y en la Batalla del Jarama. Hemingway, no sólo se encargó de escribir el guión sino que fue el narrador de la versión comercial del film. La primera proyección de *The Spanish earth* fue en la Casa Blanca, a petición del presidente de los EE.UU, el 8 de julio de 1937. Cuando se estrenó en España, con el título de *Tierra española*, las frases publicitarias remarcaban: «El film que ha conmovido al mundo. Proyectado ante el presidente Roosevelt y los delegados de la Sociedad de Naciones. Un testimonio de nuestra lucha.»[14]

Según Joris Ivens, el presidente de los EE.UU., tras visionar la película, manifestó su simpatía hacia la misma, aunque no estaba en condición de tomar en modo alguno una posición en lo que se refería a la no intervención. Asimismo, Roosevelt sugirió que el film destacara el motivo de la lucha de los agricultores y su aspiración a cultivar los latifundios a los que no podían acceder.[15] Precisamente, dos son los ejes de la película: por un lado, la España republicana que lucha contra el bando nacional; por otro, los habitantes de un pueblo que trabajan su tierra no sólo por su bien sino para beneficio de todos los republicanos. Tal vez, una de las imágenes más memorables de *The Spanish earth* sea la de los campesinos que impasiblemente trabajan la tierra a la vez que el amenazador ruido de los distantes cañones se hace más audible, señalando que el frente de guerra se acerca poco a poco a sus tierras. De todas formas, la película finaliza con una nota de esperanza cuando la carretera Madrid-Valencia es liberada por el Ejército republicano y llega el agua que traerá riqueza y alimentos a la tierra. Además, en ningún momento de *The Spanish earth* el comentarista tilda al bando nacional como fascista. Las dos únicas ocasiones en que es pronunciada la palabra fascismo son a través de dos discursos —con voz en *off*—, uno del presidente de la República española,

14. *La Vanguardia* (24-4-1938).
15. Ivens, Joris, «"Io-Cinema" autobiografía de un cineasta», *Els Quaderns de la Mostra*, n.º 4 (1985), p. 65.

Manuel Azaña, y otro de José Díaz, secretario general del Partido Comunista de España. Azaña dice durante una intervención en las Cortes, instaladas en Valencia: «Nos atacaron sin contar con el pueblo. Ignoraban la larga lucha que han seguido las masas españolas contra la tiranía. Les sorprende su oposición al fascismo, tanto como su gran auxilio a la capital.» Por su parte, Díaz expone durante un mitin en el que se celebra la creación del Ejército Popular: «Nuestra milicia tendrá un carácter amplio, popular, democrático. Compuesta de miembros de todos los partidos antifascistas, disfrutará de la cohesión y unidad que son las razones de la victoria. La única rivalidad será por lo que se refiere al heroísmo, espíritu de abnegación, valor.»

A nivel comercial, *The Spanish earth* fue marginada de los canales habituales de distribución, ya que los distribuidores consideraban que era una película polémica y que les podría acarrear algún problema su exhibición. De todas formas, *The Spanish earth* tuvo una gran difusión a través de asociaciones culturales, entidades progresistas, universidades, etc. De esta forma se consiguieron dos de los objetivos: informar a parte de la opinión pública estadounidense sobre la Guerra Civil española y recaudar fondos para los republicanos.

Tras la proyección que tuvo lugar en la Casa Blanca —lo que significaba un buen reclamo publicitario— hubo una serie de proyecciones privadas de *The Spanish earth* ante las figuras más destacadas del mundo cinematográfico de aquel entonces en los EE.UU. Por ejemplo, a la sesión que se celebró en casa del actor Frederic March asistieron los directores Ernst Lubitsch, Fritz Lang, King Vidor, Lewis Milestone, Anatol Litvak y John Cromwell; los actores Robert Montgomery, Myriam Hopkins, Errol Flynn, Joan Bennet; y los escritores Dashiell Hammett, Dudley Nichols, Dorothy Parker y Marc Connelly. Gracias a estos pases privados se obtuvieron alrededor de 70.000 dólares que fueron destinados a la compra de material sanitario, principalmente ambulancias, para ser enviado a la España republicana.

Llegados a este punto, conviene recordar cuál fue la movilización de Hollywood a favor de la causa republicana. En enero de 1937 se creó el Comité Norteamericano para la Ayuda de la Democracia Española, que tenía su sede en Nueva York. Francis J. McConnell —obispo anglicano— y Herman F. Reissig —reverendo— fueron el presidente y el secretario, respectivamente, aunque las personalidades más notorias fueron el científico Albert Einstein y los escritores Thomas Mann, Sinclair Lewis, Theodor Dreisser, Upton Sinclair, entre otros. A su vez, un reducido grupo de destacados profesionales del cine creó en febrero de ese mismo año el Comité de Artistas Cinematográficos para la Democracia Española. En un principio, esta última entidad actuó como dependiente del organismo fundado en Nueva York, pero bien pronto adquirió su propia autonomía. Entre las primeras personalidades que colaboraron con el mismo destacaban el director Lewis Milestone; los guionistas Dudley Nichols y George S. L Kaufman; y los intérpretes Sylvia Sidney, James Cagney, Jena Muir, Paul Muni y Franchot Tone. No cabe duda que este movimiento, que funcionó sin otra ayuda económica que la aportada por los propios interesados, representó una conciencia política en el Hollywood de los años 30.

El historiador Carlos Férnandez Cuenca señala que Dolores Ibárruri envió en 1937 una carta a los artistas de Hollywood agradeciendo su ayuda a la República. Según Fernández Cuenca, éstos respondieron a *la Pasionaria* en los siguientes términos: «El haber recibido un saludo personal de quien ha llegado a ser un símbolo vivo de la lucha de los trabajadores por la democracia y la libertad es un honor que los artistas de la pantalla apreciamos sinceramente. Deseamos que los heroicos esfuerzos del pueblo español, asistido por todos los amigos de la democracia española, lleven a España a una rápida victoria.» Firmaban este mensaje Franchot Tone, Robert Montgomery, James Cagney, Frederick March, Joan Crawford, Sylvia Sidney, Bette Davis, Miriam Hopkins, Nancy Carroll, entre otros.[16]

La Delegación del Estado para Prensa y Propaganda de la España franquista elaboró, en febrero de 1937, una lista en la que prohibía la exhibición en su territorio de todas las películas en las que participaran una serie de artistas que habían manifestado su apoyo a los republicanos: los directores Lewis Milestone y Frank Tuttle; los guionistas Upton Sinclair, Clifford Odets, Liam O'Flaherty, Dudley Nichols y Kenneth MacGowan; y los actores Louise Rainer y Paul Muni. Un año después de acabada la guerra, una orden de la Jefatura Nacional de Prensa de Madrid, del 2 de abril de 1940, prohibía citar en cualquier medio de comunicación los siguientes nombres que se habían distinguido por sus simpatías hacia los republicanos:[17] los directores Charles Chaplin, Lewis Milestone y Frank Tuttle; los guionistas Humphrey Coob, Upton Sinclair, Clifford Odets, Liam O'Flaherty y Dudley Nichols; el productor Kenneth MacGowan, y los actores y actrices Edward Arnold, James Cagney, Eddie Cantor, Joan Crawford,

---

16. Férnandez Cuenca, Carlos, *La guerra de España y el cine*, Madrid, Editora Nacional, 1972, p. 358.
17. Cit. *idem.*, pp. 358-359.

Bing Crosby, Constance Cummings, Bette Davis, Florence Eldrid-ge, Douglas Fairbanks jr., Frances Farmer, John Garfield, Frederich March, Burgess Meredith, Annie Miller, Paul Muni, Lousie Rainer, Paul Robeson, Sylvia Sidney, Franchot Tone y Rudy Wallee. Esta prohibición no hacía referencia a las películas en las que podían intervenir, para no perjudicar a los productores, sino a sus nombres. Este veto no fue duradero, ya que al cabo de un tiempo la mayoría de ellos volvieron a citarse. Otros, como es el caso de Chaplin, tuvieron que esperar más tiempo.

Heart of Spain (1937) fue un testimonio contra la barbarie que representó la Guerra Civil española y fue producido por la Frontier Film en colaboración con la Canadian Committee to Aid Spain y la American Bureau to Aid Spanish Democracy. *Heart of Spain* se proyectó con éxito. La primera parte narra la vida cotidiana en la retaguardia republicana, mientras que la segunda recoge las actividades del Instituto Hispano-Canadiense de Transfusión de Sangre, dirigido por Norman Bethune. En el film se observa que la sangre recogida era transportada al Hospital Americano en un camión. Cuando el doctor Bethune llega es recibido por su colega Donald H. Pitts; las transfusiones a los enfermos empiezan. El documental *Heart of Spain* finaliza con la visita que hace una donante al soldado que recibió su sangre.

Norman Bethune prestó sus servicios por primera vez en una unidad móvil de transfusión de sangre instalada en el frente en la Ciudad Universitaria, a finales de diciembre de 1936, al lado de los brigadistas. Bethune atravesó la frontera francesa el 6 de junio de 1937. A su vuelta a Canadá participó en diferentes actos contra la política de no intervención y para recaudar fondos. Después prestó su ayuda en China, que estaba en guerra contra Japón, formando personal sanitario, hasta que falleció a causa de una septicemia.

Frontier Films, entusiasmada con los resultados de *Heart of Spain*, decidió producir otro documental, *Return to life* (1938), esta vez en colaboración con el Medical Bureau the North American Committee to Aid Spanish Democracy. Herbert Kline, uno de los directores de *Heart of Spain*, fue coguionista y colaboró en la dirección de *Return to life* junto a Henri Cartier-Bresson. *Return to life* se rodó en 1937, aunque el montaje no se concluyó hasta el año siguiente. Los directores Henri Cartier-Bresson y Herbert Kline y su operador Jacques Lemare, durante su estancia española, también filmaron a la Brigada Lincoln en el frente de Madrid en 1937. El resultado fue el cortometraje *With the Lincoln Batallion in Spain* (1938).

Pero volviendo a *Return to life*, éste empieza con imágenes de la vida cotidiana y de algunos de los bombardeos que se produjeron sobre Madrid. Las unidades sanitarias de la Medical Bureau the North American to Aid Spanish Democracy parten hacia el frente para atender a los heridos. Un soldado que precisa ayuda médica es intervenido quirúrgicamente en el interior de un camión que está equipado con el material sanitario necesario. Algunos heridos son transportados en unos vagones sanitarios. Al mando de la sanidad en campaña está el doctor Irving Busch. En la retaguardia existen diferentes hospitales donde los enfermos, tanto españoles como extranjeros, se recuperan. En Benicasim hay un centro de rehabilitación: el Hospital Jan Amos Komensky, dirigido por el médico Yvonne Robert. Los heridos, una vez restablecidos, celebran una fiesta de despedida antes de dirigirse otra vez al frente de batalla.

Abandonamos el tema de los documentales para comentar las tres películas de ficción producidas en Hollywood sobre nuestra Guerra Civil: *Love under fire* (George Marshall, 1937), *The last train from Madrid* (James Hogan, 1937) y *Blockade* (William Dieterle, 1938).

Love under fire, una producción de Nunnally Johnson para la 20th Century Fox, explica la historia de una joven inglesa (Loretta Young), acusada de un robo, que decide trasladarse a España. Un inspector de Scotland Yard (Don Ameche) la localiza en Madrid, donde a ambos les sorprende el estallido de la guerra. A través de diversas aventuras, los dos protagonistas acaban por enamorarse. Tras descubrir él la inocencia de ella deciden regresar a su país después de superar los problemas propios de una guerra civil. Como se puede comprobar, el conflicto español es un simple pretexto para ambientar la trama, ya que ni tan siquiera hay un simple esbozo de las cuestiones políticas e ideológicas de la guerra. Al Servicio de Exteriores del Departamento Nacional de Cinematografía de la España franquista[18] llegó una denuncia, en concreto por el representante diplomático en El Cairo, sobre la obra de George Marshall. Los responsables del Departamento, tras visionarla, permitieron su comercialización en el extranjero, pero no su estreno en España.[19] De hecho, si algún elemento denuncia *Love under fire* es la inseguridad en la que se vivía en Madrid y los fusilamientos indiscriminados de los republicanos.

18. Organismo, con sede en Burgos y creado en 1938, encargado de sancionar económicamente y cerrar el mercado español a toda empresa extranjera que produjera películas contrarias al franquismo.
19. Archivo General de la Administración (AGA), Sección Cultura, Archivador 267.

The last train from Madrid, producida por George M. Arthur para la Paramount, narra las peripecias de varias personas que desean abandonar el Madrid asediado en el último tren, antes de la voladura de la línea férrea, para dirigirse a Valencia. Madrid es descrita como una ciudad inhabitable debido a las actuaciones de los revolucionarios armados. Diversos representantes diplomáticos de la España franquista denunciaron al Servicio de Exteriores del Departamento Nacional de Cinematografía este film, aunque, tras su visionado, las autoridades de este organismo dictaminaron que no era contrario a la causa nacional, por lo que no emprendieron acciones contra la productora.[20] De todas formas, esta película tampoco fue estrenada en la España gobernada por Franco.

Un rótulo que aparece en la pantalla sitúa la acción de *Blockade* en España en la primavera de 1936. Marco —papel interpretado por Henry Fonda— es un campesino que vive idílicamente en una ficticia población costera llamada Castelmare hasta que estalla la guerra. La inmensa mayoría de la gente huye cuando las primeras bombas empiezan a caer y se aproxima el enemigo. No obstante, Marco consigue que los que huyen depongan su actitud con el siguiente discurso: «¡Parad! ¡Volved! Salvaréis vuestras vidas pero no tendrá ningún sentido vivir. Viviréis en un mundo muerto. Viviréis en un lugar que ya no será vuestro. Eso es peor que vivir en una prisión. Este valle es nuestro, nos pertenece. Es la tierra de nuestros padres y de sus padres antes que ellos. No podréis vivir lejos de aquí. Si nos cogen esto, nos cogen todo. ¡Volved y luchad! ¡Defenderos! ¡Sacadlos de aquí y el valle volverá a ser nuestro! ¡Nuestro! ¡Nuestro! ¡Hemos de resistir!» Finalmente, la población coge las armas y frena el avance enemigo. Marco es nombrado por esta acción alférez del ejército leal. Posteriormente, un jefe militar reconoce que la situación es crítica porque la provincia está separada del resto del territorio y que si cae esta ciudad lo hará toda la provincia. Este comentario evoca la situación de la zona cantábrica que en 1936 estaba aislada del resto del territorio republicano. Además, el sitio que sufre Castelmare provoca la dificultad para que lleguen barcos con armas o para aliviar el hambre de las personas asediadas. De nuevo, otra similitud con la situación republicana. Mientras, Marco se enamora de Norma —papel encarnado por Madeleine Carroll—, quien es obligada por un chantajista a trabajar para el enemigo. Pero los dos protagonistas acaban enamorándose y descubriendo una red de espionaje.

20. *Idem.*

En *Blockade* no se identifica la ideología de los dos bandos en lucha, pero denuncia el bloqueo militar que hace sufrir a la población. En este sentido, Marco, en la última escena de *Blockade* mira fijamente a la cámara, en un primer plano, reclamando justicia cuando dice: «Nuestro país se ha convertido en un campo de batalla. No hay ningún tipo de seguridad para los ancianos y los niños. Las mujeres no pueden proteger a sus hijos, no pueden estar seguras ni en su pueblo. Iglesias, escuelas, hospitales son atacados. Esto no es una guerra corriente entre soldados: ¡es una matanza! Matanza de gente inocente, gente que no tiene ninguna culpa. ¿Por qué no lo impide el mundo? ¿Dónde está la conciencia del mundo?» Un mensaje que mezcla el pro-republicanismo con el pacifismo.

La ambientación a lo largo de toda la película es artificiosa, valga como ejemplo que la localidad de Castelmare tiene resonancias italianas y no españolas. El tímido partidismo del film se demuestra en que defiende al bando que representa la legalidad establecida antes del estallido del conflicto. Por ello, los sectores más ultraconservadores de los Estados Unidos intentaron impedir su estreno, y las embajadas italiana y alemana manifestaron su disconformidad durante el rodaje. Al respecto, Walter Wanger —el productor— declaró: «Nosotros, [Hollywood] no solamente aceptamos, a menudo, las intimidaciones extranjeras, sino que incluso nos ponemos firmes delante de cualquiera que en el país nos grite: *¡Dirígete hacia allá!* ¡Y esto es absolutamente ridículo, señores! Por lo que hace referencia a mí, que nadie intente hacerme desistir de hacer la película que hago. Estoy produciendo un documento sobre España tal como ahora se está sufriendo allí en la realidad; y continuaré, pese a quien pese, hasta el final. Y si después alguien, en algún lugar de Europa, nos la prohíbe, entonces lo aceptaré deportivamente, ¡y nada más!»[21] El film fue distribuido en los EE.UU. por la United Artists, pero, como era de prever, no se estrenó ni en Alemania ni en Italia.

El Departamento Nacional de Cinematografía comunicó a los representantes en la España franquista de la United Artists, empresa distribuidora de *Blockade*, la voluntad del Gobierno de Franco de romper con esta empresa si no retiraba la película del mercado internacional.[22] El representante de la United Artists en Europa aceptó, en una carta fechada el 10 de enero de 1939, suspender su explotación comercial, aunque solicitó que no fuera efectiva hasta abril de 1939, para evitar posibles demandas de las empresas exhi-

21.   Cit. Pastor Petit, D., *Hollywood respon a la Guerra Civil: 1936-1939*, Barcelona, Llibres de l'Índex, 1997, p. 202.
22.   *La Voz de España* (7/10/1938).

bidoras por no cumplir los contratos ya firmados. Eso sí, se comprometía a practicar una serie de cortes: el encabezamiento inicial que sitúa la acción en España; un diálogo en el que se nombra la ciudad de Granada; y el monólogo final de Henry Fonda.[23] Finalmente, ninguno de estos cambios se produjo. Poco importó ya que la derrota republicana era inminente en aquel entonces. Manuel Agusto García Viñolas —responsable del Departamento Nacional de Cinematografía— en la respuesta, con fecha 17 de enero, que envió al representante europeo de la United Artists hacía constar: «Simplemente me permito llamar su atención, ante la marcha de las operaciones, sobre la posibilidad de que para la fecha fijada, abril, pueda resultar ya innecesaria la propaganda tendenciosa de *Bloqueo*.»[24]

John Howard Lawson —guionista de *Blockade*— había sido presidente de la Screen Writers'Guild (1935), sindicato de guionistas que los sectores más conservadores de los Estados Unidos contemplaban como un instrumento del Partido Comunista de los EE.UU. Años más tarde, durante la histeria anticomunista que hubo en el país en plena guerra fría, Lawson compareció ante el Comité de Actividades Antiamericanas en 1947 y rechazó afirmar o negar ser miembro del partido comunista. Fue condenado a un año de prisión por rehusar declarar ante una comisión debidamente constituida por el Congreso de los EE.UU. Pasó a ser conocido como uno de *los diez de Hollywood*, aquellas personas que se negaron a colaborar con el Comité y prefirieron la cárcel a delatar a sus amigos.[25]

23. AGA, Sección Cultura, Archivador 274.
24. *Idem.*
25. Además del propio John Howard Lawson, los otros condenados fueron el productor Adrian Scott; los guionistas Dalton Trumbo, Lester Cole, Ring Lardnet jr., Albert Maltz, Samuel Ornitz y Alvah Bessie —que combatió en la guerra española en la XV Brigada Internacional—; y los directores Herben Bibernau y Edward Dmytryk, si bien éste sólo cumplió la mitad de la condena porque finalmente cooperó con el Comité.

CAPÍTULO 4

DOS DOCUMENTALES ANTITÉTICOS: *MORIR EN MADRID* (1963) Y *MORIR EN ESPAÑA* (1965)

Finalizada la Guerra Civil española se continuaron realizando, tanto en España como en el extranjero, documentales sobre nuestra contienda. Esto demuestra que el conflicto español continuaba siendo tema de debate. *Mourir à Madrid* (1963) ha sido el único documental de montaje, sobre la guerra española, que obtuvo más repercusión en todo el mundo. Su director, Frédéric Rossif, no ocultó sus simpatías hacia el bando republicano y realizó su obra con mucho entusiasmo, por lo que no podía ser objetivo. *Mourir à Madrid* es un film de montaje. Ello implica una cierta manipulación del material que se ha tenido que escoger entre las secuencias que en un principio se habían seleccionado. Si toda esta labor se hace con pasión, la objetividad desaparece. Evidentemente, todo este trabajo se realizó con unas finalidades determinadas a partir de la ideología que el autor quería transmitir. Para Rossif, el conflicto español fue la última guerra de los hombres y la primera guerra totalitaria que movilizó «tanto corazones generosos como mercenarios».[1] Por este motivo, por ejemplo, recuerda con afecto a las Brigadas Internacionales pero critica la intervención de la Legión Cóndor. Del mismo modo, para ilustrar que la Iglesia católica se alineó con el bando nacional se leen unos fragmentos de la carta colectiva episcopal apoyando a los sublevados, mientras se observan imágenes de miembros del clero saludando brazo en alto junto con otras de víctimas de bombardeos. Cuando el Gobierno de Franco se enteró del proyecto de *Mourir à Madrid* intentó que éste no se llevara a cabo. Al no conseguir-

---

1. Extraído del folleto editado con motivo del estreno del documental en España en 1978. Cuando la película se proyectó en Francia, se publicó un libro que contenía imágenes y el texto del film, del cual existe una versión en castellano; cfr. Rossif, Frédéric y Chapsal, Madeleine, *Morir en Madrid*, México, Ediciones Era, 1970, 139 pp.

lo, no sólo prohibió su exhibición en España sino que promocionó una respuesta cinematográfica, *Morir en España* (Mariano Ozores, 1965). Ello nos demuestra que la Guerra Civil española continuaba siendo motivo de controversia después de casi treinta años de su inicio. Pero lo más interesante para los historiadores es que la polémica no nació a partir de la difusión de un libro o de cualquier otra fuente escrita, sino de un documento cinematográfico.

Las trayectorias cinematográficas de Frédéric Rossif y Mariano Ozores son muy diferentes. La del primero está encarrilada hacia el cine documental con ambiciones de carácter político-intelectual; mientras que la del segundo es un cine popular, listo para ser consumido por el gran público. Rossif nació en 1922 en Cetinje (Yugoslavia). Ingresó en 1941 en la Legión Extranjera francesa y combatió en las batallas de Libia, Bir Hakeim y Montecassino. Obtuvo la nacionalidad francesa en 1947 por méritos de guerra. Inició su carrera de documentalista en París, donde ingresó en la televisión francesa en 1952. Entre sus obras figuran *Tiempos de ghetto* (1961) —sobre el gueto de Varsovia creado por los nazis—, *Révolution d'octobre* (1967) —acerca de la Revolución rusa— o *Un mur à Jérusalem* (1968) —sobre la convivencia entre judíos y árabes en esta ciudad—

También fue el autor de films sobre diversos artistas, como *Pablo Picasso peintre* (1980) o *Jacques Brel* (1982). Realizó varios largometrajes consagrados a los animales como *Les animaux* (1963) o *Ópera salvaje* (1977). Su último documental de montaje para la televisión francesa fue *De Nuremberg a Nuremberg* (1989), que recoge la historia del nazismo desde su nacimiento hasta la derrota y juicio a los principales dirigentes nazis. Falleció en París en 1990.

Mariano Ozores (Madrid, 1926) es hijo de actores y hermano de dos de los más populares comediantes del cine español, José Luis y Antonio. Debutó en la gran pantalla con *Las dos y media... y veneno* (1959). A excepción de los documentales *Morir en España* e *Historias de la fiesta* (ambos de 1965), todas sus películas se enmarcan en el género de la comedia popular y generalmente tuvieron éxito entre el público: *A mí las mujeres ni fú ni fá* (1971), *Tío, ¿de verdad vienen de París?* (1975), *Los bingueros* (1979), *Yo hice a Roque III* (1980), *¡Qué gozada de divorcio!* (1981), *Cristóbal Colón, de oficio... descubridor* (1982), *El cura ya tiene hijo* (1984), etc. Su filmografía alcanza casi los 100 títulos.[2]

---

2. El autor de este libro contactó telefónicamente con Mariano Ozores para solicitarle si estaba dispuesto a rellenar un cuestionario sobre su trayectoria en el mundo del cine documental, haciendo hincapié en su participación en *Morir en España*. Como su respuesta fue afirmativa se le envió por correo el cuestionario. Desgraciadamente, no se obtuvo respuesta.

La génesis

La idea de sintetizar, en una hora y media, la Guerra Civil española, se le ocurrió a Frédéric Rossif cuando participaba en 1961 en un programa de televisión sobre Ernest Hemingway, a raíz de su muerte ese mismo año. Al analizar su participación en el conflicto español, Rossif comprobó que había una gran cantidad de material fílmico sobre nuestra contienda. Para realizar *Mourir à Madrid* no sólo utilizó los archivos cinematográficos de París —Pathé, Gaumont y Eclair— sino de otras ciudades extranjeras: Visnews y Movietone (Londres); Sovexportfilm (Moscú); Fox (Nueva York); y Filmoteca de la República Democrática Alemana (Berlín). *Morir à Madrid* finaliza con el siguiente texto: «Ce film est dédié aux correspondants de guerre morts à Madrid et à tous ceux, journalistes, reporters, cameramen, qui, en accomplissant leur travail en Espagne, nous ont permis de faire ce film.» Rossif ideó un documental polémico al emplear una serie de imágenes con una clara intencionalidad política. Para Carlos Fernández Cuenca, «las imágenes animadas que duermen en los archivos cinematográficos suelen ser objetivas por sí mismas y en esa circunstancia reside su valor testimonial. Pero la objetividad puede perderse en parte o del todo según la manera de usarlas, de combinarlas, de unirlas o de contraponerlas».[3]

Con la finalidad de incluir imágenes contemporáneas de España —como paisajes o procesiones de Semana Santa—, la productora de *Mourir à Madrid*, Ancinex, solicitó el 20 de marzo de 1962 el permiso correspondiente a la Dirección General de Cinematografía y Teatro, para rodar diversos exteriores e incluirlos en un documental folclórico y turístico titulado *Espagne eternelle*. La autorización fue concedida el 6 de abril de ese mismo año. Cuando *Mourir à Madrid* fue estrenada en Francia en 1963, el régimen franquista pudo comprobar para qué había servido la autorización y, al sentirse engañado, emprendió una serie de medidas de presión para impedir su difusión. Las imágenes rodadas en 1962 sirvieron para ilustrar la España de Franco. El Ministerio de Asuntos Exteriores español llegó a ofrecer 50 millones de pesetas por la compra del negativo de la película[4] cuando su coste no llegó a los 10 millones. Fracasada esta iniciativa, el Gobierno del general Franco

3. Fernández Cuenca, Carlos, *La guerra de España y el cine*, Madrid, Editora Nacional, 1972, p. 432.
4. Gubern, Román, *1936-1939: la guerra de España en la pantalla*, Madrid, Filmoteca Española, 1986, p. 134.

exigió que se hicieran 25 cortes. Al final se practicaron seis, como, por ejemplo, la entrevista que mantuvieron Francisco Franco y Adolf Hitler en Hendaya en 1940 o el telegrama que Hitler envió a Franco comunicándole la llegada de la Legión Cóndor. No contento con ello, el Gobierno español promocionó una réplica cinematográfica al documental de Rossif: *Morir en España*, estrenada en mayo de 1965. Por su parte, Carlos Fernández Cuenca afirma que el único corte que sufrió la película de Rossif fue la eliminación de una frase atribuida a Franco: «Fusilaré a la mitad de España si con ello es preciso ganar la guerra».[5] Esta frase, aunque no está reproducida literalmente, está extraida de la entrevista que el general Franco concedió al periodista americano Jay Allen, en Tetuán, el 27 de julio de 1936. El entrevistado tenía la impresión de que sus tropas poco a poco pacificarían el país. Allen le preguntó si eso significaba que tendría que matar a media España, a lo que Franco dijo, sonriendo: «Le repito, a cualquier precio.»[6]

Mourir à Madrid, que no se estrenó en España hasta mayo de 1978 con el título *Morir en Madrid*, se convirtió en un título mítico entre los españoles que se habían visto obligados, hasta ese año, a cruzar la frontera francesa para conocer parte del cine que se hacía en el mundo. Para estos espectadores este documental era el testimonio de unos años y de una guerra que, evidentemente, sólo se explicaba en la España franquista desde una perspectiva: la de los vencedores. Tanto el guión, elaborado por Frédéric Rossif, como el comentario escrito de *Mourir à Madrid*, obra de Madeleine Chapsal, son breves y concisos pero con una clara intencionalidad política.

Mourir à Madrid acusa el paso del tiempo porque los espectadores hemos podido ver tras el mismo varios documentales sobre el período bélico español. Otro de los problemas con los que se enfrenta la obra de Rossif es que en su día fue muy mitificada, sobre todo porque estuvo prohibida en España durante dieciséis años. *Mourir à Madrid* no puede decirse que sea un film que analice rigurosamente la guerra española, sino que más bien ofrece una síntesis que permite adquirir una visión de conjunto a base de concentrar en momentos claves la narración histórica. Por ello se recoge todo lo que fue esencial, trascendente o simplemente trágico de aquella inolvidable dolorosa catástrofe que fuera el conflicto español. Desgraciadamente, el documental omite algunos aspectos en los que la ima-

5. Fernández Cuenca, Carlos, *op. cit.*, p. 430.

6. La entrevista apareció publicada en *The News Chronicle* (29-7/1-8-1936). Cit. Preston, Paul, *Franco «Caudillo de España»*, Barcelona, Círculo de Lectores, 1994, pp. 196-197.

gen de Francia sale mal parada. Por ejemplo, no se remarca el abstencionismo francés a la hora de apoyar a la República española. Tampoco hay alusión alguna a la suerte de los españoles que cruzaron la frontera hispanofrancesa, entre enero y febrero de 1939. La mayoría de ellos fueron instalados, por orden de las autoridades galas, en campos de concentración en unas pésimas condiciones. Asimismo, la visión que se ofrece del bando republicano en algunas ocasiones es idílica, pasando por alto las divisiones internas que había y que desembocaron en los tristes Sucesos de Mayo de 1937.

A pesar de la expectación que despertó la exhibición de *Morir en Madrid* en la España democrática, Enrique Líster fue el único dirigente republicano que asistió a su estreno en Madrid. Líster manifestó que su exhibición significaba que algo había cambiado en el Estado español y que se comenzaban a sentar las bases de la democracia.[7]

Tal como se ha ido apuntando, *Morir en España* fue la respuesta española al documental de Frédéric Rossif y se estrenó un año después de los actos franquistas que se celebraron en los llamados «25 años de Paz», para conmemorar el vigésimo quinto aniversario del final de la guerra. Además, un aspecto que se desprende de la narración del documental de Mariano Ozores es que se aprovecha la ocasión para recordar a Francia, con una mezcla de desprecio y resentimiento, su política de apoyo indeciso a la República. *Morir en España* es una reconstrucción de la historia de la Guerra Civil española desde el punto de vista del Gobierno franquista. En los títulos de crédito de este film se indica que la película está inspirada en «una idea de Carlos Fernández Cuenca, Antonio Morales y Esteban Madruga». Al respecto, Fernández Cuenca escribió que la intencionalidad era mostrar cómo la guerra, «nacida de un conflicto apasionado de españoles, adquirió carácter internacional por intereses particulares de unas cuantas grandes potencias empeñadas en mantener la tensión europea a costa de lo que nada en sí mismo les importaba. A esta intención respondía la línea narrativa que tracé, apoyándome en el material de archivo que conocía bien [Fernández Cuenca había sido director de la Filmoteca Nacional] y que mejor pudiera reflejarla. Pero aceptada e incluso cobrada esa idea argumental que debería dirigir Esteban Madruga y que se proponía exaltar el heroísmo de los españoles de los dos bandos y demostrar los daños derivados de la intervención extranjera, surgieron discrepancias con la pro-

---

7. Opiniones de personajes políticos ante el estreno de la película *Morir en Madrid* en *La Vanguardia* (12-5-1978).

ductora (Pefsa Films), que encargó un nuevo guión a dos escritores de tanto prestigio y de tanta calidad de polemistas como José María Sánchez Silva y Rafael García Serrano y confió la dirección a Mariano Ozores. Nada persistió de lo que nosotros pensábamos hacer».[8]

Sea cual fuese la génesis de *Morir en España*, el resultado final se acerca más a los años del conflicto civil o de la posguerra y no a la celebración de los «25 años de Paz», porque el lenguaje es belicoso, provocador y agresivo. El documental de Mariano Ozores obtuvo, por parte de la Dirección General de Cinematografía, la clasificación de Interés Nacional y fue premiado por el Sindicato Nacional del Espectáculo. Aun así, José María García Escudero —que estaba al frente de la Dirección General de Cinematografía— no estaba conforme con tales galardones. Al respecto escribió: «Veo *Morir en España*, réplica a *Morir en Madrid*, de Rossif. Más valor documental que fuerza de convicción. ¿No se debe a que ha de ser el presente, no el pasado, el encargado de convencer? Una guerra que abra el futuro tendrá siempre razón; una guerra que lo cierre nunca lo tendrá».[9]

Uno de los pocos aciertos de la película de Ozores es presentar los créditos iniciales sobre algunos grabados de Goya de la serie *Desastres de la guerra*, referida a la guerra de la Independencia, motivada por la invasión napoleónica, en la que protesta contra el combate sangriento entre seres humanos. El genial pintor aragonés nos muestra, como haría un fotógrafo en la actualidad, la barbarie y el salvajismo de un conflicto armado: saqueos, ejecuciones, violaciones, hambre, crueldad. El protagonista es el pueblo anónimo, auténtico artífice de la victoria contra el extranjero invasor. Pero tras visionar *Morir en España*, la tesis principal es que la Guerra Civil española fue un enfrentamiento entre España y la «anti-España»; o sea, entre los franquistas y los republicanos, estos últimos apoyados por el comunismo internacional y autores de las mayores brutalidades posibles. De hecho, la Segunda República es presentada como una época convulsiva a causa de las huelgas, la persecución religiosa y el separatismo catalán.

El guión de *Morir en España* está impregnado de una exaltación falangista. José Antonio Primo de Rivera es descrito como «la gran esperanza española». La causa que se siguió contra él en el otoño de 1936 es recordada con valentía y honor: «El hombre que

8. Fernández Cuenca, Carlos, *op. cit.*, pp. 547-548.
9. García Escudero, José María, *La primera apertura. Diario de un director general*, Barcelona, Planeta, 1978, p. 156.

durante su proceso llegara a convencer, con su razón y su valor, a todos los que asistían al juicio, incluso a sus guardianes, menos al tribunal que ya tiene dictada la sentencia de antemano. Años después, Largo Caballero denunciaría la ilegalidad de esta ejecución.» El juicio en sí no fue ilegal, sino un consejo de guerra que siguió el debido trámite, y tras encontrar al acusado culpable de rebelión, le condenó a muerte. Sin embargo, antes de que el Consejo de Ministros pudiera pedir un indulto o la conmutación de la pena, el Comité de Orden Público de Alicante aplicó la sentencia, seguramente por temor a que pudiera librarse del fusilamiento. En sus memorias, Francisco Largo Caballero manifestó que se sintió ultrajado, no tanto por la sentencia, sino porque fuera ejecutado antes de que el Gobierno diera la aprobación final.[10]

Franco tuvo que tolerar el culto a la memoria de José Antonio para conseguir la lealtad de las masas falangistas. Paralelamente se orquestó un culto a la personalidad de Francisco Franco para proclamarlo como heredero del fundador de Falange. Este partido fue utilizado por Franco como adorno político en la defensa del viejo orden. Si José Antonio Primo de Rivera hubiese sido canjeado y hubiese aparecido en la España nacional habría sido bastante más difícil para el general Franco dominar y manipular a su antojo a la Falange. De todas formas, Franco, más tarde o más temprano, se habría deshecho de él del modo en que se deshizo de tantos rivales. La ejecución de Primo de Rivera fue una contribución significativa a la seguridad política de Franco, a pesar de que privadamente mostraba su aversión por el fundador de Falange. El falangista y cuñado de Franco, Ramón Serrano Súñer, reconoció que «el peligro que para él [Franco] representaba José Antonio tenía necesariamente que sentirlo y, de hecho, jugó con su nombre siempre que le convino para hacerse con la Falange. Pero la realidad es que Franco y José Antonio no se podían entender, porque eran dos mentalidades, dos morales, dos espíritus humanos completamente diferentes. José Antonio rechazaba cualquier modo de absolutismo y tenía ideas muy claras sobre la responsabilidad del Estado y del poder, y eso es muy importante. Si Franco las hubiera tenido, no habría firmado tantas penas de muerte. Pero la causa de Franco nunca fue la de la verdadera Falange, ni la de José Antonio».[11]

10. Largo Caballero, Francisco, *Mis recuerdos*, México, Editores Unidos, 1954, pp. 208-209.
11. San Sebastián, Isabel, «Entrevista a Ramón Serrano Súñer», *ABC* (29-10-1995), p. 12.

En *Morir en España* se incluyen escenas de la prisión de Alicante, donde fue fusilado el fundador de Falange, y del Valle de los Caídos, lugar en el que reposa definitivamente su cuerpo. Una vez las autoridades republicanas certificaron su muerte, José Antonio Primo de Rivera fue enterrado en una fosa común del cementerio de Alicante. Acabada la guerra, sus restos fueron exhumados y trasladados provisionalmente a un nicho del mismo cementerio. En noviembre de 1939 fue enterrado en el monasterio de El Escorial, donde permanecerán hasta 1959, en que recibirán sepultura en el Valle de los Caídos. Pocas veces un cadáver ha sido tan manipulado.

Tal como apunta Paul Preston, José Antonio Primo de Rivera no puede ser juzgado por lo que se hizo con su memoria después de su muerte y menos sobre la base de lo que muchos de sus seguidores hicieron en servicio de Franco.[12] Los periodistas y escritores José María Sánchez Silva y Rafael García Serrano fueron los guionistas de *Morir en España*. García Serrano, militante de Falange Española, durante la guerra fue subdirector de *Arriba España*, codirigió la revista *Jerarquía*, colaboró en *La Hora de España* y se alistó voluntariamente en el Ejército franquista, llegando a ser alférez provisional. Entre 1945 y 1957 trabajó en el diario *Arriba*, director ocasional de la revista cinematográfica *Primer Plano*, y entre 1974 y 1975 estuvo al frente de la agencia Pyresa. Fue un colaborador del ultraconservador periódico *El Alcázar*. Su obra escrita acusa fuertemente un ideario falangista, línea iniciada ya en su primera novela *Eugenio o la proclamación de la primavera* (1938), en la que defiende el revanchismo, la venganza y la violencia. En 1950 recibió el premio Francisco Franco de periodismo. Por su parte, Sánchez Silva ejerció el periodismo durante varios años, llegando a ser subdirector de *Arriba*, entre 1940 y 1952. Obtuvo el Premio Nacional de Literatura con la obra *Marcelino, pan y vino* (1952), que él mismo adaptaría a la pantalla y que, coescrita y dirigida por Ladislao Vajda, constituyó uno de los mayores éxitos internacionales del cine español.

A su vez, José María Sánchez Silva y Rafael García Serrano fueron autores de diversos guiones para el cine, algunos sobre el tema de la guerra española. Ambos coincidieron en *La patrulla* (Pedro Lazaga, 1954) y *¿Por qué morir en Madrid?* (Eduardo Manzanos, 1966), documental del que se hablará más adelante. Sánchez Silva fue el coguionista de la biografía cinematográfica *Franco, ese hom-*

---

12. Preston, Paul, *Las tres Españas del 36*, Barcelona, Círculo de Lectores, 1998, p. 138.

bre (José Luis Sáenz de Heredia, 1964). Por otro lado, y sin abandonar la temática de la guerra española, García Serrano participó en los guiones de *La fiel infantería* (Pedro Lazaga, 1959), *Los ojos perdidos* —dirigida por él mismo en 1966— y *A la Legión le gustan las mujeres... (...y a las mujeres les gusta la Legión)* (Rafael Gil, 1976). Sánchez Silva y García Serrano también participaron como guionistas en *Proceso a Jesús* (Sáenz de Heredia, 1973), película en la se ensalzan las virtudes del franquismo.

Pero *Morir en España* no fue el único intento de responder cinematográficamente al documental de Frédéric Rossif, ya que hubo otro, aunque al final este último no se llegó a exhibir comercialmente. La historia la recuerda el cineasta Arturo Marcos en sus memorias inéditas *Una vida dedicada al cine*.[13] El propio Marcos y el productor Eduardo Manzanos asistieron a una proyección de *Mourir à Madrid* en un cine de Roma a mediados de 1964. A iniciativa de Manzanos[14] se decidió realizar una réplica del documental, utilizando la misma imagen y respondiendo a los comentarios. La idea fue del agrado del Director General de Cinematografía, José María García Escudero y del Ministro de Información, Manuel Fraga Iribarne. Una copia de *Mourir à Madrid* fue obtenida de forma ilegal en Roma con la intención de responder cinematográficamente a Rossif. La película se tituló *¿Por qué Morir en Madrid?* y aunque fue declarada de Interés Especial no pudo llegar a estrenarse al no recibir ni la documentación que acreditaba su autorización, ni ningún tipo de explicaciones que permitieran a la productora emprender un recurso. Según Rossif, el motivo por el que finalmente no se estrenó fue que «los abogados debieron explicarles que era un delito y que podían verse condenados en todos los tribunales europeos».[15]

---

13. Cit. Amo, Alfonso del (ed. en colaboración con M.ª Luisa Ibáñez), *Catálogo general del cine de la Guerra Civil*, Madrid, Cátedra-Filmoteca Española, 1996, pp. 765-766.

14. Eduardo Manzanos ha producido varias películas que tienen como tema la guerra civil. *Los ojos perdidos* (Rafael García Serrano, 1966) narra una relación entre dos jóvenes que se enamoran, pero que la guerra destrozará, ya que él —alférez del Ejército nacional— muere en el frente del Norte. También produjo y dirigió *España debe saber* (1977) que hace un análisis desde 1936 hasta 1975, intercalándolo con entrevistas a varias personalidades. *De la República al trono* (Fernando González Doria, 1979) realiza un recorrido, incluyendo declaraciones de varias personas, por la historia de España desde la caída de la monarquía de Alfonso XIII hasta la proclamación de Juan Carlos I. *¡Franco! Un proceso histórico* (1980) es un film —producido y dirigido por Manzanos— en el que se somete a juicio la figura del dictador español y que cuenta con el testimonio de varios personajes políticos.

15. Gallego Díaz, Soledad, «Cuando España era cementerio del mundo», *El País* (20-4-1985).

En la Filmoteca Española se conservan dos versiones de *¿Por qué Morir en Madrid?* Alfonso del Amo, responsable de la cataloga-ción en la Filmoteca Española y que ha visionado ambas versiones, explica las diferencias de la siguiente manera:

«La versión A se inicia con un largo texto que sitúa al especta-dor ante la producción de *Mourir à Madrid*, película anti-española a la que se desea contestar desde sus mismos argumentos, advir-tiendo que por respeto a los derechos de propiedad intelectual, úni-camente se han cogido de *Mourir à Madrid* las imágenes documen-tales, no las filmadas por Rossif, incluyendo algunas otras para complementar la réplica. La película incluye un fuerte alegato anti-francés, ilustrado con las imágenes de disturbios relacionados con las OAS y la independencia de Argelia, y acaba con imágenes del monumento funerario del Valle de los Caídos.

»La versión B sigue totalmente la imagen de la película de Ros-sif, incluyendo la cabecera en la que se sobreimprime la cabecera de la propia película sobre recuadros que tapan los rótulos originales; la locución se divide en dos bloques: una pareja de locutores recitan fragmentos de la locución original, traducidos al castellano y dichos con fuerte acento francés, mientras que las réplicas corren a cargo de otros locutores. Cuando la longitud de las secuencias no permi-te sincronizar las locuciones traducidas y las réplicas se recurre a congelar fotogramas o a repetir planos; en una ocasión, una larga secuencia sonora con una relación de fusilados y torturados por ele-mentos republicanos se mantiene la imagen totalmente en negro.

»Aunque los datos disponibles no permiten una interpretación clara, parece que la versión B, que exhibe la declaración de *Interés Especial* y el depósito legal (del año 1966), sería la que recibió la aprobación verbal de las autoridades.»[16]

En la primera versión —que dura 74 minutos— figuran como autores de los textos José María Sánchez Silva y Rafael Serrano, mientras que en la segunda —de 99 minutos—, Eduardo Manzanos. Asimismo, las voces empleadas en la locución, a excepción de dos personas, son diferentes en ambas. La opinión de José María Gar-cía Escudero sobre esta película no fue favorable, como lo demues-tran sus palabras: «*¿Por qué morir en Madrid?*, que acabo de ver, es otra réplica a Rossif. Otro disparo al aire; u otro tiro que sale por la culata. Se ha preferido el manifiesto a la réplica. Puestos a respon-der a Rossif, se podía haber tomado la película de éste para irla des-tripando implacablemente, como se puede fácilmente hacer, demos-trando su engaño plano a plano, metro a metro. Pues nada de eso:

16. Amo, Alfonso del (ed.), *op. cit.*, p. 766.

el realizador se sube a la tribuna, hincha el pecho, engola la voz..., y lo único que queda de la película son las imágenes tomadas de Rossif. Lección de cine: las imágenes quedan, las palabras pasan.»[17]

Volviendo a *Morir en Madrid* y *Morir en España*, a continuación realizo un análisis comparativo entre los dos documentales basado en el tratamiento de siete bloques temáticos: las características del bando republicano y el nacional, la ayuda internacional que recibieron los dos bandos, el asedio de Madrid, la campaña franquista contra Vizcaya, la derrota de la Italia fascista en Guadalajara, la Batalla del Ebro y las consecuencias de la guerra.

Las características del bando republicano y el nacional

«MORIR EN MADRID»

Los republicanos son descritos de la siguiente manera, mientras se observan manifestaciones antifascistas y se escuchan los acordes de *La Internacional*: «Para millones de hombres, la guerra civil es la esperanza. Para los braceros que trabajan un día de cada dos. Para los yunteros que se alquilan con su yunta. Para los cepadores que quedan despedidos cuando la vid muere. Para los campesinos de Galicia, de La Mancha, de Andalucía y Extremadura, agobiados por los impuestos desde hace siglos: el impuesto al Estado, el impuesto al amo, el impuesto de la sangre. Para todos los que tienen hambre, desde hace siglos. Para todos los que no tienen nada, la guerra civil es la esperanza.»

La composición del bando nacional es narrada así: «Para otros, la guerra civil es la fe. Para los que velan por la España eterna. Para los que velan por el imperio de Carlos V y de Cristo Rey. Para los descendientes de los conquistadores. Para los místicos de Teresa de Ávila. Para la España de la cruz y la espada. Para aquellos que necesitan siempre de Cruzadas, la guerra es necesaria.»

«MORIR EN ESPAÑA»

Mientras se ve a un grupo de milicianos repartiéndose municiones el narrador dice: «Se arma al pueblo en ambas zonas porque la lucha comenzada es popular. Toda la diferencia consiste en el uso que se hace del armamento. El pueblo resultará ser de modo exclusivo, para la mayor parte de la opinión mundial, éste que se

17. García Escudero, José María, *op. cit.*, p. 171.

lanza a una orgía carnavalesca, sangrienta y expoliadora. *Matar a Dios si existiese, al calor de la revolución, cuando el pueblo inflamado de odio justo se desborda es una medida muy natural y muy humana*, esto decía el anarquista Peiró. Y otro de sus jefes hacía el balance *Hemos matado a los curas y hemos quemado los templos. El problema religioso está resuelto* —este comentario está acompañado con fotos de milicianos profanando objetos eclesiásticos—. El terror dominaba aquel verano. La muerte andaba en los coches patrulleros al grito de UHP (¡Uníos, Hermanos Proletarios!).»

En cambio, el bando contrario es descrito de forma menos revolucionaria: «En zona nacional, el pueblo aceptará voluntariamente desde el primer momento la disciplina militar, entre otras cosas, porque está harto de anarquía, desorden y demagogia —se incluyen imágenes de desfiles de tropas militares—. Pero ante la opinión mundial, por manipulaciones propagandísticas, éste no será el pueblo sino algo así como un conjunto de capitalistas reaccionarios. Provincias enteras se entregan a las armas con un fervor de cruzada al viejo grito de *Por Dios y por España*. Pero solamente serán voluntarios y pueblo auténtico ante esa opinión extranjera, los que lo hagan al grito de *Viva Rusia y muera España*.» Más delante se afirmará que «en ambas zonas se cometieron excesos en aquel sangriento verano [de 1936]. Sin embargo, en zona nacional fueron ruda y rápidamente frenados por la estricta justicia militar». Lo que no se explica es que la represión que siguió a continuación por parte de las autoridades franquistas fue sistemática y brutal: los juicios sumarísimos que dejaban en la práctica poco menos que indefensos a los acusados.

La ayuda internacional que recibieron los dos bandos

«Morir en Madrid»

Con imágenes del Cuerpo de Tropas Voluntarias (CTV) de Italia, de la Legión Cóndor y de la llegada de las Brigadas Internacionales a Albacete, el locutor habla de la internacionalización del conflicto español: «Para vencer a un pueblo hacen falta armas y mercenarios. Franco encuentra lo uno y lo otro en la Italia fascista. La aportación italiana será de 70.000 hombres, cuatro divisiones enteramente equipadas.[18] Para la defensa de la República lo

---

18. En el libro que reproduce el guión del documental aparece a continuación una frase que no se incluyó en el film: «Mussolini necesita nuevos campos de batalla para el ejército de Abisinia.» Cfr. Rossif, Frédéric y Chapsal, Madeleine, *Morir en Madrid*, México, Ediciones Era, 1970.

principal eran las armas. Llegan, muy por debajo de las necesidades, de Francia, de Méjico, de la Unión Soviética. El mariscal Goering, por su parte, hace las cosas a conciencia: envía a España a la élite de la Luftwaffe y del Ejército alemán, la Legión Cóndor. Profesionales de la guerra, perfectamente entrenados, estos hombres serán los organizadores de la victoria.[19] Pero los mejores, los aliados más eficaces de la República, son estos hombres: abogados, torneros, estudiantes, obreros... Estos hombres a quienes llaman las Brigadas Internacionales. No están a sueldo, no buscan la gloria.[20] Han venido presurosos del mundo entero. Van a morir a Madrid.»

Como se puede comprobar, las tropas extranjeras que ayudaron al Gobierno de la España nacional son tildadas de mercenarias. En cambio, se remarca la solidaridad desinteresada de los brigadistas cuando se afirma que «no están a sueldo. No buscan la gloria. Llegan de todo el mundo. Vienen a morir en Madrid». Y es que tal como señaló Frédéric Rossif: «Moralmente, quizá, había que morir en Madrid para ganar la guerra de España.»[21] Mientras se destaca a los internacionales como la ayuda extranjera más eficaz que tuvo la República, un largo montaje ilustra, con imágenes de muchas procedencias, los combates que se produjeron en torno a la capital española. El mismo Rossif declaró en 1980 que «quise hacer una película contra Franco para exaltar a las Brigadas Internacionales. [...] Yo diría que los españoles saben morir y la dictadura era eso, la muerte. Por el contrario, la democracia es aprender a vivir».[22]

«MORIR EN ESPAÑA»

El narrador describe la ayuda que recibieron los dos bandos con la siguiente provocación y belicosidad: «Porque el mundo entero ayuda al Gobierno de Madrid y al pueblo español. Para la mayoría de las gentes, incluso bien intencionadas, el pueblo español, a causa de las modas políticas, es sólo aquel que afecta al coloniaje de Moscú. Y Stalin, bondadoso siempre, genial siempre, por lo menos hasta que cometió el error de morirse, corre en su so-

19. En el documental no se cita «En presencia de generales italianos y alemanes, el generalísimo Franco pasa revista a la flota aérea en el aeródromo de Barajas». Cfr. *idem.*, p. 42.
20. En la película de Rossif no se incluye «Su única esperanza es el triunfo de la libertad». Cfr. *ibidem*, p. 43.
21. Extraído del folleto editado con motivo del estreno del documental en España en 1978.
22. *El País* (7-6-1980).

corro aunque ordenando a los encargados de efectuar la ayuda que se queden fuera del alcance de la artillería. Una vez dada la consigna, Francia envía aviones a Madrid y Barcelona, controla fronteras y organiza colectas a favor del Gobierno de Madrid. Le secundan casi todos los países europeos y algunos americanos. En aquellos mismos días comienza oficialmente la organización de las Brigadas Internacionales en todo el mundo. El tren 70, que sale de París hacia España por la noche, es llamado el tren de los voluntarios. Y Toulouse, Burdeos y Perpiñán se convierten en bases de partida rumbo a la zona roja. Esto hace llorar de emoción marxista al señor Blum, presidente del Gobierno francés y autor del truco de la no intervención. Franco ha comprado nueve Savoias en Italia y trata de adquirir aviones en Alemania. Pero aún antes de conseguirlo, el mundo le señala como un enemigo de la paz, sin duda, porque los cañones rusos, los aviones franceses, las ametralladoras checas y los fusiles mejicanos, al servicio de los rojos, sólo disparan mantequilla y mermelada.» Esta larga descripción está acompañada de diferentes imágenes pro-republicanas que pretenden ilustrar la ayuda que obtuvo este bando y restar importancia a la que recibieron los franquistas: manifestaciones en países extranjeros a favor de la República; la Centuria Thaelmann en Barcelona; retratos de André Marty, Léon Blum, Stalin, etc.

A lo largo de los casi tres años de guerra, la ayuda más importante para los franquistas fue la que obtuvo de la Italia de Benito Mussolini: alrededor de 73.000 hombres —con un máximo de 40.000 a la vez—, unos 6.800 vehículos a motor, casi 3.500 ametralladoras, poco más de 1.800 cañones, cerca de 700 aviones y 91 barcos y submarinos.[23] Todo este material fue entregado a préstamo y no acabó de pagarse hasta 1967... 31 años después de iniciarse la contienda. Alemania proporcionó más de 18.000 combatientes —aunque nunca coincidieron más de 5.000 efectivos juntos—, unos 600 aviones y más de 207.000 fusiles, 30.000 ametralladoras, 700 cañones y 100 tanques.[24] Hitler no fue tan generoso como Mussolini, y Alemania cobró prácticamente la totalidad de la ayuda prestada a la zona nacional, no en divisas u oro, sino en materias primas y productos españoles que eran del interés para el Gobierno alemán: minerales de hierro, cobre, plomo, mercurio, pirita, madera de okume, lanas y pieles, etc. Al finalizar la Guerra Civil, la

23.   Sobre un estudio en profundidad de la ayuda de la Italia, cfr. Coverdale, John, *La intervención fascista en la Guerra Civil española*, Madrid, Alianza, 1979.
24.   Whealey, Robert, *Hitler and Spain. The Nazi Role in the Spanish Civil War*, Lexington, University Press of Kentucky, 1989.

deuda ascendía a 498 millones de marcos, quedando fijada en febrero de 1941 a 372. En la primavera de 1944, 100 millones de marcos eran los que España debía y éstos fueron pagados a los aliados occidentales vencedores en la Segunda Guerra Mundial.

La ayuda recibida por los republicanos vino principalmente de Francia y de la Unión Soviética y toda ella fue pagada con las reservas del Banco de España. Francia pudo entregar unos 300 aviones a la República, pero la ayuda exterior fundamental fue de procedencia soviética: unos 630 aviones, alrededor de 400 carros de combate, un millar de piezas de artillería y unos 400.000 fusiles.[25] En cambio, el número de rusos presentes en la España republicana sigue siendo una incógnita. Según los informes contables del ministro de Defensa soviético, Clement Voroshilov, la URSS desplazó a España 1.955 hombres.[26] En cuanto a las Brigadas Internacionales, sin duda inspiradas por la Internacional Comunista, las diferentes evaluaciones, que son todavía imprecisas, contabilizan entre 35.0000 y 60.000 brigadistas extranjeros en total; pero en el momento álgido, los efectivos máximos debieron situarse en torno a los 15.000 o 20.000.[27]

Con todos estos datos parece evidente la diferencia de volumen a favor del Ejército franquista. Además, las ayudas que Franco recibió fueron más generosas —porque eran a préstamo— y más intervencionistas, pues comprometieron a unidades militares profesionales de los países intervinientes.

El asedio de Madrid

«MORIR EN MADRID»

Este tema es tratado extensamente en el documental, alrededor de ocho minutos y medio, siendo el apartado que más tiempo tiene en el film y también el que presenta más diferencias respecto al texto publicado en forma de libro, como comprobaremos seguida-

---

25. Cfr. Howson, Gerald, *Arms for Spain: the untold story of the Spanish Civil War*, Londres, John Murray Cop., 1998.

26. Estos informes, tras el levantamiento de secreto por parte de la Comisión de Archivos de Rusia, fueron consultados por el equipo de investigación del programa de televisión *L'or de Moscou* (dir. Maria Dolors Genovès), emitido el 27 de febrero de 1994 en TV3 (Televisió de Catalunya).

27. Cfr. Castells, Andreu, *Las Brigadas Internacionales de la guerra de España*, Barcelona, Ariel, 1974 y Delperrie de Bayac, Jacques, *Las Brigadas Internacionales*, Madrid, Júcar, 1980.

mente. El locutor comienza diciendo que «Madrid es el corazón. A los generales rebeldes Franco, Mola, Queipo de Llano, Varela, Yagüe, a la Falange y a la Iglesia, les hace falta Madrid. El Gobierno republicano abandona la capital. El pueblo grita por las calles ¡*Viva Madrid sin gobierno! ¡Todos los hombres al frente! ¡No pasarán!*[28] El mundo entero espera la caída de Madrid. Madrid es una sola mano crispada sobre un fusil. El general Mola prepara el asalto final: cuatro columnas se dirigen a Madrid. El 7 de noviembre, el general Mola ataca.[29] Y se hace el milagro. Los franquistas quedan bloqueados en los edificios de la Ciudad Universitaria. La XI y la XII Brigadas resisten».

Si el comentario anterior está ilustrado con escenas de los preparativos del ataque franquista, a continuación se incluyen imágenes de los combates en los alrededores de la ciudad, así como de las consecuencias de los enfrentamientos: destrucciones de edificios, habitantes refugiándose, éxodo de la población, etc. El narrador comenta: «Se colocan bombas en los ascensores.[30] Se mata de un descansillo a otro, entre vecinos. Se tira a quemarropa. Y de pronto, se inmoviliza el frente... Madrid resiste bajo la lluvia, bajo el frío, bajo el hambre, pero tras cada ventana hay un hombre y un fusil.[31] Se hace evacuar a los niños. Las mujeres tienen que quedarse para llevar la comida a los hombres. Se ha he-

---

28. A continuación, en el documental se omite un largo párrafo que se encuentra en el libro: «Hombres, mujeres y niños acarrean piedras y cavan trincheras. Se constituye una junta de defensa; la mayor parte de sus miembros no llega a 30 años. En todos los cines de la ciudad se exhiben *El acorazado Potiomkin* y *Los marinos de Kronstadt*. La XI y la XII Brigadas Internacionales llegan las primeras al frente de Madrid. Preguntan al general Mola ¿*Cuál de las cuatro columnas tomará la ciudad?* y responde *La Quinta, la que está dentro*. Es el momento de la espera... Radio Madrid difunde *Aquí, en Madrid, está la frontera que separa la libertad de la esclavitud. Aquí, en Madrid, se enfrentan dos civilizaciones: el amor y el odio, la paz contra la guerra, la fraternidad de Cristo contra la tiranía de la Iglesia. Madrid lucha por España, por la Humanidad, por la Justicia, y bajo su manto de sangre, acoge a todos los seres humanos.*» Cfr. Rossif, Frédéric y Chapsal, Madeleine, *op. cit.*, pp. 45-46.

29. En la obra escrita la frase hace referencia a la ayuda internacional que recibió el bando nacional y después se nombra la actitud que tomó el general Miaja: «El 7 de noviembre, apoyado por los tanques y los aviones alemanes e italianos, el general Mola ataca. El general republicano Miaja desciende a las trincheras: *Morid* —grita a sus milicianos—, *morid todos con vuestro general Miaja.*» Cfr. *idem.*, p 47.

30. En la película no se comenta la frase: «Se pelea por cada piso, cada puerta, cada escalón.» Cfr. *ibidem*, p. 48.

31. En el documental no se pronuncian estas dos frases: «El general Franco había decidido, el 16 de agosto, que Madrid jamás sería bombardeada, para no matar ni un solo inocente. Frustrado al no haber podido entrar en Madrid, Franco decide: *Se acabaron los no combatientes.* Cfr. *ibidem*, p. 49.

cho evacuar a los niños. Ya no queda una sola sonrisa en Madrid. Franco encarga a los alemanes de la Legión Cóndor el bombardeo metódico de Madrid. Por primera vez en la historia del mundo podrán llevar a cabo una nueva experiencia: la desmoralización del enemigo mediante bombardeos aéreos sistemáticos de la población civil. Después de soltar sus bombas, los aviones vuelven a la carga volando bajo para ametrallar a los bomberos. Entre los escombros, las mujeres buscan a sus hijos. Los niños llaman a sus madres. Los ancianos agotados se recuestan. El aire está lleno de gritos y explosiones... Un millón de habitantes. 500.000 refugiados. Los sótanos y el metro sólo pueden dar cabida a 100.000 personas.»[32]

En el documental no se incluyen dos largos textos, publicados en la prensa francesa, que sí que aparecen en el libro. El primero fue redactado por Louis Delaprée, corresponsal de *Paris-Soir*, sobre las penosas condiciones de vida de los madrileños:[33]

«En el barrio de Salamanca millares de personas acampan bajo el viento y la lluvia. Los hogares se han reconstituido con sillas alrededor de las mesas, con utensilios de cocina, colchones y camas. Sólo que no hay paredes alrededor de estas abstractas moradas, y arriba falta el techo. 10.000 personas viven así bajo la lluvia y el viento helado. Las casas ya están repletas... y las aceras... y los sótanos... y las perreras. Los últimos en llegar miran con ojos de envidia estas instalaciones al viento, suplican se les deje un rinconcito, mendigan un par de metros cuadrados de empedrado viscoso o de asfalto, para alojar a la familia.»

El otro texto que tampoco aparece en el film apareció el 27 de junio de 1937 en *Paris-Soir* bajo la firma de Saint-Exupéry, y trata sobre la vida cotidiana de Madrid después de casi un año de guerra:[34]

«Madrid duerme, mejor dicho, Madrid aparenta dormir. Ni un solo punto luminoso, ni un solo ruido. El fúnebre estruendo que ahora se oye repercutir de dos en dos minutos se ahogará cada vez en un silencio de muerte. No despierta en la ciudad ni rumores ni ajetreos. Se hundirá cada vez como una piedra en el agua. Se oye de nuevo, por encima de nuestras cabezas, entre las estrellas, ese gorgoteo de botella descorchada, un segundo, dos segundos, cinco segundos... Retrocedo a pesar mío, tal parece que fuera a caerme

---

32. En la obra cinematográfica no se incluye este comentario: «Por todos lados estallan las bombas incendiarias. Se amina entre el fuego y las pavesas llameantes. No hay defensa antiaérea.» Cfr. *ibidem*, p. 52.

33. Cfr. *ibidem*, pp. 54-55.

34. Cfr. *ibidem*, p. 57.

encima y ¡zas!, es como si la ciudad entera se derrumbara. Pero Madrid vuelve a emerger. Nada se ha derrumbado, nada ha parpadeado, nada ha cambiado: su rostro de piedra permanece puro. *Para Madrid...* Repite maquinalmente mi compañero: me enseña a distinguir esos estremecimientos entre las estrellas, a seguir a estos escualos que se precipitan hacia su presa: *No... eso es una batería que nos contesta... eso es de ellos, pero tiran hacia otra parte... ése... ése es para Madrid.* Cuando las explosiones tardan, qué interminable espera. Cuántas cosas se alojan en ese intervalo. Una presión enorme sube y sube... ¡Que estalle de una vez esa caldera! ¡Ah! Están los que acaban de morir, pero también los que acaban de renacer. 800.000 habitantes, menos una docena de víctimas, consiguen un respiro. Entre el gorgoteo y la explosión, había 800.000 en peligro de muerte.»

El apartado dedicado al asedio de Madrid en el documental finaliza con esta arenga: «La radio franquista de Salamanca declara: *España no está en los edificios, ni en las ciudades, se halla en las ideas y en el genio de Franco. ¡Estamos en guerra! ¡Adelante! Aun por encima de nuestros muertos.*»

«MORIR EN ESPAÑA»

El éxito de la resistencia republicana durante la defensa de la capital española es atribuido a la participación de los brigadistas: «Mientras en el Ejército nacional no hay más que un puñado de aviadores italianos alistados en la Legión y unos cuantos técnicos alemanes, las Brigadas Internacionales llevan ya una buena temporada de entrenamiento en Albacete. Su responsable máximo es el señor Marty, un francés del cual escribiría Hemingway: *Tiene la manía de fusilar gente. Ese viejo mata más que la peste bubónica.*» La descripción de Ernest Hemingway está extraída de su novela *Por quién doblan las campanas.*[35]

Más adelante, el narrador señala que «la marcha sobre Madrid acaba en la Ciudad Universitaria. Apenas quedan dos mil hombres de todos los que fueron avanzando desde Sevilla. En el mundo, para tapar la intervención descarada de la no interven-

---

35. La cita exacta que escribió Hemingway para describir a André Marty fue: «Ese viejo mata más que la peste bubónica. Pero no mata a los fascistas, como hacemos nosotros. ¡Qué va! Ni en broma. Mata a bichos raros. Trotskistas, desviacionistas, toda clase de bichos raros.» Hemingway, Ernest, *Por quién doblan las campanas*, Barcelona, Círculo de Lectores, 1972, p. 482.

ción francosoviética se exagera la participación, todavía incipiente, de italianos y alemanes». Este comentario pretende demostrar que uno de los motivos de la derrota de las tropas nacionales es que contaban con un número de efectivos muy reducido respecto a los que tenía el enemigo. De acuerdo con las cifras extraídas del riguroso estudio escrito por John F. Coverdale,[36] entre noviembre y diciembre de 1936, Mussolini envió a la España nacional 8.403 hombres.

Posteriormente, en el documental de Mariano Ozores se indica que como consecuencia del asedio de Madrid sus habitantes se mueren de hambre, pero que «los únicos que engordaban eran los internacionales. Los gerifaltes militares, políticos, sindicalistas e intelectuales que cada día tenían motivo y ocasión para celebrar lo que fuese con un gran banquete». Este comentario está ilustrado con imágenes procedentes de otro documental de montaje de la España nacional: *España heroica. Estampas de la Guerra Civil* (1938). En este último film, cuando se describe el asedio al que estaba sometido Madrid se incluyen diversas escenas de las condiciones precarias en las que vivía la población —recogiendo tablones de madera, de una casa destruida, para emplearlos como leña; y haciendo cola para conseguir comida—. Como contraste, el narrador de *España heroica* comenta que «sin embargo, la columna internacional no carece de nada», mientras se intercalan unos planos en los que aparecen unos soldados bebiendo, comiendo y riendo. En realidad, estos soldados son milicianos anarquistas, ya que en un momento determinado se distingue una bandera de la CNT-FAI. Estas últimas secuencias pertenecen a diversos documentales anarquistas como *Bajo el signo libertario* (1936) o de la serie *Los Aguiluchos de la FAI por tierras de Aragón*. Por ejemplo, en *Los Aguiluchos de la FAI por tierras de Aragón. Reportaje n.º 3. La toma de Siétamo* (1936) se observa en una escena a seis hombres y cómo uno de ellos bebe de una bota. El motivo por el cual se confunde a estos milicianos anarquistas con brigadistas tal vez sea porque en unas escenas anteriores de este último documental se ve a unos milicianos armados por el interior de Siétamo, mientras el locutor explica que son «camaradas del valiente grupo internacional» de las milicias de la CNT-FAI. En definitiva, *Morir en España* arrastra el error cometido en *España heroica. Estampas de la Guerra Civil*.

36. Coverdale, John, *op. cit.*

La campaña franquista contra Vizcaya

«MORIR EN MADRID»

La ofensiva que el Ejército nacional lanzó contra Vizcaya es narrada de esta manera: «Aislado de Madrid, aislado de Barcelona, lejos del Gobierno de Valencia, el País Vasco está solo para defender su democracia patriarcal, su derecho a la libertad y su lengua. Desde hace siglos los vascos luchan por su autonomía. Franco la niega, la República la otorga: el País Vasco es republicano. Dirigido por el presidente Aguirre, el País Vasco —ahora Euzkadi— vive su propia guerra. El clero vasco, emanado directamente del pueblo, apoya la lucha de Euzkadi. Es el único en España que está con la República. Para el País Vasco, vecino de Asturias, el principio de la Guerra Civil fue bastante fácil.[37] Rápidos combates, conducidos con éxito por las milicias vascas y los mineros asturianos, mantienen al Norte de España con la República. El 22 de marzo de 1937, Franco decide la ofensiva contra el País Vasco. El general Mola lanza un ultimátum: *He decidido terminar rápidamente la guerra en el Norte, los que entreguen sus armas tendrán la vida a salvo y sus bienes serán respetados. Pero si la rendición no es inmediata, arrasaremos Vizcaya.* La Legión Cóndor experimenta una nueva técnica, llamada *alfombra de bombas*. Los resultados, cuidadosamente fotografiados, fueron comunicados a Berlín y el mariscal Goering, jefe de la Luftwaffe, los juzgó muy interesantes.»

El bombardeo de Guernica también es recordado e ilustrado con imágenes: «Había en el País Vasco una ciudad santa, de nombre Guernica. Durante siglos, los reyes acudían una vez al año ante el añejo Roble de Guernica a prestar juramento de respetar las libertades vascas. Bajo el Roble de Guernica, los antiguos venían a impartir justicia. El domingo 26 de abril de 1937, como todos los domingos, era día de mercado en Guernica. A las cinco de la tarde, por los cuatro montes que conforman su horizonte, a las cinco de la tarde... Los aviones eran Heinkel 111 y Junker 52. El bombardeo duró tres horas. Las oleadas se sucedían con precisión cada veinte minutos. Eran bombas de 500 kilos.[38] 1.654 muertos, 889 heridos. Había 7.000 habitantes en Guernica. El general alemán Galland, comandante de los cazas alemanes, diría más tarde: *Guernica no era un objetivo militar, fue sencillamente un lamentable error.*»

37. En el documental se omite una frase que aparece en el libro que reproduce el guión original: «Los rebeldes franquistas, minoritarios, no triunfan sino a traición en Oviedo.» Cfr. Rossif, Frédéric y Chapsal, Madeleine, *op. cit.*, p. 76.

38. La frase «Todo el centro de Guernica quedó destruido» que aparece en el libro, no es citada en el film, cfr. *idem.*, p. 80.

«Morir en España»

A lo largo de todo el documental se destacan las consecuencias catastróficas que produjo el Ejército republicano en la España republicana, mientras se silencia la producida por los franquistas y sus aliados internacionales. En este línea se ignora el bombardeo que la Legión Cóndor efectuó sobre Guernica. Además, la ofensiva para conquistar Vizcaya es explicada en menos de 45 segundos: «Mola prepara el asalto al Norte con sus Brigadas de Navarra, de las que forman parte unidades gallegas, castellanas, aragonesas, extremeñas, el Tercio y los Regulares. De marzo a noviembre, 1937 va a ser el año del frente Norte.» Esta narración está ilustrada con un mapa en el que se muestra el avance de las tropas nacionales. Resulta curioso comprobar el comentario sobre la composición de las Brigadas Navarras, que ilustra a la perfección una de las obsesiones de las autoridades franquistas: el llamamiento a todas las regiones del Estado a una superación de sus características autóctonas en vistas a un españolismo imperialista.

La derrota de la Italia fascista en Guadalajara

«Morir en Madrid»

Guadalajara fue la última batalla en torno a Madrid. Tras el éxito de Málaga, en febrero de 1937, los italianos intentaron repetir la operación mediante un avance desde Sigüenza hacia Guadalajara —al nordeste de Madrid—, combinado con una ofensiva de las tropas nacionales —en el suroeste—. El CTV, al mando del general Mario Roatta, comenzó su ataque el 8 de marzo, pero al cabo de unos días iniciaron una rápida y desordenada retirada debido a un fuerte contraataque republicano iniciado el día 13. En dicha batalla se produjo la concentración de fuerzas más rápida y ordenada de todas las que habían llevado a cabo los republicanos.[39] El prestigio de Mussolini quedó en entredicho al capturar los republicanos diverso material de guerra, así como soldados italianos. En esta batalla participaron los Garibaldinos de la XII Brigada Internacional. Su influencia en el conjunto de la batalla es sólo proporcionada a sus efectivos, es decir, pequeña. Pero los republicanos los exaltaron por ser un antagonismo de la Italia de Mussolini. Todos estos aspectos quedan reflejados en el comentario siguiente del film de Frédéric Rossif:

39. Rojo, Vicente, *Así fue la defensa de Madrid*, Madrid, Comunidad de Madrid, 1987, p. 176.

«Mussolini quiere triunfar donde Franco ha fracasado: quiere para él la gloria de doblegar a Madrid. El 8 de marzo de 1937, 30.000 italianos, apoyados por 20.000 legionarios marroquíes y carlistas, precedidos por 250 tanques, atacan y rompen el frente republicano en Guadalajara. Ante el peligro, la División Líster acude al frente. Agrupados tras los tanques rusos del general Pavlov, inician el contraataque. Desmoralizados por la violencia del contraataque, los *Camisas Negras* emprenden la huida en desorden. Abandonan sobre el campo 30 cañones, 150 ametralladoras y 1.300 camiones. A razón de uno contra cinco, los republicanos quedan victoriosos en Guadalajara. Hacen prisioneros a 12 batallones con su estado mayor. Al saber la derrota de Guadalajara, Mussolini declara: *Todos los italianos que no regresen vencedores serán fusilados.*»

«MORIR EN ESPAÑA»

La propaganda de los republicanos con respecto a Guadalajara resultó enormemente eficaz y debe señalarse como un auténtico triunfo político y militar. Precisamente, estos dos aspectos fueron constantemente contrarrestados por la propaganda franquista. Un ejemplo lo hallamos en la locución de este documental: «En marzo se desencadena el temporal polémico llamado Guadalajara. Unos millares de italianos son hechos prisioneros entre los tanques rusos y las Brigadas de Líster y el genio guerrillero del anarquista Cipriano Mera, apoyados por una aviación que puede despegar bajo la lluvia, desde los aeródromos de Madrid, próximos y acondicionados, mientras la aviación nacional contempla desesperadamente sus trenes de aterrizaje sumidos en el barro. En realidad, la tan cacareada derrota consiste en que los nacionales se retiraron a 20 kilómetros a vanguardia de sus posiciones de partida.»

El comentario no habla de algunos de los factores que provocaron la derrota de la Italia de Mussolini: la coordinación entre las divisiones italianas y las tropas franquistas no fue óptima; que los italianos habían intentado operar sin apoyo aéreo y sin protección antiaérea; y que el repliegue de las tropas fascistas italianas fue desordenado, puesto que los soldados abandonaron sus posiciones y sus equipos sin esperar que llegaran las unidades de relevo que cubrirían la retirada. La dura resistencia republicana y el agotamiento de las tropas de Mussolini provocó que el general Mario Roatta solicitara permiso para retirar a sus tropas del ataque. Franco se negó. Ante tal postura sólo caben dos posibilidades sobre la actitud de Franco: que no se creyera la información de Roatta o que estaba decidido a utilizar a los italianos como instrumento en su táctica de desgaste. La derrota en Guadalajara sirvió para que desapareciera la arrogancia italiana, pues, después de haber participado en la conquista de Málaga, se creían invencibles. Años más tarde, Roatta señaló que la derrota italiana fue básicamente a consecuencia de que Franco no enviara a tiempo unidades españolas para relevar a las italianas.[40]

La Batalla del Ebro

«MORIR EN MADRID»

Esta batalla, la más reñida y sangrienta de toda la contienda civil, se preparó con el doble objetivo de perturbar las comunicaciones de los nacionales entre Levante y Cataluña, y de restablecer, si era posible, las comunicaciones entre el territorio catalán y el resto de la España republicana. Los objetivos políticos de esta batalla eran evidentes, porque una victoria consolidaría la figura de Juan Negrín al frente del Gobierno republicano, mientras que para los comunistas supondría un fortalecimiento de su poder[41] —Enrique Líster, Manuel Tagüeña y Etelvino Vega, miembros del Partido Comunista de España, dirigieron los cuerpos del Ejército en esta ofensiva—. La operación de cruce del río, por parte republicana, fue un éxito porque se planteó a conciencia. El avance fue profundo debido al ímpetu del Ejército republicano, que había acumulado efectivos importantes: infantería, artillería, carros de combate, puentes, barcas y otros medios de transporte. Franco se vio obligado a suspender la ofensiva contra Valencia y reunió a fuerzas de otros frentes, iniciándose una batalla frontal. Pero la superioridad aérea y artillera de los nacionales y, por otra parte, el no haber apoyado los republicanos su ofensiva con otras operaciones secundarias en los frentes del Sur y del Centro, provocarán su retirada. Tras la derrota republicana comenzó el derrumbamiento total de su Ejército. La República perdió los mejores recursos en el campo de batalla. *Morir en Madrid* sólo relata el éxito del cruce del río de los republicanos, omitiendo el resto de la batalla:

---

40. Cantalupo, Roberto, *Fu la Spagna: ambasciata presso Franco*, Verona, Arnoldo Mondadori, 1948, pp. 187-188.
41. Cardona, Gabriel, «Les operacions militars i la història de la Guerra a Catalunya», *Acàcia 1. La Guerra i la Revolució a Catalunya: 1936-1939*, Barcelona, PPU, 1990, p. 47.

«No temen la muerte, pero tienen miedo a morir. Pues son civiles, soldados del pueblo, soldados de la vida y no de la muerte. Estos civiles se han convertido en el Ejército de la República; la República los impulsa en su última batalla. Negrín, presidente del Consejo, les dice: *Sólo se pierde una guerra si se considera perdida. Es el vencido el que proclama al vencedor.* Cien mil hombres, todo el Ejército del Norte, emprenden la operación táctica más audaz de la guerra de España. El general Modesto va a conducir a sus tropas a la última ofensiva de la República: el paso del Ebro. Con medios improvisados, sin apoyo aéreo, con una artillería reducida, el general Modesto, especulando con la sorpresa, intenta y logra pasar el Ebro. Ha empezado la batalla de exterminio más grande de la guerra de España. La División Líster rompe las defensas nacionales y llega hasta Gandesa, a 40 kilómetros por detrás de las líneas enemigas. Líster dice a sus oficiales: *Si alguno pierde un palmo de terreno, debe recuperarlo a la cabeza de sus hombres, o será ejecutado.*»

«MORIR EN ESPAÑA»

Esta batalla es descrita desde una óptica chovinista y patriotera, sobre todo por la fecha que se escogió, la madrugada del 25 de julio: «Pero la zona roja, por muy sovietizada que esté guarda en su entraña una dosis de dignidad española que la convierte en numantina. Está dispuesta a morir por una terquedad sublime y entonces monta la fabulosa ofensiva del Ebro. Fue tan instintivamente española la decisión de los ejércitos que mandan Líster y Modesto, con el excelente profesional Vicente Rojo en el Estado Mayor, que el día D y la hora H coinciden con la celebración de Santiago, patrón de España.»

La violencia de los enfrentamientos es comentada de la siguiente forma: «La Batalla del Ebro fue larga, dura, terrible. Lo que en términos militares se llama una batalla fea. La retaguardia nacional, excesivamente habituada a la victoria, sufrió un golpe tremendo. Sentía impaciencia y miedo. Nadie entendía aquella lucha en la que morían centenares de hombres por la posesión de una cota con un simple número. Sólo Franco y sus mejores colaboradores sabían que se estaba librando el combate decisivo.» Es cierto, ya que de la resistencia republicana dependerá la suerte de Cataluña. La superioridad aérea y artillera de los nacionales, que irá acentuándose a medida que la batalla avance, y la mayor disponibilidad de reservas, así como no haber apoyado los republicanos su ofensiva con suficientes operaciones secundarias en otros frentes, harán que, a pesar del éxito inicial y del coraje y tesón derrochados, el resultado final sea negativo para el Ejército Popular.

Las consecuencias de la guerra

«MORIR EN MADRID»

El final del conflicto es ilustrado con estas cifras: «España 1939. 503.061 kilómetros cuadrados, casi como Francia. 500.000 exiliados. Hay dos millones de presos. En tres años, un millón de muertes violentas. Un partido único: la Falange. Un jefe único: el Caudillo».[42]

A continuación se pone en la voz del dictador el siguiente discurso pronunciado el 31 de diciembre de 1939: «Lo que necesitamos es una España unida y consciente. Es necesario liquidar los odios y las pasiones que ha dejado nuestra pasada guerra. Pero esta liquidación no debe hacerse a la manera liberal, con amnistías monstruosas y funestas que son más bien un engaño que un gesto de perdón. Debe ser cristiana gracias a la redención por el trabajo, acompañado del arrepentimiento y la penitencia.»[43]

Para finalizar se incluye un comentario que no apareció en el libro, mientras se observa a un campesino caminar por un lugar solitario, frío y lleno de niebla: «En el puerto de Somosierra, donde tantos murieron por Madrid. En el puerto de Somosierra, al amanecer de un día cualquiera, un hombre vuelve a su trabajo.» La intencionalidad de esta escena, sobre todo por lo que se refiere a la ambientación, es reflejar la falta de libertades en que vivía la España franquista en aquel entonces.

«MORIR EN ESPAÑA»

La supuesta magnanimidad de Francisco Franco queda reflejada en este comentario lleno de cinismo: «El avance nacional prosigue tan implacablemente como la moderación con que el Caudillo conduce su política tanto en el campo militar como en el ideológi-

---

42. Este primer párrafo varía respecto al que se incluye en la obra escrita: «España 1939. 503.061 kilómetros cuadrados. Hay dos millones de presos. Quinientas mil casas destruidas, ciento ochenta y tres ciudades gravemente devastadas. En tres años, un millón de muertes violentas. Quinientos mil exiliados. Un ejército de seiscientos mil soldados. Un partido único: la Falange. Una religión de estado: la religión católica. Un jefe único: el Caudillo. Los salarios han vuelto al nivel de 1936. Los grandes propietarios recuperan sus tierras. La Iglesia recupera sus extensos dominios.» Cfr. Rossif, Frédéric y Chapsal, Madeleine, *op. cit.*, p. 134.

43. En el texto publicado se añade: «Aquel que piensa de otra manera, o es un inconsciente o un traidor», cfr. *ibidem*, p 136. Todas estas declaraciones están extraídas del discurso radiofónico de Nochevieja de Franco. Cfr. *ABC* (2-1-1940).

co. Según sus declaraciones al embajador italiano Cantalupo, Franco se considera representante también de los españoles rojos porque no era el suyo, ni el de cuantos le acompañaban en la épica empresa, el papel de un conquistador sino de un liberador. No quería destruir más que aquello que fuera imprescindible y quizá por eso, en la misma zona nacional, por afortunada excesivamente sensible a éxitos y reveses, se criticaba la llamada lentitud de Franco, que no era otra cosa que piedad por su España y por la de todos los españoles de todas las ideologías.» Franco, durante la guerra, no trató de vencer al enemigo, sino de aniquilarlo. Prefirió practicar una ocupación sistemática del territorio, acompañada de una feroz represión, a una rápida derrota de los republicanos que no dejara a España libre de sus adversarios. Para él la victoria no significó la paz, sino la aniquilación de un enorme número de republicanos, la humillación total y el terror de la población superviviente. Conviene constatar que el guión de *Morir en España* pretende rebajar la maldad del franquismo diciendo que sencillamente era conservador y autoritario, olvidando a las personas que fueron condenadas a muerte, a penas de prisión, a campos de concentración, etc.

Que la Guerra Civil española fue una Cruzada lo reafirma cuando el locutor dice, con la imagen del Valle de los Caídos en la pantalla: «Bajo el signo de Cristo a quien Franco ofrendó su espada victoriosa comienza una paz difícil, hostilizada, laboriosa.» El guión profalangista de este documental queda patente cuando, a continuación, se muestra la tumba de José Antonio Primo de Rivera y oímos al narrador reproduciendo unas palabras que el fundador de la Falange escribió antes de morir fusilado: «¡Ojalá fuera la mía la última sangre española que se vertiera en discordias civiles! ¡Ojalá encontrara ya en paz al pueblo español, tan rico en buenas cualidades entrañables, la paz, el pan y la justicia!»

Si *Morir en Madrid* finalizaba con un paisaje frío y lleno de niebla, *Morir en España* acababa de forma contraria, ya que se muestra una tierra que está siendo removida por un tractor en un día de intenso sol. O sea, una metáfora que pudiera interpretarse como que los campos vuelven a dar sus cosechas tras la guerra. Mientras, el narrador comenta: «Sobre esta tierra regada ya por la sangre de un millón de españoles nadie tiene derecho a desear otra cosa sino es lo que nos pedía la voz del poeta Antonio Machado: *un duelo de labores y esperanzas.*» La verdad es que la utilización de este escritor, que murió en el exilio como consecuencia de su huida de la represión franquista, es una desfachatez y una ofensa para todos aquellos que nos consideramos demócratas.

CAPÍTULO 5

LA HISTORIA ORAL A TRAVÉS DEL CINE DOCUMENTAL DURANTE LA TRANSICIÓN DEMOCRÁTICA: *LA VIEJA MEMORIA* (1977)

En el presente capítulo se comentan aquellos documentales españoles, que contienen entrevistas a personas que vivieron la Guerra Civil, estrenados entre 1976 y 1978; o sea, desde la muerte del general Franco hasta la aprobación en referéndum de la Constitución democrática. En el Estado español, tras la desaparición de Franco, se realizaron una serie de películas que tenían la característica común de incluir entrevistas con personajes coetáneos a la Guerra Civil española: *España debe saber* (1977), *La vieja memoria* (1977), *Entre la esperanza y el fraude: España 1931-39* (1977) y *¿Por qué perdimos la guerra?* (1978).[1] Los tres últimos tienen el interés que aparece el punto de vista de los perdedores del conflicto español a través de diversos testimonios, alternándose con imágenes de archivo. Como comprobaremos a continuación, *La vieja memoria* es el más interesante por su calidad. Por este motivo, el análisis que se hará del mismo es más extenso que el del resto de los otros tres documentales. Pero antes de comentarlos hagamos un breve bosquejo en la utilización de testimonios orales en el cine documental sobre la Guerra Civil española.

En el estudio sobre el conflicto español ha habido, y sigue habiendo, una gran utilización de las fuentes bibliográficas. Todas las fuentes son, por su naturaleza, incompletas y fragmentarias, y por eso el historiador no puede, a partir de éstas, comprender el pasado en su totalidad. En el mejor de los casos, sólo puede recuperar algunos fragmentos del pasado. Habitualmente, los historiadores no

1. No se incluye el documental *Informe general*, realizado por Pere Portabella entre 1975 y 1977, con entrevistas a las figuras más destacadas de aquellos momentos, porque no se estrenó comercialmente al no poder atravesar la censura económica de los exhibidores en salas comerciales.

acostumbramos a tener en cuenta las enormes posibilidades que ofrecen otras fuentes que no sea la escrita y ello es debido, en parte, a los hábitos adquiridos, exclusivamente centrados en la palabra escrita. En muchas ocasiones sólo se recurre a otras fuentes —visuales, orales, etc.— cuando la documentación escrita que ha sobrevivido es mucho menor y mucho más dispersa. Afortunadamente, cada vez más es más amplio el número de investigadores que para conocer el pasado utilizan no solamente fuentes escritas, sino también visuales —por ejemplo, las películas— y orales. Si mezclamos estas dos últimas el resultado será el género denominado cine-entrevista.

La utilización de testimonios de personas como fuente histórica plantea problemas, como puede ser la falta de fiabilidad debida a las diferentes opiniones personales de un mismo hecho, a la subjetividad o al carácter selectivo de la memoria. También se puede criticar que la selección de personas entrevistadas no representa la opinión de la mayoría, sino casos particulares. Tal como apuntan los jóvenes historiadores María del Pilar Mendoza y Pedro Nogales, no se puede negar el problema de fiabilidad de los datos aportados por los testimonios orales. Para ello es primordial «una contrastación del testimonio oral con otros testimonios orales y, si es posible, con otras fuentes documentales. Pero esto es básico en el trabajo del historiador o ¿es que acaso, un buen historiador, no contrasta la información que le da un documento escrito con otras fuentes históricas? Igualmente la fuente oral no es única y debe ser tratada como cualquier otro documento histórico».[2] No hay ninguna duda de que, a pesar de sus riesgos, la historia oral puede aportar mucha información que no encontraremos nunca en los documentos de los archivos.

Asimismo, Mendoza y Nogales constatan que muchos historiadores piensan que utilizar una entrevista oral significa hacer sociología o antropología, «pero no es menos cierto que en algunos trabajos históricos se extraen conclusiones sobre pensamiento y justificaciones de actuaciones políticas o económicas a través de la documentación escrita. En estos casos no parecen ser invalidadas, ya que para ellos son documentación fiable, mientras que la oral no lo es. Igualmente los movimientos de masas se intentan explicar en historia social recurriendo a interpretaciones sociológicas, y en cambio en el cine son escasos los estudios históricos desde el punto de vista sociológico. También es cierto que son más complicados de realizar».[3]

2. Mendoza Egea, María del Pilar y Nogales Cárdenas, Pedro, «La utilización en la investigación cinematográfica de las fuentes orales», *Historia, Antropología y Fuentes Orales*, n.º 18 (1997) (2.ª época), p. 139.
3. *Idem.*, p. 135.

«España debe saber»

El director, y en ocasiones también productor, Eduardo Manzanos fue el autor de la idea original y del guión de *España debe saber*. Esta película está dividida en siete capítulos que abarcan desde poco antes del inicio de la Guerra Civil hasta los primeros meses tras la muerte de Franco. Cada episodio contiene un comentario escrito por un autor, de ideología variada, y en ocasiones se incluyen algunas entrevistas. A continuación se detalla el título de cada apartado, así como el autor del comentario y las personas entrevistadas:

— «¿Fue posible la paz?», por E. González Barreto. Entrevistas con José María Gil Robles, José Antonio Girón y Felipe González.
— «La muerte de García Lorca», por Enrique Azcoaga.
— «El suicidio de Falange», por Ricardo de la Cierva. Entrevista con Manuel Ignacio Hedilla.
— «Julián Besteiro», por Diego Abad de Santillán.
— «El escándalo Matesa», por Julián Cortés Cabanillas. Entrevistas con Juan Vila Reyes y José María Gil Robles.
— «La muerte de Carrero Blanco», por Manuel Tamayo.
— «La desintegración del régimen», por José Mario Armero. Entrevistas con José María Areilza, Gonzalo Fernández de la Mora y Felipe González.

En el montaje final no se incluyó el episodio titulado «Relaciones Franco-Don Juan» escrito por Fernando González Doria. La intención que impulsó a Eduardo Manzanos a realizar esta película era, según sus propias palabras, informar desde la objetividad a los españoles de la historia española desde 1936 hasta 1976. Manzanos creía que los espectadores no saldrían decepcionados tras visionar el documental, aunque reconocía que «el público siempre espera más, y es lógico. Pero esto no quiere decir que *España debe saber* le vaya a defraudar. Encontrará, ya digo, nuevas visiones de conocidos problemas, aunque soluciones, ninguna. Repito, trato de informar, no de sacar conclusiones».[4]

Cuando el montaje de la película hubo finalizado, su exhibición fue prohibida por el Ministerio de Información y Turismo

---

4. López-Luzzatti, E., «Eduardo Manzanos, el cine informativo», *El Noticiero Universal* (8-12-1976).

en enero de 1977,[5] aunque finalmente obtuvo el permiso al mes siguiente.

El film de Eduardo Manzanos presenta varias insuficiencias: no aparece ninguna imagen de un documental de la época recreada; se produce un abuso en la utilización de las fotos fijas, que más de una vez se repiten; no se incluyen testimonios republicanos de la época de la Guerra Civil; muchos de los personajes entrevistados carecen de espontaneidad; y en algunas ocasiones se entrevista a personas no coetáneas con los hechos, tal es el caso de Felipe González —líder por aquel entonces del PSOE (Partido Socialista Obrero Español)—. A continuación comentaremos los cuatro apartados que tienen como tema central un aspecto de la contienda española.

En el capítulo «¿Fue posible la paz?», José María Gil Robles —líder y diputado de la Confederación Española de Derechas Autónomas (CEDA) en 1936— afirma que los verdaderos responsables del 18 de julio fueron los extremismos de la derecha y de la izquierda «que tanto daño han hecho a España en el curso de su historia y temo que se lo sigan causando». Él cree que los militares se alzaron contra la República para «hacer frente a una anarquía que iba adueñándose del país paulatinamente». Gil Robles se defiende de su actitud profranquista durante el conflicto bélico señalando que en una guerra civil no puede haber neutrales: «Yo, desde luego, no lo fui. Ayudé todo lo posible, fuera del terreno militar, con el fin que se acortara lo más posible la terrible tragedia. Pero en el orden político no tuve ninguna colaboración. Ni la tuve ni la quise. La prueba es que rechacé cargos importantes.» Si bien es cierto que no está probado que José María Gil Robles participase en la conspiración, también lo es que tuvo conocimiento de los preparativos.

Por su parte, el ex ministro franquista José Antonio Girón responde lo siguiente sobre cuáles piensa que fueron los motivos de la sublevación militar: «No creo que haya ni un solo tratadista que con conocimiento del tema de la contienda civil española pueda llegar a la conclusión de que la guerra pudo ser evitada. En España se produjo, a escala nacional y con un considerable adelanto sobre el reloj de la historia, lo que iba a configurarse como la permanente división del mundo moderno: o dictadura proletaria o derecho a convivir. Frente al sentido cristiano y occidental en que España ha

5.   La norma quinta de la Censura Cinematográfica especificaba que «La reprobación del mal no se asegura siempre de manera suficiente con una condenación en los últimos planos o hecha de modo accidental o marginal; tampoco exige necesariamente el arrepentimiento del malhechor ni su fracaso humano o externo. Es conveniente que el mal esté contrapesado por el bien durante el desarrollo».

desarrollado toda su existencia surgía el intento de revolución marxista que quedó patentizado después de las elecciones de febrero de
1936. [...] Sobre aquellos 32 meses de luchas se pudieron construir
después 37 años de libertad, paz y progreso que sólo podrán negar
quienes no conozcan en su realidad cotidiana a España y al pueblo
español. La Guerra Civil no fue ni un capricho ni un apresura-
miento: fue el mejor servicio que España ha prestado al occidente
cristiano y libre, aunque todavía no se le haya hecho justicia ni se
le haya reconocido.» Girón no reconoce que los españoles durante
el régimen franquista vivieron en una constante represión a varios
niveles: política, sexual, familiar... incluida la represión física, por
supuesto. El propio Franco se encargó de mantener la memoria de
la Guerra Civil de manera muy cruel. No debemos olvidar que pocas semanas antes de morir mandó fusilar a varias personas cuyos
crímenes eran de origen político.

José Antonio Girón contesta con un triunfalismo y prepotencia
propio de la posguerra. Al iniciarse la contienda civil, momento en
que era jefe provincial de milicias de Falange en Valladolid, se trasladó al frente del Alto del León, donde se integró en la columna que
mandaba el coronel Ricardo Serrador. Al término del conflicto era
consejero nacional de Falange y capitán honorario de Infantería.
Ese mismo año fue nombrado delegado nacional de Excombatien-
tes. Durante el régimen de Franco ocupó diversos cargos; entre ellos,
procurador en Cortes en todas las legislaturas, miembro de la Junta
Política y de la Comisión de Leyes Fundamentales, y ministro de
Trabajo en tres ocasiones. En la década de 1970 estuvo considerado
uno de los principales representantes de la extrema derecha.

Felipe González piensa que las motivaciones por las que los militares se rebelaron contra la República no tienen ninguna justifi-
cación porque sólo significaron para el país un gran coste en vidas
humanas, social, económico y político.

En el apartado «La muerte de García Lorca» no se incluye ningún testimonio. Este capítulo fue escrito por Enrique Azcoaga, periodista y crítico, que durante la década de 1940 presidió la Sección
de Propaganda del Sindicato Español Universitario. Durante todo el
rato se ven imágenes de la provincia de Granada, junto a alguna fotografía de archivo del poeta, ilustradas con la voz de un locutor
que explica la vida del autor de *Romancero gitano* desde el inicio de
la rebelión militar hasta su posterior detención y asesinato por parte de las autoridades nacionales. En Granada le sorprendió la sublevación. García Lorca permaneció en una finca de sus padres, la
Huerta de San Vicente, hasta el 8 de agosto, en que se refugió en
casa del también poeta Luis Rosales, cuyos hermanos eran falan-

gistas influyentes. Allí fue detenido el día 16, en ausencia de los hermanos Rosales, por un ex diputado de la CEDA, Ramón Ruiz Alonso, y trasladado al Gobierno Civil por orden, al parecer, del gobernador de la provincia, el comandante José Valdés Guzmán. En la noche del 19 al 20 fue trasladado a los alrededores de Víznar y fusilado, sin formación de causa, junto a otras personas catalogadas como izquierdistas.

«El suicidio de Falange» está dedicado al decreto formal de unificación del 19 de abril de 1937 por el que la Falange se unificaba a la fuerza con los carlistas para formar el partido único de la España franquista: Falange Española Tradicionalista y de las Juntas de Ofensiva Nacional Sindicalista (FET y de las JONS). El decreto otorgó a Francisco Franco plenos poderes dentro del nuevo partido y el derecho a nombrar la mitad de los miembros del Consejo Nacional, eliminando así a cualquier adversario político. Al respecto, hemos de recordar que Manuel Hedilla fue elegido a principios de septiembre de 1936 jefe de la Junta de Mando Provisional de Falange, junta que, en ausencia del jefe nacional —José Antonio Primo de Rivera estaba preso en Alicante—, asumió la representación y el poder del partido. Hedilla, por no aceptar la unificación y cursar órdenes que se interpretaron como una rebelión frente a Franco, fue detenido y condenado dos veces a muerte, pero finalmente se le conmutó la pena por la de cadena perpetua, aunque obtuvo la libertad en 1946. Desde este momento hasta su muerte, acontecida 24 años después, luchó denodadamente, pero sin éxito, por conseguir su rehabilitación. Precisamente, su hijo Manuel Ignacio relata en *España debe saber* los años que su padre pasó en prisión y lee una larga carta que Manuel Hedilla dirigió a Franco, de la que no obtuvo respuesta, en la que solicitaba la reparación de su persona. Este capítulo fue escrito por el político e historiador Ricardo de la Cierva, que por aquel entonces era un senador integrado como independiente en la Unión de Centro Democrático y consejero del presidente del Gobierno, Adolfo Suárez, para Asuntos Culturales. En su producción escrita se ha especializado en el análisis político de la España contemporánea y de modo particular en la Guerra Civil y el franquismo desde una óptica de los vencedores.

«Julián Besteiro» es una breve biografía de este viejo y honesto líder socialista a partir del 5 de marzo de 1939; o sea, el día en que el coronel Segismundo Casado se sublevó contra el Gobierno comunista de Juan Negrín, constituyendo una especie de gobierno, denominado Consejo Nacional de Defensa, el que incluyó, entre otras personas, a Besteiro. Éste estuvo al frente de la cartera de Estado. El Consejo era opuesto a la idea de Negrín de resistir a ultranza. De hecho, Julián Besteiro, desde su cargo quería negociar la paz con Franco, pero éste sólo admitía una rendición incondicional.

El 28 de marzo, momentos antes de que comenzaran a ocupar Madrid las tropas nacionales, Julián Besteiro ordenó la entrega del ayuntamiento de la capital a las autoridades franquistas. Fue el único de los miembros del Consejo que no se exilió, tal vez pensando que el papel que había desempeñado al acelerar el final de la guerra merecía recompensa por parte de los vencedores. Si pensó esto se equivocó. Tras ser capturado, un tribunal militar lo condenó a 30 años de prisión, a pesar de ser inocente de cualquier crimen de sangre. A causa de su débil estado de salud murió de septicemia en septiembre de 1940, prácticamente sin recibir asistencia sanitaria, a la edad de 70 años en la prisión de Carmona (Sevilla). El que se le negara tratamiento médico o cualquier conmutación en la pena reflejaba la brutal venganza y la represión salvaje que los vencedores aplicaron a los vencidos. El propio Ramón Serrano Súñer, ministro de Gobernación en 1940, escribió años más tarde: «Hemos de reconocer que dejarle morir en prisión fue por nuestra parte un acto torpe y desconsiderado.»[6] El documental de Eduardo Manzanos nos muestra el lugar donde fue enterrado: un corral, cerca del cadáver de un suicida. Veinte años más tarde, y en silencio, su cuerpo fue trasladado al cementerio civil de Madrid. Este capítulo de *España debe saber*, escrito por el líder anarcosindicalista Diego Abad de Santillán, no cuenta con la participación de ningún testimonio.

«Entre la esperanza y el fraude: España 1931-1939»

La Cooperativa de Cine Alternativo, entidad de ideología ácrata, se encargó de la producción y realización de este documental que explica la historia de España desde la proclamación de la Segunda República hasta la finalización de la Guerra Civil a través de escenas rodadas en aquellos años. Debido a la escasez de medios, los productores de este documental abusan de la utilización de imágenes fijas: fotos, periódicos, carteles, etc., provocando un cansancio en el espectador. Otro aspecto que produce que el ritmo de la narración sea monótono es la locución fría del comentarista.

---

6. Serrano Súñer, Ramón, *Entre el silencio y la propaganda, la Historia como fue: memorias*, Barcelona, Planeta, 1977, p. 76.

En *Entre la esperanza y el fraude* se incluyen entrevistas a partidarios del bando republicano que vivieron aquella época: el brigadista Artur London, Arsenio Gimeno (PSOE/Unión General de Trabajadores —UGT—), Federico Melchor (Partido Comunista de España —PCE—), Joan Ferrer (Confederación Nacional del Trabajo —CNT—) y Jordi Arquer (Partido Obrero Unificación Marxista —POUM—).[7] De todos ellos, Arquer es el personaje más conocido por su trayectoria. Fue uno de los fundadores del Bloc Obrer i Camperol en 1930, partido que se uniría en 1935 con la Esquerra Comunista de Andreu Nin, dando origen al POUM. Al estallar la guerra fue uno de los organizadores y jefes de la columna de este último partido que operó en el frente de Aragón. A partir de 1939, primero se exilio en México y después en Francia. La película está dividida en 25 apartados, que son los siguientes: «La caída de la monarquía», «El 14 de Abril», «La clase obrera en 1931», «Las elecciones... primer gobierno», «El Gobierno Azaña: 1931-1933», «Las elecciones de noviembre de 1933», «Las derechas en el poder», «La Revolución de Octubre de 1934», «El Frente Popular», «El Levantamiento», «El estado se derrumba», «Catalunya: la revolución en marcha», «Intervención... no intervención», «Reconstrucción del Estado», «Franco, jefe único», «Madrid: pueblo en armas», «La ayuda internacional», «La Falange, partido único», «La represión», «Mayo de 1937: la revolución se extingue», «Caída de Largo Caballero, formación del Gobierno Negrín. La guerra sigue...», «Evolución del Gobierno Negrín», «Primer Gobierno franquista», «Las últimas batallas» y «Fin de la guerra».

La duración de cada bloque es desigual, dependiendo del criterio de los realizadores. Por ejemplo, si los sucesos de mayo de 1937 son comentados en alrededor de 10 minutos, el primer gabinete ministerial del general Franco es explicado en poco más de un minuto. Los primeros testimonios no intervienen hasta el apartado titulado «El estado se derrumba». En el mismo, Federico Melchor critica a quienes piensan que los comunistas sacrificaron la revolución a la guerra, diciendo que «cómo podría un pueblo haber hecho una guerra de 32 meses, sino fuera porque esa guerra daba satisfacción a gran parte de sus aspiraciones sociales y políticas. Para ganar la guerra había que organizar un

---

7. El historiador Román Gubern comete un error cuando afirma que en *Entre la esperanza y el fraude: España 1931-39* «no existen aportaciones personales de testigos o de participantes en la guerra». Cfr. Gubern, Román, *1936-1939: la guerra de España en la pantalla*, Madrid, Filmoteca Española, 1986, p. 177.

ejército popular. La guerra es un problema de relación de fuerzas. No se gana sin organización, sin disciplina, sin ciencia militar». A pesar de sus diferencias ideológicas, tanto Arsenio Gimeno, como Joan Ferrer y Jordi Arquer coinciden al afirmar que el único punto que les unía tras la derrota de la sublevación militar fue la de vencer al fascismo. A pesar de que *Entre la esperanza y el fraude: España 1931-39* es de tendencia ácrata, no defiende a ultranza esta ideología. En este sentido, no atribuye a los anarcosindicalistas el mérito exclusivo de la derrota de la sublevación militar en Barcelona, sino también a la participación de las fuerzas de orden público. Así lo reconoce el dirigente de la CNT de Igualada (Barcelona) Joan Ferrer.

La primera intervención de Artur London se produce durante el bloque dedicado a la defensa de Madrid. Para él, los interbrigadistas eran conscientes de que «la victoria del pueblo español contra los invasores era también una lucha por su propia patria: el checoslovaco luchaba en Madrid por Praga, el francés por París, el austríaco por Viena, los alemanes para sacar a Hitler de su país, el italiano para aplastar a Mussolini...». Asimismo, expone que los alemanes e italianos, enviados por sus gobiernos, lo hacían en unidades militares creadas en sus respectivos países, a diferencia de las Brigadas Internacionales, que eran una fuerza del Ejército republicano.

En Barcelona, y en Cataluña en general, se produjo lo que se conoce con el nombre de los Sucesos de Mayo de 1937, auténtica guerra civil dentro de la Guerra Civil, síntoma de las tensiones internas en el bando republicano. Los campos se habían delimitado: la Generalitat de Catalunya —así como el Gobierno republicano—, más el Partido Socialista Unificado de Cataluña (PSUC) —los comunistas catalanes afines a la Unión Soviética—, beligerante máximo, de un lado; del otro, los anarcosindicalistas y el POUM —comunistas críticos con la URSS—. Mientras los primeros eran partidarios de que no se podía ganar la guerra si se hacía en primer lugar la revolución, los segundos defendían que sólo haciendo la revolución se podía ganar la guerra.

En el edificio de la Compañía Telefónica —situado en la plaza de Cataluña de Barcelona— saltó la primera chispa, o quizás el pretexto para encender la mecha. El edificio era uno de los feudos dominados desde julio de 1936 por los anarquistas, proporcionándoles una gran fuerza al controlar las comunicaciones telefónicas. La tarde del 3 de mayo de 1937, el consejero de Gobernación de la Generalit, acompañado del comisario de Orden Público, se presenta en la Telefónica dispuesto a poner fin a esta situación. Al negarse los anarcosindicalistas se producen los primeros tiros. A la mañana siguiente, las calles de la ciudad se llenan de barricadas, aparecen armas y se inicia la batalla. Las fuerzas de seguridad estuvieron unánimemente con los gubernamentales. De todas formas, el Gobierno de la República, instalado en Valencia, tomó una serie de medidas: se hizo cargo del orden público en Cataluña —competencia que según el Estatuto catalán le pertenecía a la Generalitat— y envió unos 5.000 guardias de asalto hacia la Ciudad Condal. Los enfrentamientos duraron hasta el día 8, en que la situación se normalizó. Estos sangrientos sucesos, que produjeron un número elevado de víctimas, tuvieron considerables consecuencias políticas. El POUM fue el gran perdedor, ya que desapareció de la escena política a causa de la represión que se llevó a cabo contra el mismo. Varios responsables del partido fueron detenidos y condenados a penas de prisión. El dirigente Andreu Nin, no sólo fue detenido por agentes de la autoridad, sino que fue asesinado. También perdieron influencia los anarquistas. La autonomía catalana quedó sensiblemente mermada. El Gobierno republicano de Largo Caballero fue sustituido por otro, presidido por Juan Negrín, donde la presencia comunista era mucho más evidente.

En *Entre la esperanza y el fraude*, Jordi Arquer explica los enfrentamientos en el edificio de la Telefónica de Barcelona, así como la represión que sufrió el POUM. Joan Ferrer critica abiertamente al PSUC por su actitud hostil hacia la CNT, ya que se dedicó a deshacer la obra revolucionaria de los anarcosindicalistas. Federico Melchor considera que los hechos de mayo fueron una tragedia porque rompieron la unidad antifascista, aunque acusa a los anarquistas y a los poumistas de provocadores.

La última intervención de un testimonio en el documental es la de Artur London, en el apartado dedicado a las últimas batallas de la guerra. London hace una valoración numérica de los brigadistas: «En las Brigadas Internacionales había 35.000 voluntarios durante toda la guerra. 5.000 cayeron en la tierra de España en diferentes frentes... La propaganda fascista, la de Franco, hizo creer que las Brigadas Internacionales jugaron un papel determinante en la guerra. Eso no es verdad, porque al final de la guerra había 137 Brigadas republicanas y de estas Brigadas, seis eran internacionales.» Las cifras hablan por sí solas.

«¿Por qué perdimos la guerra?»

Este documental fue dirigido por Diego Santillán —hijo del conocido líder anarquista Diego Abad de Santillán— y Luis Galindo.[8] Las personas entrevistadas son: Claudio Sánchez Albornoz (Acción Republicana e Izquierda Republicana), Fray Bonifacio Ataun (sacerdote vasco), Julián Gorkin (POUM), Abad de Santillán (Federación Anarquista Ibérica), Iñaki Aizpiazu (sacerdote vasco), Josep Tarradellas (Esquerra Republicana de Catalunya —ERC—), Manuel de Irujo (Partido Nacionalista Vasco —PNV—), Valentín González *El Campesino*, coronel Vicente Guarner (militar republicano), Eduardo de Guzmán (Director de *Castilla libre*, órgano de la Federación Regional Anarquista del Centro), José Prat (PSOE), Rafael Alberti (Alianza de Intelectuales Antifascistas), Juan Manuel Molina (CNT), Antoni Maria Sbert (ERC), José García Pradas (Director de *CNT*), Víctor Alba (POUM), Fernando Collado (CNT) y Eduardo Val (CNT).

¿Por qué perdimos la guerra? tiene un discurso lineal y cronológico prescindiendo de la división en capítulos o apartados. Es la versión cinematográfica oficial del anarcosindicalismo que ejerció, durante los primeros meses de la contienda civil, un gran protagonismo. Por lo tanto, se realiza un análisis favorable a sus tesis omitiendo o restando importancia a otros aspectos. Valga como ejemplo que el mérito de la defensa de Madrid recae sobre las tropas anarquistas. Hay un silencio a las diferencias que había dentro del mundo anarcosindicalista: los partidarios de la participación política y los que defendían la acción directa hasta las últimas consecuencias. En este sentido, no se menciona la colaboración de la CNT en el Gobierno de Largo Caballero, al frente de cuatro ministerios entre el 5 de noviembre de 1936 y el 18 de mayo de 1938 —Juan García Oliver (Justicia), Frederica Montseny (Sanidad y Asistencia Social), Juan Peiró (Industria) y Juan López (Comercio)— ni en los diversos gobiernos de la Generalitat entre el 26 de septiembre de 1936 y el 29 de junio de 1937. El debate a partir de las declaraciones de los entrevistados no es plural, porque no se incluyen personas que pudieran ofrecer algún contraste con las tesis anarquistas. El único personaje relacionado con el PCE, el máximo culpable de

---

8.   Este documental tiene el título homónimo de la obra escrita por Diego Abad de Santillán *Por qué perdimos la guerra*, Buenos Aires, Imán, 1940. Entre el film y el libro existen coincidencias por las tesis defendidas. Para un análisis detallado de la película *vid.* Rigol, Antoni y Sebastián, Jordi, «La Guerra Civil espanyola vista pels anarquistes. Anàlisi de *Por qué perdimos la guerra*», *Film-Historia*, vol. III, n.° 1-2 (1993), pp. 239-256.

la derrota republicana según los autores del film, es Valentín González *El Campesino*, que se caracterizó por su hipermegalomanía y sus relaciones conflictivas con el partido, que durante la guerra le ensalzó y después le atacó por ser muy crítico con el mismo.

Según este documental, los motivos de la derrota fueron varios. La inoperancia de los sucesivos gobiernos republicanos es ilustrada, por ejemplo, en la irresponsabilidad del Gobierno al ignorar el peligro real de reacción militar por miedo a la revolución. Sobre una foto del presidente Casares Quiroja pone en boca su frase «¿Armas al pueblo? Jamás. Eso sería la revolución».

Las maniobras de los comunistas afines a la Unión Soviética tuvieron su punto culminante en los llamados Sucesos de Mayo de 1937 que fueron, según el narrador de *¿Por qué perdimos la guerra?*, «una conjura perfectamente orquestada por los agentes del Kremlin, cuyo principal objetivo era el exterminio de los anarquistas y la destrucción del POUM y la caída del Gobierno de Largo Caballero, que ya no les servía. [...] El Gobierno de Largo Caballero fue sustituido por otro que respondía mejor a los intereses del Kremlin. Lo encabezó una figura más maleable y adicta: Juan Negrín». De hecho, los comunistas del PCE y del PSUC presentaron al POUM como el máximo responsable de los incidentes, acusando a dicho partido de agente del fascismo. La posterior prohibición del POUM, el asesinato de Andreu Nin y la restricción de ciertos sectores del anarquismo fueron los ejemplos más representativos de la represión que se practicó.

La política de no intervención promovida por las democracias occidentales es descrita por Víctor Alba de hipócrita: «Inglaterra no ayudó a la República no sólo por miedo a enfrentarse a Hitler, sino también porque era entonces un gran estado imperialista que tenía muchos intereses en España en minas, en industrias y no quería cambio social en España.» La causa principal por la que el Gobierno británico no ayudó a la República se debió a la desconfianza que tenía en ella por no haber controlado el movimiento revolucionario, la anarquía y la persecución religiosa en las zonas donde el alzamiento no había triunfado. Además, las autoridades británicas trataron de defender sus propios intereses en España y, sobre todo, de evitar que el conflicto español entorpeciera la paz y la distensión en Europa.

El escaso suministro de armas de Moscú es criticado cuando el locutor afirma: «Pero a Stalin no le interesaba una victoria rápida del pueblo español. Su juego especulativo con Alemania, precursor del pacto germanosoviético, necesitaba tiempo. Y tardaría mucho, mucho tiempo en llegar el primer envío de armas soviético.» La verdad es que la ayuda militar soviética a la República española fue sustancial, pero nunca suficiente para que el triunfo se produjera. La URSS no deseó verse envuelta en un conflicto bélico generalizado. Más adelante, el narrador del documental acusa a Stalin de hacer servir la República como moneda de cambio en su pacto con Hitler: «Y a la vista de los tratados de Munich, Stalin decidió negociar con Berlín ofreciéndole, en prueba de su sinceridad, el cadáver de la República española. Y en el Ebro comenzó a redactarse por los rusos el pacto germanosoviético con la sangre, el heroísmo y el sublime sacrificio del pueblo español.» Para analizar este comentario conviene recordar cuál era el contexto internacional en Europa en 1938.

Cuando la Alemania nazi se anexionó Austria —en marzo de 1938— encerró a Checoslovaquia en una tenaza. En mayo de 1938, los rumores de una inminente invasión alemana condujeron al Gobierno checoslovaco a movilizar a su ejército. De todas formas, Checoslovaquia, bajo la presión de los gobiernos francés y británico, aceptó la mediación de Gran Bretaña en la cuestión de los Sudetes, región fronteriza con Alemania y con una parte de la población de este país. En la Conferencia de Munich, el 29 y 30 de septiembre, Inglaterra y Francia aceptaban la anexión de los Sudetes a la Alemania nazi y, posteriormente, presionaron a Checoslovaquia para que las reconociera.

Ante esta situación era evidente el aislamiento de la Unión Soviética de la escena internacional. Éste era debido a una serie de factores como, por ejemplo, las purgas llevadas a cabo por Stalin, que debilitaron su imagen en el exterior.[9] Tras la crisis de Munich, la URSS quedó aislada de Occidente, y Occidente de la URSS. Los soviéticos pensaron, y con razón, que los franceses e ingleses querían, en realidad, que la Unión Soviética recibiese los primeros golpes en un futuro ataque nazi. Ello condujo a emprender negociaciones, secretamente, a comienzos de la primavera de 1939, que condujeron a un tratado de no agresión y de amistad entre la URSS y Alemania, el 23 de agosto.[10]

9. Se calcula que entre 1936 y 1939 se realizaron en la URSS más de 400.000 ejecuciones y casi 10 millones de detenciones. Entre ellas figuran las de soviéticos que participaron en la Guerra Civil española: el embajador Marcel Rosenberg; su sucesor Lev Gaikins; el cónsul en Barcelona Vladimir Antonov-Ovseenko; el corresponsal de *Pravda* Mijail Koltsov y jefe de los Servicios Especiales de las Brigadas Internacionales; así como diversos militares que también fueron miembros de las Brigadas Internacionales como, por ejemplo, Émil Kleber. Cfr. Orlov, Alexander, *La historia secreta de los crímenes de Stalin*, Barcelona, Destino, 1955.

10. En el tratado se acordaba que, en cualquier futuro reajuste territorial, la Unión Soviética y Alemania se repartirían entre ellas Polonia, que la URSS gozaría de una influencia en los estados bálticos y se le reconocía su derecho a Besarabia, de la que Rumanía se había apoderado en 1918. A cambio, el Gobierno soviético se comprometía a no intervenir en ninguna guerra entre Alemania y Polonia, ni entre Alemania y otros países.

«La vieja memoria»

Tras el éxito que Jaime Camino obtuvo por *Las largas vacaciones del 36* (1976), Ricardo Muñoz Suay —productor de Profilmes— le propuso que realizará el proyecto que quisiera con absoluta libertad.[11] Éste se decantó por filmar testimonios de las personas públicas participantes en la Guerra Civil española. Este fue el punto de partida de *La vieja memoria*, aunque Jaime Camino y Román Gubern ya en 1970 habían trabajado sobre la posibilidad de reunir en una película el testimonio de personas que vivieron la guerra, pero en aquel tiempo el proyecto resultaba prácticamente irrealizable en España.

Jaime Camino nació en Barcelona en octubre de 1936. Licenciado en Derecho y profesor de Música, tras escribir sobre cine en las revistas *Nuestro Cine* e *Índice*, y quedar finalista del Premio Nadal con su novela *La coraza* (1960), debutó como director con el cortometraje *Contrastes* (1961). En 1963 realizó su primer largometraje, *Los felices 60*. Ese mismo año fundó su propia productora, Tibidabo Films, para la que ha producido gran parte de su obra. Con su tercera película de ficción, *España otra vez* (1968) se acerca al tema de la Guerra Civil española, sobre el que reincidirá en varios films de ficción —tal como se comentará en el capítulo 7—, desde diferentes puntos de vista e incluso recogiendo el testimonio directo de los que hicieron la guerra en *La vieja memoria*. Es autor de tres libros: *Íntimas conversaciones con La Pasionaria* (1977), *Moriré en Nueva York* (1996) y *El oficio de director de cine* (1997). Su trayectoria cinematográfica está marcada por la independencia, mientras que su estilo creador está muy cuidado.

En el verano de 1976, Jaime Camino recibió una llamada de su amigo Alvah Bessie comunicándole la celebración de un encuentro de ex combatientes de las Brigadas Internacionales en Florencia en octubre. Bessie, ex miembro de la Brigada Lincoln, había sido uno de los guionistas de la película de Camino *España otra vez* (1968). Camino se desplazó a Italia y filmó las entrevistas que hizo a varios brigadistas. Tras examinar los rollos de película rodados en Florencia, Jaime Camino y Román Gubern creyeron, en un principio, que el futuro documental podría girar en torno a un único tema. Uno de los que se barajó fue la muerte de Durruti. Todavía no resuelto este dilema, Gubern regresó en enero de 1977 a Los Ángeles para impartir clases de cine en la

---

11.   Sobre la filmografía de este director barcelonés *vid. Jaime Camino*, Málaga, XV Semana Internacional de Cine de Autor, 1987.

Universidad de California del Sur. Mientras, Camino prosiguió el rodaje con una serie de testimonios de ambos bandos. A continuación se especifican los personajes que aparecen en *La vieja memoria*, por orden de aparición en el documental, indicando los siguientes datos: el año de nacimiento y de muerte; el lugar y la fecha donde fueron entrevistados —sobre todo teniendo en cuenta que muchos de ellos vivían aún en el exilio—; así como una breve biografía que abarca desde el período de la Guerra Civil hasta la transición española.

— Frederica Montseny (1905-1994) / Otoño de 1976 en Toulouse / Al estallar el conflicto formó parte del Comité Regional de Cataluña como representante de la CNT, ingresando poco después en la FAI (Federación Anarquista Ibérica). En noviembre de 1936 fue nombrada ministra de Sanidad y Asistencia Social. Tras los Sucesos de Mayo de 1937 en Barcelona, y a pesar de los esfuerzos que hizo para encontrar una solución conciliadora a la revuelta, cesó en su cargo, permaneciendo en España hasta el final de la contienda. Exiliada en Francia, colaboró activamente con el Servicio de Emigración de Refugiados Españoles, siendo encarcelada durante un tiempo por las autoridades galas, las cuales no accedieron a la solicitud de extradición presentada por el Gobierno de Franco. Regresó a España en 1977.

— Enrique Líster (1907-1994) / Invierno de 1976-1977 en París / Al estallar la guerra era uno de los dirigentes de las Milicias Antifascistas Obreras. Al constituirse el Quinto Regimiento se convirtió en uno de sus principales organizadores. Más tarde fue nombrado jefe de la 1.ª Brigada Mixta y, luego, de la 11 División y del V Cuerpo de Ejército. Llegó a alcanzar el grado de coronel. Miembro del comité central del PCE desde 1937. Abandonó España en marzo de 1937, trasladándose a la URSS. Participó en la Segunda Guerra Mundial y alcanzó el grado de general del Ejército soviético. No regresó a España hasta 1977.

— David Jato (1915-1978) / Otoño de 1976 en Madrid / Falangista y quintacolumnista en Madrid. Durante la guerra estuvo al frente de Banderas Clandestinas de Asalto y el Grupo de Información Militar. Finalizada la contienda, ocupó diversos cargos en la administración franquista, al mismo tiempo que desplegó una gran actividad en el campo cinematográfico, y llegó a ser director gerente de Cinespaña, S. A. Fundó la Unión Cinematográfica Hispanoamericana. También creó y dirigió las revistas *Cinespaña* y *Avanzada*. Fue director de la Mutualidad de Artistas y profesor de la Escuela de Capacitación Social de Madrid.

— Raimundo Fernández Cuesta (1897-1992) / Otoño de 1976 en Madrid / Miembro de Falange Española, el 8 de julio de 1936 fue detenido —acusado de sedición— en la capital española, en cuya situación le sorprendió el estallido de la guerra, pasando, tras ser canjeado por el político republicano Justino de Azcárate, a la zona franquista, donde el general Franco le confió la secretaría general de FET y de las JONS. En febrero de 1938 fue nombrado ministro de Agricultura. Terminada la contienda, desempeñó muchos y variados cargos en la administración franquista.

— José María Gil Robles (1898-1980) / Otoño de 1976 en Madrid / Líder y diputado de la CEDA. La rebelión militar le sorprendió en Francia. Expulsado por el Gobierno francés, se trasladó a Lisboa, donde ayudó a establecer una junta que organizó propaganda y ayuda económica para el bando nacional. Terminada la guerra, luchó con más entusiasmo que eficacia en favor de la restauración de la monarquía, formando parte del Consejo Privado del pretendiente al trono Juan de Borbón. Regresó a España en 1953.

— Dolores Ibárruri (1895-1989) / Invierno de 1976-1977 en Moscú / Diputada por el PCE y miembro del comité central del mismo. Desde el primer momento del conflicto desarrolló una activísima labor de propaganda, obteniendo bastante éxito. En los últimos meses de la guerra ofreció al Gobierno de Juan Negrín el apoyo incondicional del PCE, a cambio de seguir la lucha hasta ver si las tensiones internacionales propiciaban un cambio de rumbo en la contienda española. A primeros de marzo de 1939 abandonó España, junto con otros jerarcas comunistas, iniciando así un largo exilio en la URSS. Volvió a España en 1977, siendo elegida diputada en el Congreso.

— Julián Gorkin, seudónimo de Julián Gómez García-Ribera (1902-1987) / Invierno de 1976-1977 en París / Secretario general del POUM desde julio de 1936. Fue miembro del Comité Central de Milicias Antifascistas. Combatió en el frente de Aragón y llevó a cabo una gran actividad de propaganda en el periódico *La Batalla*, del que fue director. Tras los Sucesos de Mayo de 1937 en Barcelona, fue detenido y condenado a 15 años de prisión, logrando evadirse de la cárcel e irse a Francia y, después, a México. Regresó definitivamente a España en 1977.

— Diego Abad de Santillán, seudónimo de Sinesio García Fernández (1897-1983) / Otoño de 1976 en Madrid / Al estallar la guerra fue uno de los representantes de la FAI en el Comité Central de Milicias Antifascistas. Fue *conseller* de Economía de la Generalitat de Catalunya entre diciembre de 1936 y abril de 1937. Durante los Sucesos de Mayo de 1937 volcó todo su prestigio para un restablecimiento de la normalidad. A partir de esta fecha fue distanciándose de la política, limitando su quehacer a la dirección de una revista. Al finalizar la campaña de Cataluña se exilió a Francia y, posteriormente, a Buenos Aires. Volvió a España en 1976.

— Frederic Escofet (1898-1987) / Invierno de 1976-1977 en Bruselas / Como comisario general de Orden Público de la Generalitat, coordinó la acción de las fuerzas leales a la República contra la rebelión militar en Barcelona. Poco tiempo después, acusado por la FAI de ser enemigo de la revolución, el Gobierno catalán lo envió a Francia en comisión de servicio. En 1937 regresó a Cataluña y, tras ser ascendido a comandante, intervino en diversas operaciones de guerra. Nombrado por el presidente Lluís Companys ayudante suyo y jefe de los Mossos d'Esquadra, acompañó a éste hasta el derrumbamiento final del frente catalán en febrero de 1939. Se exilió primero en Francia —donde pasó una temporada en el campo de concentración de Argelès— y, después, en Bélgica. Desempeñó algunos cargos políticos en los diferentes gobiernos que se constituyeron en el exilio. No regresó a España hasta 1979.

— Josep Tarradellas (1899-1988) / Invierno de 1976-1977 en Saint-Martin-le-Beau (Francia) / Al estallar la guerra se ofreció inmediatamente al presidente Companys. Como representante de ERC formó parte del Comité Central de Milicias Antifascistas. Asumió en distintas ocasiones las consejerías de Economía y Servicios Públicos, y Presidencia y Hacienda de la Generalitat, elaborando planes para restablecer la autoridad del Gobierno catalán y mejorar la marcha de la producción en todos estos sectores. Tras la derrota republicana en Cataluña huyó a Francia en febrero de 1939. Fue elegido en 1954 presidente de la Generalitat en el exilio. Regresó a Cataluña como presidente de la Generalitat provisional en 1977, mediante un acuerdo con el Gobierno de Adolfo Suárez.

— José Luis de Vilallonga, marqués de Castellvell y grande de España (1920) / Invierno de 1976-1977 en París / Cuando estalló el conflicto estaba internado en un colegio de Saint-Telme (Francia). Reclutado para el Ejército de Franco, la mediación del padre para que lo colocasen lejos del frente provocó que lo alistaran en un pelotón de fusilamiento durante una breve temporada. Luego participó en las principales batallas hasta la toma de Barcelona, llegando a ser alférez provisional. Tras la experiencia, el final de la guerra le sumergió en un mundo en el que predominaban la vileza y la maldad de los vencedores. En 1951 se instaló en París, integrándose en el mundo cultural francés como escritor y actor de cine. Fue portavoz en París de la Junta Democrática de España durante el último año del régimen franquista. Tras la muerte del dictador regresó a España, colaborando regularmente en varios medios de comunicación.

— Ricardo Sanz (1898-1986) / Invierno de 1976-1977 en Toulouse / Obrero textil anarquista que participó activamente en la derrota de los militares sublevados en Barcelona. Junto a otros líderes anarquistas, visitó a Companys para exigirle la participación
preferente de los libertarios en el Comité Central de Milicias Antifascistas. Después estuvo al mando de la Columna Durruti y de la
26 División. Acabada la guerra, vivió exiliado en Francia.

— Eduardo de Guzmán (1909-1991) / Otoño de 1976 en Madrid / Periodista y director de *Castilla libre*, órgano de la Federación Regional Anarquista del Centro. En abril de 1939 fue detenido en Alicante. Tras ser condenado a muerte, se le conmutó la
pena en 1941 y permaneció en prisión hasta 1948, año en que se
le concedió la libertad provisional. Después de salir de la cárcel,
y puesto que se hallaba inhabilitado para su profesión, escribió
numerosas novelas policiacas y de aventuras, que firmó con diversos seudónimos. No fue rehabilitado como periodista hasta
1969.

— Fernando García Teresa / Otoño de 1976 en Barcelona / Falangista que participó en la rebelión militar en Barcelona, siendo
hecho prisionero.

— Ramon Fernández Jurado (1914-1984) / Otoño de 1976 en
Barcelona / Ebanista y militante del POUM que luchó contra la
rebelión militar en Barcelona. Fue uno de los primeros milicianos que marchó a Aragón como jefe de una centuria de la Columna Joaquín Maurín. Fue perseguido por los estalinistas a raíz
de los Sucesos de Mayo de 1937. En 1938 fue herido en el frente de
Valencia, capturado, juzgado y condenado por los nacionales. Obtuvo la libertad condicional, tras cinco años de prisión, participando en actos de apoyo logístico a la guerrilla urbana durante
la posguerra. En 1949, a causa de la vigilancia policial, se exilió
a Francia y Chile y no regresó hasta 1964. Se convirtió en un paladín de la Assemblea de Catalunya. Durante la democracia llegó
a ser concejal del Ayuntamiento de Castelldefels (Barcelona) y diputado al Parlament de Cataluña por el Partit dels Socialistes de
Catalunya.

— Maria Rovira / Otoño de 1976 en Barcelona / Obrera y
miembro del POUM.

— Rafael Vidiella (1890-1982) / Otoño de 1976 en Barcelona /
Fue uno de los fundadores del PSUC, pocos días después de ini-
ciarse la guerra. Ocupó en diferentes ocasiones las consejerías de
Correos, Telégrafos y Teléfonos; Justicia; y Trabajo y Obras Públi-
cas del Gobierno de la Generalitat. Exiliado en la URSS, Francia y
Hungría, volvió a España en 1976.

— Jaume Miravitlles (1906-1988) / Otoño de 1976 en Barcelona / Fue nombrado, como representante por ERC, secretario general del Comité Central de Milicias Antifascistas. Desde septiembre de 1936 hasta enero de 1939 estuvo al frente del Comisariado de Propaganda de la Generalitat de Catalunya, realizando una importantísima labor de difusión pro-republicana tanto a nivel nacional como en el extranjero. En el exilio se estableció en Francia, México y los EE.UU., colaborando en diversas publicaciones de exiliados y del Gobierno republicano. Volvió a España en 1962.

— Miquel Utges / Otoño de 1976 en Barcelona / Pastelero y militante del POUM.

— Francesc Benages / Otoño de 1976 en Barcelona / Dibujante y afiliado al POUM.

Como se puede comprobar, el material filmado a los ex brigadistas en Italia finalmente no quedó recogido en el montaje final de *La vieja memoria*, ya que se prescindió de testimonios extranjeros. Precisamente, el único fragmento rodado en Florencia que aparece en el documental es la intervención de Rafael Alberti recitando el poema «Defensa de Madrid» y recordando la llegada de los primeros brigadistas a la ciudad.

Las únicas personas filmadas y entrevistadas, pero que debido a la escasa información que aportaban no se incluyeron en el montaje definitivo del documental, fueron la mujer y la hija de Buenaventura Durruti, que residían en Quimper, la Bretaña francesa. Camino recuerda que de la viuda del líder anarquista «me sorprendió su interés, no sé si consciente o no, de no recordar nada. Ella era taquillera en el cine Goya de Barcelona. Su hija era muy pequeña para recordar a su padre, pues cuando murió tendría unos dos o tres años».[12]

Por otro lado, la única persona que se negó a aportar sus vivencias a Jaime Camino fue el falangista, ex ministro y cuñado de Franco, Ramón Serrano Súñer. Camino llegó a reunirse con él en el Hotel Ritz de Barcelona, con la condición que no llevara consigo ningún equipo de filmación. Durante el encuentro, Serrano Súñer manifestó su negativa a aparecer en la película de Jaime Camino. Éste recuerda que fue una lástima «porque Serrano Súñer era una persona que jugó un papel muy destacado en la construcción jurídica y política del Estado franquista. Me dijo que no intervenía en el film porque estaba escribiendo sus memorias en las que pensaba contarlo todo. Me comentó varias anécdotas apasio-

---

12. Entrevista mantenida con el director Jaime Camino y grabada en una cinta magnetofónica el 12 de enero de 2000 en Barcelona.

nantes. Una de ellas es la siguiente. Él se sentaba en los consejos de ministros al lado de Franco y ambos se comunicaban de forma secreta a través de un sistema de golpes en las rodillas, que estaban escondidas bajo la mesa. Una vez finalizada la entrevista, me dijo irónicamente *¿Pero hombre, cómo se le ocurre venir aquí sin un magnetófono? Ahora tendría unas declaraciones mías muy interesantes.* La verdad es que él había dejado muy claro antes que si yo llevaba un casete o una cámara no había entrevista. Es una lección que aprendí, ya que nunca más me desplacé a entrevistar a una persona sin ir preparado. Hoy dejaría la cámara en la recepción».[13] Jaime Camino recuerda que la charla con Ramón Serrano Súñer fue distendida. La prueba es que, en un principio, le concedió una hora, entre las siete y las ocho de la tarde. Pero se sintió tan cómodo Serrano Súñer que le invitó a cenar y estuvieron conversando hasta pasada la medianoche.

En *La vieja memoria* interviene José Antonio Primo de Rivera. Su aparición procede de un fragmento del noticiario anglosajón *The eyes and ears of the world*, producido por la Paramount News en 1935. Habla sobre la situación española y cuáles son los enemigos del país, mientras se escucha de música de fondo *Así hablaba Zaratustra* de Richard Strauss: «Tenemos una fe resuelta de que están vivas todas las fuentes genuinas de España. España ha venido a menos por una triple división: por la división engendrada por los separatismos locales; por la división engendrada entre los partidos; y por la división engendrada por la lucha de clases. Cuando España encuentre una empresa colectiva que supere todas esas diferencias, España volverá a ser grande como en sus mejores tiempos.»

Antes de cada entrevista, Jaime Camino se preparó una serie de preguntas a la persona que tenía que hablar con la intención de que sus recuerdos emergieran. Casi todos los entrevistados mostraban una cierta timidez ante una cámara cinematográfica de 16 mm. Para romper el hielo, el director catalán se puso a un lado de la cámara y dijo a todas las personas que le miraran a él y no a la cámara. De esta forma, los entrevistados se sintieron más cómodos y cada uno se expresó en libertad, confirmando los acentos de su memoria subjetiva. Para que los entrevistados se sintieran a gusto, éstos hablaron en el idioma que preferían. Por eso, las entrevistas a Frederica Montseny, Frederic Escofet, Josep Tarradellas, Ramón Fernández Jurado, Maria Rovira, Jaume Miravitlles, Miquel Utges y Francesc Benages fueron hechas en catalán. Sus intervenciones fueron subtituladas en las copias que se proyectaron fuera del territorio catalán.

13. *Idem.*

Camino me comentó la siguiente anécdota que ilustra muy bien la reticencia de algunas personas a ser filmadas: «En un principio, Josep Tarradellas sólo concedió al equipo de rodaje una o dos horas, alegando que estaba muy ocupado. Pero fue tal la distensión que reinó durante la filmación, que ésta se alargó mucho más. Empezamos la entrevista a las once de la mañana y duró hasta cerca de las tres de la tarde. Descansamos una hora en la que todos los componentes del equipo fuimos a un restaurante cercano a comer. Al regreso, continuamos la entrevista hasta cerca de las once de la noche. Nosotros nos queríamos ir a cenar al restaurante, pero el propio Tarradellas nos invitó, junto a su esposa e hija, en su casa. Cuando acabamos, pasada la medianoche, seguimos rodando hasta alrededor de las dos de la madrugada. Un caso parecido de reticencia fue el de Dolores Ibárruri, que no aceptó ser entrevistada hasta el último momento, y a medida que se iba rompiendo el hielo pudimos trabajar muy bien y rodamos en tres ocasiones en la *dacha* donde vivía.»[14]

Cada persona fue entrevistada en el lugar que ella dispuso. Por ejemplo, David Jato quiso ser filmado en la sede en la que se fundó Falange, en la Cuesta de Santo Domingo. Por esta razón, en ocasiones aparece a su lado un retrato de José Antonio Primo de Rivera. El rodaje de Raimundo Fernández Cuesta, que tuvo lugar en su despacho, presentó algún inconveniente, como recuerda el propio Camino: «Al principio fue muy duro. Se acababan de convocar las primeras elecciones y continuamente entraban jóvenes falangistas en su despacho y teníamos que parar el rodaje.»[15] Ricardo Sanz, el viejo luchador anarquista, fue entrevistado en la humilde buhardilla donde residía, en Toulouse.

Preguntado Jaime Camino sobre si hubo algún incidente durante el rodaje, éste me respondió: «No, pero José María Gil Robles fue de todos los entrevistados el que se mostró más antipático. Por cierto, recuerdo con simpatía la siguiente anécdota de cuando fuimos a rodar a Gil Robles. A Teo Escamilla, uno de los operadores cinematográficos que políticamente estaba alejado de la ideología del fundador de la CEDA, se le ocurrió poner la cámara baja para que se destacara aún más su nulo atractivo físico, sobre todo teniendo en cuenta que era una persona pequeña de estatura y bastante gordo. De esta forma, no se disimulaba su opulencia abdominal.»[16]

---

14. *Ibidem.*
15. *Ibidem.*
16. *Ibidem.*

Sobre el motivo por el cual algunos personajes representativos no aparecen en el film, Camino declaró a Joan Batlle y Domènec Font en una entrevista aparecida en 1979: «Ante la pregunta, muchas veces formulada, de por qué La Pasionaria y no Carrillo, por ejemplo, se plantea una cuestión de pura lógica. En el invierno de 1976, Carrillo es un político que vive prácticamente en España —aunque en la clandestinidad— y es un personaje que por su propia idiosincrasia de político no va a intentar recuperar su memoria, sino aquella que convenga a su partido. Dolores es un personaje que estaba todavía, y creo que sigue estándolo, sumido en el pasado.»[17] Precisamente, la entrevista que Dolores Ibárruri concedió al equipo de *La vieja memoria* fue hecha pocas semanas antes de la legalización del PCE por el Gobierno de Adolfo Suárez en la Semana Santa de 1977. Poco tiempo después, la dirigente comunista regresaría a España después de un exilio de 38 años.

Una vez rodadas todas las entrevistas, Jaime Camino comenzó a visionar todo el material sin saber cuál iba a ser el resultado final. En un principio pensó centrarlo en un aspecto —por ejemplo, se barajó la vida y muerte de Buenaventura Durruti— pero, luego, prefirió abrir el abanico a otros temas. Para facilitar el trabajo decidió transcribir todos los diálogos. Entonces fue subrayando y recortando aquellos fragmentos que creyó más interesantes. Después los agrupó por temas. Para darles una mayor agilidad y originalidad decidió alternar las palabras de un entrevistado con otro. Para que el desenlace final tuviera una coherencia combinó la progresión cronológica con el criterio temático. Para ilustrar algunas secuencias intercaló material de archivo de la guerra, pero poco porque no quería restar protagonismo a lo que decían los entrevistados. El montaje del documental, desde la fase inicial hasta la edición final, duró alrededor de siete meses y Camino lo recuerda como agotador. El resultado es que la película aparece dividida en doce capítulos, cada uno de los cuales dura aproximadamente lo siguiente:

— «14 de abril 1931» (Proclamación de la Segunda República, victoria del Frente Popular en las elecciones de febrero de 1936 y las tensiones sociales producidas hasta julio). 30 minutos.
— «17 de julio 1936» (La rebelión militar contra la República en África). 3 minutos.
— «18 de julio» (Los preparativos de la sublevación en Barcelona). 10 minutos.

17. *Contracampo*, n.º 1 (abril 1979).

— «19 de julio» (La rebelión y su aniquilamiento en la Ciudad Condal). 25 minutos.

— «20 de julio» (La sublevación y su fracaso en Madrid). Un minuto y medio.

— «Revolución» (Creación y actividad del Comité Central de Milicias Antifascistas; las columnas anarquistas en tierras aragonesas; y la vida cotidiana en Barcelona durante los primeros meses). 21 minutos.

— «La violencia» (Juicio, condena y fusilamiento de los jefes militares sublevados contra la República en la Ciudad Condal, y la represión y ejecuciones franquistas en el Norte). 11 minutos.

— «El Alcázar de Toledo» (De los ataques republicanos a la entrada de las tropas franquistas en el edificio). Un minuto y medio.

— «Defensa de Madrid» (El asedio de la ciudad; la llegada de las Brigadas Internacionales; evacuación de civiles y víctimas a causa de los bombardeos; y muerte y entierro de Durruti). 17 minutos.

— «¿Guerra o revolución?» (Confrontación entre anarquistas y comunistas). 12 minutos.

— «Los Sucesos de Mayo» (El enfrentamiento armado en la Ciudad Condal). 15 minutos.

— «La derrota» (Los bombardeos sobre Guernica, Madrid y Barcelona; causas de la pérdida republicana y de la victoria franquista). 11 minutos.

La vieja memoria recupera durante más de dos horas y media los recuerdos de la Segunda República y la Guerra Civil española. Todo el material fue filmado en blanco y negro para recrear el ambiente de los años 30. Por tanto, el espectador se encuentra con el tiempo pasado, vivido o no, depende de la edad del mismo, analizado por diversos protagonistas contemporáneos a los hechos. El documental tiene la virtud de reunir a hombres y mujeres que combatieron entre sí, aunque predominan los del lado republicano.

Las vivencias fueron filmadas en largos monólogos, pero Camino los mezcla con una gran habilidad dando la sensación, en ocasiones, que unos se escuchan a otros, que uno está respondiendo a otro; dando la sensación de que estaban en el mismo lugar o sabían lo que los demás decían. Otros aciertos del documental son que integra las opiniones de un amplísimo abanico ideológico —desde falangistas hasta anarquistas—; incluye testimonios femeninos; participan personas poco conocidas; y la selección del material utilizado permite una mayor profundidad en unos acontecimientos abordados superficialmente en la pantalla

por otros documentales. Y no es el enfrentamiento entre los republicanos y los franquistas lo que más destaca en este sentido,
sino las propias contradicciones de los primeros: la discusión entre comunistas y anarcosindicalistas acerca de las colectivizaciones o sobre los Sucesos de Mayo. Hay que señalar las excepcio-
nales cualidades para la narración de algunos entrevistados
como, por ejemplo, Frederic Escofet, que cuentan los acontecimientos con gran espontaneidad. Seguramente, los republicanos
—los vencidos— hablan con mucha más facilidad que los franquistas —los vencedores—, ya que por razones de su silencio forzoso, de su exilio, tenían muchas ganas de explicar cosas. Desgraciadamente, algunos aspectos de la guerra son tratados breve-
mente —caso de la sublevación y fracaso de la rebelión militar en
Madrid— o no se tratan porque no son recordados por los entrevistados. En este sentido, en todos los episodios del documental
interviene uno o varios personajes, a excepción de «El Alcázar de
Toledo», en el que no aparece ningún testimonio.

La vieja memoria, que está dedicada al realizador holandés Joris Ivens, obtuvo el premio de la crítica en el Festival Internacional
de Cine de San Sebastián en 1978. En las proyecciones efectuadas
en Barcelona se produjo la siguiente anécdota: al lado de la taquilla del cine donde se exhibía, en el Capsa, se colocó una copia de
un telegrama que había enviado Frederic Escofet en el que decía
que no asistiría a la proyección del film en España hasta que el Gobierno no le rehabilitara como coronel del Ejército español, cosa
que consiguió al cabo de unos meses.

Después del estreno y de una rueda de prensa en Barcelona a
los que asistieron algunas de las personas que aparecen en la película, Jaime Camino fue a comer con algunos de ellos: Enrique Líster, Ramon Fernández Jurado, Fernando García Teresa y Jaume Miravitlles. Camino recuerda el siguiente incidente que se produjo:
«En un momento determinado de la comida, Miravitlles leyó un
poema hablando de palomas con ramos de olivo. En cambio, Fernández Jurado recitó un poema que era «Volver a las barricadas».
Fernando García Teresa se levantó, alzando una copa, y dirigiéndose a Líster le dijo: *Enrique, brindo porque al fin y al cabo hemos
luchado todos por lo mismo.* Enrique Líster, enfurecido, me preguntó que quién era ese individuo al que le iba a dar dos hostias
como no se callara. La verdad, es que me costó lo mío calmarlo
porque estaba muy cabreado.»[18]

18.   Entrevista mantenida con el director Jaime Camino y grabada en una
cinta magnetofónica el 12 de enero de 2000 en Barcelona.

Si en Barcelona no hubo ningún tipo de problemas para proyectar comercialmente *La vieja memoria*, en Madrid, en cambio, hubo una serie de problemas. Jaime Camino recuerda que «el exhibidor, un franquista, consideraba que el documental era una provocación. En algún momento me insinuó hacer algún corte, cosa a lo que me negué rotundamente. Pero no finalizaron aquí los problemas. Cuando llevaba tres semanas de proyección en la sala Minicines-2, una noche entró un grupo de personas —se identificaron como miembros del grupo ultra Cristo Rey— que lanzó bombas fétidas y rajó la pantalla con un cuchillo. Esto provocó que fuera retirada de la pantalla y no se volviera a exhibir de nuevo».[19]

Prácticamente, la totalidad de los críticos alabaron el documental de Jaime Camino a raíz de su estreno, destacando el hábil y ágil montaje. La crítica que escribió Diego Galán hace más de veinte años continúa siendo vigente: «Estamos ante una película excepcional: la mejor reflexión que desde el cine se haya hecho nunca sobre la guerra española. Reflexión que parte de la búsqueda del documento insólito, de la declaración desconocida, del testimonio olvidado, del enfrentamiento dialéctico entre las partes que combatieron en aquella guerra, por supuesto no clausurada, por supuesto viva y actual. Porque una guerra no acaba nunca del todo; se puede tratar de olvidar, de ocultar, de transformar, pero siempre está ahí, de alguna manera presente. O debería estarlo, por lo menos. Por eso Jaime Camino propone desde su película la captura de nuestra vieja memoria, para aprender de ella, para definir mejor el presente, para enfrentarlo con más datos. No se debe olvidar. No tanto por el rencor o la venganza como por la información insustituible que contiene esa memoria de todos.»[20]

Todo el material rodado durante la filmación, aproximadamente unas 23 horas, Jaime Camino lo entregó en depósito al Archivo de Audiovisuales de la Filmoteca de la Generalitat de Catalunya para que estuviera a disposición de historiadores e investigadores. Cuando *La vieja memoria* se pasó por primera vez por televisión, en el programa *La clave* en 1983, unos directivos de TVE le sugirieron la posibilidad de recuperar todo el material filmado y realizar una serie, pero al final el proyecto no prosperó por motivos que el propio Camino desconoce.

No es práctica normalizada que se recuperen en las pantallas cinematográficas españolas películas de esta nacionalidad y menos si pertenecen al minoritario género del documental. Una prueba de

19. *Idem.*
20. *Triunfo*, n.º 846 (27-3-1977).

la calidad de *La vieja memoria* es que fue reestrenado en la primavera de 1997, demostrando el acierto de la misma; o sea, la recuperación de una serie de testimonios. Un dato: en la actualidad sólo sobrevive uno de ellos, el escritor José Luis de Vilallonga.

A continuación realizo un análisis comparativo de *La vieja memoria* basado en el comentario de cuatro bloques temáticos: la conspiración; el fracaso de la sublevación militar en Barcelona en julio de 1936; la violencia en ambos bandos; y la derrota republicana.

LA CONSPIRACIÓN

La Segunda República no nació de una situación trágica, sino más bien de una festiva y optimista. El nuevo régimen representó la oportunidad de recuperar el retraso del desarrollo que España sufría desde el siglo XIX a diversos niveles —social, político, económico, cultural...—. Así, la intención de la República de ofrecer soluciones democráticas y moderadas —las reformas agraria y militar, el Estatuto catalán, la separación entre la Iglesia y el Estado— provocó que se viera desbordada bien pronto por la tentación de las soluciones drásticas y violentas: el golpe de estado para unos, la revolución para otros. Esta dinámica infernal desembocó en el dramático estallido de la Guerra Civil.

Cuando los entrevistados hablan de la preparación de la conspiración, muchos de ellos dan un protagonismo exagerado a la intervención civil. La organización de la sublevación militar fue de origen castrense. Los militares sublevados estaban convencidos de su éxito y de que de su acción se derivaría la rápida instauración de una dictadura bajo control militar. El jefe del Estado, después del triunfo del golpe, sería el general José Sanjurjo. Como cerebro técnico de la conspiración, se esperaba que el también general Emilio Mola tuviera un papel esencial en la política del régimen victorioso. Luego seguían numerosos generales, a cada uno de los cuales se le asignaba una región. Por tanto, en su origen, y aunque existiera una trama civil del golpe, se trataba de una clásica sublevación emprendida por unos militares que se harían cargo del poder para poner fin a la experiencia republicana. Además, diferentes sectores de la sociedad española veían con buenos ojos acabar con la situación generada tras el triunfo del Frente Popular en las elecciones de febrero de 1936. Por ejemplo, José Antonio Primo de Rivera envió, desde la cárcel de Alicante, instrucciones a su hermano Fernando, principal enlace con los militares conspiradores, para que los falangistas madrileños se lanzasen a la calle junto con los militares sublevados. El propio José Antonio mantenía contacto con los militares de Alicante comprometidos en la rebelión. Francisco Herrera —diputado de la CEDA y amigo íntimo de José María Gil Robles— era el enlace entre los conspiradores de la España peninsular y los del Marruecos español. Lo que ocurrió es que el golpe no triunfó porque no fue secundado por todo el Ejército y porque las fuerzas de seguridad —Guardias de Asalto y la Guardia Civil— no fueron unánimes en la manifestación de sus fidelidades, tomando algunas unidades partido por la legalidad vigente y pasando otras al lado de los sublevados. Asimismo, conviene recordar la participación de los voluntarios civiles, sobre todo sindicalistas, que tenían algunas armas, fueron de indudable ayuda en el aplastamiento de la rebelión. Y a medida que iban derrotando a los militares sublevados, iban armándose más con el material capturado al enemigo.

También hay que destacar que el Gobierno republicano no actuó con firmeza ante los sucesivos avisos que recibió sobre el golpe. Por poner un ejemplo, el historiador Paul Preston señala la siguiente equivocación: «A principios de junio, Casares Quiroga, como ministro de la Guerra, quiso decapitar la conspiración en Marruecos reemplazando a los oficiales al mando de las dos legiones que entonces constituían el Tercio. El 2 de junio llamó a Yagüe, que era el jefe de la llamada segunda legión. Al día siguiente, apartó al compañero de conspiración de Yagüe, el teniente coronel Heli Rolando de Tella, del mando de la primera legión. Cuando Casares Quiroga recibió a Yagüe, el 12 de junio, le ofreció el traslado a un puesto deseable en la España peninsular o a una posición privilegiada como agregado militar en el extranjero. Yagüe le dijo a Casares que prendería fuego a su uniforme antes de no poder servir en la Legión. Después de darle cuarenta y ocho horas para que reflexionase, Casares tuvo la debilidad de ceder al deseo de regresar a Marruecos que Yagüe había expresado con tanta vehemencia. Fue un error político garrafal, dado el papel clave de Yagüe en la conspiración.»[21]

A continuación detallo cómo los siguientes testimonios de *La vieja memoria* recuerdan la conspiración:

— Diego Abad de Santillán: «Sabíamos que se estaba conspirando ya desde mil... ya desde poco después de proclamada la República. En el 32 ya apareció el general Sanjurjo con su movimiento. Y después tuvimos más pormenores a través de amigos militares, sobre todo que habían estado vinculados con nosotros en la época de la conspiración contra la monarquía.»

21.   Preston, Paul, *Franco «Caudillo de España»*, Barcelona, Círculo de Lectores, 1994, p. 170.

— Frederic Escofet: «Ya se sabía que se conspiraba. Desde que se proclamó la República ya empezó el descontento de los militares, ¿eh?»

— Enrique Líster: «Denunciamos lo que estaba haciendo Gil Robles como ministro de la Guerra, Franco como jefe del Estado Mayor, lo que estaba pasando en los cuartos de banderas y en las unidades, etc. Pero Casares Quiroga lo que se dedicaba era a ponerle banderillas a los militares, a tener frases muy rimbombantes, muy extremistas, pero no a tomar ninguna medida.»

— José María Gil Robles: «Ellos [los conspiradores] contaban con que tenían en la derecha un apoyo grande, de tipo genérico, pero específicamente no contaban más que con los jefes tradicionalistas y pocos elementos más. Y Falange... hasta cierto punto. José Antonio era profundamente antimilitarista. José Antonio no era amigo de los militares, decía que ellos habían traicionado a su padre. Esto lo ha dicho mil veces. Él quería hacerlo con los falangistas. Pidió a Mussolini tener la fuerza necesaria para hacerlo él, pero no lo que él llamaba la militarada.»

— David Jato: «Falange no tuvo ningún acuerdo, no ya con Alemania, con la que desde luego José Antonio tenía unas discrepancias absolutas. Cuando volvió de un viaje a Berlín, en el que tuvo una entrevista con Hitler,[22] una cortísima entrevista, en el mismo tiempo además que tuvo una entrevista Hitler con Gil Robles, el comentario que dijo era determinante. Dijo: *Hitler no cree en Dios y yo sí, no nos podemos entender jamás.* Con Mussolini él le tenía aún más afecto. Le parecía un ser humano mucho más importante que Hitler. Pero el que desconfiaba de José Antonio era el propio Mussolini. Prueba de ello es que el único acuerdo que hubo y que hizo Mussolini con gentes españolas, lo hizo con los grupos monárquicos y los grupos tradicionalistas, a los que ofreció armas, a los que se ofreció a preparar grupos incluso en la propia Italia; acuerdos, en fin, escritos, que aparecen después durante la guerra en la casa de [Antonio] Goicoechea en Madrid.[23] Acuerdos que subscribieron, repito, todos los monárquicos y en los que se marginó naturalmente a Falange.»

22. José Antonio Primo de Rivera visitó la Alemania nazi en mayo de 1934.

23. El 31 de marzo de 1934, Antonio Goicoechea, el dirigente monárquico de las Cortes por Renovación Española, visitó a Mussolini junto con dos carlistas —Rafael Olazábal y Antonio Lizarza— y el general Barrera. El líder italiano les prometió un millón y medio de pesetas, 20.000 fusiles, 200 ametralladoras y 20.000 granadas, así como una ayuda más amplia cuando se produjera la rebelión. El dinero les fue entregado al día siguiente. Cit. Lizarza, Antonio, *Memorias de la conspiración: cómo se preparó en Navarra la cruzada*, 2.ª ed., Pamplona, Gómez, 1953, pp. 23-25.

— Frederica Montseny: «Se ha descubierto en archivos del Gran Fascio italiano que José Antonio Primo de Rivera cobraba una determinada cantidad de miles de francos cada mes para trabajar ya en la organización de la Falange que se consideraba que era el embrión de las legiones fascistas en España.[24] Lo grave es que en aquel momento, más o menos de acuerdo, estaba el propio Gil Robles.»

— Gil Robles: «Ya lo he dicho cuatrocientas veces, pero la gente se empeña en no creerlo. A mí me es igual. Tengo la satisfacción enorme de que los militares que organizaron el Movimiento Nacional no quisieron tener contacto ninguno conmigo. Ellos por su cuenta dirigieron, en el orden militar y en el orden político, lo que luego, después, fue el Movimiento, y mejor que eso fue la guerra. Y de ellos es estrictamente la responsabilidad del acierto o del desastre.»[25]

— Dolores Ibárruri: «En el ambiente estaba, no voy a decir la sublevación pero si algo que... la gente estaba inquieta. Porque era muy difícil decir por qué se sentía esa inquietud, pero era lógico que se sentía que las derechas preparaban un golpe contra la República. Nosotros teníamos camaradas que trabajaban en los cuarteles y, lógicamente, informaban al partido de las cosas raras que sentían que había en los cuarteles. Algo preparaban, pero era muy difícil saber hasta dónde iba a llegar. Pero una sublevación del carácter que fue la sublevación franquista era muy difícil de imaginárselo.»

24.   José Antonio visitó Italia en abril de 1935. El propio Mussolini autorizó fondos para José Antonio. Entre junio de 1935 y enero de 1936 éste recibió 150.000 liras italianas al mes —el equivalente a 30.000 pesetas de la época—. El fundador de Falange recibió personalmente el dinero en entregas bimensuales durante sus visitas a París a través del agregado de prensa de la embajada italiana en la capital francesa. A partir de febrero de 1936, a causa de la crisis económica italiana, la cantidad se redujo a la mitad. José Antonio no pudo recibir el segundo pago de 1936 porque desde marzo estaba en prisión. *Vid.* Saz Campos, Ismael, *Mussolini contra la II República: hostilidad, conspiraciones, intervención (1931-1936)*, Valencia, Edicions Alfons el Magnànim, 1986, pp 138-145.

25.   Aunque es cierto que no está probado que José María Gil Robles participase en la conspiración militar, también lo es que tuvo conocimiento de sus preparativos. La sublevación le sorprendió en Francia. Posteriormente se dirigió a Portugal, donde tuvo un papel importante en la organización de la compra de suministros, propaganda y ayuda económica de la causa franquista. Dio la bienvenida a la unificación forzada de Franco de las diferentes fuerzas políticas de la zona nacional. Su partido, la CEDA, se disolvió y sus dirigentes y militantes de base se unieron al franquismo. La mayoría de autoridades de la España nacional no veían con simpatía a Gil Robles por su posición legalista durante su participación como ministro de la Guerra en los Gobiernos de Alejandro Lerroux y Joaquín Chapaprieta, ambos en 1935.

— Líster: «El agente Gil Robles y los falangistas, esos representaban desde el punto de vista de fuerza combativa, prácticamente no representaban nada. Los grupos falangistas eran el elemento provocador que creaba el ambiente, en cierta forma lo que hacen ahora los guerrilleros de Cristo Rey. Entonces todas esas acciones, de provocaciones, de atentados, de muertos ayudaban a la preparación psicológica y organizativa de las Fuerzas Armadas para lo que luego hicieron.»

— David Jato: «En cualquier caso, la Falange siempre tuvo mucho temor al alzamiento. Hay unos escritos que se han publicado hace unos años,[26] escritos por José Antonio en la cárcel de Alicante, en los que hace una especie de profecía de lo que creía que iba a resultar un alzamiento, porque su temor era que el alzamiento quedara reducido a una especie de reacción de los movimientos conservadores y capitalistas, a que se montara como una especie de fascismo español en el cual, decía él, las camisas azules de la Falange servirían de coreografía de todo ese gran estado. Casi, fatalmente, en fin, ha ocurrido lo que él temía que iba a ocurrir.»

— Raimundo Fernández Cuesta: «El 5 de julio se marchó José Antonio, se lo llevaron y yo no volví a saber de él hasta el 14 de julio, el 14 o 15 de julio, en que recibí, no me acuerdo el procedimiento de lo que recibiese, una tarjeta de él en donde me decía que estuviésemos preparados, que el día 16 llegaría en una avioneta a la Ciudad Universitaria.»

— Josep Tarradellas: «El general Franco, cuando estaba en Canarias, meses antes de la sublevación, envió una carta al ministro de la Guerra diciéndole que creía que España iba hacia una guerra civil y que él estaba dispuesto a intervenir para evitarla, y ofreció al Gobierno su intervención.[27] Naturalmente, si en Madrid hubiese existido otro espíritu, otro sentido de la responsabilidad de lo que comporta ser jefe de Gobierno y ministro de la Guerra, se hubiese tenido que llamar al general Franco por dos cosas: para hacerlo venir y arrestarle o para decirle *Arregle este problema. Intentemos resolverlo para evitarlo.* Pero aquella carta ni siquiera fue contestada, como tampoco las negociaciones; es decir, la petición de entrevista del general Goded, dos meses antes de la sublevación, al presidente Azaña.»

26. *Vid.* Primo de Rivera, José Antonio, *Textos inéditos y epistolario*, Madrid, Ediciones del Movimiento, 1956.
27. Se refiere a la carta, fechada el 23 de junio de 1936, que Franco envió a Casares Quiroga. Era una carta de una ambigüedad laberíntica, insinuando que el Ejército era hostil a la República por el desorden revolucionario y sugiriendo que sería leal y desbarataría las conspiraciones si era el encargado de restaurar el orden. Casares, no sólo no contestó la carta sino que no emprendió ninguna medida disciplinaria.

— Escofet: «Eso es lo que da, por consiguiente, más responsabilidad al Gobierno central. El Gobierno central, con esta ceguera y su ineptitud al no sofocarlo, porque estaba en sus manos. Si sabía que existía aquel movimiento, debía decapitar la rebelión. Se sabía del malestar del Ejército, se sabía de la actitud de la Falange, provocadora, ¿no?, y las perturbaciones de orden público. Se sabía cómo se habían militarizado los tradicionalistas. Se sabía de la fuga de capitales. Se sabía de las visitas que habían hecho ciertas personalidades a elementos de Italia y de Berlín. En fin, no podía ignorarse nada de todo esto.»

— Jato: «Los días anteriores al 18 de julio fueron realmente dramáticos. No dejaron opción a nadie para poder marginarse de lo que estaba ocurriendo. Y culminó naturalmente con el asesinato de Calvo Sotelo, que no era el asesinato de lo que podíamos llamar el líder de la oposición, que ya de por sí era un asunto grave, sino que era el asesinato del líder de la oposición parlamentaria precisamente por los encargados de vigilar por su vida; es decir, por una patrulla de la Dirección General de Seguridad.»

— Gil Robles: «No fue posible la paz[28] porque los españoles con ideas opuestas prefirieron el camino de la violencia al camino de la negociación y de la conversación, que es lo propio de los ciudadanos.»

— Abad de Santillán: «Claro que era posible [la paz], pero había que haber hecho una República auténtica, no una República de grandes oradores para las Cortes, de grandes teóricos, sino una República para el pueblo español, que era al que había que responder y no se respondió; de ahí vino el descontento, la lucha permanente, la revolución permanente, los envíos a las colonias africanas por cualquier pretexto y, en fin, las prisiones repletas, siempre repletas.»

— José Luis de Vilallonga: «La guerra civil era inevitable porque la derecha española nunca, nunca, le concedió la menor *chance*, la menor posibilidad, a la República.»

— Ibárruri: «Yo creo que todos los problemas hubieran podido solucionarse sin guerra, sin guerra.»

— Vilallonga: «Nunca hubo el menor diálogo entre ambos.»

— Montseny: «Uno de los grandes argumentos de Franco para justificar el alzamiento es el complot del comunismo internacional que, según ellos, había planeado hacer una revolución en España. Eso es una mentira como una casa.»

---

28. El líder de la CEDA publicó un libro con este explícito título, *No fue posible la paz* (Barcelona, Ariel, 1968).

— Ibárruri: «Que el partido era muy activo, es verdad. Que el partido se desarrollaba y adquiría influencia en el país, es verdad. Pero no para asustar a la burguesía, ni para creer que al día siguiente se iba a establecer un socialismo en nuestro país. Todo eso son fantasías. Fantasías de la reacción, impulsadas, yo pienso, no sólo por la propia reacción española, sino desde fuera.»

— Montseny: «El golpe de estado de Franco no fue un producto sólo y exclusivo de las derechas españolas, lo que yo digo *derecha salvaje*; si detrás no hubiera habido el fascismo italiano y el alemán, es posible que todo eso no hubiese cristalizado en una acción concreta.»

— Ibárruri: «La burguesía tenía miedo a la reacción, tenía miedo porque fue la reacción española prácticamente la que organizó la sublevación, no la burguesía en general. Porque yo no creo que ni la burguesía vasca ni la industrial, sino los terratenientes y la más reaccionaria de nuestro país. Pero peligro de derrumbamiento de la burguesía en 1936 en España, eso sólo existe en la imaginación de los responsables de la guerra.»

— Ricardo Sanz: «La guerra civil se pudo evitar si verdaderamente los gobernantes de la República no hubieran tenido más miedo al pueblo trabajador que a los propios militares. Y valía más a la República que nos colgaran a todos nosotros que no que nosotros, al cabo de un tiempo determinado, nos subleváramos para hacer la revolución social. Esto era matemático.»

— Eduardo de Guzmán: «Era inevitable un choque, violento o no, entre dos concepciones distintas del Estado. Pero ese choque, incluso siendo violento, pudo haber quedado limitado a un movimiento subversivo, fracasado o triunfante, pero que hubiese tenido una duración de 4, 5, 6 o 7 días, pero en cualquier caso es una guerra civil que dura 32 meses.»

— Jato: «Pero a mí eso me recuerda a una comedia en la que un personaje aparecía en escena y decía *Paro para la Guerra de los 30 años*. Que aquella guerra dura 30 años se supo después, pero no al principio. Es decir, que el alzamiento produjo una guerra civil se sabe ahora, pero no cuando se produjo el alzamiento. El alzamiento era un golpe de estado. Un golpe de estado que tenía, en los planes que hizo Mola en Pamplona, que en 72 o 78 horas las fuerzas sublevadas se apoderarían del Estado. Lo que pasó es que el alzamiento fracasó. Y al fracasar el alzamiento se produjo una serie de divisiones en el país que motivaron una guerra civil que dura tres años.»

EL FRACASO DE LA SUBLEVACIÓN MILITAR EN BARCELONA EN JULIO DE 1936

La conspiración en Cataluña había estado totalmente en manos de la Unión Militar Española (UME) barcelonesa. El general de la División, Francisco Llano de la Encomienda, era republicano, no formó parte de la misma, pero su jefe de Estado Mayor, el coronel Moxó, conspiraba. La Comisaría General de Orden Público de la Generalitat de Catalunya estaba informada de los preparativos de los conspiradores gracias a los oficiales de la Unión Militar Republicana Antifascista. Asimismo, militantes anarcosindicalistas y de organizaciones de izquierda controlaban los movimientos de los cuarteles. El capitán Frederic Escofet y el comandante Vicente Guarner, desde la Comisaría General de Orden Público dictaron una serie de decisiones para sofocar la rebelión. Escofet era el comisario, mientras que Guarner estaba al frente de la Jefatura de Orden Público.

Se sublevaron todas las tropas, excepto la Aviación y la Intendencia, y salieron alrededor de las cuatro de la madrugada del día 19 para tomar la ciudad. Hay que destacar que el plan estuvo mal concebido, ignorando o despreciando la reacción contraria pensando que sería fácil hacerse con el control de los principales objetivos. Por ejemplo, al frente de la operación no estuvo un general, ya que el general Manuel Goded —que debía llegar desde Mallorca en avión para ponerse al frente— no estaba todavía en Barcelona, pues necesitaba controlar antes la isla. El control de la rebelión estuvo en manos de comandantes y capitanes de la UME, siendo uno de los más activos el capitán Luis López Varela. De todas formas, el general Álvaro Fernández Burriel era el jefe teórico. Los sublevados contaron con la colaboración civil de extrema derecha, falangistas, carlistas y los monárquicos de Renovación Española.

Desde los cuarteles situados en la periferia de la ciudad, los sublevados desplegaron sus efectivos con la intención de llegar al centro. Ya desde los primeros instantes, los rebeldes debieron detener su marcha, ante el fuego de los guardias de asalto, mozos de escuadra y primeros civiles armados. Aunque parte de los rebeldes llegaron al centro de la ciudad —las plazas de la Universidad y de Cataluña—, quedaron inmovilizados y sin contacto con la División.

La Generalitat se negó a entregar armas a los civiles hasta la misma madrugada del día 19. Una vez iniciada la revuelta, algunos sectores anarcosindicalistas y de otros partidos obtuvieron armas. Éstos detuvieron a las tropas en el barrio de la Barceloneta e inmovilizaron a las del Paralelo, controlando la parte antigua de la ciudad.

Sobre la una y media de la tarde del 19, la Guardia Civil, que estaba a la expectativa, intervino a favor de la República. Una columna de guardias civiles y soldados de Intendencia, al mando del coronel Antonio Escobar, hizo que se rindieran los sublevados que resistían en las plazas de la Universidad y de Cataluña. En otros lugares de Barcelona los destacamentos rebeldes deponían su actitud, mientras parte de la población civil se armaba con los fusiles de los muertos, de los heridos y de los prisioneros, cogiendo además los que estaban abandonados en los edificios militares.

El general Goded, viendo que no había ninguna posibilidad de triunfo, fue detenido al poco tiempo. Al atardecer del 20 de julio, la rebelión había sido plenamente dominada. Los cuarteles de San Andrés y el de Atarazanas se rindieron a los anarquistas. El primero de ellos era el principal arsenal de la ciudad. El hecho de que los anarcosindicalistas se apoderaran de todas las armas —unos 30.000 fusiles, ametralladoras, cartuchos, etc.— provocó que cambiara el signo posterior de la guerra y se iniciara el camino hacia la revolución. La Administración pública se vio desbordada e impotente para controlar la nueva situación creada. Se formaron una serie de comités donde predominaban los elementos más radicales. Éstos estaban armados y actuaron a su libre arbitrio, siendo ellos, en definitiva, la nueva autoridad.

La autoridades republicanas consideraron que la victoria en Barcelona se debió sobre todo a la fidelidad de los guardias de asalto y a la intervención tardía, pero decisiva, de la Guardia Civil. Por su parte, los anarquistas se atribuyeron casi en exclusiva la victoria sobre las tropas rebeldes, restando importancia al papel desempeñado por las fuerzas de orden público de la Generalitat. Este debate se pone de manifiesto en los testimonios que intervienen en *La vieja memoria*. La verdad es que es difícil verificar quién fue la pieza clave de la victoria, si las fuerzas de orden público o los voluntarios civiles. Lo que está claro es que la moral de unos dio soporte a los otros, ya que por sí solos no hubieran derrotado a los sublevados. Así sucedió, por ejemplo, en Zaragoza o Sevilla, donde los anarcosindicalistas, solos, fueron aplastados.

— Ramon Fernández Jurado: «La batalla de Barcelona la ganó la carne. O sea, la carne que el proletariado lanzó a la batalla. Fue como una especie de Stalingrado en pequeño, ¿eh? ¿Muertos? Nunca se han podido contar. Quizá en la batalla de Barcelona hubo más de 1.000 muertos. Y eso fue Stalingrado, fue carne, ¿eh? No podían [los sublevados]. Materialmente no podían porque allí donde caía un hombre herido había 20 tíos peleándose para coger el fusil. No hubiesen podido comerse toda aquella carne obrera lanzada a la calle. Y eso fue lo decisivo. Había un entusiasmo... una cosa suicida.»

— Frederic Escofet: «Materialmente no me ayudaron en nada [la población civil]. Primero, esa gente no sabía combatir. Esta gente sabía hacer un atraco, algo en la calle, pero no luchar. No tenían armas. Iban en mangas de camisa, eran un buen blanco. Tuvieron muchas bajas por eso, ¿eh? Ya digo, alguna pistola. Había muchos que su mejor arma era el entusiasmo, pero no tenían nada más. Y los había que estaban desarmados y que esperaban... Era magnífico eso, esperaban que cayese un compañero para recogerle el arma y continuar la lucha, pero no había eficacia.»

— Ricardo Sanz: «Escofet, claro está, jefe de orden público, está en su perfecto derecho de afirmar eso, porque, claro está, tenía un cargo oficial, ¿eh? Y tiene que justificar que el mando de las fuerzas que tenía a sus órdenes era efectivo.»

— Diego Abad de Santillán: «El pueblo de Barcelona fue una maravilla porque venía gente, gente... Venían con una ametralladora o con una *colt*. [Uno gritaba] *¡Oye! ¿Cómo funciona eso? Pues no lo sé* [respondía otro]. Total, que quería aprender. Se lo habían quitado a los soldados y después no lo sabían manejar. Cuando yo fui en los camiones del siete y medio de San Andrés no teníamos artilleros. Entonces, ¿para qué queríamos aquellos cañones?»

— Fernando García Teresa: «He de atestiguar históricamente que al ejército en su parte, lo que había aquí de Ejército en aquel momento, no la institución, sino a las fuerzas como a las de la Falange, las derrotaron Murcia y Almería. Las derrotaron la CNT-FAI.»

— Maria Rovira: «Así como los civiles salieron en seguida a la calle, ¿eh?, cuando los militares salieron la Guardia Civil esperó unas horas, seguramente para ver quién ganaba.»

— Fernández Jurado: «800 guardias civiles.»

— Josep Tarradellas: «Poco a poco, iban pasando las horas y se iba consolidando el poder de la Generalitat. Gracias, en gran parte, y eso me gusta repetirlo, a la presencia del presidente Companys. Si el presidente Companys no hubiese estado allí, dando moral a la policía, a la gente que venía, yo creo que se habría perdido. Y de haberse perdido Barcelona, se habría perdido, por la tarde, en toda España, ¿no?»

— Eduardo Guzmán: «La radio de Barcelona seguía emitiendo sus comunicados al servicio de la Generalidad. Lo que demostraba, hasta ese momento, que los militares habían fracasado.»

— Escofet: «Llegó la columna de la Guardia Civil que desfiló justamente... admirable el coronel Escobar. Eso fue admirable, ese espectáculo. Salimos al balcón, Companys y Tarradellas, Guarner y yo, al balcón. Desfilaba la Guardia Civil, iba en columna de... En cada acera una columna de guardias... sólo un guardia, ¿eh?... con el fusil... mirando los edificios de la otra acera, ¿eh?, y del otro lado. Y el coronel, él solo, delante, con el bastón de mando y con una marcha lenta, una marcha lenta así [Escofet gesticula como si desfilara]. ¡Magnífico! Al centro. Sólo se oían las pisadas de los guardias: trac, trac, trac... Al llegar allí [a la Comisaría General de Orden Público situada en la Vía Layetana], al vernos, entonces gritó ¡Alto!, que se repitió en todas las unidades. Dio media vuelta, saluda y dijo: *A sus órdenes, Señor Presidente.* Le hicimos subir, le abrazamos y se marchó. Cuando terminé de ver el desfile, consideré que la revuelta, al tomar la plaza Cataluña [lugar en que estaban refugiadas unas tropas sublevadas] ya estaba virtualmente acabada.»

— Tarradellas: «Hasta que no llegó el coronel Escobar con la Guardia Civil estaba convencido de que perderíamos nosotros.»

— García Teresa: «Quedaba el Hotel Colón. El Hotel Colón, había que acabar con él. Entonces allí aparecieron de repente una hilera, un grupo, una fila de guardias civiles con sus tricornios relucientes y sus armas limpias, a los que nosotros siempre habíamos tenido una simpatía, y al grito de ¡*Viva España! ¡Viva el Ejército español!*, nosotros, optimistas, dijimos: ¡*Alto el fuego!* Tocamos corneta de paz. [Gritamos] ¡*Viva la Guardia Civil! ¡Arriba España!* Y entraron. Y al entrar al Hotel Colón empezaron a agarrar todos los fusiles y a ponerlos en un montón. Yo fui al capitán [que estaba al frente de las fuerzas sublevadas] y le dije: *Mi capitán, ¿esto qué es?* Dijo: *No, no, es que hemos fracasado, qué le vamos a hacer, en otros sitios se ha vencido, ya veremos qué ocurre. De momento no hay más remedio que rendirse.* [Le repliqué] *Pero bueno, esta gente ha llegado gritando ¡Viva España! ¡Viva el Ejército español!, hay que defenderse.* [El capitán respondió] *Esto sería una lucha a bayonetazos, esto no es posible.* [Le comenté] *Entonces, ¿nosotros que hacemos?* [Respondiéndome] *Ustedes, el que se pueda salvar que se salve ya. No lo duden, quedan perfectamente ante mí y ante todos.*»

— Sanz: «Cuando bajaba la Guardia Civil por las Ramblas desde la plaza Cataluña con la pretensión de reducir a los sublevados de Atarazanas, Durruti, a la altura del Lion d'Or paró a la fuerza y cuando el oficial dijo que iban a reducir a las fuerzas sublevadas de Atarazanas, Durruti les dijo que no había necesidad, porque nosotros, el pueblo en armas, era lo suficientemente poderoso para reducirles. Y así ocurrió. Y los... Y la Guardia Civil volvió Rambla arriba y se marchó al cuartel. Eso yo he sido testigo de ello y no hay nadie que me lo pueda negar.»

El general Manuel Goded, cuando llegó a Barcelona a última hora de la mañana del 19 de julio, se dirigió a la División, la actual Capitanía General, donde instaló su cuartel de mando e hizo todo lo posible para movilizar más recursos militares. En seguida comprobó que la situación estaba perdida. Al atardecer el edificio fue tomado por asalto. Goded fue capturado y conducido delante del presidente Companys, que le convenció para que hablara por la radio a sus seguidores anunciando que depusieran las armas para evitar un mayor, e inútil, derramamiento de sangre. Su discurso tuvo una gran resonancia, no sólo en la ciudad sino en toda España, ya que proporcionó ánimos a los republicanos. La rendición del general Goded fue muy mal digerida por los sublevados porque no había combatido hasta el final. De hecho, su recuerdo será hábilmente difuminado por las autoridades franquistas.[29] Frederic Escofet, Josep Tarradellas y Eduardo de Guzmán recuerdan así aquellos momentos:

— Escofet: «Considerando que el movimiento había terminado, le dije a Companys: *He cumplido mi palabra. Si quiere le acompañó hasta su residencia.* Entonces hubo las clásicas palabras de aquel momento, ¿no? Muy emocionado [dijo]: *Escofet, yo jamás me ha faltado la confianza en ti, en las fuerzas de orden público y en el pueblo de Barcelona.* Y entonces, [me dio] un abrazo de aquellos... Lástima que no nos hicieran una foto a Companys y a mí.

»Y me entero que ya teníamos 60, 70 u 80 oficiales presos y sí, tengo la mala idea de decir: *Voy a verlos.* Entré allí, actitudes muy diferentes. Unos me miran con arrogancia. Otros que estaban deshechos. Uno de caballería me dijo: *Escofet, estos me han engañado, tú me conoces, tú sabes que soy incapaz, pero me han dicho que yo... teníamos que salir contra los elementos de la izquierda, de la FAI.* [Le respondí] *Bueno, qué quieres que te diga yo si eres tan idiota de creerte esas cosas. Quizás pueda ser un atenuante para el juez cuando te pregunte. Yo no puedo hacer nada.* Bueno. Entonces es cuando vi al capitán Reinlein, que era un hombre republicano, es el que había salido con la proclamación de la República. Y le dije, *¿Y tú también aquí?* [Me explicó] *Que quieres, Escofet, ha habido votación entre los oficiales de mi regimiento y ha habido unanimidad para salir y he querido seguir su suerte, y además, ¿cómo podía oponerme?*

29. El propio hijo del general Goded escribió, en plena guerra civil, un libro defendiendo la memoria de su padre contra la acusación de que era un militar con tendencias demócratas. El título de la obra ya es de por sí bastante explícito. Goded, Manuel, *Un «faccioso» cien por cien*, Zaragoza, Talleres Ed. Heraldo, 1939.

[Le contesté] *Bueno, es una lástima que haya sido así.* Entonces me di cuenta y digo. *Y cojo el teléfono y me dirijo a la División: Necesito una ambulancia para llevar a un oficial herido al Hospital Militar.* Dice: *No disponemos de ninguna ambulancia.* Digo: *¿Cómo? ¿Que no disponen de ninguna ambulancia? Comprendo que no hayan podido dominar la revuelta, pero no disponer de una ambulancia... Esto no es una División, esto es una mierda. Diga al general que se ponga al aparato.* [Él me pregunta] *¿Cuál general? ¿Cómo cuál general?* [respondí]. *¿Con quién hablo?* [me preguntó]. *Con el comisario de Orden Público* [le contesté]. Y entonces cortaron la comunicación. Si había más de un general, tenía que ser Goded. Y entonces, francamente, por un momento me desmoralicé. Pero, afortunadamente, mi compañero me dijo: *Vamos, Escofet. Esto es una tontería. El asunto ya está acabado. El general no puede hacer ningún milagro.* Y entonces es cuando yo, alentado con eso, ya volví a ser quien soy, ¿no? Salgo al balcón, la Vía Layetana estaba llena de gente, de elementos civiles. Algunos armados con pistolas, otros con fusiles y algunos guardias de asalto y de seguridad. Y entonces les arengo y les digo: *Ciudadanos,* en castellano ¿eh? *Ciudadanos, la rebelión está sofocada, pero aún quedan dos focos. Uno en la plaza España donde hay elementos de Caballería, y otro en la División donde acabo de enterarme que está el general Goded que ha venido para tomar el mando de la rebelión. ¿Cuál es el primer objetivo que queréis ocupar?* Y el pueblo dice: *La División, la División.* [Les contesto] *Pues coged los cañones que habéis arrancado de las manos de los facciosos y vayamos todos a la División.* Y en efecto, con cuerdas, con lo que fuera, cogen los cañones y se van calle abajo.»

— Tarradellas: «Con Goded detenido y encarcelado, parecía que habíamos ganado. No había moral. El Ejército sabía que no podía ganar y por eso las palabras de Goded pidiendo la rendición a todo el mundo.»

— Escofet: «Cuando Companys lo vio le dijo: *General, hace dos años yo me encontraba en la situación de usted y no vacilé inmediatamente en hablar por el micro al pueblo para que cesara el combate para evitar bajas inútiles. Le pido que haga usted lo mismo.* Y él dijo: *Yo no me he entregado, yo he sido hecho prisionero. Si usted quiere puedo dictar una nota para ser leída en los cuarteles. Mi honor no me permite más.* Y Companys le dijo: *Mi general, el honor sirve para otras cosas.* Y entonces él dijo: *Como soy prisionero tengo que someterme.* Entonces habló y dijo: *Soldados, yo he sido, caído, prisionero. Yo os libero de continuar la lucha.»*

— Guzmán: «Oíamos por radio que va a ver un comunicado de la Generalidad de Cataluña y habla Companys anunciando la rendición de Goded. Inmediatamente, habla Goded diciendo que ha fracasado su intento y que todos los que les siguen deben deponer las armas. Surge la duda porque la noticia es demasiado agradable.»

— Tarradellas: «Y el presidente Azaña telefoneó al presidente Companys para saber si era cierto lo que decía la radio. Azaña no se lo creía. Suponían que era un bulo, que no era posible, ¿no? Y al conocer la noticia, sentimos la emoción de Azaña que decía: *Ahora sí que hemos ganado*. Y entonces se produjo en Madrid esta ola de entusiasmo popular que hizo posible dominar la situación. Yo creo que sin la detención del general Goded, es posible que Madrid no hiciera lo que hizo.»

La violencia

En *La vieja memoria*, cuando se trata este tema se hace a través de dos ejemplos:

— Jaume Miravitlles rememora el juicio, condena y fusilamiento de alguno de los jefes militares sublevados contra la República en Barcelona.

— José Luis de Vilallonga habla de la represión y ejecuciones franquistas en el Norte.

Miravitlles comenta que asistió a «un consejo de guerra normal, y es preciso insistir sobre los hechos, por un tribunal militar constituido por militares de carrera, muchos de los cuales no se sublevaron y continuaron fieles a la Generalitat, en el que se encontraban cuatro condenados, cuatro acusados: López Amor, López Varela, Lizcano de la Rosa y López Belda. Fueron condenados a muerte». Jaume Miravitlles habla del segundo consejo de guerra militar que se celebró en Barcelona el 25 de agosto de 1936 —el primero tuvo lugar el día 11 contra los generales Goded y Fernández Burriel, que fueron condenados a muerte y ejecutados al día siguiente en los fosos del Castillo de Montjuïc—. En el juicio del 25 de agosto, López Amor fue trasladado en camilla desde el Hospital Militar; había sido herido en los combates del 19 de julio. En la madrugada posterior al juicio, los cuatro fueron fusilados también en Montjuïc. Miravitlles asistió a la ejecución y recuerda que «fue el espectáculo más fuerte de mi vida». A continuación, él mismo afirma que «había odio en ambos bandos. Se han narrado muchas escenas de odio en uno y otro bando. Todos éramos, todos pertenecíamos a la misma familia humana. Todos eran españoles y tenían las mismas reacciones. Y había odio en los que mataban y había odio en los que morían. Y sí, hubo gente que disparó contra los cuatro. Gente del público, milicianos con sus fusiles y pistolas.»

Tras escuchar las palabras de Miravitlles da la sensación de que en la zona republicana sólo había una represión oficial, legal, que utilizaba los mecanismos judiciales regulares o extraordinarios; que no pudo, lógicamente, eliminar la pasión del momento, pero que al menos era pública. No obstante, un aspecto que no apunta ningún testimonio de *La vieja memoria* es que el mayor número de muertos en la retaguardia republicana lo fueron por los llamados incontrolados, que actuaban por su cuenta, sin el más mínimo requisito legal. Desgraciadamente, ningún entrevistado recuerda que el estallido espontáneo de los odios sociales en la zona republicana provocó, durante los primeros meses de la guerra, una fobia antisocial que combatía o eliminaba a todo elemento que representara a los grupos que habían dominado o influenciado en el poder, desde hacía décadas —conservadores, burgueses, capitalistas, terratenientes, miembros de la Iglesia, católicos, militares, etc.— y que había ido en contra de aquellos sectores de la sociedad más desprotegidos o de los intereses de los trabajadores.

El escritor José Luis de Vilallonga explica cómo ingresó en las filas del Ejército franquista: «Yo estaba en el colegio, un viernes, y me vino a buscar un amigo de mi padre: era un militar. Vino al colegio y pidió ver al director y le dijo: *Vengo a buscar a este señor porque su padre está en Pamplona y tiene que ir a la guerra.* Entonces, cuando me dieron esa noticia, pues fíjate, yo encantado, ¿no? Marcharte de un colegio e irte a la guerra a los 16 años, pues era una aventura extraordinaria, ¿no? Entonces, me llevó a San Sebastián, pasé la noche en el Kursaal de San Sebastián. Al día siguiente llegó allí un coronel de infantería y nos dijo: *Los que tengan estudios primarios que den un paso adelante,* y di un paso adelante. Había mil y pico de personas en el Kursaal, en una especie de antigua sala de juego donde habíamos pasado la noche echados durmiendo en el suelo. El [coronel] me dijo lo que hacía y le expliqué que estaba en un colegio. Entonces, él me dijo: *Así que sabes leer, escribir y esas cosas.* Le dije que sí y me hicieron alférez de Requetés.»

A continuación, Vilallonga comenta su primera experiencia dentro del Ejército: «Llegué a Mondragón y me llevan a ver a este señor, a Joaquín Gual, que yo lo conocía de toda la vida. Me presento a él y le digo que tengo una carta para él. La cogió, la lee y dice: *Pero, ¡qué buena idea! ¡Qué buena idea!* Llama a su ayudante y le dice: *Mira y lee esta carta de Salvador. Salvador es un amigo mío y éste es su hijo.* La carta decía que *te mando al chico, pero claro, él sale de un colegio y no sé si verdaderamente se le puede enviar al frente directamente. ¿Por qué no lo metes en un pelotón de ejecución unos días para que se habitúe?* Y así fue. Y al otro le pareció perfecto, estupendo. [Decía] *Pero claro que no se le puede enviar al frente a este chico. Hay que oír tiros y tal y cual.* Y me metieron en un pelotón de ejecución. En aquella época se mataba a bastante gente, a muchos nacionalistas vascos, curas vascos, por ejemplo.»

El testimonio de José Luis de Vilallonga nos recuerda que el destino de muchos vascos católicos moderados fue trágico. Los franquistas ejecutaron a 14 sacerdotes vascos durante el otoño de 1936 por su nacionalismo. Una vez acabada la guerra en el País Vasco, en el verano de 1937, cientos de curas y seglares se exiliaron o fueron hechos prisioneros.[30]

Vilallonga rememora su experiencia en un pelotón de ejecución con las siguientes palabras: «Yo estaba con otro muchacho que estaba también en el mismo colegio que yo, que era hijo de unos industriales bilbaínos, y lo metieron en el mismo pelotón que yo y se volvió loco. Se puso a reír a reír y ríe todavía. Creo que está encerrado. Cuando no has usado nunca un fusil en tu vida y tienes que tirar con un fusil, y no sabes lo que va a pasar, si va a hacer mucho ruido, si te va a dar un golpe tan fuerte... En fin, que tiras con los ojos cerrados. Todos los que estaban en los pelotones de ejecución de aquella época, por lo menos allí, eran todos voluntarios. Claro, cuando dices que un señor se presenta voluntario a fusilar gente dices que este señor es un animal, un sádico. En realidad, se presentaban voluntarios porque a los que estaban en los pelotones de ejecución les daban por la mañana un enorme tazón de coñac. Y los tíos se presentaban voluntarios por el coñac. Porque el primer día, sí, es terrible, el segundo también, el tercero un poco menos y a los ocho días hacen eso igual que si mataras conejos o que mataras gallinas.»[31]

Sobre el elemento religioso en el bando franquista, nuestro protagonista opina: «Había una especie de catolicismo exacerbado, todo el mundo andaba lleno de cruces, de medallas, de Sagrados

---

30.   Sobre el tema *vid.* Iturralde, Juan de, *La guerra de Franco: los vascos y la Iglesia*, 2 vols., San Sebastián, Publicaciones Clero Vasco, 1978.

31.   José Luis de Vilallonga reflejó su experiencia en un pelotón de fusilamiento en la novela *Fiesta*, publicada en francés en 1971. Existe traducción al castellano (Barcelona, Plaza & Janés, 1983), y una película realizada en 1995 por el director galo Pierre Boutron, que la comentamos en el último capítulo.

Corazones, misas, comuniones todo el tiempo... Curas, eso sí, muchísimos. Y *Viva Cristo Rey* y viva esto y viva lo otro. De Franco, yo no había oído hablar en aquella época. Franco era un señor, un general, que estaba por allí en aquella parte que se gritaba mucho *Viva el Rey*, por ejemplo. Pero claro, no sabías cuál, tampoco, porque unos eran carlistas, otros... Era un gran desbarajuste... Yo he visto gente venir de San Sebastián a almorzar con el coronel, con Joaquín [Gual], ir a misa primero a las once y a la salida de misa, entre la misa y el almuerzo, [comentar] *Hoy vamos a fusilar a tres individuos que son unos asesinos de no sé qué* e ir a verlo con la mantilla y el rosario en la mano. Ir a ver el fusilamiento y después irse a almorzar tranquilamente. Pero claro, esto, si lo cuentas ahora así parece una cosa... En aquel momento parecía una cosa natural. Porque yo oía todo el tiempo que en tal sitio, en Barcelona, han matado a éstos y a éstos. Bueno, y les decía *Ustedes también. Estamos matando gente de los dos lados.* Pero en un lado, a mi entender, en el lado donde había lo que se llamaba la gente civilizada, los católicos, los cristianos y tal y cual, se mataba quizá de una manera más horrible; es decir, se mataba con una especie de... legalizando la cosa. Legalizándola desde un modo muy *subgeneris*, ¿no?» Esta amplia explicación nos lleva a comentar la Carta colectiva del episcopado español, fechada el 1 de julio de 1937, firmada por 43 obispos[32] y cinco vicarios capitulares y destinada a los obispos del mundo. El texto legitimaba la rebelión militar y defendía la causa nacional como la única esperanza para reconquistar en España la justicia y la paz. El documento tuvo una gran repercusión internacional.

El odio y el extremismo propio de una guerra civil representó para algunos la oportunidad para vengarse de los resentimientos acumulados, provocando un deseo de venganza que no tenía límites. En muchas ocasiones, estas atrocidades fueron practicadas por un grupo de personas que preferían matar civiles en la retaguardia a enfrentarse a la dureza del frente de batalla. En este sentido, Vilallonga afirma: «Durante toda la campaña del País Vasco, yo en el frente he visto militares y he visto requetés. Falangistas he visto muy pocos. En cambio, cuando tomaban una ciudad, llegaban detrás los de Falange con sus camiones, su aceite de ricino, sus torturas más o menos a escondidas; pero en fin, lo hacían y esos se cargaban todo lo que podían en la ciudad. Esos eran unos verdaderos salvajes organizados, pero a sangre fría.

---

32. El documento no fue firmado ni por el arzobispo de Tarragona, Francesc Vidal y Barraquer, ni por el obispo de Vitoria, Mateo Múgica.

Que también hay que hacer una diferencia entre el asesinato de un señor en el momento de no sé... Por ejemplo, yo una vez entré en un pueblo, en Valencia, donde [los republicanos] habían encerrado en una iglesia a la gente de derechas que habían agarrado, la habían cerrado, la habían rociado de gasolina y le habían pegado fuego. Entonces, cuando entrábamos allí, un teniente coronel que mandaba dijo: *Bien, haced lo que queráis durante dos horas*. Y entonces la gente se cargó todo lo que estaba vivo. Pero es una cosa que se puede llegar a comprender... Bueno, en un estado de frenesí, de venganza, de violencia. Bien. Pero aquellos otros que llegaban por detrás, se instalaban en la alcaldía, empezaban a hacer listas que quién era republicano... porque se cargaban a gente por haber sido republicanos o por haber sido... Y se cargaban a la gente fríamente, ¿eh? Le daban el paseo. Igual de lo que acusaban a los otros de hacer, exactamente igual.»

La participación de José Luis de Vilallonga en el conflicto español se resume de la siguiente forma. En el verano de 1936 ingresó en Mondragón en un tercio de Requetés, el de Oriamendi, siendo destinado durante 15 días a un pelotón de fusilamiento. Luego durante dos meses estuvo en una bandera de Falange en el frente de Aragón, y luego en el Ejército Regular interviniendo en las principales batallas hasta la toma de Barcelona. En definitiva, José Luis de Vilallonga habla con honradez de su experiencia durante la guerra española. Su testimonio no fue bien visto por los franquistas, porque era un reconocimiento de las brutalidades que practicaban. En cambio, desde un punto de vista objetivo hemos de estar agradecidos al escritor por lo que dijo, aunque sea una barbaridad, porque refleja la crueldad de un conflicto civil.

LA DERROTA REPUBLICANA

Como comprobaremos a continuación, son pocos los testimonios republicanos en *La vieja memoria* que practican una verdadera autocrítica de los motivos de la derrota. Lo difícil es reconocer los propios errores; en cambio, lo fácil es culpar a los otros. La Guerra Civil española representó una dialéctica entre dos tendencias: una dictadura militar y una democracia muy heterogénea, pero débil.

Ya desde el primer momento, el Gobierno republicano no actuó de forma eficaz. Cuando se produjo la sublevación militar, un decreto del Gobierno de la República declaró licenciados a aquellos soldados cuyos mandos estuvieran con los rebeldes. Esta insensata medida provocó que, naturalmente, no fuera aplicada en el bando sublevado y los soldados siguieran mandados por sus superiores que se habían alzado contra la República. Desgraciadamente, en muchos cuarteles donde la situación era ambigua o confusa la tropa abandonó las filas y cuando los militares leales al Gobierno recuperaron el poder apenas tuvieron a nadie a sus órdenes. Sin Ejército, las autoridades republicanas perdieron totalmente el control de la situación. De este modo se crearon una serie de columnas o milicias compuestas mayoritariamente por civiles armados, con mucho entusiasmo pero sin experiencia militar, que no deseaban combatir en defensa de una República a la que calificaban de burguesa ni aceptaban someterse a la disciplina castrense.

Cuando el Gobierno de Largo Caballero creo el Ejército Popular, éste no alcanzó nunca la solidez y la capacidad operativa que tuvo el de Franco. Este nuevo ejército pudo planear muy bien muchas operaciones, pero no contó nunca con los medios suficientes para que sus ofensivas tuvieran éxito. La prueba es que los republicanos a lo largo de toda la guerra fueron perdiendo terreno. Sólo en determinadas ocasiones —Belchite, Teruel, la Batalla del Ebro, etcétera— lograban romper el frente enemigo, conquistar territorio al bando contrario durante unos días, pero después las tropas republicanas se paraban y no llegaban refuerzos. Al final, las ofensivas republicanas se acababan convirtiendo en la defensa encarnizada de la tierra conquistada, con muchas bajas en sus filas, que posteriormente terminaban perdiendo.

Se puede afirmar que la única batalla decisiva que Franco perdió fue la defensa republicana de Madrid, ciudad que no fue conquistada hasta el 27 de marzo de 1939, cuatro días antes de que acabara de forma oficial la guerra. El coronel republicano Adolfo Prada tuvo que hacerse cargo de la triste misión de entregar su ejército y con él, Madrid, a las tropas nacionales, asumiendo la rendición incondicional de las mismas. Ese mismo día se inició la autodesmovilización del Ejército republicano y con él, el fin de la República. La victoria franquista fue el inicio de la venganza de los vencedores que convirtieron su triunfo en la base de una dictadura reaccionaria y personal de casi 40 años.

En el bando republicano la contienda fue tratada como un hecho político; mientras que en el nacional, el general Franco dedicó todos los esfuerzos desde el principio para ganar la guerra táctica y técnicamente. Además, la situación internacional no favoreció a la República, ya que España fue víctima de la hipócrita política del Comité de no Intervención, creado en agosto de 1936, a través del cual las democracias occidentales se lavaron las manos sobre la suerte republicana, permitiendo la cínica intervención de los países dictatoriales —Italia, Alemania y la Unión Soviética— que lo hicieron según sus intereses. Mientras los dos primeros países apoyaron a los franquistas prácticamente durante todo el conflicto, la URSS lo hizo de forma intermitente hacia la causa republicana. Cuando Stalin comprobó que ni los gobiernos de Inglaterra ni de Francia estaban dispuestos a impedir la victoria de Franco, la respuesta del Kremlin fue la de preparar el pacto con Hitler de agosto de 1939. Ello se tradujo en que la ayuda soviética a los republicanos españoles no sólo fue intermitente sino que nunca estuvo a la altura de la que Alemania e Italia enviaban a su aliado.

Todos estos aspectos están presentes en las declaraciones de algunos de los entrevistados en *La vieja memoria*.

— Escofet: «La guerra se perdió primero por dos... Por el crimen que cometieron con el Tratado de no Intervención, ¿eh? Francia e Inglaterra, al considerar a los rebeldes como el gobierno legítimo. Alemania dio, ya sabéis, la aviación. Vinieron a entrenarse técnicos, ¿no? E Italia [envió] unidades, divisiones completas, ¿no? Es decir, que nuestros amigos, los demócratas, nos maniataron, permitiendo que los otros nos apuñalasen.» A continuación se incluyen imágenes de dos aspectos relacionados con la Alemania nazi: el regreso a Berlín, en 1939, de las tropas alemanas que combatieron junto a Franco; y de Hermann Göring, ex ministro de Aviación, declarando en el juicio de Nuremberg en 1945, mientras el locutor destaca que la Guerra Civil española «permitió a la aviación alemana ejercitarse a lo vivo».

— Gorkin: «Yo aseguro que el pueblo español no perdió la guerra en el frente, no perdió la guerra sobre el terreno.»

— Ibárruri: «Los franquistas tenían una ayuda permanente de Italia y de Alemania. Había una diferencia extraordinaria entre sus posibilidades y las nuestras. Nosotros luchábamos en condiciones de inferioridad respecto a las fuerzas franquistas.»

— Gorkin: «[El pueblo español] fue sacrificado por la política internacional: la no intervención que impuso el gobierno conservador de Inglaterra sobre el gobierno del Frente Popular de Léon Blum en Francia; la dinámica nazi fascista que apoyó abiertamente desde antes de la guerra al franquismo; y luego la actitud de Moscú, que quería hacer durar la guerra en España para alejar los peligros de sus fronteras frente al pacto anti-Comintern, montado por Berlín-Roma-Tokio.»

— Jato: «El gravísimo error [del Gobierno republicano], que posiblemente fue uno de los fundamentales por los que perdió la guerra, fue disolver todas las unidades del Ejército. Entonces, todas las unidades eran de voluntarios.»

— Fernández Cuesta: «Una de las causas fundamentales de las derrotas militares [republicanas] era la falta de mandos: es decir, que concebían bien las operaciones, pero luego no había oficialidad técnica y preparada. Luego, también, ésas divisiones entre sindicalistas, anarquistas y comunistas.»

— Gil Robles: «Porque durante la guerra, y a pesar de los peligros que suponían los frentes de batalla, la anarquía continúa en la España roja. Se organizaban para batir a quien y como querían. La disciplina del Ejército rojo tardó en establecerse casi dos años, cuando ya estaba agotada la España republicana.»

— Líster: «A todos nosotros la camisa nos venía demasiado ancha. Estamos acostumbrados a luchar en la posición, si se quiere a destruir, a combatir lo que había. Y nos encontramos con que tenemos que hacer lo contrario: que es disciplinar; que es gobernar; que es resolver los problemas del Ejército, de la economía... de toda una serie de cosas. Hay quien ha tomado en serio las cosas y lo ha hecho y ha procurado superarse y hacer todo eso. Pero hay una cantidad de gente que se ha dedicado a vivir, los nuevos ricos, que se han pasado viviendo la guerra como verdaderos burgueses.»

— Tarradellas: «Perdimos la guerra porque la perdimos nosotros, no los demás. No hicimos lo que debíamos hacer. Es fácil decirlo ahora, ¿no? Pero también lo decía allá abajo [cuando estaba en Cataluña], antes, ¿no? Pero claro, mi voz no era la única, había mucha gente, no solamente yo, todos lo veían, pero las circunstancias políticas obligaban a muchas cosas. El milagro fantástico, a despecho de peleas, desuniones, a despecho de no hacer lo que se pensaba, es que la guerra duró dos años y medio.»

— Líster: «De cualquier forma, en el otro lado, Franco hizo una política y tomó unas medidas para ganar la guerra como correspondía. En nuestra zona, ¿quién era el presidente de la República? Pero si el presidente de la República era un derrotista, no hay más que leer sus memorias. Pero si era un completo derrotista que odiaba más la revolución y una salida revolucionaria que el enemigo que estaba enfrente. Nuestro ejército fue popular hasta unos determinados escalones. Pero, ¿quiénes tenían los mandos fundamentales? ¿Quiénes los tenían? Militares profesionales, donde los había honradísimos, pero donde hay un grupo que estaba ideológicamente, desde todos los puntos de vista, con los que estaban enfrente. Y que hicieron todo para que fuéramos derrotados.»

La conducta de Manuel Azaña durante la guerra se puede calificar de impotencia, desesperación y pesimismo por no poder llegar a un acuerdo de paz con los franquistas. Él mismo se sentía un cero a la izquierda. El 22 de abril de 1938 se puede leer en su diario: «Desde el 18 de julio de 1936 soy un valor político amortizado. Desde noviembre del 36 —haciendo referencia a la incorporación de la CNT en el gobierno—, un presidente desposeído.»[33] A pesar de su amargura, Azaña sirvió a la República prácticamente hasta última hora, ya que permaneció en la presidencia hasta el 28 de febrero de 1939, cuando la derrota republicana era inevitable. Una dimisión durante los primeros meses de la contienda hubiera perjudicado a los intereses republicanos, anulando la escasa legitimidad internacional que tenía la República.

Tras observar unas imágenes del inicio del exilio por parte de los republicanos, Escofet y Líster recuerdan con tristeza y amargura el momento en que cruzaron la frontera hispanofrancesa. Este último también incide en el trato inhumano de las autoridades francesas, que en *La vieja memoria* es ilustrado con escenas patéticas del trato que los españoles recibieron en los campos de concentración franceses: aglomeración de personas, escasez de alimentos y de ropa, etc. Con su testimonio finaliza el documental.

— Escofet: «El argayo es la altura, la frontera ideal, ¿eh? Y descansamos. Y antes de iniciar el camino hacia la vertiente francesa eché un vistazo a la vertiente española y os juro que no pude contener las lágrimas de tristeza, de pena y de vergüenza. Pena, al pensar que dejaba mi patria, mi familia, todo. Todo y no sé si volveré a verles. Y de vergüenza al pensar: *Mando 1.000 hombres y abandono España sin combatir*. Y me acordé de la anécdota del último rey moro de Granada, que al abandonar la ciudad lloraba y su madre le dijo: *Llora como una mujer, ya que no has sabido defender la ciudad como un hombre*.»

— Líster: «En la noche del 9 al 10 de febrero de 1939, yo pasé por la montaña con una de mis unidades, con mi Estado Mayor, y cuando vi al teniente coronel que mandaba las fuerzas francesas que había allí, y cuya presencia exigí, le dije: *Yo soy fulano de tal, el jefe del 5.º Cuerpo de Ejército, etc.* El tío se cuadró y dijo: *Yo tengo la triste misión de comunicarle la orden que tengo. La orden que tengo es la de desarmar a todas las fuerzas que pasen por aquí*. Yo le dije: *Yo protesto por esa orden. Considero indecente, indignante, tal*

33. Azaña, Manuel, *Obras completas*, vol. IV, México D.F., Oasis, 1968, p. 877.

decisión, pero usted no es el culpable. Cogí la pistola —claro, yo me quedé con otra dentro, como era natural, pues llevaba dos—, la tiré al suelo y di la orden: *¡A tirar las armas!* La gente de mi batallón especial me miraban diciendo: *¿Cumplimos o no cumplimos?* Y fueron tirando allí en el montón las armas. Y entonces diferentes oficiales franceses ya se tiraban a coger las pistolas de una manera indecente realmente. Esos que unos meses después, cinco meses después, iban a cruzar Francia, de punta a punta, y nosotros veníamos de luchar cerca de tres años. Y esos que quedaban, que entraban allí, eran los restos de verdaderas unidades heroicas. Ése fue el momento más triste.»

CAPÍTULO 6

LAS PELÍCULAS DE FICCIÓN I. LA CINEMATOGRAFÍA ESPAÑOLA DURANTE EL FRANQUISMO: *RAZA* (1941)

Por razones obvias, las películas españolas producidas entre el final de la Guerra Civil y la muerte del general Franco que tienen como tema el conflicto español producido entre 1936 y 1939 nos ofrecen una única visión del mismo: el de los vencedores. Son escasísimos los films en los que se rinde un tributo a los perdedores y estas obras cinematográficas se produjeron a partir de los años sesenta, cuando el franquismo había pasado de ser un estado totalitario —antes y durante la Segunda Guerra Mundial— a ser «sólo» una dictadura —a partir de la Guerra Fría—. Como comprobaremos en las páginas siguientes, el cine español sobre la Guerra Civil muestra este viraje.[1]

La producción de la posguerra: 1939-1950

Acabada la Guerra Civil española, los dos principales organismos cinematográficos eran el Departamento Nacional de Cinematografía —creado en 1938 en plena guerra civil y que dependía de la Delegación Nacional de Prensa y Propaganda del Ministerio del Interior— y la Subcomisión Reguladora de la Cinematografía —fundada en 1939, dependiente del Ministerio de Industria y Comercio—. Mientras que la Subcomisión tenía competencias económicas sobre la importación y la producción de películas, el Departamento tenía funciones en la

---

1. En el presente capítulo sólo se comentan aquellos largometrajes de ficción en los que la acción transcurra, en parte o en su totalidad, durante la Guerra Civil española. Por tanto, se excluyen aquellos films que solamente tengan una alusión verbal al conflicto armado, como es el caso de *La caza* (1965), dirigido por Carlos Saura.

concesión de los permisos de filmación y en la censura. Si en noviembre de 1937 ya se había creado una Junta Superior de Censura, un año más tarde se establecieron unas normas de censura cinematográfica. Las autoridades franquistas tenían presente la gran influencia que el cinematógrafo tenía en el pensamiento y en la educación de las personas, por lo que resultaba «indispensable que el Estado vigile en todos los órdenes en que haya riesgo de que se desvíe [el cine] de su misión».[2] La política cinematográfica que se aplicó fue proteccionista con una doble finalidad: hacer que el cine sea competitivo dentro del propio país y utilizarlo como instrumento de control para mejor desarrollo de un cine completamente dirigido. En mayo de 1943 se creó una Comisión de Clasificación que determinó la categoría de las películas.

Al frente del Departamento Nacional de Cinematografía estaban una serie falangistas colaboradores de Dionisio Ridruejo, reconocido falangista y jefe del Servicio Nacional de Propaganda desde 1938, que eran partidarios de que el cine debía ser un arma política. Para este grupo de personas tenía que primar más la producción de films cuyo argumento estuviera más próximo al adoctrinamiento político que al entretenimiento. La diferencia entre ambos modelos es que el cine de adoctrinamiento pretendía recordar y legitimar la Guerra Civil a través de la exaltación militar, mientras que el de entretenimiento quería olvidar, no sólo la tragedia del conflicto bélico sino la dura posguerra. Ridruejo desempeñó su cargo hasta su dimisión a finales de 1940, que arrastró a la mayoría de sus colaboradores en el Departamento Nacional de Cinematografía. A partir de ese momento, cada vez se fueron realizando menos películas de exaltación militarista. Dentro de este contexto se enmarca la realización entre 1939 y 1942 —coincidiendo con el auge expansionista de las potencias nazi-fascistas en la Segunda Guerra Mundial— de *Frente de Madrid, El crucero Baleares, Escuadrilla, Porque te vi llorar, Raza, Rojo y Negro, Boda en el infierno*, y, como comprobaremos, con resultados diversos.

Edgar Neville realizó en Italia *Frente de Madrid* (1939). El mismo Neville, a la vez que rodaba la versión española se encargó de dirigir la versión italiana, que se tituló *Carmen fra i rossi*. Los actores fueron los mismos en ambas, a diferencia del protagonista masculino: Rafael Rivelles en la española y Fosco Giachetti en la italiana. En la trama se narra la odisea de un joven falangista que

---

2.   Orden ministerial establecida por el Ministerio del Interior el 2 de noviembre de 1938. Cit. Gubern, Román y Font, Domènec, *Un cine para el cadalso*, Barcelona, Euros, 1975, p. 324.

recibe la orden de cruzar las líneas enemigas para entregar un mensaje a la resistencia que vive en la capital española. Su novia, que
trabaja de cerillera en un cabaret frecuentado por republicanos,
pasa información al bando nacional hasta que la descubren. Por
otra parte, él es herido cuando intenta regresar con los suyos. Se
refugia en un hoyo, situado en tierra de nadie, que ha provocado
un obús y en el que coincide con un miliciano republicano también
herido. Pese a que los dos intentan ayudarse, finalmente fallecen.

La fraternización final de la película provocó algunas reacciones contrarias. El propio Neville lo recordó así: «*Frente de Madrid* la hice lleno del entusiasmo que teníamos todos en abril de
1939 y la traje a Madrid con la mayor ingenuidad y comencé a encontrar tropiezos, pegas, a tener que cortar esto y aquello y a descubrir que la vida en el frente no era, por lo visto, como la recor-
dábamos los que la habíamos vivido, sino como querían que fuese gentes que no se habían asomado a él. Se estrenó, sin embargo, y tuvo mucho éxito. Algunos críticos no regatearon del todo
mis méritos.»[3] Conchita Montes, la protagonista de *Frente de Madrid*, afirma que a Neville «no le iban el "Imperio", la "Santidad",
las "Gestas heroicas", las "Gualdrapas" de aquella época».[4] La trayectoria y el posicionamiento de Edgar Neville es acertadamente
descrito por el historiador e investigador Rafael de España de la
siguiente manera: «Aunque este escritor y director había militado
con absoluta convicción en las filas nacionales, mostrando su vin-
culación en films de propaganda como el desgarrado *¡Vivan los
hombres libres!* (1939, una especie de *Nuit et brouillard* franquista), pronto su trasfondo aristocrático —era conde de Berlanga de
Duero— y su sólida formación cultural detectaron la vulgaridad y
estrechez de miras que caracterizaban al nuevo régimen, y le hicieron renunciar a cualquier tipo de maniobras destinadas a ga-
narse las simpatías de las autoridades.»[5]

La censura española autorizó *Frente de Madrid* —septiembre de
1939—, pero con una serie de modificaciones que afectaban sobre
todo a la supresión y cambio de diálogos en la escena final de la
confraternización entre los enemigos.[6] La metáfora sobre la idea de

3. Cit. Pérez Perucha, Julio, *El cinema de Edgar Neville*, Valladolid, 27 Semana Internacional de Cine de Valladolid, 1982, p 98.

4. *Idem.*, p. 17.

5. España, Rafael de, «Cataluña y los catalanes vistos por el cine del franquismo», en Centro de Investigaciones Film-Historia, *El cine en Cataluña. Una aproximación histórica*, Barcelona, PPU, 1993, p. 47.

6. Añover Díaz, Rosa, «Censura y guerra civil en el cine español: 1939-1945»,
Historia 16, n.º 158 (junio 1989), p. 14.

la reconciliación nacional era prematura en un momento en que el régimen practicaba la más feroz represión política contra sus enemigos en la Guerra Civil.

El actor y director mejicano Enrique del Campo fue el director de *El crucero Baleares* (1940). El film arranca con el estallido de la guerra en un navío en que la mayoría de sus miembros mata a casi todos los hombres que se muestran contrarios a la República. Algunos de los supervivientes se pasan a la zona nacional y son destinados a otro crucero. A partir de este instante se mezclan dos historias: las gestas del nuevo crucero y la relación de amor entre unos marineros y sus novias. A pesar de sus proezas, el destino le tiene preparado un trágico final al crucero porque una noche es alcanzado por el enemigo. Mientras se hunde, su tripulación muestra la disciplina militar, ya que «los marinos formados en cubierta y con las gorras en alto cantan el *Cara al Sol*».[7]

La película contó con la ayuda del Ministerio de Marina, que prestó diversas unidades de su flota, pero cuando fue proyectada —dos días antes de su estreno— ante las autoridades de la Armada, éstas ordenaron su inmediata retirada del mercado. Los motivos por los que se prohibió su exhibición comercial no se hicieron públicos. El historiador Carlos Fernández Cuenca baraja diferentes posibilidades: «para unos, la baja calidad del filme había defraudado a las autoridades de la Marina; para otros, no estaban reflejados con la dignidad debida las costumbres y los principios de la escuadra; para algunos había excesivo ambiente de frivolidad en la acción cinematográfica; para los demás, la tragedia del *Baleares* era un hecho demasiado reciente y que precisaba de mayor perspectiva para ser tratado en debida forma».[8] En la actualidad no se conservan ni el negativo ni ninguna copia de este film, ya que parece ser que se destruyeron poco tiempo después de ser prohibida.

El hundimiento del *Baleares*, una de las mejores unidades de la flota nacional, se produjo en la madrugada del 6 de marzo de 1938 cuando fue alcanzado por tres torpedos republicanos frente a la costa de Cartagena, y en pocas horas se hundió. Los muertos pasaron de 600, y entre ellos el contralmirante Manuel Vierna, el jefe del Estado Mayor Gabriel Fernández de Bobadilla y el capitán del navío Isidro Fontela, más la mayor parte de jefes y oficiales. Dos buques ingleses acudieron en su socorro y consiguieron

7.   Fernández Cuenca, Carlos, *La guerra de España y el cine*, Madrid, Editora Nacional, 1972, p 800.
8.   *Idem.*, p. 556.

salvar a más de 400 náufragos. El hundimiento de una unidad tan importante supuso para la República un triunfo moral muy importante, aunque no decisivo porque no les proporcionará el control del mar Mediterráneo.

Escuadrilla (Antonio Román, 1941) exaltó el heroísmo de la aviación franquista durante la guerra. En el argumento también aparece la habitual historia sentimental a través de una joven que en un primer momento se muestra indiferente a la causa nacional y después se convertirá en una firme partidaria de ella gracias al amor que siente por un teniente, papel interpretado por Alfredo Mayo. Precisamente, Mayo —que también había sido teniente de aviación en la España nacional— fue uno de los galanes de las pantallas españolas, en las que encarnó, en diversas ocasiones, a un heroico militar franquista. La película recibió el Premio del Sindicato Nacional del Espectáculo.

Porque te vi llorar (Juan de Orduña, 1941) introduce el tema de la violación de una mujer, descendiente de una familia noble, por un minero republicano de Asturias el mismo día de la sublevación militar. Su honor será salvado cuando finalizada la guerra un obrero la acoja y se case con ella. El argumento de este melodrama está lleno de sentimentalismo lacrimógeno. El historiador Román Gubern cree que la violación de una mujer honesta por un miliciano se puede interpretar como una alegoría de la violación de España por los revolucionarios; mientras que el final feliz entre la mujer de origen noble y el trabajador vehiculaba la consigna fascista de reconciliación de las clases sociales antagónicas, eliminando automáticamente todas las contradicciones sociales.[9]

La estrecha relación entre una falangista —Luisa (Conchita Montenegro)— y un comunista libertario —Miguel (Ismael Merlo)— en el Madrid asediado de 1936 es el tema central de *Rojo y Negro* (Carlos Arévalo, 1942). Ella es detenida y fusilada. Cuando él descubre el trágico final de ella dispara contra una patrulla de milicianos. Éstos responden de la misma forma causándole la muerte. Este final no impidió que la película fuera retirada de la pantalla a los pocos días de ser estrenada, el 25 de mayo de 1942, ya que las autoridades franquistas veían como poco ejemplar la amistad entre una falangista y un anarquista. De todas formas, recientemente, Alberto Elena opina que no hay pruebas de ninguna prohibición y que, por tanto, todas las hipótesis son posibles. Él sugiere que la propia productora podría haber retirado la película de la cartelera a causa

9. Gubern, Román, *1936-1939: la guerra de España en la pantalla*, Madrid, Filmoteca Española, 1986, pp. 92-93.

de la conflictiva situación política vivida en 1942 con las tensiones entre falangistas y militares.[10] Recordemos que el llamado incidente de Begoña fue el desencadenante de una tragedia. El general José Enrique Varela, ministro del Ejército, fue objeto de un atentado, atribuido a falangistas, a la salida de un acto religioso celebrado en el santuario de la Virgen de Begoña (Bilbao), del que resultó ileso, el 16 de agosto de ese mismo año.

El título del film de Carlos Arévalo hace referencia a los colores de la bandera de la Falange, que son idénticos a los de la CNT-FAI. La violencia que se practicaba en la retaguardia republicana queda reflejada en unas imágenes en las que observamos cómo Miguel es acusado por sus compañeros de no defender el exterminio indiscriminado de todos los burgueses.

El argumento de *Boda en el infierno* (Antonio Román, 1942) es muy rocambolesco. Una bailarina rusa (Conchita Montenegro) huye de la URSS tras asesinar a un comisario político que ha intentado violarla. Para escapar de su país se casa con un capitán español de la marina mercante (José Nieto) con el compromiso de divorciarse después. La acción nos traslada al inicio de la guerra civil, cuando la tripulación del barco del capitán se amotina para evitar que éste entregue la nave a los franquistas. Los marineros amenazan con asesinar a la novia del capitán si él no depone su actitud, pero la llegada providencial de la bailarina rusa, no sólo provoca la salvación de su ex marido y su prometida sino que el barco no pase a poder de los republicanos.

El argumento de *¡¡A mí la Legión!!* (Juan de Orduña, 1942) es ridículo, ya que pretende ser una exaltación de la camadería legionaria a través de la amistad entre dos hombres bien diferenciados: un delincuente —Alfredo Mayo— y un príncipe heredero de un país europeo. Cuando el segundo regrese a su país para cumplir con sus deberes de monarca, su compañero cae en una depresión. Tanto le echa en falta que abandona la Legión y se va a aquel país, donde salvará a su amigo de un atentado llevado a cabo por unos revolucionarios. Tras producirse la sublevación militar en España, ambos deciden cumplir con su deber: servir a la patria combatiendo en el bando franquista. Cifesa, la productora del film, comunicó al general José Millán Astray —organizador en la década de los 20 de la Legión en España— la realización de esta película, «el cual manifestó de la manera más efusiva su sincero entusiasmo».[11] Asimis-

10. Elena, Alberto, «¿Quién prohibió *Rojo y Negro*?», *Secuencias*, n.º 7 (octubre 1997), pp. 61-78.
11. *Ya* (9-5-1945).

mo, Juan de Orduña contó, según rezan los títulos de crédito, con el asesoramiento de los comandantes de la Legión Marcial Torres y Luis Meléndez. El siguiente film de Orduña, *El frente de los suspiros* (1942), tenía referencias a la guerra; el frente era el de las mujeres que suspiraban porque tenían sus amores en la guerra.

Entre 1943 y 1945, coincidiendo con el declive de las potencias nazi-fascistas durante la Segunda Guerra Mundial, no se produjo en España ninguna película en la que apareciera el tema de la guerra. *Cuando llegue la noche* (Jerónimo Mihura, 1946) cuenta la relación entre una pareja formada por Guillermo (Julio Peña) y Magda (Irasema Dillán). Poco después de casarse estalla la guerra civil y él participa como aviador. Un día, después de una revisión médica tras sufrir un desmayo, le diagnostican una lesión cardiovascular y le prohíben volar. Guillermo se niega a dejar de hacerlo, ya que es su pasión. La obtención de un pequeño permiso provoca que se reúna junto a su mujer, quien le comunica su embarazo. Ella no consigue convencerle para que deje de volar y acepta con resignación la decisión de su marido. Él sufrirá un nuevo desmayo, mientas vuela, provocando que el avión se estrelle. Magda comprueba cómo una antigua dolencia visual le va a provocar la ceguera. Ante tal situación, pide a Dios que la proteja a ella y a su hijo de las adversidades del futuro.

Vida en sombras (Llorenç Llobet-Gracia, 1948) no trató el conflicto civil como una exaltación franquista. Narra la historia de Carlos Durán (Fernando Fernán-Gómez) desde su infancia hasta su etapa adulta, coincidiendo estos años con la evolución del cinematógrafo —desde las primeras proyecciones hasta la explotación comercial del sistema Agfacolor—. De hecho, el protagonista muestra desde muy niño ser un aficionado al cine. El estallido de la guerra es explicado a través de boletines radiofónicos en casa del protagonista. Se incluye el anuncio en catalán —toda una audacia en la época franquista, ya que su uso público estaba prohibido— de un discurso del presidente de la Generalitat republicana Lluís Companys, quien sería fusilado por el régimen de Franco en 1940. Eso sí, a Companys sólo se le escucha decir «catalans» porque inmediatamente el protagonista apaga la radio. La acción de esta escena está ambientada en Barcelona. A continuación, Carlos sale de su hogar, dejando sola a su mujer (María Dolores Pradera), para filmar por las calles de la Ciudad Condal los enfrentamientos entre los sublevados y los milicianos. Al regresar a su casa descubre que su mujer ha sido asesinada. Esta muerte le culpabiliza profundamente, ya que se siente responsable de haberla dejado sola. Se dirige a Francia para después pasarse a la zona nacional, donde primero será un operador de reconocimiento para la aviación y después un combatiente de infantería.

La película de Llobet-Gracia representó su único largometraje. Fue un gran cinéfilo que encontró demasiadas dificultades como para no quedar ahogado en sus proyectos. Por ejemplo, el guión de *Vida en sombras* fue prohibido por la censura y tuvo que ser rehecho. Cuando se estrenó en 1953 —cinco años después de haberse producido— fue un fracaso comercial, lo que significó la ruina para Llorenç Llobet-Gracia, que había hipotecado sus bienes para poder rodarla. Para más desgracia, en esa época murió su único hijo varón, sumiéndole en una profunda depresión. El film posee una estructura argumental original que le permite rendir un constante homenaje al cine que, como apunta el historiador Rafael de España, «no encajaba lo más mínimo con los gustos imperantes en la época, y no sólo en la administración sino también entre el público».[12] Ello provocó el olvido de la película hasta que fue restaurada por la Filmoteca Española a principios de la década de los ochenta.

Paz (José Díaz Morales, 1949) es una película anticomunista que aboga por la reconciliación a través de un misticismo exagerado. Raúl (Rafael Durán) es un hombre al que la violencia indiscriminada practicada por los republicanos durante la guerra le ha marcado, a causa de que algunas personas de su entorno la han sufrido. Gracias a la intervención de un sacerdote (Ricardo Calvo), él no siente odio por sus enemigos, sino compasión debido a su espíritu misericordioso y compasivo.

Un retorno a la exaltación militar franquista lo encontramos en *El santuario no se rinde* (Arturo Ruiz-Castillo, 1949). La trama es similar a *Sin novedad en el Alcázar*, film del que se hablará en el último capítulo. En esta ocasión se explica el asedio que sufrió el santuario de Santa María de la Cabeza, en la provincia de Jaén, entre mediados de julio de 1936 y el 1 de mayo de 1937. Los defensores estaban dirigidos por un capitán de la Guardia Civil, Santiago Cortés (Tomás Blanco), y acabaron cayendo en poder de los republicanos. Un aspecto que se omite en el film es que parece ser que a los prisioneros, combatientes o no, y a los familiares, se les trató bien. De hecho, Cortés murió en un hospital a consecuencia de sus heridas. Seguramente el principal motivo por el cual la propaganda franquista se mostró más parca en los elogios a los defensores de Santa María de la Cabeza que con los del Alcázar fue porque sólo se eleva a categoría de héroes los que acaban imponiéndose al enemigo o los que mueren en el intento y no a los su-

12. España, Rafael de, *op. cit.*, p. 55.

pervivientes. La película fue declarada de *Interés Nacional*[13] por las autoridades franquistas y obtuvo el segundo premio del Sindicato Nacional del Espectáculo. Al estreno en Madrid asistió el director general de la Guardia Civil, el general Camilo Alonso Vega.

La producción entre el fin del aislacionismo y el nombramiento de Manuel Fraga como ministro: 1951-1962

En 1951 se creó el Ministerio de Información y Turismo —Gabriel Arias Salgado ocupó esta nueva cartera hasta 1962— dentro del cual se estableció, en 1952, la Dirección General de Cinematografía y Teatro. José María García Escudero fue el primer responsable de la Dirección General de Cinematografía y Teatro. García Escudero, miembro del Cuerpo Jurídico del Ejército del Aire, fue cesado de su cargo poco después por su talante liberal. Ese mismo año se fundó la Junta de Clasificación y Censura de Películas Cinematográficas.

Un exponente del cine religioso realizado en la España de la década de los cincuenta es *Balarrasa* (José Antonio Nieves Conde, 1951), que fue clasificada de *Interés Nacional*. Un capitán del Ejército franquista (Fernando Fernán-Gómez) recibe el apodo de «Balarrasa» por su carácter aventurero y juerguista. Un día, para poder asistir a una fiesta, cambia una guardia con un compañero suyo con tan mala fortuna que poco después se inicia un ataque republicano, muriendo su amigo. La crisis de conciencia que le provoca este suceso hace que ingrese en un seminario. Una vez ordenado sacerdote acabará sus días como misionero en Alaska, muriendo bajo una tormenta de nieve. Tal como apunta el historiador Román Gubern, la escena en la que el protagonista cambia su uniforme militar por la sotana «vino a ser cumplida expresión de la transición de la militancia caqui-azul a la nueva mi-

---

13. En 1944, una orden de la Vicesecretaría de Educación Popular del 15 de junio creó la clasificación de película de *Interés Nacional*. El principal requisito que había de cumplir era la de contener «inequívocas muestras de exaltación de valores raciales o enseñanzas de nuestros principios morales y políticos». Cfr. *BOE* (23-6-1944). La concesión de la distinción era prerrogativa personal del vicesecretario de Educación Popular, a propuesta de la Delegación Nacional de Propaganda a partir de informes de la Sección de Cinematografía y Teatro y de la Comisión Nacional de Censura Cinematográfica. Los films que obtenían esta distinción tenían una serie de preferencias en las contrataciones como, por ejemplo, que podían estrenarse en la época más conveniente de la temporada y que su proyección era obligatoria mientras tuviera al menos el 50 % del aforo total de la sala.

litancia clerical» del régimen franquista.[14] Recordemos que durante los años posteriores a la derrota del Eje en la Segunda Segunda Guerra Mundial, el Gobierno de Franco evolucionó de una apuesta fascista al acomodo anticomunista. Uno de los nuevos pilares del Estado pasó a ser la Iglesia. Un reconocimiento mutuo entre ambas instituciones fue el Concordato con la Santa Sede de 1953. Nieves Conde creía que su film no era religioso sino moralizante: «Por desgracia, lo que en España se entiende por cine religioso es un cine pío, de beatitos, de santitos, hagiográfico, dulzarrón. A mí me da la impresión que ése es un problema que no preocupa en absoluto a la sociedad española de consumo, a la que preocupan otras cosas. Por otro lado, si se tocase a fondo un problema religioso, la primera que no lo entendería, ni lo aceptaría, iba a ser la actual sociedad española, que, como dije, considero arreligiosa y moralizante.»[15]

Servicio en la mar (Luis Suárez de Lezo, 1950) presenta el conflicto moral de un comandante de un submarino franquista que debe hundir un barco mercante americano, que transporta de forma camuflada armas para el enemigo, en el que viaja su esposa, que regresa a España para reunirse con su marido. Al final, él sobrepone su deber militar a su amor y hunde el navío.

Otro ejemplo del cine religioso es *Cerca del cielo* (Domingo Viladomat y Mariano Pombo, 1951), que recuerda la figura de Anselmo Polanco, obispo de Teruel, desde su llegada a la ciudad en 1935 hasta su fusilamiento por los republicanos el 7 de febrero de 1939. Fue capturado cuando se produjo la entrada republicana en Teruel a principios de enero de 1938. Se le había dado la oportunidad de abandonar la ciudad, pero no quiso separarse de sus fieles. El papel del obispo es interpretado por el sacerdote Venancio Marcos. El film fue declarado de *Interés Nacional*.

En la obra cinematográfica de Viladomat y Pombo se tergiversan los hechos, ya que se escenifica su muerte junto a un comunista arrepentido que durante su juicio fue el defensor. La realidad es que más que un prisionero fue un rehén, pues en algún momento hubo contactos para su canje con el otro bando. El obispo estuvo durante su cautiverio en Barcelona hasta que se produjo la entrada de las tropas franquistas en la Ciudad Condal, el 26 de enero. A partir de ese instante fue de un lado a otro. El periodista Josep Pernau apunta que el 6 de febrero de 1939 el general Vicente Rojo firmó una orden para

14. Gubern, Román, *op. cit.*, p 113.
15. Castro, Antonio, *El cine español en el banquillo*, Valencia, Fernando Torres Editor, 1974, p. 264.

que se entregara a las Fuerzas Aéreas, en calidad de rehenes, «a las personalidades de relieve, así como al obispo de Teruel»,[16] para ser conducidos a la zona central. La orden no se cumplió y fue fusilado, junto a otras personas, por el comandante comunista Pedro Díaz en Can Tretze, entre Pont de Molins y Les Escaules (Gerona).

Es curioso comprobar que en el film no aparece en ningún momento otra importante personalidad que también fue capturada en Teruel y fusilada junto al obispo Polanco, el coronel Domingo Rey d'Harcourt, que defendió la capital del Bajo Aragón en la ofensiva republicana hasta que se rindió. Este hecho se consideró como una traición y una cobardía en ciertos sectores de la zona franquista. Tal vez por esta razón no se consideró oportuno incluir su personaje en *Cerca del cielo*.

Rostro al mar (Carlos Serrano de Osma, 1951) cuenta la historia de un matrimonio en su huida hacia Francia ante el avance de las tropas franquistas por Cataluña en enero de 1939. Él (Carlo Tamberlani) es comandante del Ejército republicano y ella (Eulalia Montero) está embarazada. Por este motivo se detienen en una masía, donde ella dará a luz. Ante la proximidad de las unidades nacionales, él huye a Francia dejando a su familia. Su exilio culminará en un campo de concentración de la URSS del que consigue fugarse. Tras una serie de peripecias, logra reunirse de nuevo con su esposa cuando ella estaba a punto de rehacer su vida junto a otro hombre.

El exilio es también el tema de *Dos caminos* (Arturo Ruiz-Castillo, 1953). Dos amigos republicanos emprenden el camino hacia Francia durante los últimos días de la guerra en Cataluña. En el último instante, uno de ellos, Antonio (Ángel Picazo), decide quedarse en España, donde acabará siendo médico en un pueblo cerca de la frontera y rehará su vida formando una familia. Su compañero, Miguel (Rubén Rojo), se une a un grupo de guerrilleros para proseguir la lucha contra el franquismo. En un combate es herido por las fuerzas de orden público. Miguel busca refugio en casa de su amigo, quien, a pesar de sus atenciones, no puede evitar que fallezca. El mensaje de la película es que la integración de los vencidos a sus quehaceres les proporcionaría un bienestar social, mientras que toda resistencia armada estaba condenada al fracaso. Evidentemente, en la película hay una ausencia de cualquier signo de la miseria y las privaciones que sufrió gran parte del pueblo español durante la posguerra. La película fue clasificada de *Interés Nacional* y se le concedió el Premio del Sindicato Nacional del Espectáculo.

16. Pernau, Josep, *Diario de la caída de Cataluña*, Barcelona, Ediciones B, 1989, p. 273.

Lo que nunca muere (Julio Salvador, 1954) es una alerta contra la infiltración de los soviéticos en la sociedad franquista. Se narra la vida de dos hermanos separados por su ideología y la guerra civil. Carlos (Conrado San Martín) llegará a ser comandante del Ejército de Franco, mientras que Enrique (Eduardo La Cueva) será un activista comunista. Acabado el conflicto, Carlos será un dirigente del Servicio de Información Militar. Enrique, tras su estancia en la URSS, regresará a España para conspirar contra el régimen. En una operación, ambos hermanos coinciden, falleciendo Enrique a causa de la traición de sus camaradas. Carlos, que piensa que es el autor de los disparos que mataron a su hermano, cae en una depresión. Podrá salir de ella gracias a la ayuda de Nita (Vira Silenti), comunista soviética que, arrepentida de su conducta, explica a Carlos comó se produjo la muerte de Enrique.

La película *La patrulla* (Pedro Lazaga, 1954) es un panfleto anticomunista en el que se ensalza el heroísmo de la División Azul[17] que fue declarada de *Interés Nacional*. Cinco soldados del Ejército franquista, reunidos en una posición del frente de Madrid en la Casa de Campo, se hacen una fotografía el 28 de marzo de 1939. Ya en el interior de la capital, son enviados a patrullar por las calles, muriendo uno de ellos a consecuencia del disparo de un francotirador. Durante la celebración del fin de la guerra, los cuatro supervivientes del grupo prometen volver a reunirse al cabo de diez años en el mismo lugar donde se hicieron la foto. A partir de este instante seguirán caminos diferentes. Uno de ellos, Enrique (Conrado San Martín), se alistará en la División Azul. Precisamente, él será el único en presentarse a la cita prometida diez años antes.

Pedro Lazaga combatió en el Ejército republicano y al final de la guerra fue internado en un campo de concentración. Salió del mismo para alistarse en la División Azul y hacerse perdonar. Dirigió su primer largometraje, *Campo bravo*, en 1948, con el que no tuvo mucho éxito. Esta situación cambió con la excelente acogida entre el público de *La patrulla*. Lazaga es uno de los directores más prolíficos del cine español, ya que en 30 años realizó casi 100 films, recibiendo su labor los calificativos de artesana y comercial en la mayoría de los casos. Como comprobaremos posteriormente, realizó tres películas más ambientadas en la guerra civil: *El frente infinito* (1956), *La fiel infantería* (1958) y *El otro árbol de Guernica* (1969).

---

17.   Para un análisis más profundo de las películas y documentales que tienen como protagonistas a los divisionarios, cfr. Alegre, Sergio, *El cine cambia la Historia. Las imágenes de la División Azul*, Barcelona, PPU, 1994.

El recuerdo del traslado de los niños españoles a la Unión Soviética durante la guerra es el tema de *Murió hace quince años* (Rafael Gil, 1954).[18] El film se inicía cuando uno de estos niños, Diego, es embarcado, a pesar de su resistencia por no querer separarse de su familia, con destino a la URSS. Allí es educado y formado según las doctrinas marxistas. Ya adulto, Diego (Francisco Rabal) actúa como agitador revolucionario en varios estados europeos hasta que se le encomienda una difícil misión en España: matar a un alto cargo gubernamental encargado de la lucha anticomunista. Cuando descubre que en realidad es su propio padre, se libra en su interior una lucha entre el compromiso con la causa revolucionaria y contra la voz de sus propios sentimientos. Finalmente optará por sacrificar su vida para salvar a su padre. Por tanto, la historia se pone al servicio de una maquiavélica tesis anticomunista basada en una individualización melodramática de los hechos. La película fue clasificada de *Interés Nacional* y se le concedió el Premio del Sindicato Nacional del Espectáculo. El propio Gil opinaba que su obra se la podría considerar un film político, «pero una película política realista, porque trata de un tema real, que era el de los niños que habían marchado a Rusia de pequeños».[19] No cabe duda que Gil realizó con *Murió hace quince años* una defensa del franquismo y atacó al comunismo a través de una película de marcado carácter político.

El siguiente film de Rafael Gil, *El canto del gallo* (1955), también fue anticomunista. En esta ocasión trata de la persecución religiosa y de personas conservadoras, pero la acción no transcurre en España sino en un supuesto país centroeuropeo, ya que una serie de carteles e indicaciones callejeras así lo indican. Ricardo Gil está considerado como el realizador que más premios oficiales recibió entre 1941 y 1975. De ideas conservadoras, el inicio del conflicto bélico le sorprendió en Madrid. Trabajó en la sección de cine que tenía la División de Valentín González *El Campesino*. Terminada la guerra, no tuvo ningún problema en seguir su trabajo. En 1974, respondiendo a la pregunta de por qué no se hacían en España películas sobre la lucha que hubo entre 1936 y 1939 manifestaba: «Porque hemos tenido esa postura de olvidar, de para qué remover, de que la gente estaba harta de guerra. Eso en los primeros días, era lógico. Pero luego ya no, y yo me siento culpable.»[20]

18. Para un comentario contextualizado de esta película, *vid.* Jacob, Juan y Aguiló, Narcís, «Un film anticomunista: *Murió hace quince años* (1954), de Rafael Gil», *Film-Historia*, vol. I, n.º 3 (1993), pp. 205-218.
19. Castro, Antonio, *op. cit.*, pp. 198-199.
20. *Idem.*, p. 201.

Un nuevo ejemplo de exaltación del sacerdocio castrense es *El frente infinito* (Pedro Lazaga, 1956). En esta ocasión se narra la evolución de un joven capellán (Adolfo Marsillach) que en un principio se muestra cobarde ante los peligros del campo de batalla, pero que después lo superará e irá allí donde el deber le llame, siendo la admiración de toda la unidad militar en la que está inscrito. Incluso llega a celebrar una misa en el campo de batalla durante un ataque. A pesar de que esta escena pueda resultar ridícula, el propio Lazaga creía que no: «Se puede no estar de acuerdo con ella, pero está hecha con la mayor ilusión, y pienso que esto le da un valor.»[21]

Un exponente más del cine profranquista realizado en la década de los cincuenta es el melodrama *Con la vida hicieron fuego* (Ana Mariscal, 1957). Quico (Jorge Rigaud) es un ex combatiente del Ejército franquista que vuelve a su pueblo natal procedente del extranjero, donde partió al acabar la guerra española para no recordar la muerte de su prometida. Visitará a la viuda de un amigo suyo (papel encarnado por la propia Ana Mariscal). Ambos evocarán un episodio del conflicto bélico. Quico, junto con unos compañeros, escondió una imagen religiosa que los republicanos querían profanar, logrando evitar su destrucción.

En *Héroes del aire* (Ramón Torrado, 1957) se evoca un episodio de la guerra. Un aviador franquista (Alfredo Mayo) conoce durante el conflicto a una viuda después de regresar de una arriesgada misión secreta realizada en territorio enemigo. Se casará con ella una vez acabe la guerra. El matrimonio sufrirá el chantaje del primer marido, que en realidad no ha muerto. Finalmente, éste morirá accidentalmente.

La encrucijada (Alfonso Balcázar, 1959) significó el debut de su realizador con este melodrama. Un matrimonio de titiriteros, Max (Roberto Camardiel) y Sandra (Analia Gadé), desea huir a Francia, por lo que requiere los servicios de un guía especializado (Jean-Claude Pascal). La mujer se debate entre el amor que profesa al guía y su obligación de esposa sumisa. Al grupo se añade un sacerdote. Entretanto, un carabinero que se presta a facilitarles la huida exige la entrega del cura. Éste accede, para que el resto del grupo pueda huir, y es fusilado. El recuerdo del sacrificio del sacerdote pesa tanto en el ánimo del amante y la esposa que ambos deciden poner fin a su relación.

El film *La fiel infantería* (Pedro Lazaga, 1959), que obtuvo el Premio Especial del Sindicato Nacional del Espectáculo, explica las diversas aventuras de unos soldados antes y durante la toma de Ce-

---

21. *Ibidem*, p. 240.

rro Quemado —localización geográfica inexistente— por los nacionales. Observamos a diversos miembros de la tropa realizando variadas actividades en una población situada en la retaguardia: la boda de un comandante, los amores de algunos soldados, etc. Cuando se vuelve al campo de batalla, la lucha es durísima. Finalmente, los nacionales conquistarán su objetivo, dejando en el camino un gran número de bajas. El director, Pedro Lazaga, quedó muy contento con el resultado: «Es una película que me gusta muchísimo. Estaba hecha en plan serio, con un buen equipo de producción, con un gran presupuesto y con 10 o 12 semanas de rodaje. Además, tuve a varios regimientos de soldados a mi disposición. Todos quedaron encantados, fue un rodaje extraordinario y la mayor parte de los actores y del equipo técnico lloraban al finalizar el rodaje.»[22] El guión de *La fiel infantería*, escrito por José Luis Dibildos —productor del film— y Rafael García Serrano, no tiene nada que ver con una novela del mismo título escrita por el propio García Serrano entre 1939 y 1941. Ésta se publicó en 1943, obteniendo el Premio Nacional de Literatura José Antonio Primo de Rivera, siendo prohibida por la censura poco tiempo después de ser editada y no volviendo a ser impresa hasta 1958.

La película fue presentada como una obra imparcial dedicada «A todos los españoles que hicieron esta guerra, estén donde estén, vivos o muertos, ¡larga paz!», tal como indicaba la dedicatoria que hay al final. Para reafirmarlo, tras la mortífera batalla están mezclados los cadáveres de los nacionales con los de los republicanos. En realidad, la obra de Lazaga no es tan objetiva, ya que a lo largo de todo el metraje sólo se describe la visión de un bando, el que gana el combate. El Ejército republicano sólo aparece en pantalla en las escenas del enfrentamiento armado. Estas imágenes destacan por su excelente puesta en escena. Además, fue la primera película española sobre nuestra guerra que fue exhibida comercialmente en Francia, bajo el título de *Baïonnette au canon*.

La paz empieza nunca (León Klimovsky, 1960) se inicia con la rebelión militar en julio de 1936 y termina en los primeros tiempos de la posguerra. El protagonista es un falangista (Adolfo Marsillach) a quien le sorprende el inicio de la guerra en zona republicana. Después de trasladarse a territorio nacional, participará en diversas batallas como la de Brunete y la del Ebro, siendo ascendido a capitán. Acabado el conflicto, continuará la lucha contra los maquis. El film de Klimovsky, argentino afincado en España, durante las secuencias de la guerra intercala imágenes de documen-

22. *Ibidem*, p. 241.

tales de la época para dar más realismo. El guión fue supervisado por Emilio Romero, autor de la novela original publicada en 1957.

Edgar Neville realizó *Mi calle* (1960), un film en el que se explica la evolución de una calle madrileña y la de sus habitantes entre 1906 y 1936. Con el estallido de la guerra se producirán una serie de trágicas consecuencias para la mayoría de las personas que viven en ella. Un marqués (Jorge Rigaud) será ilegalmente detenido por un grupo de anarcosindicalistas y nunca más se volverá a saber de él. Un comerciante, Rufino (Pedro Porcel), protestará por el arresto del marqués y, a pesar de sus ideas republicanas, también desaparecerá. El nieto del marqués será asesinado por el hijo del acordeonista, a causa de una vieja rivalidad. El acordeonista, atormentado ante la actitud de su hijo, lo mata a su vez. El organillero quedará ciego a causa de la explosión de una bomba. El usurero continuará con su avara actividad. La única persona que tendrá un poco de suerte será la antigua criada del marqués que, tras quedar paralítica en una silla de ruedas —al lanzarse por una ventana como consecuencia de un desengaño amoroso—, logra un modesto estanco.

Una curiosidad, más por alejarse de la tónica triunfalista franquista que por su calidad cinematográfica propiamente dicha, es *Tierra de todos* (Antonio Isasi-Isasmendi, 1961), en el que se aborda el tema de la reconciliación a través de dos combatientes: uno republicano —Juan (Manuel Gallardo)— y el otro nacional —Andrés (Fernando Cebrián)—. Ambos son los únicos supervivientes de sus correspondientes unidades tras un enfrentamiento. Como éste se ha producido en zona franquista, se refugian en unas casas aisladas, donde hay una mujer embarazada, instaladas en dicho territorio. Juan hace prisionero a Andrés a la espera de que el nivel del agua de un río baje para así regresar con los suyos. A causa del estado avanzado de gestación de la mujer, los dos protagonistas dejarán de lado sus diferencias ideológicas y la llevarán en una improvisada camilla al pueblo más cercano —controlado por los nacionales—. Durante el trayecto son sorprendidos por un bombardeo que acabará con la vida de ellos, aunque después de conseguir proteger a la mujer en un cráter abierto por un proyectil, donde nacerá un niño. El nacimiento del bebé simboliza la superación de las diferencias entre los dos bandos enfrentados. Una idea que no deja de ser ingenua, sobre todo si tenemos presente que una vez estalló la guerra, y a medida de que está avanzaba, tanto los franquistas como los republicanos sólo buscaban la derrota del enemigo. Los dos guionistas del film, José María Font Espina y Jorge Feliu, lo repudiaron, manifestando que su idea había sido tergiversada a consecuencia de los cambios y los cortes.

Manuel Fraga Iribarne fue entre 1962 y 1969 el nuevo ministro de Información y Turismo. Fraga practicó una política reformista dentro de los límites de la dictadura basada en que para defender la esencia del franquismo era necesario al menos cambiar su imagen. Sin embargo, la aparente renovación de la imagen del régimen fue acompañada de un endurecimiento de las medidas políticas contra la oposición sindical y de izquierdas. José María García Escudero volvió a ser el responsable de la Dirección General de Cinematografía y Teatro entre julio de 1962 y noviembre de 1968. En 1964 se creó la Junta de Censura y Apreciación de Películas. Esta Junta, además de llevar a término funciones relacionadas con el fomento cinematográfico español, en su labor de censura abarcaba los guiones, films, proyectos y publicidad cinematográfica. En febrero de 1963 se establecieron unas nuevas normas de censura cinematográfica «que, si por un lado han de ser amplias para evitar un casuismo que nunca abarcaría todos los casos posibles, por otro deben ser suficientemente concretas para que puedan servir de orientación no sólo al organismo directamente encargado de aplicarlas, sino a los autores y realizadores y a cuantos participan en la producción, distribución y exhibición cinematográficas».[23]

De los «25 años de paz» a la muerte de Franco: 1964-1975

El guión de *Diálogos de la paz* (José María Font Espina y Jorge Feliu, 1964), escrito por los dos directores, ganó el segundo premio del Concurso de Guiones Cinematográficos sobre la Guerra Civil convocado por el Ministerio de Información y Turismo coincidiendo con las celebraciones de los llamados «25 Años de Paz». El primer premio fue declarado desierto. La película se inicia una vez acabado el conflicto. Amparo (Nuria Torray), una viuda de un combatiente republicano, antes de exiliarse intenta encontrar el cuerpo de su esposo. Mientras, aparece en escena Julio (Ángel Aranda), amigo del matrimonio que luchó con los nacionales, que le insta al olvido y a rehacer su vida con él. Acabada la búsqueda, después de diversos momentos crispados con familiares de ambos bandos, ella decide marcharse, pero en el último momento cambia de opinión. La guerra queda limitada a unas imágenes correspondientes al recuerdo de Amparo con su marido, con predominio de las diferentes representaciones de la muerte en primer término, y de Juan du-

---

23. Orden Ministerial establecida por el Ministerio de Información y Turismo el 9 de febrero de 1963. Cit. *ibidem*, p. 446.

LA GUERRA CIVIL ESPAÑOLA: CINE Y PROPAGANDA

rante su época de combatiente. Este film es un relato protagonizado por una mujer que finalmente acaba renunciando a su pasado para unirse con los vencidos. O sea, una reconciliación basada en la sumisión de los vencidos hacia los vencedores.

Otra película que recuerda la lucha fratricida y la celebración de los «25 Años de Paz» es *Un puente sobre el tiempo* (José Luis Merino, 1964). Javier (Manuel Gil) es un joven periodista, hijo de un alférez provisional franquista y de una americana muertos en la guerra. Javier reside en los EE.UU. y viene a España con el encargo de escribir unos reportajes anticomunistas sobre la realidad española. Él conoce a su abuelo y a antiguos compañeros de su padre. A través del recuerdo de todos ellos —en este momento se incorporan al film imágenes de documentales de la guerra española— conoce lo que sucedió, desde la óptica de los vencedores, entre la Segunda República y 1939. La euforia franquista culmina con el gran entusiasmo que los antiguos combatientes demuestran a Franco durante el desfile celebrado en Madrid con motivo del vigésimo quinto aniversario del final de la guerra. Esta película nos constata una vez más que las autoridades franquistas no conmemoraban la paz sino la victoria de los vencedores.

Una tímida intentona por apartarse de la óptica de la guerra desde la perspectiva triunfalista de los vencedores es *Posición avanzada* (Pedro Lazaga, 1965). Juan (Manuel Zarzo), un campesino, rememora la guerra después de que su hijo haya encontrado enterrado un casco militar. A partir de este instante, Juan recuerda su participación en el conflicto. La unidad en la que él combate pacta de vez en cuando una tregua con el enemigo para que combatientes de ambos bandos pudieran intercambiar noticias de sus familias, pescar en un río próximo, etc. La calma dura hasta que las Brigadas Internacionales reemplazan a las tropas republicanas. Sin permiso, Juan se interna en territorio contrario para recoger a su mujer y a su hijo, lo que está a punto de costarle un consejo de guerra por deserción. Una vez reintegrado a su unidad se desencadena el ataque de los brigadistas. Éstos serán derrotados con un alto precio de vidas humanas, ya que todos los componentes del destacamento franquista morirán, a excepción de Juan. Conviene señalar que las treguas existentes entre republicanos y franquistas finalizan con la llegada de las Brigadas Internacionales, representantes del comunismo internacional. La película no tuvo mucho éxito entre los espectadores si se compara con *La fiel infantería*, realizada seis años antes. Antonio Castro preguntó a Lazaga si no sería debido a que el público estaba ya aburrido de ver films de guerra, desde un único punto de vista, además de que ya habían pasado demasiados años repitiendo las mismas cosas, a lo que el director respondió: «No, no creo que fuese ésa la razón. Lo que pasaba es que era una película con un presupuesto mucho menor, y además era en blanco y negro en vez de color, lo cual le restó mucho público.»[24]

La trama de *Los ojos perdidos* (Rafael García Serrano, 1966) es un folletín seudobélico. En ella se narra una relación entre dos jóvenes —Jesús, alférez del Ejército nacional (Luis Baños), y Margarita (Dianik Zurakowska)— que se enamoran en un día, coincidiendo con un permiso de él. La guerra destrozará esta relación, ya que Jesús esa misma noche parte hacia el frente. Pasado un tiempo, ella se enterará de que su novio murió en Oviedo. El film obtuvo el Premio Especial del Sindicato Nacional del Espectáculo. El guión está basado en la novela homónima escrita por el propio García Serrano y publicada en 1958. La película sigue con bastante fidelidad el relato novelesco, si bien trasladando de lugar la acción. La obra original transcurre en Gambo, imaginaria ciudad del norte de España, mientras que en la película se desarrolla en San Sebastián.

La génesis de *España otra vez* (Jaime Camino, 1968) se debe a que, en un principio, el propietario de la productora Pandora, Manuel Fernández Palacios, quería promocionar a la bailarina de flamenco Manuela Vargas. El guión lo empezaron a escribir Román Gubern y Jaime Camino, proponiendo éste la incorporación de Alvah Bessie, ya que el film estaba centrado en las vivencias de un ex combatiente de los Estados Unidos que perteneció a las Brigadas Internacionales. Camino conoció a Bessie cuando este último era jefe de relaciones públicas del Festival de Cine de San Francisco. Alvah Bessie aportó una serie de rasgos al protagonista del film, que estaban inspirados en la vida de Norman Bethune, médico canadiense que abandonó su trabajo en una clínica de Montreal para ayudar a la República y murió, años más tarde, en China, víctima de una septicemia.

Alvah Bessie fue miembro de la Brigada Lincoln, cuerpo que participó en las batallas del Jarama, Brunete, Belchite, Teruel y del Ebro. A partir de 1943 fue guionista de la Warner Bros., y se hizo famoso como uno de los *Diez de Hollywood*:[25] en 1950 compareció ante el Comité de Actividades Antinorteamericanas siendo condenado a un año de cárcel y a 1.000 dólares de multa. Tras cumplir condena, fue jefe de relaciones públicas de una editorial y posteriormente trabajó en el campo de la publicidad para las productoras

---

24. *Ibidem*, p 242.
25. Sobre las purgas que se produjeron en el mundo cinematográfico de los EE.UU. entre 1947 y 1953, cfr. Gubern, Román, *McCarthy contra Hollywood: la caza de brujas*, Barcelona, Anagrama, 1974.

de cine. Cuando hubo finalizado su participación en la película *España otra vez* y de regreso a su país, Bessie redactó una obra en la que no sólo explicaba sus vivencias durante el conflicto español, sino su experiencia en el film de Jaime Camino: *Spain again*.[26]

La trama de la película es la siguiente. David Foster (Mark Stevens), médico norteamericano, regresa a España tras treinta años para asistir a un congreso en Barcelona. Foster participó en la guerra española como brigadista. Está acompañado de su esposa Katy (Marianne Koch), pero ésta, durante los días que dure el congreso, se va a Palma de Mallorca. Mientras, él recuerda la época en la que luchó en España y sobre todo a María (Manuela Vargas), que fue su enfermera y de la que se enamoró. Tras diversas indagaciones descubre que vive en Sevilla y que tiene una hija bailarina (personaje también interpretado por Manuela Vargas), con el mismo nombre, dándose la casualidad de que aquellos días actúa en la Ciudad Condal. David, durante su estancia española, contactará con dos amigos suyos: Manuel Oliver (Luis Serret), el propietario de un bar que está en una residencia de ancianos, y Jacinto (Luis Ciges), un ex soldado que es cura. David Foster y la hija de María recorrerán los lugares en que se desarrolló la Batalla del Ebro, en la que él participó. En su mente aparecen recuerdos de su estancia durante el conflicto español. Tras una presión afectiva, el doctor comprueba que revivir el amor del pasado es imposible. Cuando el congreso finaliza, la esposa de Foster regresa de Palma de Mallorca. María vuelve a Sevilla y el matrimonio Foster a su país.

El propio Jaime Camino reconocía, en 1969, que este trasfondo político provocaría que a un 90 por ciento del público español el film no le gustara. Además, Camino afirmaba que «la película, pese a su tema español —la guerra civil— está muy conectada directamente a la cultura catalana. Todo pasa en Barcelona, con la batalla del Ebro como fondo. Creo, evidentemente, en una diferencia bastante grande entre el cine que se hace en Barcelona y el que pueda hacerse en la meseta. Y es lógico que esto ocurra porque los que hacemos cine en Barcelona procedemos de un estamento social muy concreto y definido: la burguesía catalana. Mientras que en Madrid los realizadores provienen de diversas tierras mesetarias y tienen una concepción de todo muy distinta a la nuestra. Esto es muy normal que pase».[27]

26. Bessie, Alvah, *Spain again*, San Francisco, Chandler and Sharp Publishers, 1975.
27. Vila-Matas, Enrique. «Entrevista con Jaime Camino», *Nuevo Fotogramas*, n.º 1.058 (24-1-1969), p. 10.

Para ilustrar la guerra civil se utilizaron algunas imágenes rodadas durante la contienda. Éstas fueron extraídas del noticiario francés *Eclair*, ya que la Filmoteca Nacional de España no concedió el permiso oportuno.[28] Asimismo, la censura franquista obligó a que una serie de aspectos fueran omitidos en la versión definitiva de la película. Por ejemplo, se sustituyó la palabra Brigadas (Internacionales) por «fuerzas» o expresión similar. Del mismo modo se suprimió la frase que dice Manuel a David: «Son muchos los muertos desde entonces. Demasiados. Demasiados, David. Demasiado luchar y después te quedas solo.»[29]

Las imágenes que evocaban la Batalla del Ebro fueron filmadas en las ruinas que aún se conservaban intactas en Corbera de Ebro. Alvah Bessie y el productor de la película, Manuel Fernández, descubrieron con asombro que ambos habían luchado en dicha batalla, pero en bandos opuestos.[30] Bessie tuvo un pequeño papel en el film, el del doctor Thompson, compañero de Foster, pero en los títulos de crédito, Alvah Bessie aparece con el seudónimo de William Rood. *España otra vez*, que recibió el Premio Especial del Sindicato Nacional del Espectáculo, merece ser destacada porque constituyó el primer homenaje a un combatiente de las Brigadas Internacionales del cine español. El film fue seleccionado para representar a España para el Oscar de la Academia de Hollywood. Por su parte, ésta no fue la única película de ficción de Jaime Camino que tuvo como tema central el conflicto bélico. A este film de ficción seguirían otros estrenados en la gran pantalla: *Las largas vacaciones del 36* (1976), *Dragon Rapide* (1986) y *El largo invierno* (1992).

Cruzada en la mar (Isidoro Martínez Ferry, 1968) es un film en el que la historia del protagonista transcurre paralela a la del crucero *Almirante Cervera*. Enrique es un joven que se alista como voluntario en la Marina y es destinado, antes del inicio de la guerra, a dicho navío. Una vez estallada se recuerdan las diferentes misiones en las que intervino bajo la bandera de la España nacional. Para él, una de las más dramáticas fue el bombardeo que efectuaron sobre Gijón, población en la que reside su novia. Por contra, el momento más emocionante es la participación en un acto presidido por el general Franco. Al final, Enrique llegará a ser capitán.

Cuando se produjo la rebelión militar, en la base naval de El Ferrol —lugar en el que estaba el *Almirante Cervera*— comenzó la lucha entre los marineros que se habían adueñado de los barcos de

---

28. Gubern, Román, *1936-1939: La guerra de España en la pantalla*, p. 163.
29. *Ibidem*, p. 164.
30. *Ibidem*, p. 163.

guerra y los rebeldes victoriosos en tierra. En *Cruzada en la mar* no se comenta que la vacilación y la división de opiniones produjeron la rendición de este crucero,[31] sino que fue tomado gracias al heroísmo de los oficiales franquistas. En el film también se omite decir que cuando el navío pasó a manos de los nacionales, éstos mandaron fusilar a varios marineros revolucionarios que habían asesinado a una serie de oficiales.

Golpe de mano (Explosión) (José Antonio de la Loma, 1969) está ambientada durante la Batalla del Ebro. El alférez Novales (Simón Andreu), hijo del cacique de un pueblo, se ofrece, junto con otros hombres, para impedir que los republicanos vuelen un puente situado en territorio enemigo. En realidad, su intención es vengarse contra el responsable de la muerte de su padre al comienzo de la guerra, *El Pernas* (Fernando Sancho), que vive cerca de donde está el puente. Es tal la sed de venganza, que el alférez abandonará a sus compañeros en el momento más crucial de la misión para asesinar a *El Pernas*. Por este motivo será degradado y sometido a un consejo de guerra. Uno de los aspectos más curiosos del film es que aparece la figura de Valentín González *El Campesino* (Alberto Fernández). De hecho, el actor Juan Calvo encarnó en *Raza* (1941) a un personaje con un parecido asombroso a este dirigente republicano, aunque su nombre no es citado. *Golpe de mano (Explosión)* es una película de aventuras bélicas más que de significado político.

El guión de *El otro árbol de Guernica* (Pedro Lazaga, 1969) está basado en la novela homónima escrita por Luis de Castresana con el que obtuvo el Premio Nacional de Literatura. La obra escrita está inspirada en la vida de su autor. La acción tiene lugar durante la guerra. Los hermanos Santiago (José Manuel Barrio) y Begoña (Inma de Santis) son dos de los niños vascos que son evacuados antes de la entrada de las tropas franquistas. Son enviados a Bélgica y serán acogidos por diferentes familias. Santi, al no poder adaptarse, es enviado a un instituto donde convive con otros niños refugiados españoles. Escogerá un roble del instituto como árbol de Guernica. Se enfrentará con los profesores que manifiesten actitudes xenófobas contra España, lo que provocará su expulsión del centro. Ambos hermanos regresarán a su país acabada la guerra. La película es un sensiblero folletín sobre unos niños que sólo desean que llegue el día en que puedan volver a unirse a sus familias, siendo ésta su gran esperanza. Según Lazaga, su film era una película de amor y

31. Thomas, Hugh (coord.), *La Guerra Civil española*, vol. 2, Madrid, Urbión, 1979, p. 80.

no de guerra. El crítico Antonio Castro le recordó a Pedro Lazaga que la crítica especializada francesa le dedicó fuertes epítetos, a causa de esta obra, respondiendo el director que creía que se debía «a que no hallaron en la película lo que ellos querían encontrar. De ahí proviene su airada reacción. Pero tampoco veo la razón por la que tendría que hacer la película que ellos querían ver».[32]

La orilla (Luis Lucia, 1970) es un film de reconciliación bajo la paz impuesta por los vencedores de la guerra. Un teniente de una unidad anarquista (Julián Mateos) es herido durante una misión en territorio enemigo. Se refugia en un convento donde es atendido por la madre superiora. Allí se enamorará de una monja, sor Leticia (Dianik Zurakowska). Tras un incidente en el que muere la madre superiora, Juan huye del convento para volver con los suyos. Sor Leticia le sigue. Cuando en la noche están cruzando el río que separa la zona nacional de la republicana, una ráfaga de ametralladora les alcanza, muriendo ambos entre las aguas del río. Es difícil imaginarse otro final distinto en la España de aquel entonces. Lo contrario hubiera sido aprobar la relación entre ambos. A la película se le concedió el Premio del Sindicato Nacional del Espectáculo. El padre del director de este film fue Luis Lucia, ministro de Comunicaciones en los gobiernos de Alejandro Lerroux y Joaquín Chapaprieta. Por este motivo, tal como rememora su hijo, sus recuerdos sobre el conflicto son traumáticos: «Yo podría escribir sobre la guerra, quizás más que nadie, porque soy hijo de un condenado a muerte por los dos bandos, esto es tremendo. Mi padre era un cristiano-demócrata: los rojos lo condenaron por cristiano y los nacionales por demócrata. Escribir de nuestra guerra en estos momentos [a principios de la década de los setenta] creo que es materialmente imposible.»[33]

El argumento de *La montaña rebelde* (Ramón Torrado, 1970) está situado en el frente de Asturias en 1936. Un miliciano intenta abusar de una joven, y su marido, Mingo (Gonzalo Cañas), lo mata. Él es condenado a muerte. Durante el traslado al juzgado, la furgoneta en la que viaja vuelca, dándose por muertos a todos los ocupantes. La verdad es que Mingo sale ileso del accidente y huye a Francia. Regresará al pueblo una vez acabada la guerra en aquella zona, descubriendo que su mujer se ha casado con otro hombre. En un primer momento se pone rabioso, pero al confirmar que la pareja es feliz determina irse sin decir a ninguna persona que no está muerto.

32. Castro, Antonio, *op. cit.*, p. 244.
33. *Ibidem*, p. 254.

La casa de las chivas (León Klimovsky, 1971) es una adaptación de una exitosa obra teatral homónima de Jaime Salom ambientada en un pueblo de la retaguardia republicana en 1938. En una casa viven dos hermanas, su padre y unos soldados al mando del sargento Mariano (Ricardo Merino). La mayor, Petra (Charo Soriano), se entrega a ellos a cambio de la alimentación que le dan. Un día aparece otro combatiente, Juan (Simón Andreu), que en realidad es un seminarista que ha sido enrolado forzosamente en el ejército. La hermana menor, Trini (María Kosti), se enamora de él, pero Juan la rechaza por su vocación sacerdotal. Ella, por despecho, se va a vivir con Mariano, del que quedará embarazada. La guerra se va aproximando cada vez más. Coincidiendo con la retirada de los republicanos, Trini conoce el motivo que obligó a Juan a rechazarla. Desesperada, huye en un camión. Juan intenta detenerla porque sabe que el vehículo pasará por un puente minado. No llegará a tiempo ya que el puente es destruido.

La función opresiva de la familia está presente en *La prima Angélica* (Carlos Saura, 1973). Luis (José Luis López Vázquez) viaja desde Barcelona a Segovia para trasladar los restos de su madre al panteón familiar. Su estancia en la ciudad castellana le hace retroceder a los años en que vivió allí durante la guerra. Antes de que estallara el conflicto, sus padres le dejaron junto a la familia materna para que pasara, como era habitual, el verano. La guerra prolongará durante tres años la separación, sintiéndose Luis abandonado en un ambiente hostil a su padre —un intelectual progresista—, con el único consuelo del amor por su prima Angélica. Al regresar a Segovia se encuentra con su prima casada y con una hija que le recuerda a Angélica de niña.

El film en algunos momentos resulta complicado. Por ejemplo, el personaje de Luis, es interpretado por José Luis López Vázquez en el tiempo de pasado y en el presente. Y también el espectador se puede sentir desconcertado cuando Saura sobrepone las figuras de Angélica y de su hija, de la madre de Angélica y de la Angélica ya adulta y madre, y del padre y marido de Angélica. Precisamente, el padre de Angélica es un militante falangista que cuando se entera que ha habido una sublevación militar contra la Segunda República escucha emocionado por la radio el himno de la Falange. Éste aparece en el film vestido de falangista y con el brazo en alto —el saludo típico fascista—, pero enyesado y en cabestrillo a causa de un accidente, lo cual provocó las iras de ciertos grupos ultras. Otra escena que causó polémica es aquella en la que aparece una monja mortificada con llagas en las palmas de las manos y con un enorme candado cerrándole la boca. El hecho de que la obra de Carlos

Saura ganara el Premio Especial del Jurado en el Festival de Cannes propició que se estrenara sin cortes en España, aunque hubo una serie de incidentes durante sus proyecciones. El 13 de mayo de 1974, cuatro jóvenes intentaron llevarse los rollos de la película del cine Amaya de Madrid, pero como su bolsa no era suficientemente grande se limitaron a cortar doce metros del film. En Barcelona, la fachada y el vestíbulo del cine Balmes fueron incenciados el 11 de julio. El propietario decidió, al reanudar sus sesiones, no proyectar la película, aunque posteriormente sí lo hizo.[34]

Análisis de *Raza* (1941)

El argumento de *Raza* (1941) está basado en una novela original escrita por el general Francisco Franco bajo el seudónimo de Jaime de Andrade.[35] La familia de Francisco Franco era descendiente por parte materna de los gallegos condes de Andrade. *Raza* se gestó entre finales de 1940 y principios de 1941, dictándola mientras paseaba de un lado a otro de su despacho.[36] El film narra la historia de una familia gallega, los Churruca, desde 1898 hasta 1939. Pedro Churruca (Julio Rey de las Heras) es un capitán de la marina que fallece en combate durante la Guerra de Independencia de Cuba. Con el paso de los años, sus hijos ya adultos —José (Alfredo Mayo), Pedro (José Nieto), Isabel (Blanca de Silos) y Jaime (Luis Arroyo)— seguirán caminos diferentes, sobre todo durante la Guerra Civil española. Isabel está casada con un oficial franquista, quien, deprimido por estar alejado de su mujer, está a punto de desertar. Jaime es un

---

34.   Los incidentes producidos en Madrid y Barcelona, así como fragmentos de los diálogos de *La prima Angélica*, reproducciones de recortes de prensa sobre la polémica que provocó su estreno y una entrevista con el director Carlos Saura fueron recopilados en Galán, Diego, *Venturas y desventuras de la prima Angélica*, Valencia, Fernando Torres Editor, 1974.

35.   La obra fue publicada, unos meses después del estreno del film, con el título *Raza. Anecdotario para el guión de una película*, Madrid, Numancia, 1942. La autoría de Franco se hizo pública por primera vez en el libro de Joaquín Valdés Sancho y Fernando Soto Oriol, bajo el seudónimo de Fernando de Vadesoto. *Francisco Franco*, Madrid, Afrodisio Aguado, 1943, p. 394. Cit. Fernández Cuenca, Carlos, *op. cit.*, p. 541.

Por su parte, Fernández Cuenca revelaría que Franco solicitó, el 26 de febrero de 1964, el ingreso en la Sociedad General de Autores de España con la constancia expresa de utilizar el seudónimo de Jaime de Andrade. Cfr. *ibidem*, p. 541. La Fundación Francisco Franco es en la actualidad dueña de los derechos de *Raza*, desde que la familia Franco se los cediera tras la muerte del dictador.

36.   Preston, Paul, *Franco «Caudillo de España»*, Barcelona, Círculo de Lectores, 1994, p. 520.

sacerdote que muere fusilado por los milicianos en Cataluña. José es un oficial del Ejército de Tierra que se suma a la rebelión militar en Madrid. Tras intentar entregar un mensaje al sitiado Cuartel de la Montaña es detenido y condenado a muerte. Después de ser fusilado es dado por muerto, pero la realidad es que sólo está gravemente herido. Una amiga consigue que lo atienda un médico. Una vez recuperado se pasará a la zona franquista para continuar la lucha contra los que él considera que son los enemigos de España. Pedro es un diputado republicano que colabora con los militares fieles a la República. Una joven quintacolumnista le reprocha el haber traicionado los ideales de su familia. Este reproche provocará una toma de conciencia que acabará convirtiéndolo en espía de los nacionales hasta que se descubre su traición y es fusilado. Unas sobreimpresiones de documentales de la entrada de las tropas nacionales en Madrid conducen hasta el desfile militar de la victoria franquista, celebrado en la misma ciudad, en el que interviene José Churruca.

Cuando Franco adoptó la decisión de convertir en película su novela se acordaron una serie de medidas. El film fue producido por el Consejo de la Hispanidad, organismo estatal autónomo adscrito al Ministerio de Asuntos Exteriores a través de la Secretaría de Estado para el Fomento de la Cooperación Cultural, Económica y Científico-Técnico, entre España e Iberoamérica.[37] De esta manera, los recursos del Estado estaban a disposición del film. Se efectuó un examen entre los directores más importantes del cine español que consistió en escribir los primeros cien planos de la obra del dictador, sin que conocieran la verdadera personalidad de su autor. Franco eligió personalmente a José Luis Sáenz de Heredia (1911-1992). El guión se encomendó a Sáenz de Heredia y Antonio Román, ambos noveles directores del cine español.

El primer largometraje de Sáenz de Heredia[38] fue *Patricio miró a una estrella* (1934). Poco después de estallar la guerra civil fue arrestado —era primo de José Antonio Primo de Rivera—, pero fue liberado gracias a la intervención de Luis Buñuel. Tras pasar a la España nacional se alistó en el Ejército de Tierra, luchando el

37. El Consejo de la Hispanidad fue creado por Ley del 2 de noviembre de 1940. Concluida la Segunda Guerra Mundial, se suprimió y se creó el Instituto de Cultura Hispánica (1945), que luego pasó a llamarse Centro Iberoamericano de Cooperación (1947), y posteriormente Instituto de Cooperación Iberoamericana (1979).
38. Dos biografías sobre este prolífico director son Vizcaíno Casas, Fernando y Jordán, Ángel A., *De la checa a la meca: una vida de cine*, Barcelona, Planeta, 1988; y Abajo de Pablo, Juan Julio, *Mis charlas con José Luis Sáenz de Heredia*, Valladolid, Quirón Ediciones, 1996.

resto de la guerra en el frente, como alférez de Artillería. Finalizado el conflicto trabajó en el Departamento Nacional de Cinematografía, supervisando varios documentales. Durante la década de los cuarenta y hasta mediados de los cincuenta llegó a ser el director más destacado, ya que sus películas obtuvieron un considerable éxito en las pantallas españolas. En 1944 fundó su propia compañía, Chapalo Films. Entre 1959 y 1963 fue director del Instituto de Investigaciones y Experiencias Cinematográficas y de la Escuela Oficial de Cinematografía. En 1964 dirigió el documental *Franco, ese hombre*, biografía del dictador para celebrar los llamados «25 años de paz», coincidiendo con el vigésimo quinto aniversario de la finalización de la guerra española. Esta película hagiográfica se trató de un trabajo hábil y reverencial para con el Caudillo, que incorporó una breve entrevista con él en su residencia de El Pardo. Franco era presentado como un héroe que había salvado un país en caos de las garras del comunismo, y posteriormente se había convertido en el protector de su pueblo, llegando a afirmar que «el ser español ha vuelto a ser algo serio en el mundo; que constituimos la reserva espiritual de Occidente y que tenemos, por consiguiente, una alta misión que cumplir». Saénz de Heredia se retiró del mundo del cine, a causa de una dolencia cardiaca, tras el estreno de su última película de ficción, *Solo ante el «streaking»* (1975).

Volviendo a *Raza*, Carlos Fernández Cuenca aporta los siguientes datos en torno a su realización,[39] a raíz de su estreno: el rodaje duró 109 días —del 5 de agosto al 22 de noviembre de 1941,— 34 de los cuales en exteriores —Villagarcía, Barcelona y en Madrid y sus alrededores—; se construyeron 50 decorados; el coste de la película fue de 1.650.000 pesetas; se confeccionaron 500 trajes para las escenas de época y 100 más para los personajes femeninos contemporáneos; e intervinieron 35 actores principales, 50 secundarios y unos 1.500 extras. Por su parte, Román Gubern señala que se filmaron alrededor de 45.000 metros de película, de los que se aprovecharon aproximadamente 3.100; y que Sáenz de Heredia cobró 79.000 pesetas, el doble de su salario anterior.[40] Días antes de su estreno, la película se proyectó en el palacio de El Pardo, obteniendo el beneplácito de Franco. Su director lo recordó con estas palabras: «La vimos Franco y yo delante, y su señora y demás gente, detrás; yo le observaba de reojo, y con la luz de la pantalla veía que estaba emocionado y con

---

39. Fernández Cuenca, Carlos, «Intimidades y triunfos de la realización de *Raza*», *Ya* (4-1-1942), pp. 1 y 3.
40. Gubern, Román, *1936-1939: la guerra de España en la pantalla*, p. 98.

los ojos húmedos, y muy atento, lo que me alegraba mucho, porque era señal de que iba muy bien. Al concluir me dijo exactamente esto: *Muy bien, Sáenz de Heredia, usted ha cumplido.*»[41]

El film se proyectó en Alemania, Italia, Portugal y en algunos países de Hispanoamérica como, por ejemplo, Argentina. En España, la crítica se mostró casi unánime en sus elogios. La película tenía la intención de demostrar, según la opinión del propio Sáenz de Heredia, que «los españoles tenemos un lugar geométrico para responder a ciertas situaciones».[42] Esta obra cinematográfica obtuvo el Premio del Sindicato Nacional del Espectáculo. Con motivo del estreno de *Raza* en la capital española, *La Vanguardia*, en su edición del 6 de enero de 1942, escribió: «Esta noche, en el Palacio de la Música de Madrid se ha estrenado, en sesión de gala, la película *Raza*. Jerarquías del Estado, del Ejército y del Partido asistieron a dicho estreno, así como un gran número de personalidades. La cinta es realmente magnífica y con ella el cine español da un paso gigantesco en su historia. Tres momentos cruciales de la Historia de España constituyen el fondo temático de la película *Raza* (la Guerra de Cuba en 1898, el inicio de la Guerra Civil en julio de 1936 y su final en abril de 1939). El ocaso de nuestra patria, a lo largo de medio siglo, y su resurgimiento bajo la espada invencible del Caudillo está recogido y plasmado en imágenes de un modo portentoso en este filme. La proyección fue seguida con un vivísimo interés por el selecto público asistente al acto. Un gran éxito, en fin, como ninguna otra película había conseguido en Madrid.»

El film contiene ciertos rasgos biográficos de Franco. Citaré solamente un par de transposiciones biográficas. El protagonista de la película, a pesar de la tradición naval familiar, no ingresa en la Armada sino en el Ejército de Tierra. Asimismo, tiene un hermano republicano e izquierdista, al igual que Ramón Franco, pero que al final se redimirá. El historiador Román Gubern estableció una serie de hipótesis psicoanalíticas en *Raza: un ensueño del general Franco*.[43] Precisamente, para ilustrar las tesis de Gubern acerca de su significación autobiográfica, Gonzalo Herralde realizó el film *Raza, el espíritu de Franco* (1977), que intercala fragmentos procedentes de la obra de José Luis Sáenz de Heredia con entrevistas a Alfredo Mayo y Pilar Franco, hermana del dictador. Pilar Franco

41. Castro, Antonio, *op. cit.*, p. 370.

42. Sebastián, Jordi, «*Raza*: la historia escrita por Franco», *Film-Historia*, vol. V, n.º 2-3 (1995), p. 176.

43. Cfr. Gubern, Román, *Raza: un ensueño del general Franco*, Madrid, Ediciones 99, 1977.

habla de sus padres, de sus hermanos y de ella misma. Alfredo Mayo comenta su actitud ante el Ejército, la guerra y sobre la película. En este sentido, el actor afirma que cada mañana llegaba al rodaje un motorista con los diálogos revisados y aprobados por Franco. Este comentario fue desmentido por Sáenz de Heredia, quien dijo: «¡Pero cómo puede imaginarse alguien que una película se puede hacer yendo y viniendo todos los días con consignas! Si hay que dar consignas importantes para una película, se dan desde el principio, y nada más. Y se obedecen o no se obedecen. Pero verdaderamente, en este caso, es estúpido pensar que efectivamente hay un motorista que va a El Pardo y vuelve todos los días para hacer unas indicaciones y un rodaje sin verlo.»[44]

Raza es bastante fiel al libro. Una de las pequeñas diferencias es el personaje de Luis Echevarría (Raúl Cancio), esposo de Isabel Churruca. Él está destinado en el frente de Bilbao. Está desesperado porque la nostalgia, producto de la separación, de su familia es más fuerte que su deber militar. Mientras en el libro acabará desertando para ir a reunirse con su mujer —quien lo rechaza con vehemencia—, en la película, la llegada en el último instante de José Churruca, su cuñado, le hará cambiar de opinión. En el film también se añaden algunos personajes que no aparecen en el libro. Por ejemplo, la detención de Pedro Churruca es realizada ante la presencia de un militar republicano (Antonio Armet) y de un dirigente político (Juan Calvo) —que por su parecido físico se puede deducir que son los generales Vicente Rojo y Valentín González *El Campesino*, respectivamente—. Mientras el primero es mostrado con cierta dignidad y compostura, el segundo lo es de manera exaltada y fanática. El investigador Jordi Sebastián preguntó al propio José Luis Sáenz de Heredia sobre la actitud de estos dos personajes, respondiendo: «Vd. pone el nombre de "El Campesino" a un personaje que en la película no se le pone. Bueno, puede ser... Pero no se dice que sea "El Campesino", ni tampoco el militar que se le enfrenta es el Coronel Rojo, como se puede deducir por alguna razón... Pero tampoco se le nombra. Efectivamente, pero lo que pasa es que en el bando republicano había militares de carrera, y había otros que eran como "El Campesino", Líster, etc., que eran, naturalmente, pues, no sé... comisarios políticos nombrados, jefes de brigada improvisados. Y lógicamente, tiene que haber una reacción contraria entre el civil improvisado por una guerra y el militar que siente el uniforme.»[45]

---

44. Sebastián, Jordi, *op. cit.*, p. 170.
45. *Ibidem*, p. 174.

Casi una década después del estreno de *Raza* se realizó una segunda versión. Según José Luis Sáenz de Heredia, la razón fue la siguiente: «Para el envío a la Argentina en aquel momento (1950), se pidió por los empresarios argentinos, o por sus clientes en la Argentina, que en vez de poner el título original, se pusiera ese otro: *Espíritu de una Raza.* A lo que no sé por qué —no fue mi propósito— se accedió. Y luego, se conoce que, a la vuelta de la Argentina, hubo aquí [en España] un reprise en el que se reestrenó, efectivamente, con ese título, que no me parece adecuado, ni tampoco las mutilaciones que a la película se le hicieron. Pero, claro, eran para servir..., eran otros momentos.»[46] Las mutilaciones a las que hace referencia Sáenz de Heredia son los diez minutos que se suprimieron y las transformaciones de muchos de los diálogos. Las escenas que desaparecieron fueron cortadas en las salas de montaje de NO-DO.[47] Para que no se notaran los cambios en las voces de los actores, los diálogos fueron dichos íntegros por el equipo de dobladores que la Metro Goldwyn Mayer tenía en Barcelona. Nadie se dirigió a los actores que aparecían en la versión de 1941 para que se doblasen a sí mismos. Según testimonio del hijo del actor José Nieto —uno de los protagonistas del film—, que dirigió el nuevo doblaje, la razón que le dieron a su padre fue que Franco «nunca había estado satisfecho con la versión anterior».[48] Por su parte, el historiador cinematográfico Ferrán Alberich añade que «no se sabe de quién partió la iniciativa de modificar la película y estrenarla de nuevo, lo que sí sabemos es que la operación corrió a cargo de los nuevos responsables de la propaganda cinematográfica, los dirigentes de NO-DO».[49] Joaquín Soriano fue director de NO-DO entre 1943 y 1955. Este cargo era designado hasta 1951 por el Ministerio de Educación Nacional, siendo ministro José Ibáñez Martín.

Ninguna copia de la versión original, *Raza*, fue exhibida desde 1950. Es probable que el negativo original se destruyera, ya que hasta la fecha no se ha localizado. El contratipo de *Espíritu de una Raza* fue depositado en los archivos de NO-DO y de él procedieron todas las observaciones posteriores que se hicieron hasta 1993. Ningún historiador cinematográfico detalló con exactitud los cambios producidos. Carlos Fernández Cuenca, en su obra *La guerra de España y el cine* sólo indica que cuando se re-

---

46. *Ibidem*, p. 177.
47. Alberich, Ferrán, «*Raza.* Cine y propaganda en la inmediata posguerra», *Archivos de la Filmoteca*, n.º 27 (octubre 1997), p. 59.
48. Cristóbal, Ramiro, «El general Franco censuró al caudillo», *El País* (14-1-1996).
49. Alberich, Ferrán, *op. cit.*, p. 59.

estrenó en 1950 lo hizo con una «nueva banda sonora que modificaba algunos pasajes del diálogo para quitarles matices circunstanciales y hacerlos más permanentes».[50] En 1993, la Filmoteca Española localizó una copia de nitrato de *Raza* que procedía de un cine ambulante que la había proyectado sin interrupción, por lo que su estado era muy malo. De todas formas, se pudo comprobar la importancia de los cambios entre la versión de 1941 y la de 1950. Entonces se inició la búsqueda de la primera versión en los países en que se había proyectado. Afortunadamente, en 1995 se halló el negativo íntegro de *Raza* en la Filmoteca de Berlín, procedente de los archivos de la UFA que habían permanecido en la antigua República Democrática Alemana, lo que posibilitó la comparación de las dos versiones y el estudio exhaustivo de las modificaciones introducidas en *Espíritu de una Raza*.[51] No sólo se produjeron cambios en la banda sonora entre ambas versiones sino que también hubo cortes de imagen. La duración total de *Raza* es de 100 minutos aproximadamente, mientras que la de *Espíritu de una Raza* es de 90.

A continuación detallo los títulos de crédito de *Raza*, según los rótulos, que aparecen en pantalla (con un asterisco se indica que fue eliminado en la versión de 1950):

— *Distribuidora cinematográfica Ballesteros
— *Presenta
— *la gran superproducción española
— *patrocinada por el Consejo de la Hispanidad
— * *RAZA*[52]
— con Alfredo Mayo *(cedido para esta producción por Cifesa)
— Ana Mariscal, José Nieto, Blanca de Silos, Rosina, Pilar Soler

---

50.   Fernández Cuenca, Carlos, *La guerra de España y el cine*, p. 540.
51.   *Vid.*, en este sentido, Alberich, Ferrán, *op. cit.*, pp. 50-61; Caparrós Lera, J. M., «Camuflaje ideológico del franquismo: *Raza* (1941-1950), manipulación de un film de propaganda política», *Estudios sobre el cine español del franquismo: 1941-1964*, Valladolid, Fancy Ediciones, 2000, pp. 15-31; y Crusells, Magí, «Raza (1941), la pérdida del imperio a través de un ejemplo de propaganda cinematográfico», comunicación presentada en el IV Congreso de la Asociación de Historia Contemporánea *En torno al 98. España en el tránsito del siglo XIX al XX* celebrado en Sevilla y Huelva entre el 24 y el 26 de septiembre de 1998. En este trabajo se analizan las modificaciones entre *Raza* y *Espíritu de una Raza* por lo que se refiere a la acción que transcurre en 1898. Dicha comunicación está publicada en Sánchez Mantero, Rafael (ed.), *Entorno al 98*, vol. II, Huelva, Servicio de Publicaciones Universidad de Huelva, 2000, pp. 345-356.
52.   En la versión estrenada en 1950 se cambió el título por el de *Espíritu de una Raza*, tal como se ha indicado anteriormente, que a su vez fue el primer rótulo que apareció en esta nueva versión.

— Julio Rey, Luis Arroyo, Raúl Cancio, Manuel Arbó *y los niños Merceditas Llofríu, *Eduardo González, *Consuelito Loygorri, *Ángel Martínez, *Paquito Camoiras, *José Crevillent
— Juan Calvo, Vicente Soler, Fernando Fresno, *Antonio Armet, *Pablo Álvarez Rubio, Fulgencio Nogueras, Domingo Ribas,[53] Manuel Soto, *Pablo Hidalgo
— *Ignacio Mateo, *Antonio Zaballos, *Santiago Ribero, *Luis Latorre, *Horacio Socías, *Erasmo Pascual, *Joaquín Regalez, *María Saco, *Carmen Trejo
— Cámara Enrique Guerner
— Operador 2.º Cecilio Paniagua[54]
*Ayudantes de cámara José Aguayo y Eloy Mella
*Fotografía José Aguayo
— *Ayudantes de dirección Jerónimo Mihura, Manuel Rosellón
*Ayudantes de producción Honorino Martínez, Ignacio Mateo, Eduardo de la Fuente
*Secretaria de dirección Carmen Salas
*Secretario de producción Jesús Rey
— Maquillaje Margarita Tappen, José Argüelles, F. Fernández y J. Echevarría
Peluquería Francisco Puyol y Fernanda Alonso
Figurines Comba
Sastrería Cornejo
Modisto (de época moderna) P. Rodríguez
Atrezo Vázquez-Mengíbar
— Música del maestro Manuel Parada interpretada por las orquestas Nacional-Sinfónica-Filarmónica coaligadas
— Sistema sonoro español Laffon-Selgás
*Ingeniero jefe de sonido Pedro Certes
*Operador J. Flierbaum García
— *Laboratorios Madrid Film
*Montaje Eduardo G. Maroto y Bienvenida Sanz

53. El apellido de este actor está escrito de forma inexacta en *Raza*; en cambio, aparece correctamente con v en *Espíritu de una Raza*. Domingo Rivas fue un actor que intervino en papeles secundarios en diversas películas: *Porque te vi llorar* (Juan de Orduña, 1941), *El secreto de la mujer muerta* (Ricardo Gutiérrez, 1942), *Dos mujeres en la niebla* (Domingo Viladomat, 1948), *Don Juan de Serrallonga* (Ricardo Gascón, 1948), *La duquesa de Benamejí* (Luis Lucia, 1949), *La fuente enterrada* (Antonio Román, 1950), *Balarrasa* (José Antonio Nieves Conde, 1950), *Lola, la Piconera* (Luis Lucia, 1951), *De Madrid al cielo* (Ricardo Gil, 1952), *La danza de los deseos* (Florián Rey, 1954), etc. En *Raza* interpreta a un coronel de ingenieros.
54. Cecilio Paniagua apareció citado simplemente como operador en la versión de 1950.

*Trucados Ballesteros
— Argumento Jaime de Andrade
Guión técnico de J. L. Sáenz de Heredia y Antonio Román
Arquitectos decoradores Feduchi-Burmann
— Realizada en los estudios CEA Ciudad Lineal-Madrid
*Ingeniero-director L. Lucas de Peña
— *Director de producción L. Dias Amado
— Director y diálogos J. L. Sáenz de Heredia

Según Ferrán Alberich, el motivo por el cual en *Espíritu de una Raza* se acortó la imagen de los títulos fue «para colocar un rótulo explicativo que no estaba en la versión original, y como la duración de los créditos venía marcada por la música que los cubría, no quedó otro remedio que cortarlos».[55] En este sentido, hay que señalar que en la música de los títulos de crédito de *Espíritu de una Raza* faltan las notas del *Cara al Sol,* que sí que se escuchan en *Raza.*

Aunque en los títulos de crédito de ambas versiones no constan, el historiador Carlos Fernández Cuenca señala que Manuel Halcón y Manuel Aznar fueron los asesores histórico-literarios.[56] El propio Aznar definía los objetivos del film con motivo de su estreno en Madrid: «Tengo la esperanza cierta de que con la película *Raza* el cine iniciará victoriosamente una tarea gigantesca: la de expresar ante el mundo las razones históricas, religiosas, morales y sociales de la Gran Cruzada libertadora que se inició entre vítores el 18 de julio de 1936 y terminó entre laureles y clamores el primero de abril de 1939.»[57]

55. Alberich, Ferrán, *op. cit.,* p. 59.
56. Fernández Cuenca, Carlos, *La guerra de España y el cine,* p. 543.
Terminada la Guerra Civil española, Manuel Halcón —periodista, escritor y político— fue miembro procurador en Cortes. En 1943 firmó un documento dirigido al general Franco en el que se solicitaba la restauración de la monarquía. Fue miembro del Consejo Privado de Juan de Borbón, pero dimitió cuando éste suspendió su colaboración con el dictador. Por su parte, Manuel Aznar —periodista, escritor y diplomático— fue nombrado jefe de la Prensa Nacional al término del conflicto civil. En 1940 accedió a la dirección del *Diario Vasco* de San Sebastián y fundó en 1941, junto con Manuel Halcón, la revista *Semana,* que dirigió durante varios años. Durante la Segunda Guerra Mundial fue cronista del periódico *Arriba.* Entre 1945 y 1948 fue ministro plenipotenciario en la embajada española en Washington y, posteriormente, embajador en la República Dominicana, entre 1948 y 1952, y de Argentina, entre 1952 y 1955.
57. Aznar, Manuel, «*Raza* o los símbolos de España», *Primer plano,* n.° 64 (enero 1942), p. 25.

En ambas versiones no faltan alusiones al comunismo internacional. Tal es el caso cuando un militar franquista que está en el frente del Norte le comenta a otro que diez *(sic)* Brigadas Internacionales han sido aniquiladas en el campo de batalla, provocando que uno de ellos diga: «Buen servicio que le estamos haciendo a Europa purgándola de los indeseables de todas las revoluciones.» Hemos de señalar que durante toda la guerra sólo entraron en combate siete Brigadas Internacionales: la XI, XII, XIII, XIV, XV, CXXIX y la CL. Además, ninguna de ellas participó en el norte.

El desprecio hacia la Segunda República y a sus dirigentes está reflejado en el plano que muestra a una autoridad civil republicana intentando hablar telefónicamente con un jefe militar, después de haberse producido la rebelión castrense, pero una operadora le dice que «con Pamplona no hay comunicación». Esta escena recuerda que cuando Diego Martínez Barrio pasó a presidir un efímero gobierno, el 18 de julio de 1936, intentó, infructuosamente, pactar con el general Emilio Mola ofreciendo carteras ministeriales a los militares rebeldes.

La fe que los franquistas tenían por la victoria y el desprecio que sentían por el enemigo quedan plasmados en *Raza* en el comentario que Pedro Churruca dirige a las personas que van a detenerle por haber entregado unos documentos a una espía: «Poco importa que hayáis recuperado esos papeles. Sin planos, aun sin armas, ganarían siempre la batalla contra los hombres huecos. Son ellos, los que sienten en el fondo de su espíritu la semilla superior de la raza. Los elegidos para la gran empresa de devolver España a su destino. Ellos y no vosotros, materialistas sordos, llevarán sus banderas hasta el altar del triunfo. Para ellos fatalmente ha de llegar el día feliz de la victoria.» Este comentario está alterado ligeramente en *Espíritu de una Raza*: «Poco importa que hayáis recuperado esos papeles. Sin planos, aun sin armas, ganarían la batalla contra el comunismo bárbaro y ateo. Son ellos, los que sienten en el fondo de su espíritu la semilla superior de la raza. Los elegidos para la gran empresa de devolver España a su destino. Presiento que para ellos no tardará en llegar el día feliz de la victoria.»

Tras un análisis, las principales modificaciones de la banda sonora que se detectan entre *Raza* y *Espíritu de una Raza*, por lo que se refiere a la acción que transcurre durante la Segunda República y la Guerra Civil española, se pueden clasificar en:

— En la música de los títulos de crédito de *Espíritu de una Raza* faltan las notas del *Cara al Sol*.
— Inclusión en *Espíritu de una Raza* de una voz en *off* añadida

sobre la secuencia de portadas de periódicos sobreimpresionadas con imágenes que resumen la etapa republicana, destacando el caos y el desorden.

— Inclusión en *Espíritu de una Raza* de la voz en *off* que justifica la sublevación militar contra el comunismo que destruye la familia.

— En el juicio de José Churruca en *Espíritu de una Raza* se le hizo mencionar que combatía por una «revolución española», mientras que en *Raza* pronunciaba «acción vil y antiespañola».

— Cuando detienen a Pedro Churruca, el hermano republicano de José que se convierte en traidor, un captor decía en *Raza* «no eres un verdadero antifascista», mientras que en *Espíritu de una Raza* dice «no eres un verdadero comunista». Además, Pedro, en *Raza*, llama a sus captores «materialistas sordos» y en *Espíritu de una Raza* «comunistas bárbaros y ateos».

— Se altera la frase final de Isabel Churruca —Blanca de Silos—, hermana de José y Pedro que ante el desfile militar celebrado en Madrid para celebrar la victoria franquista le dice a su hijo en la versión de 1941: «Esto se llama Raza, hijo mío.» Mientras que en la de 1950 pronuncia: «Esto se llama Espíritu de una Raza.»

Por lo que se refiere a las principales modificaciones visuales que se detectan en *Espíritu de una Raza*, éstas son que se eliminan todas las referencias falangistas: los saludos fascistas; los *¡Arriba España!*; una jota dedicada a la Falange que se canta en una trinchera; y faltan planos de archivo de aviones bombardeando Bilbao, así como los planos del retrato de José Antonio y de los obreros colocando el de Franco en las calles de Madrid tras la entrada de las tropas nacionales. Además, en *Espíritu de una Raza* aparece, después de los títulos de créditos iniciales, un rótulo —que no se incluía en *Raza*— en el que se culpabiliza al comunismo de todas las desgracias acontecidas en la película: «La historia que vais a presenciar no es un producto de la imaginación. Es historia pura, veraz y casi universal, que puede vivir cualquier pueblo que no se resigne a perecer en las catástrofes que el comunismo provoca.»

Por lo que se refiere a la parte de la película que transcurre en la Guerra de Cuba, la versión de 1950 eliminó, por ejemplo, las alusiones a la intervención de los Estados Unidos en el conflicto.

La razón de estos cambios se explican a través del contexto histórico en el que fueron realizadas ambas versiones. Cuando se estrenó *Raza*, tras el estallido de la Segunda Guerra Mundial, Franco, junto con la mayoría de sus consejeros, creyó en la victoria alemana. España en un principio se declaró neutral, pero tras la caída de Francia —junio de 1940— se adoptó la «*no beligerancia*», que tuvo como punto culminante el envío de voluntarios, la célebre División Azul, al frente soviético. El Gobierno español acordó volver a la neutralidad, en octubre de 1943, cuando la potencia militar alemana comenzó a debilitarse. España sufrió una incomunicación tras la derrota de las potencias nazi-fascistas. Ya en la Conferencia de Potsdam, entre julio y agosto de 1945, el Reino Unido, la Unión Soviética y los Estados Unidos decidieron la no inclusión de España en la ONU. En 1946, la ONU acordó el aislamiento diplomático de España y la retirada de los embajadores en Madrid. Todos los embajadores abandonaron Madrid, a excepción del de Portugal, el nuncio de Su Santidad y los plenipotenciarios de Irlanda y Suiza.

En cambio, el estreno de *Espíritu de una Raza* coincidió con el pleno apogeo de la Guerra Fría, que convirtió a España en un aliado que convenía a los intereses de Occidente. Los escrúpulos políticos anteriores desaparecieron en función de esta nueva estrategia mundial y los Estados Unidos cambiaron su actitud hacia el régimen de Franco. En 1949 ya se produjo un acercamiento entre los Estados Unidos y España que se tradujo en la visita de una misión militar estadounidense, la concesión de un préstamo de 25 millones de dólares y el fondeamiento de la flota de los EE.UU. en El Ferrol. En 1950, la ONU levantó su condena al régimen de Franco, lo que después conllevaría el ingreso paulatino en organismos internacionales —la FAO (1950), la OMS (1951) y la UNESCO (1952)— que culminó con la entrada en la Organización de Naciones Unidas con pleno derecho (1955). Ante este cambio, la imagen que el régimen de Franco quiso dar de sí mismo también se transformó para conseguir el reconocimiento de las democracias occidentales. Esta operación de metamorfosis afectó, en mayor o menor grado, a todos los sectores, entre ellos el cine. Dentro de estos esfuerzos hay que situar el nuevo montaje de *Raza* que se estrenó en 1950 con un nuevo título: *Espíritu de una Raza*. En ambas versiones se explica la versión oficial de la Guerra Civil española; o sea, desde la óptica de los vencedores. La diferencia entre ambas versiones es que nos muestra el viraje del Gobierno: de la apuesta falangista al acomodo de la Guerra Fría.

CAPÍTULO 7

LAS PELÍCULAS DE FICCIÓN II.
LA CINEMATOGRAFÍA ESPAÑOLA DURANTE
LA DEMOCRACIA: *LIBERTARIAS* (1996)

Poco antes de la muerte del general Franco se produjo un primer síntoma de aclimatación a los nuevos tiempos, aunque puramente superficial, cuando se dictaron unas nuevas «Normas de calificación cinematográfica» —en febrero de 1975—, que venían a relevar las anteriores, fechadas en 1963. El cambio más llamativo fue el de la sustitución de la palabra «censura» por la denominación de «calificación cinematográfica».

Tras la muerte del dictador se produce en España una etapa de transición hacia un régimen democrático. Esta transformación no supuso una ruptura respecto al franquismo sino un olvido del mismo. Precisamente, este elemento provocó que el cine español sobre la guerra civil no interesara a los productores y se realizaran contadas películas sobre este tema, así como sobre otros que pudieran provocar polémicas. Aunque en noviembre de 1977 se dispuso la derogación de la censura, permanecieron ciertos hábitos que prolongaron esta práctica durante algún tiempo. Una prueba fue que el film de Pilar Miró *El crimen de Cuenca* (1979) provocó un considerable escándalo porque era considerado ofensivo hacia la Guardia Civil, llegando un juzgado militar a decretar su procesamiento. En la película se reivindicaba la inocencia de dos hombres y se denunciaban las torturas que unos guardias civiles les practicaron en la España caciquil de la Restauración. A la directora se le aplicó la libertad provisional a la espera de un juicio. Éste no se llegó a celebrar a causa de aprobarse en el Congreso de los Diputados la reforma del Código de Justicia Militar, por la que presuntos delitos cometidos por un civil contra las Fuerzas Armadas pasaban a la jurisdicción ordinaria, y el posterior sobreseimiento de la causa. Finalmente, *El crimen de Cuenca* se estrenó en 1981. Aunque la trama de este film no gira en torno al conflicto que hubo en España entre 1936 y 1939, muestra la susceptibilidad de ciertos grupos durante la transición española a tratar temas del pasado que pudieran abrir las heridas que todavía no estaban superadas.

Este suceso sirvió para acabar, de hecho, con la censura franquista. A partir de entonces, la única censura que imperó en la frágil industria cinematográfica española es la comercial, impuesta por las multinacionales estadounidenses. Un cambio que devolvió al cine español la triste carga de la resignación sobre el olvido de aspectos que puedan ser polémicos. Ello provocó prácticamente una amnesia histórica producto de la conciliación y el consenso de la transición. Una prueba es que sólo dos películas de ficción[1] en 20 años —*Las largas vacaciones del 36* (1976) y *Libertarias* (1996)— han desatado apasionados debates en la prensa. Personas que vivieron la Guerra Civil española y otras interesadas por nuestra contienda bélica se pronunciaron públicamente en la sección «Cartas al director» de diversos periódicos, demostrando que estos hechos jamás deberían olvidarse.

La transición

A la Legión le gustan las mujeres... (y a las mujeres la Legión) es un film de entretenimiento dirigido por Rafael Gil en 1976. Se narran las aventuras de cuatro legionarios que en plena guerra civil cruzan las líneas del frente para aliberar a la novia de su alférez. Canciones, situaciones más o menos humorísticas y el correspondiente destape —algo habitual en el cine de la transición— componen una película destinada a aquellos que quieran pasarlo bien y no piden más que una sucesión de aventuras desenfadadas llevadas con buen ritmo. Recordemos que Gil era un director que dominaba los recursos de la técnica. El conflicto es visto, no como un fe-

---

1. En el presente capítulo sólo se comentan aquellos largometrajes de ficción, estrenados en las salas de cine, en los que la acción transcurra, en parte o en su totalidad, durante la Guerra Civil española. Por tanto, se excluyen aquellos films que solamente tengan una alusión verbal al conflicto armado o que en la trama aparezca algún elemento relacionado con la lucha fratricida, pero cuyo argumento transcurre con posterioridad. Dentro de este último apartado está, por ejemplo, *Madrid* (Basilio Martín Patino, 1987). Su relato se inicia cuando un reportero de la televisión alemana recibe el encargo de hacer un documental sobre el 50 aniversario del inicio del conflicto español. Él investigará en las filmaciones rodadas durante aquel período y a la vez va conociendo y rodando el Madrid actual. La guerra civil aparece a través de algunos fragmentos de documentales que reflejan la situación de Madrid entre 1936 y 1939.

nómeno terrible, sino un motivo para que unos hombres puedan realizar unos actos de heroísmo, ya que la solidaridad y el espíritu de ayuda mutua reina entre los miembros del equipo.

El inicio de la Guerra Civil española sorprendió a varias familias de la pequeña burguesía catalana en los pueblos donde pasaban sus vacaciones. La trama de *Las largas vacaciones del 36* (Jaime Camino, 1976) presenta la historia de varias de estas familias en un pueblo cercano a Barcelona a lo largo de los casi tres años que duró el conflicto. La sublevación fascista en torno a la iglesia local, su rápido aplastamiento, las persecuciones políticas, la escasez de alimentos, la pérdida del valor del dinero que los burgueses todavía podían suplir con sus joyas, etc., dan lugar a una serie de pequeñas historias sobre las que transcurrirá la película. Todos los personajes se mueven bajo un punto de vista cotidiano. Conviene apuntar que Jaime Camino veraneó durante su infancia en el pueblo barcelonés de Gelida y que pertenece a la generación venida al mundo con la guerra civil —nació en octubre de 1936—. En un principio, Camino tenía intención que tras presenciar la retirada de las tropas republicanas aparecieran en pantalla los turbantes triunfales de la caballería mora como avanzadilla del Ejército franquista. La Dirección General de Cinematografía negó la autorización para su exhibición alegando «dificultades administrativas»; o sea, censura. Cuando finalmente se estrenó se suprimieron las imágenes de la escena final, la entrada de los moros. Una prueba de que durante el inicio de la transición democrática, reflejar en imágenes las vivencias de las generaciones que sufrieron las consecuencias de la rebelión militar era un acto que presentaba una serie de dificultades.

Retrato de familia (Antonio Giménez Rico, 1976) está narrada con sucesivos *flash-backs* y nos cuenta la historia de una familia pudiente de Castilla la cual deposita sus ilusiones en su único varón (Miguel Bosé). Con el inicio de la guerra, su padre (Antonio Ferrandis) consigue con sus influencias que no sea enviado al frente, pero un proyectil alcanza el edifico donde está destinado su primogénito —la Intendencia Militar—, muriendo éste. La trama parte de un guión de la novela de Miguel Delibes *Mi idolatrado hijo Sisí*, donde los personajes están dotados de una sólida personalidad, especialmente a través de la figura del padre, el industrial castellano que reproduce todas las contradicciones propias de una burguesía que vive con preocupación la victoria del Frente Popular. El triunfo de la rebelión militar en su ciudad pondrá fin a sus temores. Bosé, antes de convertirse en un ídolo de la canción española, hizo una correcta interpretación, pero su personaje generó una protesta de la Confederación Nacional Católica de Padres de

Familia, ofendidos por una escena que mostraba la iniciación sexual de un adolescente.

Francisco Rodríguez dirigió el drama *Gusanos de seda* (1976), en el que se cuenta la historia de un matrimonio de conveniencia. Poco antes del estallido de la contienda, don Ernesto (Alfredo Mayo), un rico industrial madrileño, acuerda la boda de su hija Rosalía (Esperanza Roy), una mujer con las facultades mentales de una niña, con Alberto (Antonio Ferrandis), el hijo de doña Piedad (Rafaela Aparicio), una mujer con problemas económicos. La intención principal de don Ernesto es tener un nieto. Cuando estalla la guerra, doña Piedad, su hijo y su esposa se trasladan a un pueblo de la sierra de la zona nacional, alejado del frente, donde don Ernesto tiene una finca. El alcalde (Agustín González) tiene atemorizados a los habitantes a causa de la represión que practica. Doña Piedad se desespera al comprobar que su hija no se queda embarazada, obligando al marido de su criada a violar a Rosalía, sin que este repugnante acto tenga las consecuencias deseadas. El alcalde comunica a doña Piedad que don Ernesto está arruinado porque sus propiedades han sido destruidas. Entonces, doña Piedad exige a su hijo que encierre a Rosalía en una habitación. En ésta sólo podrá entrar el alcalde, quien se ha comprometido a mantener económicamente a la familia.

De género bien diferente es la comedia *Tengamos la guerra en paz* (Eugenio Martín, 1976). Los continuos ataques y contraofensivas de los republicanos y nacionales provocan la alternancia política en el ayuntamiento de un pueblo en el que no hay jóvenes de sexo masculino porque todos están luchando en los frentes. La llegada de Daniel (Francisco Cecilio), huido de una unidad anarquista y prisionero de uno y otro bando, provoca un conflicto que se soluciona con un juicio, aunque la sentencia no determina de qué bando procede. La sentencia determina que se case, bajo la amenaza de devolverlo al frente, con la hija del alcalde republicano. El matrimonio será anulado cuando los nacionales conquisten de nuevo el pueblo. Entonces, Daniel será obligado a casarse con la hija del alcalde franquista.

El argumento de *Uno del millón de muertos* (Andrés Velasco, 1976) gira en torno a una novicia (Sara Lezana), que huye cuando unos revolucionarios asaltan el convento en el que reside. La propietaria de un burdel la acoge, pero huye de nuevo cuando un hombre intenta violarla. En su huida conoce a un médico desertor del Ejército nacional. Tras enamorarse, deciden exiliarse a Francia. Cuando los nacionales han conquistado gran parte de Cataluña y se ha iniciado el éxodo republicano, en enero de 1939, los dos regresan a España, pero él morirá a consecuencia de los disparos de un soldado republicano en retirada. Rosa vuelve a su pueblo natal, donde se la ha dado por mártir y puesto en marcha un proceso de canonización. Su padre y sus hermanos, al enterarse de que está viva deciden hacerla desaparecer otra vez.

La rabia (Eugeni Anglada, 1978) explica cómo un niño (Darios Anglada) de un pueblo de Cataluña es sometido al trauma del paso de la guerra civil al de la posguerra a partir de sus frustrados contactos con la educación religiosa y sexual a que es sometido. La historia es la de una represión, la de un niño que sufre el paso de la guerra a la posguerra; es decir, de la esperanza republicana a la victoria franquista. Detrás de esta trama se dibuja toda una colectividad frustrada y reprimida a todos los niveles: la imposición del castellano, nuevos himnos, etc. Anglada era uno de los cineastas amateurs más importantes y premiados del cine español. Su hijo es siempre el protagonista y, por tanto, resulta que su personaje crece junto con el actor —comienza a la edad real de 8 años y acaba teniendo 17—, ya que el rodaje se realizó entre 1968 y 1977. El montaje definitivo tuvo lugar en 1978 gracias al entusiasmo y ayuda del historiador Miquel Porter y el cineasta Josep Maria Forn.

Los últimos días republicanos de la contienda son retratados en *Soldados* (Alfonso Ungría, 1978). Una serie de personajes se dirigen hacia el puerto de Alicante huyendo de las tropas franquistas. Entre los protagonistas destacan las figuras de un parricida, un ex seminarista, una prostituta, un mafioso y un soldado. Cuando creemos que la película nos va a contar la historia de esa huida se produce un cambio, ya que un *flash-back* nos cuenta lo que han sido las vidas de estas personas que poco tienen que ver con la guerra, pues serían lo mismo en otras circunstancias. Por tanto, la guerra y la derrota republicana quedan pronto convertidas en punto de referencia casi inexistente. Cuando se vuelve a la aventura colectiva, el dramatismo aparece de nuevo en una correcta ambientación de la época. La crispación que se crea entre ellos no es producto de la maldad, sino por los condicionamientos a que se ven sometidos dentro de su entorno. La película es una adaptación de un relato de Max Aub, *Las buenas intenciones*. El abuso del *flash-back* produce un elemento de lastre y hasta de confusión.

Companys, proceso a Cataluña (Josep Maria Forn, 1978) se inicia con el abandono de Barcelona del presidente de la Generalitat Lluís Companys, ante la inminente entrada del Ejército franquista, y el posterior cruce de la frontera francesa durante los primeros días de febrero de 1939. A partir de este instante, la obra se centra en el exilio, que finalizará cuando sea detenido por la Gestapo en la Francia ocupada por los nazis en 1940 y sea entregado a las autoridades franquistas, que lo torturarán, juzgarán, condenarán a muerte y fusilarán en el barcelonés castillo de Montjuïc. Uno de los aciertos del film fue el gran parecido físico entre el actor vasco Luis Iriondo y el presidente de la Generalitat. El título deja bien claro que el juicio al que fue sometido Companys también fue un juicio contra Cataluña y a la autonomía política que consiguió durante la Segunda República. Algunos críticos acusaron al director Josep Maria Forn de hacer hagiografía con esta película. Forn siempre lo negó, afirmando que «Yo, que siento un gran respeto hacia Companys, que pienso que con el tiempo su figura irá creciendo, intenté sacarlo de su anonimato y reivindicarlo de la forma más fácil: mostrando el último año de su vida, que marca su paso, por efecto de su ejecución, de político controvertido a mito nacional. Además, creo que en su último año él asume de una forma más firme la reivindicación nacionalista, precisamente cuando lo tiene todo perdido. Y es entonces cuando una persona refleja toda su dimensión humana. Por haber intentado reflejar esos momentos, yo fui acusado de hacer hagiografía, de inventarme San Lluís Companys, y eso no es verdad, simplemente intenté mostrar la peripecia humana de un hombre que había sido presidente de un país y que se ve sometido a unas circunstancias totalmente desfavorables».[2]

La transición española provocó la aparición de algunas películas que reflejaban los problemas de la agricultura. *Tierra de rastrojos* (Antonio Gonzalo, 1979) se enmarca dentro de un cine andaluz que huye de la tradición folclorista para introducirse en la problemática de los campesinos de ese territorio. La trama del film cuenta la vida de una familia de campesinos andaluces entre las esperanzas de la reforma agraria prometida por el triunfo del Frente Popular y el estallido de la guerra. Todos estos hechos los protagonistas los viven de una manera muy peculiar por su desinformación y aislamiento. El film fue rodado en el pueblo sevillano de Fuentes de Andalucía y se basó en los hechos reales que Antonio García Cano trató en su novela homónima.

Dulces horas es una coproducción hispano-francesa dirigida por Carlos Saura en 1981 en la que se evoca el tema de la guerra, tema presente en otros films del director oscense. Juan (Iñaqui Airra), convencido de que su vida está marcada por la influencia del recuerdo, ha reconstruido minuciosamente su pasado, a partir de

2. Alegre, Sergio, «A propósito del cine catalán. Una charla con Josep Maria Forn», Centro de Investigaciones Film-Historia, *El cine en Cataluña*, Barcelona, PPU, 1993, p. 120.

la guerra civil, contratando a varios actores que interpretan los personajes que de una manera u otra influyeron en su vida. Entre ellos hay uno que tiene especial relevancia: se trata de la madre (Assumpta Serna), mujer muy atractiva, dominante y seductora. Ella va ocupando un puesto en el corazón de Juan, que desea abandonar el pasado y conformarse con lo que el presente le ofrece. En el período que transcurre en la guerra aparecen imágenes de bombardeos procedentes de documentales de la época.

Del triunfo socialista al 50 aniversario del inicio de la guerra

Adaptar al cine la célebre novela *La plaza del Diamante* de Mercé Rodoreda era un proyecto perseguido por varios directores. Finalmente, Francesc Betriu lo consiguió en 1982. La protagonista es Natalia (Sílvia Munt), conocida como Colometa, que se casa con un modesto carpintero, Quimet (Lluís Homar). Con el estallido de la guerra, él acude al frente de Aragón, donde morirá, mientras ella se queda en Barcelona con sus dos hijos, ganándose el sustento con trabajos de limpieza doméstica. Las dificultades económicas y la escasez de alimentos provoca que Natalia piense en el suicidio como solución a sus problemas tras el final de la guerra. Pero un tendero (Joaquim Cardona), que ha quedado inútil en el frente, le propone matrimonio y la convierte en una ama de casa que verá crecer a sus hijos con normalidad.

El film *La plaza del Diamante* es fiel al texto y al espíritu de la novela original, la pérdida de la juventud.[3] Uno de los defectos de la película son algunas carencias de producción a la hora de contar con figurantes, como, por ejemplo, en la secuencia de la llegada de los franquistas.[4] Por contra, uno de los aciertos es la excelente interpretación de Sílvia Munt, que desarrolla en profundidad su personaje. En este sentido, no sólo la crítica, también Mercé Rodoreda alabó el papel de la actriz principal. Otro de los valores positivos es la magnífica banda sonora de Ramon Muntaner. La obra de Betriu es la crónica cotidiana de una mujer de clase media baja

---

3.   Para un análisis comparativo entre la novela de Mercé Rodoreda y la adaptación cinematográfica *vid.* Mirambell, Miquel, «Barcelona y *La plaza del Diamante*», *Film-Historia*, vol. IV, n.º 3 (1994), pp. 237-250.

4.   Según el propio Francesc Betriu, esta secuencia la concibió con unas imágenes menos realistas en comparación con otras. Cfr. Llorens, Antonio y Amitrano, Alessandra, *Francesc Betriu, profundas raíces*, Valencia, Filmoteca Generalitat Valenciana, 1999, p. 139.

castigada por el fracaso de la Segunda República y la guerra civil. Las pérdidas que sufre son dolorosas: el marido, el padre de sus hijos, algunos amigos, el trabajo, etc. Una infinita tristeza presidirá su vida. Por lo que refiere a las escenas de la vida cotidiana ambientadas durante la guerra, hay que destacar, entre otras, las largas colas que se formaban para obtener alimentos, las estaciones de metro transformadas en refugios antiaéreos o las colonias infantiles situadas fuera de la ciudad. La entrada de las tropas franquistas anuncia un nuevo capítulo en la historia: el cambio de la bandera tricolor republicana por la bicolor nacional, el cambio de nombres en los rótulos de las calles o el rostro de Franco dibujado en las paredes de las vías públicas.

La película fue una producción de Fígaro Films para Televisión Española. Cuando faltaban sólo 15 días para empezar el rodaje, en mayo de 1981, se decidió aplicar la fórmula de la doble explotación: versión cinematográfica y televisiva. Como no había tiempo material para plantearse de nuevo el film, Betriu rodó la versión televisiva y, una vez acabada, se hizo un montaje para el cine. La película, con una duración de 110 minutos, se estrenó en marzo de 1982, mientras que el estreno de la versión televisiva —cuatro capítulos de 55 minutos cada uno— fue en diciembre de 1983. Y es aquí donde radica otro de los inconvenientes del film. La diferencia de metraje, exactamente la mitad, significa una de estas dos posibilidades: que la versión televisiva está llena de escenas de relleno o que la versión cinematográfica adolece de escenas significativas. Según el propio director catalán, en el rodaje definitivo del cine hay algunos planos que no estaban en los capítulos de televisión, pero son los mínimos y no por razones estéticas o de estilo. Por supuesto, la versión televisiva es más rica en determinados matices. La película consiguió dos premios españoles: al mejor film de 1982, concedido por la Generalitat de Catalunya, y el Especial Calidad del mismo año de la Dirección General de Cinematografía del Ministerio de Cultura.

La bicicletas son para el verano, adaptación cinematográfica de la obra teatral del mismo título escrita por Fernando Fernán-Gómez, le fue ofrecida a Jaime Chávarri, su director, por el productor Alfredo Matas, que había adquirido los derechos para llevarla a la pantalla grande. Según Matas, los motivos por los cuales ofreció realizar la película a Chávarri y no al propio Fernán-Gómez son porque este último estaba ocupado en ese momento y porque, además, no creía conveniente que el propio autor de la obra la llevara al cine. De hecho, la obra teatral no fue dirigida por Fernando Fernán-Gómez sino por José Carlos Plaza. La película se rodó en 1984, un año después de su éxito en los escenarios. Fernán-Gómez dijo, al principio, que repudiaba esta versión, pero posteriormente la calificó de distinta. Jaime Chávarri ofreció la siguiente versión sobre las discrepancias que Fernán-Gómez manifestó sobre la adaptación cinematográfica de su obra: «Al acabar el guión, tuvimos una reunión con él en un restaurante. Dijo que habíamos quitado media obra, lo que era totalmente cierto. Tenía toda la razón. Lo hicimos porque no había tiempo ni presupuesto para hacer una película de más de hora y media. Pero luego nos dijo que cada vez que él había hecho una adaptación de alguien y se la había enseñado [al autor original], siempre le habían dicho que era una mierda. O sea, que él lo asumía muy bien. De todas formas, yo tenía la sensación que Fernando se había quedado con algún pequeño resentimiento respecto a la película. Una vez, en un viaje que tuvimos la oportunidad de hacer juntos, le pregunté realmente qué pasaba. Me contó que le daba la sensación que nosotros habíamos quitado de la historia de la obra de teatro todo aquello que se refería al anarquismo y que a él le interesaba mucho. Yo lo pensé y llegué a la conclusión que tenía razón. Lo que ocurre, que no se había hecho adrede, como él pensaba, sino que al ir limando texto en la obra para acortarlo se habían ido perdiendo cosas.»[5]

El film de Chávarri se inicia en el verano de 1936. Luisito (Gabino Diego), que ha suspendido física, se queda sin la bicicleta que le habían prometido sus padres. Estalla la guerra civil y lo que parece que iba a durar poco tiempo se alarga durante casi tres años. La familia del protagonista compartirá los sinsabores del conflicto con una serie de personajes entrañables. En definitiva, es la crónica de unas familias de clase media que viven sus historias personales con humor y momentos de penuria. La ambientación, a cargo de Gil Parrondo, es perfecta, ya que refleja el Madrid sitiado que era el símbolo de la resistencia republicana. Precisamente la pancarta con el eslogan ¡No pasarán! aparece en dos ocasiones. En la primera, está colgada en medio de una calle durante la euforia por detener el avance franquista. En la segunda, la pancarta está en el suelo, mientras unos niños juegan con ella, el día que los nacionales han entrado en la capital española. A lo largo de su carrera cinematográfica, Parrondo ha obtenido dos Oscars —*Patton (1970)* y *Nicholas y Alexandra* (1971), ambas de Franklin J. Schaffner— y ha trabajado con la mayoría de los directores extranjeros que han ro-

5. Declaraciones de Jaime Chávarri ofrecidas en el programa *Versión española*, emitido el 26 de octubre de 1999 por La 2, en el que se exhibió *Las bicicletas son para el verano*.

dado en España: Orson Welles (*Mister Arkadin*, 1955), Stanley Kubrick (*Espartaco*, 1960), Anthony Mann (*El Cid*, 1961) o David Lean (*Lawrence de Arabia*, 1962).

El film está estructurado muy cinematográficamente en cuanto a escenas cortas, emotividad, excelentes diálogos y unos personajes muy bien perfilados. El guionista, Salvador Maldonado, redujo las tres horas que duraba la obra teatral —y que transcurría en el interior de una vivienda— a poco más de hora y media en su pase por la gran pantalla, introduciendo algunas secuencias exteriores, aunque el peso dramático continuó recayendo en el interior de los edificios habitados por una serie de familias que se interrelacionan entre ellas.

Lo más importante de *La bicicletas son para el verano* son los actores. Agustín González (Luis, el padre de Luisito) fue el único superviviente de la obra teatral. El film supuso el descubrimiento de ese adolescente con cara de zangolotino que es Gabino Diego en su primer papel cinematográfico. González encarna un padre de ideas liberales que ha de contener en diversas ocasiones la ira ante lo injusto y la miseria que ha de sufrir su familia. Educa a sus hijos desde el humanismo, no desde la autoridad. Al final acepta con amargura el final de la contienda. En la última secuencia del film, Luisito le comenta a su padre: «Y mamá que estaba tan contenta porque había llegado la paz.» Luis reflexiona en voz alta, con patética resignación e invadido por la tristeza: «Es que no ha llegado la paz, ha llegado la victoria.» A continuación, el hijo le confiesa una verdad a su padre: «[La bicicleta] yo sólo la quería para el verano para salir con una chica, entonces no te lo dije pero era para eso.» Y su padre, reflexionando otra vez, comenta: «Sabe Dios cuándo habrá otro verano.» Esta conversación refleja la desesperanza con la que muchos españoles vivieron el final de la guerra. El mismo Luis reconoce que es posible que lo detengan por sus ideas republicanas y por haber participado en la creación de una organización que se incautó, durante la guerra, de las bodegas donde trabajaba.

José Luis Madrid dirigió en 1984 *Memorias del general Escobar*, película de tipo biográfico que noveliza un hecho histórico a través de un personaje real. El coronel de la Guardia Civil Antonio Escobar se hallaba destinado en Barcelona, al mando de un tercio, cuando se produjo la rebelión militar. Tras unas horas de incertidumbre se puso a las órdenes del presidente de la Generalitat de Catalunya y, al mando de una columna de guardias civiles, procedió a la rendición de algunas tropas sublevadas contra la República. En noviembre participó en la defensa de Madrid. Nombrado delegado de Orden Público en Barcelona, fue herido en los Sucesos de Mayo de 1937 en la Ciudad Condal. Ascendido a general, en octubre del mismo año pasó a mandar el Ejército republicano en la zona de Extremadura. Al final de la guerra se negó a abandonar España, siendo hecho prisionero por las tropas franquistas. Pese a que era católico practicante y políticamente conservador, fue juzgado, condenado a muerte y fusilado en Barcelona el 8 de febrero de 1940. La película reivindica la figura del biografiado, como ejemplo de integridad moral y como ejemplo de un hombre, un militar, que fue capaz de anteponer el deber a la conciencia personal. La verdad es que la postura del coronel Escobar cuando se produjo la rebelión militar en Barcelona fue, cuanto menos, de prudencia a la espera de ver cómo evolucionaban los acontecimientos. La prueba la tenemos en que la sublevación de la guarnición de Barcelona se produjo alrededor de las cuatro de la madrugada del 19 de julio de 1936, mientras que el coronel Antonio Escobar no se puso a las órdenes del presidente Lluís Companys hasta poco después de las dos de las tarde. Hasta aquel momento se había mantenido al margen de la lucha. Si bien la posterior actuación de la Guardia Civil resultó decisiva, en un momento de gran importancia psicológica, para hundir la moral de los sublevados, también es cierto que al mediodía del día 19 los militares rebeldes estaban cada vez más hostigados frente a una muchedumbre hostil y a varios militares que se mostraron afectos a la República.

El guión de *Memorias del general Escobar* está escrito por el propio director y Pedro Masip, ayudante del general. Según Pedro Masip, la génesis del guión se remonta a un par de décadas antes de llevarse a cabo el film. Dejemos que sea el mismo Masip quien lo recuerde: «En realidad, todo empezó cuando a Alfredo Escobar, que es primo de mi mujer —yo me casé con una sobrina del general—, estando en Suevia Films, se le ocurrió hacer una película sobre su tío y me llamó a mí, pues era la persona más indicada, ya que había compartido con el general los momentos de la guerra civil, en especial desde 1938. Escribí el guión y lo presentaron a la censura. Evidentemente, en el año 60, lo rechazaron. Así que lo guardé con otras cosas que tengo escritas. Al cabo de unos años, Alfredo me llamó otra vez y me dijo que volvían a estar interesados en el proyecto. No sé por qué tuve la intuición de registrarlo antes de dárselo a Olaizola. Gracias a eso ahora puedo reclamar. Pero de eso no quiero hablar, pues, como todo el mundo sabe, el asunto está *sub judice*.»[6] Pedro Masip se refería a la demanda contra José Luis Olaizola, ganador del Premio Planeta en 1983 con el libro llamado *La guerra del ge-*

6. *La Vanguardia* (21-9-1984).

neral Escobar. Se daba la circunstancia de que la novela de Olaizola era el material de base de otro guión para un nuevo film que preparaba Antonio Mercero, pero que finalmente no llegó a realizarse.

Entre los defectos más manifiestos del film está la inclusión de una historia sentimental entre el protagonista y una monja que es enfermera (Elisa Ramírez), que parece una innecesaria concesión a la taquilla. La realización de José Luis Madrid es correcta, con algunos pasajes algo convencionales. La obra presenta algunos aspectos negativos que van desde la pobre utilización de los extras hasta la precaria ambientación. La falta de recursos económicos —un presupuesto de 80 millones de pesetas— y técnicos contribuyó a ello. Por ejemplo, de los encarnizados combates en la Ciudad Condal en julio de 1936, sólo se muestra una compañía de la Guardia Civil desfilando y unos cuantos anarquistas que fingen sitiar el Gobierno Militar. El actor Antonio Ferrandis compone con dignidad el personaje principal. De los demás, el más destacable es Fernando Guillén encarnando al general Manuel Goded. El general, una vez derrotado, recomendó a través de un micrófono radiofónico, aspecto reproducido en el film, la rendición a sus subordinados: «La suerte me ha sido adversa y he caído prisionero. Si queréis evitar el derramamiento de sangre, quedáis desligados del compromiso que teníais conmigo.» Como anécdota, hemos de señalar que la Guardia Civil colaboró en el rodaje, facilitando la filmación de escenas en cuarteles y aportando hombres para el rodaje de las secuencias de acción. Además, a su estreno en Barcelona asistió el director general de la Guardia Civil, el general Sáenz de Santa María. Recordemos, tal como se ha apuntado en el capítulo anterior, que cuando se estrenó en 1949 *El santuario no se rinde* también asistió el director general de la Guardia Civil.

Luis García Berlanga estrenó *La vaquilla* en 1985, cuyo origen —ya con un primer guión del propio Berlanga y Rafael Azcona— se remonta a finales de los 50, cuando su título previsto fue *Los aficionados* y *La tierra de nadie*, sucesivamente. Por razones obvias, las autoridades franquistas no permitieron realizar una película en la que el tema de la guerra civil era tratado con guasa.

En este film, los enredos y confusiones responden al estilo de comedia coral del más puro Berlanga. El humor no es mordaz, ya que a la película le falta la crítica ácida de las primeras obras del director valenciano. El animal al que hace título la película simboliza una España maltratada y destrozada por los intereses, las ambiciones, los resentimientos y la manipulación ideológica de los dos bandos enfrentados en la contienda. La obra de Berlanga consiguió irritar a quienes vieron en ella una falta de respeto a una guerra que todavía tiene abiertos sus odios y rencores.[7] Una vez visionado el film, está claro que la única voluntad de su director fue la de entretener a los espectadores, huyendo de cualquier partidismo, y no el de hacerles reflexionar sobre los orígenes y los móviles que originaron aquella tragedia. En el frente de trincheras de *La vaquilla*, los soldados se limitan a escribir cartas o dormitar. Con motivo de la Virgen de Agosto se va a celebrar en un pueblo cercano, situado en la zona nacional, una fiesta. Cinco combatientes republicanos deciden robar una vaquilla, para conseguir la comida que necesitan, que los nacionales quieren utilizar en una corrida. Todo ello ocurre en el marco de unas fiestas populares, con los consiguientes líos de faldas y rivalidades políticas. En esta comedia de Berlanga participaron los actores más populares del cine español del momento, como Alfredo Landa o José Sacristán. La película costó 250 millones, todo un récord en el cine español de la época.

La siguiente película de Francesc Betriu tras *La plaza del Diamante* también fue la adaptación de una obra en la que parte de la trama transcurre en la contienda española, *Réquiem por un campesino español*, de Ramón J. Sender. El film, estrenado en 1985, es muy fiel a la novela. Mosén Millán (Antonio Ferrandis), párroco de un pequeño pueblo aragonés, prepara una misa de réquiem por un campesino, Paco el del Molino (Antonio Banderas), fusilado por los falangistas en plena guerra. En la espera, evoca la infancia y adolescencia de Paco. Con la llegada de la Segunda República este último se convierte en un defensor de los oprimidos y en un crítico de los propietarios de tierras. La sublevación militar triunfa en el pueblo, lo que provoca que los fascistas inicien una serie de medidas represivas y crímenes entre los más destacados progresistas, consiguiendo que mosén Millán traicione a Paco, les confíe el lugar donde se ha escondido e incluso le convenza para que se entregue, sabedor de que eso significará su fusilamiento. El crítico Antonio Llorens, que entrevistó a Francesc Betriu, afirma que este último no quería hacer de Paco «un héroe, y que trabajó mucho con Antonio Banderas diciéndole que su personaje no era un Robin Hood, sino un sencillo campesino que acaba convirtiéndose en un peligro o mejor, en un obstáculo para quienes defienden intereses caciquiles o están abiertamente a favor del golpe fascista. Subraya Betriu que todos los personajes son malos, que estamos ante una venganza doméstica, una de tantas como hubo en la España de esos años».[8]

7. *Vid.* en este sentido la crítica de J. M López i Llaví, titulada «La guerra civil, va ser cosa de riure?», *Avui* (9-3-1985).

8. Llorens, Antonio y Amitrano, Alessandra, *op. cit.*, p. 156.

El guión de *El hermano bastardo de Dios* (Benito Rabal, 1986) está basado en la novela homónima de José Luis Coll. Pepe Luis (Lucas Martín) es un niño de la guerra civil que vive con sus abuelos (Paco Rabal y Asunción Balaguer). Cuando comienza la guerra no comprende las actitudes de sus mayores. Una noche observa cómo su abuelo y su tío Julio (Mario Pardo) esconden las imágenes religiosas que decoran la casa. Al día siguiente despide divertido a los soldados que marchan a defender la causa republicana. Pero pronto aparecerá la tragedia: la muerte de un joven conocido y la amputación de una pierna de su tío. Con la llegada de los nacionales a la población, el panorama social cambia radicalmente. La actividad religiosa vuelve a la normalidad y el amor despierta por primera vez en el niño (Paco Rabal Cerezales) que ha ido creciendo con el paso del tiempo. Él se refugia en sus sueños, que hacen que la realidad sea más soportable, no sin dejar de hacerse preguntas y más preguntas: ¿Para qué sirven las guerras?, ¿por qué hay qué matar a una persona?, y Dios, si es tan bueno y todo lo sabe, ¿por qué lo permite?... Recordemos que la acción transcurre en una pequeña ciudad provinciana y que la trama es narrada a través de los ojos inocentes de un niño que trata de comprender el mundo que le rodea sin conseguirlo.

Uno de los defectos de la película de Benito Rabal es que su sentido narrativo es similar al de un relato literario. Por este motivo, en varios momentos refuerza expresivamente con voces en *off* —José Luis Coll interpretando a Pepe Luis de adulto— en lugar de hacerlo con la propia imagen. Este film representó el primer largometraje para su director. El mensaje es que las guerras no las gana nadie, sino que todo el mundo sale perdiendo y que cualquier conflicto armado no puede ser obra de Dios, sino en todo caso será del hermano bastardo de Dios, de aquí el título del film. En la película interviene gran parte de la familia Rabal: los padres (Francisco Rabal y Asunción Balaguer); el hijo (Benito Rabal) como realizador y coguionista; y el nieto (Paco Rabal Cereales) como actor infantil. Al respecto, el propio Benito Rabal aclaró a raíz del estreno de *El hermano bastardo de Dios*: «Si he confiado tres papeles importantes a miembros de mi familia no ha sido, como alguien ha podido suponer, por razones económicas. Yo no soy el productor y cada uno de ellos ha cobrado lo que les correspondía. Tampoco ha sido una cuestión de comodidad o de confianza en la experiencia de los padres como refuerzo de mi inexperiencia, dado que este es mi primer largometraje. No. Ellos dos leyeron el guión, les gustó el papel que les proponía y aceptaron.»[9]

Dragon Rapide (Jaime Camino, 1986) es la historia de los 15 días previos a la rebelión militar. El título hace referencia al avión que trasladó a Franco de Canarias a Marruecos para tomar el mando de las tropas sublevadas.[10] Con la apariencia de un viaje de safari, el *Dragon Rapide* voló desde Croydon (Inglaterra) a Las Palmas de Gran Canarias para recoger al general Francisco Franco (Juan Diego) y llevarlo hasta Tetuán, en el protectorado español de Marruecos, donde iba a ponerse al frente del Ejército alzado en armas contra la República. La película es una producción encargada a Tibidabo Films —la productora del propio Camino— por Televisión Española y la Radiotelevisión Italiana. Cuando la película se empezó a rodar no se sabía si se estrenaría en cine o en televisión. En España se exhibió en las salas cinematográficas, mientras que en Italia fue estrenada en la pequeña pantalla.

La acción del film cuenta cómo se tramó el golpe, quiénes lo financiaron, las claves secretas que usaron, las dudas e indecisiones del propio Franco, etc. Precisamente, por lo que hace referencia a este último aspecto, Franco mostró sus dudas en sumarse o no a la sublevación, obsesionado por la fallida experiencia golpista del 10 de agosto de 1932. Siempre estuvo de acuerdo con los conspiradores, pero esperó a que la situación fuera irreversible para dar el paso decisivo. El 12 de julio de 1936, Francisco Franco envió un mensaje en clave a Alfredo Kindelán —general que al advenir la Segunda República se retiró voluntariamente del servicio activo—, para que le fuera entregado al general Emilio Mola —el cerebro técnico de la conspiración—, en el que se negaba a unirse al alzamiento alegando que creía que las circunstancias no eran lo bastante favorables. Sin embargo, dos días después llegó otro mensaje diciendo que Franco se unía a ellos.[11] ¿Qué ocurrió para que Franco cambiara de opinión? El asesinato del diputado José Calvo Sotelo —líder del Bloque Nacional— el 13 de julio por un grupo de guardias de asalto que deseaban vengarse por el asesinato de José del Castillo, teniente de la Guardia de Asalto. La indignación política que provocó este crimen, no sólo facilitó el juego de los conspiradores militares, sino que provocó el compromiso de muchos indecisos, incluido Franco. De todas formas, cuando finalmente el general Franco se comprometió, no

10.   El avión original está en el Museo del Ejército del Aire, en Madrid, pero no se pudo utilizar para la película, ya que no puede volar. Los empleados en el film fueron localizados en Londres.

11.   Kindelán, Alfredo, *La verdad de mis relaciones con Franco*, Barcelona, Planeta, 1981, pp. 173-174.

estaba previsto que ocupara el principal cargo en el futuro orga-
nigrama político del régimen, ya que este papel estaba reservado
al general José Sanjurjo. La situación cambiaría a medida que sus
directos rivales desaparecieron. Recordemos que el propio Sanjurjo falleció, el 20 de julio, al estrellarse en Cascais, en las cer-
canías de Lisboa, la avioneta en que iba a trasladarse a Burgos.
Su muerte creó un vacío político en las previsiones de los sublevados, porque era el único al que aceptaban todos los generales
como teórico jefe del movimiento insurreccional. Lo que sucedió
a partir de entonces es que Franco adaptaría sus deseos a medida
que surgían oportunidades más seductoras.

Lo expuesto anteriormente no significa que el general Franco fuera un militar sin personalidad. Todo lo contrario. Su influencia sobre sus compañeros de armas era enorme, no sólo por
haber sido director de la Academia General Militar de Zaragoza
y jefe del Estado Mayor, sino por sus campañas militares en el
Marruecos español. Este último punto provocaba que tuviera una
incuestionable lealtad del Ejército español en Marruecos. En consecuencia, la sublevación militar tenía pocas posibilidades de éxito sin el ejército marroquí y Franco era el hombre idóneo para
estar al frente de él.

El gran mérito de *Dragon Rapide* es mostrar al matrimonio
Franco como una pareja convencional con sus temores y ambiciones. En este sentido, Jaime Camino manifestó que al empezar
a trabajar el guión con Román Gubern, ambos tenían una especie de tabú que les llevaba a pensar que no debería aparecer en
la película la figura de Francisco Franco porque «no nos imagi-
nábamos que el general Franco Franco pudiera ser interpretado
por un actor. Creo que lo sacralizábamos, pensamos que debía
aparecer de espaldas y sin hablar. Esta actitud obedecía, pues, no
al miedo, sino a un tabú».[12] Se ha de señalar que la elección de
Juan Diego como actor que encarnó al futuro dictador fue muy
acertada por su notable calidad interpretativa. Diego estudió minuciosamente aspectos tan decisivos como la gesticulación o el
atiplamiento de la voz. Juan Diego manifestó que «interpretar
este papel ha significado para mí un reto personal y un compromiso histórico, en especial por tratarse de la primera vez que en
una película se describía a este personaje en vida e interpretado
por un actor. Ha sido, sin duda alguna, la aventura más apasio-

---

12.   San Agustín, Arturo, «Entrevista a Jaime Camino», *El Periódico de Catalunya* (2-7-1986).

nante de mi carrera, en esta búsqueda de la identificación con un personaje. [...] Vencido, cautivo y desarmado el personaje, me identifiqué con él, fui él durante unos días, y el resto resultó muy fácil. Incluso conseguí desmitificar a Franco en la medida en que lo tenía mitificado».[13]

Otro de los aciertos de la obra cinematográfica de Camino es incluir, entre la galería de personajes que aparecen en el film, a personalidades importantes de la conspiración como el general Emilio Mola (Manuel de Blas), el periodista Luis Bolín (Santiago Ramos) o el político José Calvo Sotelo (José Luis Pellicena).

La película tiene cierta precariedad de medios. Por ejemplo, las escenas de masas siempre transcurren en *off*. La película fue estrenada en España el 18 de julio de 1986 y obtuvo un aceptable éxito de público, aunque a los nostálgicos del franquismo no sólo no les convenció sino que la vapulearon con dureza. Tal es el caso de Emilio Romero, que llegó a escribir: «Esta película es históricamente una caricatura grotesca; y cinematográficamente es mala. [...] Yo he conocido al general Franco de la posguerra civil —un Franco de 45 años— y al general Franco del final. He hablado con él largamente en las cuatro décadas célebres. Ni Jaime Camino, ni Ian Gibson, ni Juan Diego, saben nada de este personaje.»[14] El historiador irlandés Gibson —el asesor histórico del film— ha demostrado, con creces, en su obra publicada, que le seduce todo lo que pueda referirse a personajes y tiempos de la Guerra Civil española. Ahí están sus libros sobre Lorca, José Antonio, Queipo de Llano o sobre la matanza de Paracuellos de Jarama. La verdad es que *Dragon Rapide* intenta ser, y lo consigue, lo más objetivo posible en un tema en que hubiera sido fácil decantarse hacia un bando o hacia otro.

Jaime Camino, para enfatizar el contrapunto entre el inicio de la guerra y la realidad cultural del país, que quedó truncada trágicamente por la contienda, incluye imágenes de Pau Casals (Jarque Zurbano) ensayando en el Palau de la Música de Barcelona. La acción se sitúa el 19 de julio de 1936, transcurre en el momento en que Casals acaba de recibir la noticia del levantamiento del general Franco y lo comunica a los miembros del Orfeó Gracienc, con los que estaba ensayando en esos momentos: «La noticias no pueden ser peores. Gran parte del Ejército se ha sublevado contra la República. Qué os parece si, como despedi-

13.   Giró, Jaume, «Interpretar a Franco, el gran reto de un actor español», *La Vanguardia* (19-7-1986), p. 35.
14.   Romero, Emilio, «Lo de Dragon Rapide», *Época*, n.º 72 (28-7-1986), p. 52.

da, tocamos el *Himno a la Alegría*, de Beethoven.» Respecto a estas imágenes, un tanto forzadas, Camino declaró: «Acabar *Dragon Rapide* con el *Himno a la Alegría* era una tentación barata. Desde el guión hasta el último momento dudé en incluirla y lo que la salvó es su carácter de licencia poética. Román Gubern (coguionista) también insistió en conservarla como reflejo de la brusca interrupción de una actividad intelectual. Y quizá transmite la sensación de vivir el trauma que se avecina, porque la anécdota no sólo es cierta sino patética. De todos modos, reconozco que es discutible, aunque a lo mejor corresponde a mis tendencias melómanas.»[15]

La guerra de los locos (1986) representó el debut como director del guionista Manolo Matji y en él se denuncia la insensatez de la guerra. Al amparo de la confusión creada por el estallido del conflicto, Angelito Delicado (José Manuel Cerviño) consigue fugarse del manicomio en el que estaba recluido, y es acompañado en su huida por otros cuatro enfermos. Sin saberlo, se encuentran en el corazón de una comarca en donde el cacique lleva a cabo la sanguinaria represión de los elementos republicanos e izquierdistas de la zona. Al frente de una partida de revolucionarios, *El Rubio* (Álvaro de Luna) se esconde en las montañas dispuesto a enfrentarse con el cacique, don Salvador (Juan Luis Galiardo), y dar venganza a sus crímenes. Es allí, en las montañas, donde los hombres de *El Rubio* encuentran a los locos evadidos. Una fatal confusión les lleva a unir sus esfuerzos, y esta alianza, provocada por los vientos de la guerra, tendrá para todos ellos trágicas consecuencias. La banda intenta localizar al cacique; en el curso de un enfrentamiento, uno de los dementes resulta herido y el resto del grupo, asustado, dispara contra los guerrilleros. *El Rubio* se escapa y Angelito adopta la personalidad del guerrillero hasta que es capturado por los militares y condenado a muerte. *El Rubio,* al conocer el próximo fusilamiento de Angelito decide entregarse para reivindicar su nombre aun sabiendo que morirá. Después de fusilarlo, Angelito se lanza sobre el cacique matándolo.

A los cuatro vientos (José A. Zorrilla, 1986) tiene como protagonista a Esteban Urkiaga (Xabier Elorriaga), comandante del Ejército republicano. La acción está situada entre el bombardeo de Durango —31 de marzo de 1937— y la caída de Bilbao —19 de junio—. Antes de estallar la guerra, Urkiaga era conocido

---

15. Monterde, Enrique y Rimbau, Esteve, «Entrevista a Jaime Camino», *Dirigido por*, n.º 138 (julio-agosto 1986), p. 61.

como escultor y poeta que firmaba con el seudónimo *Lauaxeta*. En las ruinas de Gernika contempla, no sólo cómo las llamas destruyen una pacífica ciudad sino también cómo desaparecen sus aspiraciones más personales e íntimas. Cumpliendo órdenes de sus superiores viaja a Durango acompañando al corresponsal de *Le France Chrétienne* para conseguir que este periódico, profranquista, reciba información sobre la actitud del Ejército sublevado contra la Segunda República. El rápido avance franquista provoca la captura de ambos. El comandante va a ser canjeado por un prisionero en poder de los republicanos, pero el suicidio de éste interrumpe el canje y Urkiaga será fusilado el 25 de junio. La película, fiel a la realidad, no sólo presta atención a la situación militar de los vascos, que era muy precaria, ya que se encontraban aislados del resto del territorio republicano, sino que expone las disputas existentes entre los diferentes grupos que integraban el bando republicano. Por ejemplo, la capital de Vizcaya se mantuvo intacta por expreso deseo del PNV, en contra de la opinión de buena parte de la izquierda, que quería destruir la industria vizcaína.

Desde finales de la década de los ochenta hasta el 60 aniversario del final de la guerra

¡Biba la banda! (Ricardo Palacios, 1987) es una comedia que cuenta cómo una banda musical del Ejército nacional, lejos del frente y dirigida por el comandante Bonafé —Antonio Ferrandis—, prepara un concierto que debe ofrecer dentro de unos días. Agustín (José Sancho) pide un permiso para ayudar a su familia en las faenas del campo. Al no conseguirlo, deserta. Poco a poco sus compañeros irán en busca de Agustín para traerlo de nuevo, pero se irán quedando a recoger la cosecha bajo el mando de la mujer más activa y con carácter de la localidad. Con la llegada de unos combatientes republicanos, con el propósito de colaborar con sus esposas y madres en la recolección, se producirán una serie de enredos. A pesar de la rivalidad, todos llegarán a confraternizar. El comandante Bonafé, cuando descubre que todos los componentes de la banda han desaparecido, tiene que recuperarlos para poder dar el concierto y evitar así el fusilamiento por deserción.

Lorca: muerte de un poeta (Juan Antonio Bardem, 1987) es un documento dramatizado sobre la vida del escritor granadino, siendo varios los factores que destacan positivamente. La sensación de

236 LA GUERRA CIVIL ESPAÑOLA: CINE Y PROPAGANDA

verosimilitud está muy bien conseguida gracias al rigor clásico del guión de Bardem, en el que colaboraron Mario Camus y el historiador Ian Gibson, el más profundo biógrafo de Lorca.[16] A su vez, la veracidad del personaje de Federico García Lorca se debe, en gran parte, a la interpretación del inglés Nickolas Grace. La elección de Grace suscitó una polémica entre los actores españoles, que cuestionaron la idoneidad de llevar a la pantalla un Lorca britanizado. Las críticas desaparecieron cuando se comprobó que Nickolas Grace borda su papel, ya que lo evoca perfectamente. En esta película se ofrece una versión clara de lo que fue el movimiento cultural español en los años anteriores a la guerra civil. El estallido del conflicto, no sólo provocó la muerte de Lorca, sino de toda esa generación. Bardem obtuvo en 1987 el premio al mejor director, concedido por el Centro de Investigaciones Film-Historia, por su evocación de la época y la figura de Federico García Lorca. Ésta fue la primera película española que abordó la vida y el trágico final del inmortal poeta andaluz.

La idea original de *Lorca: muerte de un poeta* se limitaba a hacer un largometraje, pero cuando intervino Televisión Española como uno de los productores apareció la idea de realizar paralelamente una serie televisiva. Por tanto, la película no es el resultado de resumir la serie, como se acostumbra a llevar a cabo en estos casos. Los cinco primeros capítulos televisivos reconstruyen la vida y la obra de Lorca desde su infancia hasta el inicio de la guerra. El último capítulo cuenta los hechos que van desde la rebelión militar en Granada hasta el fusilamiento del poeta casi un mes después. La película exhibida en los cines está centrada fundamentalmente en la parte referida a sus últimas semanas. La muerte de Lorca no es una glorificación del personaje, porque su ejecución es mostrada junto con otras personas que fueron víctimas de la intolerancia que hay en una guerra civil. Una vez cometido el crimen, los republicanos capitalizaron a su favor la muerte del poeta y le dedicaron innumerables homenajes. Por su parte, las autoridades nacionales tardaron muchos años en admitir su responsabilidad, dándose toda clase de pistas falsas. Su muerte es el ejemplo de la brutalidad que se practicó en las primeras semanas de la guerra española, y, aunque mitigada, perduró durante toda la contienda: eliminar al contrario.

---

16. Producto de sus investigaciones, Ian Gibson ha publicado varios libros sobre este tema: *Granada en 1936 y el asesinato de Federico García Lorca* (Barcelona, Crítica, 1979); *El asesinato de García Lorca* (Barcelona, Bruguera, 1981); y *Vida, pasión y muerte de Federico García Lorca* (Barcelona, Plaza y Janés, 1998).

A la pregunta de cómo se puede resumir la vida de una persona de esta magnitud en un film, Juan Antonio Bardem comentó: «Es tan difícil como poner límites a un sueño. Esta película ha sido para mí una necesidad y un acto de amor a Federico, a mi país y a las gentes de mi país. Federico es un ejemplo de lo que yo creo que debe ser un artista, un creador vinculado a su tiempo y a su entorno, radicalmente auténtico en su identidad y comprometido con los problemas que le rodean, que viven y se agitan a su alrededor y, al hacerlo, conforman su vida y su muerte. Él lo dijo con mejores palabras: yo sólo he querido dejar constancia de ellas.»[17] El film fue realizado con el cuidado y la fidelidad que sólo puede garantizar una gran producción: 500 millones de presupuesto, alrededor de 200 actores y casi 5.000 figurantes.

Jaime Chávarri volvió al tema de la guerra civil y al de la posguerra en *Las cosas del querer* (1989). La trama se inicia en el Madrid de 1939. Mario (Manuel Bandera) y Juan (Ángel de Andrés López) son dos amigos que combaten en el mismo regimiento republicano. Un día durante un bombardeo Juan conoce a Pepita (Ángela Molina). Finalizado el conflicto, Mario quiere ser cantante, pero no le será fácil vivir en la posguerra por su condición de homosexual. Juan, que es pianista, ha visto en Pepita a la mujer de su vida. Ésta es una joven que aspira a ser estrella. Finalmente, los tres consiguen su primer contrato y cantando las canciones de moda llegan a ser cabeza de cartel. La parte de la acción que transcurre en la guerra no llega a los diez minutos, pero destaca por la correcta ambientación: las personas que se dirigen a un refugio debido a un bombardeo franquista; la emisión radiofónica del comunicado del general Franco al pueblo madrileño el 27 de marzo a causa de la inminente entrada de las tropas nacionales en la ciudad; y la represión de los vencedores.

Ay, Carmela! (Carlos Saura, 1990) es una coproducción hispano-italiana basada en la obra teatral de José Sanchís Sinisterra. Los protagonistas son Carmela (Carmen Maura), Paulino (Andrés Pajares) y Gustavete (Gabino Diego), tres cómicos ambulantes que, tras actuar para la tropa republicana en una población del frente de Aragón, deciden seguir camino hacia Valencia. Por error, traspasan la zona nacional e inmediatamente son detenidos y conducidos a una escuela, transformada en prisión, en la que están encarcelados diversos republicanos del pueblo y brigadistas. Carmela se comunica con un interbrigadista polaco (Edward Zentara) mediante señas. Cuando ella le enseña a pronunciar su nombre, él canturrea a sus compañeros la canción *¡Ay, Carmela!* El teniente italiano Ripamonte (Maurizio de

Razza), un fascista con inquietudes artísticas, libera a Paulino, Carmela y Gustavete, con la condición de que actúen ante las tropas nacionales y los brigadistas prisioneros en un teatro. Para el oficial italiano, los interbrigadistas son «gente sin cultura, ni espiritualidad. Bárbaros del norte». Precisamente, uno de los números del espectáculo, que tiene como eje central una burla y ofensa a la bandera republicana, está dedicado a los voluntarios extranjeros. Carmela no está de acuerdo con escenificarlo pero decide representarlo, ante la insistencia de Paulino, que no quiere problemas. Cuando empieza este número, los brigadistas protestan lanzando proclamas contra el fascismo. Como réplica, las tropas nacionales presentes en la sala cantan *Cara al Sol*. Mientras, los interbrigadistas son desalojados bruscamente del teatro, Carmela protesta, desde el escenario, por el trato vejatorio que se les da a los prisioneros extranjeros. La situación es tan tensa que un oficial franquista asesina a Carmela para que se calle.

Esta película es una de las más premiadas del cine español —13 Goyas—. Antes de realizarse fue muy sorprendente la unión entre el director y sus protagonistas, porque procedían de géneros cinematográficos muy diferentes: Carlos Saura, representante de un cine de autor, Carmen Maura procedía de un cine innovador —había colaborado en la mayoría de películas de Pedro Almodóvar— y Andrés Pajares tenía sus orígenes en un cine popular —había participado en varias comedias de Mariano Ozores—. Saura había hecho películas que tenían como trasfondo la Guerra Civil española —*La prima Angélica* (1974) o *Dulces horas*, ésta comentada antes—. El mismo director ha afirmado en más de una ocasión que la guerra y la posguerra le marcaron profundamente. En *¡Ay, Carmela!* es la primera vez que sus personajes transitan en el conflicto, narrando las peripecias de unos cómicos que intentan sobrevivir en la guerra brutal que les desborda, pero que intentan superar a través de la risa.

La principal diferencia entre la representación teatral, escrita por José Sanchís Sinisterra, y la obra de Saura, adaptada por él y Rafael Azcona, es que la primera era un monólogo que se apoyaba en la personalidad e intensidad del Paulino y el simbolismo evidente de todo su desarrollo temático. Por lo que se refiere a los intérpretes de la película, el peso lo llevan los dos principales actores encarnando a dos tragicómicos. Carmen Maura transmite veracidad a través de su manera de estar y de modular su voz. Andrés Pajares borda su personaje seguramente porque es un *showman*. El papel de Gabino Diego es como el de un animal de compañía que busca cariño y por eso hace monerías, para obtener el agrado de las personas. Diego encarna a un joven mudo que pronuncia la primera palabra cuando ya se ha producido la tragedia.

La película tiene una excelente ambientación y Saura demuestra, una vez más, que domina la utilización expresiva del color, apoyado por la labor de José Luis Alcaine y de su equipo. Los exteriores de la película fueron rodados en Boadilla del Monte, Talamanca del Jarama, El Cubillo de Uceda (Guadalajara) y Madrid. La canción a la que hace referencia el título del film está basada en un tema popular del siglo XIX, cantada ya por los guerrilleros españoles contra las tropas napoleónicas en la Guerra de la Independencia. La letra se adaptó en el transcurso de los años a diversas circunstancias. La que se escucha en la película de Saura es la versión que se cantaba durante la Batalla del Ebro en la Guerra Civil española.

Jaime Camino volvió a recuperar la memoria de la Guerra Civil española con *El largo invierno* (1991). En esta ocasión, el conflicto español sirve, no para hacer consideraciones respecto a la guerra, sino para mostrar el enfrentamiento de todos contra todos dentro de una lucha armada entre ciudadanos de un mismo país. *El largo invierno* es un film de reconciliación, ya que el joven Ramón Casals, hijo (Sergi Mateu), cuando rememora el pasado perdona a todos porque, después de 40 años, la venganza ya no tiene ningún sentido.

El conductor de la historia es Claudio (Vittorio Gassmann), un criado que ha servido en la mansión de la familia de los Casals. El personaje de Gassmann está basado en un mayordomo de las mismas características que tuvo la familia Güell. La casa durante la guerra fue incautada por el Gobierno de la República y pasó a ser residencia de paso para personas ilustres como, por ejemplo, Antonio Machado. Para el prestigioso actor italiano, esta película no sólo representó la primera ocasión en la que trabajaba bajo las órdenes de un director español, sino que suponía la primera vez que rodaba en castellano, tarea que realizó magníficamente. Vittorio Gassman sabe reflejar un personaje misterioso, muy cerca del patetismo, con costumbres a la antigua, con alguna que otra manía y cuya obsesión del deber no sólo será testigo de lo que ocurre, sino que se verá obligado a tomar partido en una decisión que desencadenará una tragedia. Su personaje es el gran acierto de la película, porque sirve como conexión entre los últimos días de la guerra civil en Barcelona y el establecimiento del nuevo régimen franquista, que para algunos supondrá la pérdida de todo por lo que habían luchado — Jordi Casals (Jean Rochefort), un alto funcionario de la Generalitat de Catalunya—; mientras para otros será el restablecimiento del orden —Casimiro Casals (Adolfo Marsillach), hermano del anterior, representante de la alta burguesía—. Como trasfondo aparece la historia de amor entre Emma Stapleton (Elisabeth Hurley) y Ramón Casals (Jacques Penot), hijo de Jordi Casals. Ella trabaja como educadora en una escuela de sordomudos, mientras que él es doctor. Ramón se muestra indeciso ante la idea de abandonar Barcelona. Cuando Emma comunica a su compañero sentimental que está embarazada, ambos planean cruzar la frontera hispano-francesa antes de la caída de la ciudad, pero Ramón es herido y oficialmente dado por muerto. En realidad está escondido, pero el criado Claudio, creyendo que cumple con su obligación, contará la verdad a las autoridades franquistas, provocando la detención y posterior fusilamiento de Ramón.

El film parte de supuestos ya aparecidos en *Las largas vacaciones del 36*, como son las repercusiones de la guerra en el seno de una familia acomodada dividida en dos por el conflicto. De hecho, el título provisional del guión era *El largo invierno del 39*, lo cual demuestra la influencia a la hora de escribir el argumento. La exhibición de *El largo invierno* provocó que las propietarias de los derechos de autor del himno falangista *Cara al Sol* iniciaran un pleito contra la productora Tibidabo Films. El origen se debe a que hay una escena en la película en la que las tropas nacionales, al hacer su entrada triunfal en Barcelona, entonan este canto, lo que no dejaba de ser una reconstrucción histórica de hechos acaecidos en la realidad. En la sentencia que dictó la juez, en febrero de 1996, denegó la reclamación de un millón de pesetas porque se considera un hecho prácticamente probado que los soldados de las tropas franquistas, al ocupar militarmente la Ciudad Condal el 26 de enero de 1936, cantaron el *Cara al Sol* y, en consecuencia, advirtió una finalidad informativa en esa escena, algo que es «uno de los elementos que más tienen en cuenta las legislaciones sobre propiedad intelectual de los países vecinos».[18]

El joven realizador vasco Julio Medem debutó con el largometraje *Vacas* (1991), una narración que sigue la historia de las familias Irigibel y Mendiluce, enfrentadas entre sí, que viven en un valle guipuzcoano. La acción abarca desde la Segunda Guerra Carlista, en 1875, hasta el inicio de la Guerra Civil española, en el verano de 1936. Peru Irigibel (Carmelo Gómez) se crió en el valle, pero siendo niño se fue con sus padres al extranjero. En los Estados Unidos se casa y tiene una niña. En el verano de 1936 regresa a su pueblo natal como reportero fotográfico, ya que trabaja para un periódico de los EE.UU. Su reencuentro con Cristina Mendiluce (Emma Suárez), una amiga de la infancia, coincide con la ocupación del Ejército nacional. Él es detenido y, mientras es interrogado, observa la repre-

---

18. *El Periódico de Catalunya* (9-2-1996).

sión de los vencedores. Después es conducido junto al resto de prisioneros republicanos. La intervención de su tío, un combatiente carlista, evita su fusilamiento, pero no el del resto de hombres. Una vez liberado se reúne con Cristina y deciden huir hacia Francia, mientras los dos se confiesan un amor recíproco.

Manuel Lombardero —productor y ayudante de dirección de Vicente Aranda o Néstor Almendros, entre otros— debutó en la dirección de largometrajes con *En brazos de la mujer madura* (1997). El film está basado en una novela del húngaro Stephen Vizinczey, publicada en 1965. El guionista Rafael Azcona trasladó la historia de la Hungría de los años 40 y 50 a la España de la guerra civil y de la posguerra. En la obra cinematográfica se explica la trayectoria de un chico de 15 años, Andrés (interpretado en su adolescencia por Miguel Ángel García, y a los 20 años por Juan Diego Botto), que, al estallar la guerra, sale de un colegio religioso donde está interno. Cómo no puede reunirse con su madre, que se encuentra en Galicia —zona nacional—, se enrola por azar en una unidad anarquista en el frente de Aragón y, al acabar la guerra, es rescatado por su madre, comprometida con un importante falangista. Esta trayectoria está jalonada por encuentros con distintas mujeres, casi siempre mayores que él. En el contexto de la época, amor y sexo se convierten en las puertas a través de las cuales el protagonista adquiere una concepción determinada de la vida. Andrés pasa de la anarquía propia del estallido del conflicto a la privación de libertades propias de la posguerra, pero buscará aires más libres mediante sus contactos sexuales. De esta manera, Andrés adquiere un concepto amable de la vida gracias a sus relaciones con mujeres maduras. La historia está narrada con un estilo clásico y sobrio. El film no consigue, porque no es ésa su intención, aportar reflexiones ni profundizar en las características del contexto.

El rodaje de *En brazos de la mujer madura* estuvo rodeado de una serie de incidentes que retrasaron su estreno. El escritor Stephen Vizinczey emprendió acciones legales con el fin de paralizar el rodaje cuando éste hacía poco que se había iniciado. Acusaba a los productores de haber incumplido una de las cláusulas del contrato, en las que se especificaba que no podían contratar actores norteamericanos. La razón se debe a la participación de la actriz estadounidense Faye Dunaway. Dunaway da vida a una aristócrata extranjera que se encarga del despertar sexual del muchacho cuando éste está en el frente de Aragón. Un juzgado de Barcelona acordó el secuestro cautelar del film, impidiendo su difusión y explotación. Ello forzó a los productores a alcanzar un pacto privado. Otro problema que apareció durante la filmación fue la negativa del obispo de la diócesis de Teruel y Albarracín, Antonio Algora, de conceder permiso para rodar en la ermita de Iglesuela del Cid por considerar inmoral la película. Al final, el rodaje acabó trasladándose a otro pueblo, Mirambel.

El actor y director teatral Mario Gas debutó en el mundo cinematográfico como realizador de largometrajes con *El pianista* (1997), coproducción hispano-francesa basada en una novela de Manuel Vázquez Montalbán. Dos pianistas amigos de la infancia en Barcelona, Luis y Albert, coinciden en París en los años treinta, en su juventud, y pasan a formar parte de la vanguardia musical de la época. Ambos están enamorados de la misma mujer, Teresa, y los dos están llenos de talento, pero los sorprende el estallido de la guerra española. Albert regresa a España, junto a Teresa, para luchar por la República, mientras que Luis permanece en París, argumentando que la música es la única causa que merece la pena seguir. Tras acabar la guerra, Albert estará siete años en prisión. No volverán a encontrarse hasta 1986, cuando se hayan convertido en ancianos. La reunión ocurre en Barcelona, su ciudad natal, en un sórdido cabaret donde Rossell es el pianista que acompaña las actuaciones de los travestis, y en el que Doria aparece rodeado de todos sus admiradores. Luis intenta reiniciar la amistad, pero Albert lo ignora. El papel de Luis está interpretado por Jordi Mollà y Laurent Terzieff, mientras que el de Albert por Pere Ponce y Serge Reggiani —en sus etapas de juventud y de madurez, respectivamente—.

La niña de tus ojos (Fernando Trueba, 1998) es una comedia con tintes trágicos que convierte en agridulce ficción un hecho real: en plena guerra civil, y ante la carencia de estudios autóctonos en la España nacional donde rodar, algunos directores (Benito Perojo y Florián Rey) y actrices españolas (Imperio Argentina y Estrellita Castro) rodaron varias películas en los estudios UFA de Berlín entre 1938 y 1939.[19] Fue otra de las muchas iniciativas de colaboración entre los gobiernos de Franco y de Hitler. La película de Trueba se inicia con la llegada de un pequeño grupo de actores, comandados por el director (Antonio Resines), a los estudios UFA para rodar un drama musical de ambiente andaluz que tendrá una doble versión, una hablada y cantada en castellano y otra en alemán. Allí encontrarán al ministro de Propaganda, Joseph Goebbels (Johannes Silberschneider), que siente una gran atracción por la joven actriz del grupo español, Macarena Granada (Penélope Cruz). Entre los diversos problemas que el grupo de cineastas españoles sufrirá está que los únicos extras con aspecto andaluz que se pueden encontrar en Alemania son gitanos de un campo de concentración. Todo se complicará cuando Macarena

---

19. Para más información sobre este tema, *vid.* capítulo 2.

ayude a uno de ellos a liberarlo de su situación. Tras ser detenidos, todos los españoles, a excepción del director, abandonarán Berlín. El guión funciona realmente bien hasta el momento en que los cómicos se enfrentan a la fuga del prisionero. A partir de este instante, la situación es completamente irreal porque no se entiende cómo una inocente actriz, Macarena, puede llegar a engañar a un personaje tan astuto y siniestro como Goebbels, que es presentado como un ingenuo y baboso. En cambio, excelente es el trabajo de Penélope Cruz, que derrocha simpatía e inocencia. Por lo que se refiere a la ambientación, el film fue rodado en la polivalente Praga, hay una adecuada representación de los símbolos y tópicos nazis. Los mejores momentos de la película son aquellos en los que se descubren algunos aspectos del alma española: por ejemplo, los números musicales que interpreta Penélope Cruz, excelente es su interpretación —al puro estilo flamenco—, o cuando el galán franquista (Jorge Sanz) pretende demostrar su valentía y potencia sexual. En la película de Trueba, Macarena es acosada reiteradamente por el ministro de Propaganda nazi. En realidad, Goebbels iba muy a menudo por los estudios, atraído por Imperio Argentina, que por aquel entonces mantenía un romance con el actor Rafael Rivelles, lo que representó el final de sus relaciones sentimentales y artísticas con Florián Rey. Precisamente, la actriz Imperio Argentina arremetió contra el director Fernando Trueba por considerar que *La niña de tus ojos* podría tener ciertos paralelismos con su propia vida. Argentina valoraba con las siguientes palabras a Trueba: «Me ha engañado. Lo que está haciendo no es lo que me dijo cuando vino a verme a Benalmádena. Lo detesto. Su historia tiene una base falsa.» La historia a la que hace referencia es la de la admiración que Adolf Hitler sentía por esta actriz española y los encuentros que ambos mantuvieron, que provocaron especulaciones en torno a un posible romance entre los dos. Sobre esta cuestión, Argentina es tajante: «Ni querida de Hitler ni amante del nazismo, pero sí una enamorada de la cultura de Alemania y de la lengua alemana.»[20]

El film se inicia con imágenes de la cabecera del *NO-DO*, pero, en 1938, no existía el *NO-DO* —el primer número no se proyectó hasta 1943—, sino el *Noticiario Español*. En imágenes se muestra la falsa noticia del grupo de españoles que va a rodar una película en Alemania. Fernando Trueba manifestó que para él «era importante colocar esto al principio de la película, porque explica algo que tiende a olvidarse: la identificación del régimen de Franco con Hitler y el nazismo».[21]

20. Molina Foix, Vicente, «Entrevista a Imperio Argentina», *El País* (8-10-1995).
21. Bonet Mojica, Lluís, «Entrevista a Fernando Trueba», *La Vanguardia* (8-11-1998), p. 64.

La trama de *La hora de los valientes* (Antonio Mercero, 1998) está ambientada en noviembre de 1936, a partir del hecho histórico del traslado de los fondos del Museo del Prado a Valencia, realizado por el Gobierno de la República para evitar que los cuadros fueran dañados por los bombardeos. Los guionistas —el propio Mercero y Horacio Valcárcel— se han inventado la historia de un celador del museo, Manuel (Gabino Diego) —un joven idealista—, que encuentra abandonado un autorretrato de Goya. Ante la amenaza de las bombas, que ya empiezan a caer, escapa del museo con el cuadro bajo su ropa, con la intención de protegerlo de los posibles daños que pudiera sufrir. Su intención es devolverlo una vez acabe la contienda porque es un idealista apasionado por el arte. A partir de ese momento, la historia narra la lucha personal que sostiene Manuel, ayudado por una joven, Carmen (Leonor Watling), y un abuelo anarquista muy pintoresco (Luis Cuenca), para mantener intacta la obra de Goya frente al mundo de horror, sangre y violencia que constituye una guerra. Asimismo, el espectador asiste a una serie de sucesos paralelos; bombardeos sucesivos que destruyen tanto Madrid como la moral de sus habitantes; un idilio entre los dos protagonistas —ella ha perdido a su familia en un ataque aéreo— y la partida al frente de él para combatir por la causa republicana. Precisamente, el film lleva el título de uno de los eslóganes que más se oían entonces por los aparatos radiofónicos de Madrid: *La hora de los valientes*. El argumento de la obra de Mercero es ficticio, ya que no existió tal pérdida, pero el cuidado de ese anónimo empleado del Museo del Prado es una metáfora de la trascendencia, nunca del todo reconocida, que el Gobierno de la República dio a la salvación de las obras del Prado.

Si *Tierra de cañones* pasará a la historia será más por los valores que rodearon la filmación que por sus valores propiamente artísticos. Su director, Antoni Ribas, inició el rodaje —en septiembre de 1993— gracias a las aportaciones privadas y a la venta anticipada de entradas. En diciembre, la Direcció General de Promoció Cultural de la Generalitat de Catalunya rechazó concederle una subvención. Cuando se acabó el dinero recaudado, Ribas inició —en abril de 1994— una acción de protesta delante de las puertas de la Generalitat durante aproximadamente 10 meses —incluso durante 40 días instaló una tienda de campaña—, solicitando la creación de una comisión de investigación en el Parlament sobre la corrupción y el amiguismo que aseguraba que hay para el cine, y ayuda para finalizar el rodaje de *Tierra de cañones*. La subvención no llegó, pero el rodaje se reemprendió —en junio de 1998— gracias a capital privado de empresarios catalanes, a un crédito del Ministerio de Cultura y a la participación de la productora Arpa Internacional.

La película de Antoni Ribas fue finalmente estrenada en Tarragona en septiembre de 1999, seis años después de haberse iniciado el rodaje. Narra la historia de dos familias catalanas, una pobre y la otra rica, una perdedora de la guerra y la otra ganadora, seguidas entre 1938 y 1952. Se relata la relación de Conxita (Cristina Pineda) con dos hombres, un miliciano, Lluís Rañé (Mario Guariso), y el primogénito de una familia aristocrática, Eduard de Sicart (Lorenzo Quinn), quien desde su residencia lidera las actividades de los maquis durante la posguerra. Por lo que se refiere al tema del conflicto español, la película recrea los bombardeos que Tarragona sufrió en 1938, así como el último año de guerra en esa zona.

La acción de *La lengua de las mariposas* (José Luis Cuerda, 1998) transcurre en un pequeño pueblo de Galicia durante la Segunda República. Los protagonistas son un niño —Moncho (Manuel Lozano)— y su maestro —don Gregorio (Fernando Fernán-Gómez)—. Éste proporciona al pequeño aires de libertad en un mundo caciquil e introvertido a los cambios. Cuando estalla la guerra, las autoridades sublevadas se encargan de reprimir cualquier elemento que atente contra sus ideas. Precisamente, el film acaba con la detención de don Gregorio. La intolerancia y la espiral de violencia que comporta un conflicto bélico se traducen en que el maestro comprueba, con resignación, cómo su antiguo alumno, que anteriormente había admirado a su maestro, le insulta y le repudia. La película es una parábola crítica acerca del preámbulo de nuestra lucha fratricida. El film está basado en tres relatos del escritor gallego Manuel Rivas editados en su libro de cuentos *¿Qué me quieres, amor?* y adaptados al cine por Rafael Azcona en un guión original.

El estreno de la obra de José Luis Cuerda, a finales de septiembre de 1999, coincidió por casualidad con una aprobación en las Cortes españolas, a mediados de ese mismo mes, de una proposición no de ley de condena al «golpe fascista militar» que en 1936 protagonizó Francisco Franco, originando la guerra civil, y a los 40 años de dictadura posteriores. El resultado de la votación levantó polémica porque el Partido Popular se abstuvo; el resto de los grupos parlamentarios se manifestaron a favor. Seguro que con esta actitud, el partido gubernamental dio una satisfacción a una parte de su electorado.

Agustí Villaronga dirigió *El mar* (1999), basada en la novela homónima de Blai Bonet. La acción se sitúa en Mallorca. Manuel (David Lozano) y Andreu (Nilo Mur) tienen diez años cuando la guerra llega a la isla en 1936. Su primer encuentro con la crueldad de la misma se produce al ver cómo fusilan a unos hombres de su pueblo frente a la tapia del cementerio. Entre los muertos está el padre de su amigo Pau, que decide vengar esta muerte enfrentándose al hijo

de quien lo ha asesinado. Manuel y Andreu le acompañan y son testigos mudos de una lucha en la que Pau acaba matando al otro niño.
Pau, trastornado, se suicida echándose a un pozo. Manuel y Andreu
se separan, pero es como si el hecho de compartir en secreto un pe-
cado les uniera para siempre. Diez años más tarde, Manuel (Bruno
Bergonzini) y Andreu (Roger Casamajor), ya adultos, se reencontra-
rán en un sanatorio para tuberculosos. En este lugar, los dos amigos
afrontarán su enfermedad de diferente manera: Andreu ignorando la
enfermedad y Manuel, refugiándose en la religión para evadirse de
una muerte que siente próxima. Poco a poco la postura religiosa
de Manuel frente al mundo entra en crisis al descubrir que lo que
siente por su amigo es algo más que amistad. Finalmente, las luchas
interiores aflorarán de manera violenta, ya que la relación acaba con
una violación medio consentida en la que Manuel mata a Andreu.

El film de Agustí Villaronga es de inusitada dureza, que tiene
como temas principales la muerte y la religión. Según palabras del
propio Villaronga, la religión no es tratada desde el punto de vista
institucional, «sino como una actitud ante la vida en respuesta al
enigma que es la propia existencia y que la película explora a través de posturas encontradas. Por otra parte, la muerte, no tratada
en forma abstracta sino como una plaga sistemática que elige y
mata desde el mismo cuerpo que da la vida y que, además, actúa
sobre personas muy jóvenes, personas que se abren a la vida».[22] Por
esta razón, la luz tiene una importancia fundamental, sobre todo
en la parte ambientada en el sanatorio. A medida que la enfermedad consume los cuerpos de los protagonistas, poco a poco ad-
quieren más importancia las tonalidades grises.

Análisis de *Libertarias*

Libertarias (Vicente Aranda, 1996) se inicia con los siguientes
rótulos que pretenden situar cronológicamente al espectador:

— «18 de julio. El Ejército español se subleva contra el Gobierno de la República.»
— «19 de julio. En Barcelona y en Madrid el ejército es derrotado gracias al esfuerzo heroico del pueblo.»
— «20 de julio. Las masas reclaman un estado revolucionario.
El gobierno legal es incapaz de controlar la situación.»

---

22.   Extraído del folleto editado con motivo del estreno del film, en marzo del
2000, en la sala Icaria-Yelmo de Barcelona.

— «21 de julio. Ha comenzado la Guerra Civil española, la última guerra idealista, el último sueño de un pueblo volcado hacia lo imposible, hacia la utopía.»

Con estos anacronismos se inicia el film. Para empezar, la sublevación militar tuvo su origen el día 17 en el África española. Segundo, las insurrecciones de Madrid y Barcelona no fueron totalmente neutralizadas hasta el día 20. Otra cuestión es el eterno dilema de si la victoria republicana en estas ciudades se debió exclusivamente a los sindicatos o no. Hemos de recordar que los guardias de asalto se mantuvieron fieles en todo momento a la legalidad republicana. Lo que está claro es que el poder gubernamental se vio desbordado por los acontecimientos. Por ejemplo, los logros efectivos de los anarquistas en la represión de la revuelta militar en Barcelona influyen decisivamente en el rumbo político del Gobierno de la Generalitat. En un principio, esta institución creó las llamadas Milicias Ciudadanas de Cataluña, pero la presencia armada de los sindicatos, esencialmente los anarcosindicalistas —que habían conseguido un gran número de armas tras entrar en los arsenales de los diversos cuarteles—, las convierten en el Comité Central de Milicias Antifascistas, que actúa en paralelo y con mayor fuerza que la propia Generalitat.

La importancia de la película de Vicente Aranda[23] radica en mostrarnos que la Guerra Civil española no solamente fue un conflicto de hombres, ya que algunas mujeres también tuvieron su protagonismo luchando como milicianas. El film se inicia con el estallido de la revolución en Vic, localidad cercana a Barcelona. Unas monjas huyen del convento antes de que sea asaltado por los incontrolados. María, una novicia, se refugia en un burdel, donde irrumpen unas milicianas con la intención de liberar a las prostitutas. María se une a las milicianas y participará en la lucha armada. El film de Aranda se muestra a favor de las personas —en este caso seis mujeres— que intentaron hacer su propia revolución.

Las protagonistas de la película reclaman ir a luchar como los hombres porque una vez ganada la guerra también querían estar presentes en el nuevo orden social naciente y no quedar al margen. Precisamente, éste es el punto más interesante de la película: el de unas personas que, aunque por un corto espacio de tiempo, tocaron con las manos esta utopía. Sirvan como ejemplo las palabras que Pilar (Ana Belén) dice cuando estalla la guerra: «Somos anarquistas, somos

23. *Libertarias* significó la primera incursión de Aranda en el tema sobre la Guerra Civil española. Sobre la filmografía de este director, cfr. Colmena, Enrique, *Vicente Aranda*, Madrid, Cátedra, 1996.

libertarias, pero también somos mujeres y queremos hacer nuestra revolución. No queremos que nos la hagan ellos [los hombres]. No queremos que la lucha se organice a la medida del elemento masculino porque si dejamos que sea así estaremos como siempre, jodidas. Queremos pegar tiros para poder exigir nuestra parte a la hora del reparto. En estos momentos, el corazón no nos cabe en el pecho y sería un desatino quedarnos en casa haciendo calceta. Queremos morir como hombres, no vivir como criadas.» En este sentido, el fusil representa el poder para las mujeres porque significa poder implantar sus ideas. Por eso lucharon contra los nacionales y los republicanos, perdiendo contra ambos por defender los ideales anarquistas y el de las mujeres. En este sentido, el líder anarcosindicalista Buenaventura Durruti aparece en el film ordenando la retirada de las mujeres de los frentes. En este momento surge la contradicción del movimiento anarquista, que quería la libertad absoluta del individuo. Esta película es una crónica de cómo toda revolución acaba devorando a sus hijos; en el caso de *Libertarias,* a sus hijas.

Lo que sucede con *Libertarias* es que una vez visionada parece como si todas las mujeres hubieran querido ir a luchar, cuando la realidad es que fue una pequeña minoría. Vicente Aranda muestra que en el orden de las revoluciones que dirigieron los anarquistas, la primera en ser abortada fue la que lideraron algunas mujeres. Mujeres con un sentido de autocrítica e independencia enorme, pero que no fueron tan numerosas como pretende dar a entender Aranda. Pilar pertenece a la organización *Mujeres Libres* y recluta milicianas para ir a combatir. Para ella, la bandera anarquista representa tanto la lucha —el rojo— como la oscuridad del espíritu humano —el negro—. *Mujeres Libres* fue una entidad anarquista que existió en la realidad[24] y llegó a agrupar a alrededor de 20.000 mujeres españolas, que dirigieron durante la década de los treinta escuelas de alfabetización para mujeres u organizaron conferencias y actos culturales.

Se puede afirmar que durante la Guerra Civil se revisaron los esquemas tradicionales que hacían de la mujer una persona casi marginada de la vida pública. En parte, ello se produjo por la propia dinámica del conflicto bélico y, principalmente, por las propias mujeres que estaban agrupadas en organizaciones o asociaciones, absolutamente impensable unos años antes. La incorporación de algunas mujeres a los frentes se produjo en las primeras semanas

24.   Para una mejor estudio de esta organización, *vid.* Nash, Mary, «*Mujeres Libres*», *España 1936-1939,* Barcelona, Tusquets, 1975. Esta misma historiadora es la autora de *Rojas. Las mujeres republicanas en la Guerra Civil,* Madrid, Taurus, 1999.

de la guerra, siguiendo la ola revolucionaria que había en el bando republicano. Pero esta actitud no fue muy bien recibida por algunos dirigentes de izquierda por considerarla más utópica que efectiva. En definitiva, la presencia de la mujer en los frentes de guerra no duró mucho porque el Gobierno republicano inició un esfuerzo propagandístico para convertir a la mujer en la responsable de la retaguardia. Una muestra de este cambio lo encontramos en las conclusiones finales que se aprobaron en el Primer Congreso de la Mujer Antifascista, celebrado en Barcelona entre el 6 y 8 de noviembre de 1937: incorporación de la mujer al trabajo de la retaguardia para contribuir a la victoria de la causa republicana.

Por lo que respecta al cine realizado por los republicanos durante la guerra, destacan las pocas imágenes rodadas sobre la mujer en el frente; y es que las películas se utilizaron para destacar el papel de la mujer en la retaguardia. En *Reportaje del movimiento revolucionario de Barcelona* (Mateo Santos, 1936), documental producido por la CNT y rodado en las calles de Barcelona a partir del 19 de julio, aparece una breve secuencia en la que se observa a unas milicianas dirigiéndose en unos camiones al frente de Aragón. Precisamente, de este documental se utilizan unas imágenes que aparecen en los títulos de crédito del inicio de *Libertarias*. En cambio, en *La mujer y la guerra* (Mauricio A. Sollín, 1938), producido por Film Popular, productora afín al PCE, se indica que al principio de la guerra algunas mujeres combatían en las primeras líneas de fuego pero que después tuvieron que ocupar en la retaguardia los puestos de trabajo que habían dejado los hombres. Mientras el locutor comenta que «los más rudos trabajos ayer reservados a los hombres los realiza hoy el sexo pretendido débil», se ven unas imágenes de mujeres trabajando en talleres, fábricas, etcétera. El símbolo de la mujer antifascista está representado por Dolores Ibárruri, *La Pasionaria*. Sobre esta dirigente comunista se han realizado diversos documentales, pero posiblemente *Dolores* (José Luis G. Sánchez y Andrés Linares, 1980) sea el más representativo. Este film, más allá de ser un documento de reflexión política, recoge las imágenes más personales e íntimas. *La Pasionaria* defendió, desde la retaguardia, los ideales del PCE con un poder de comunicación excepcional.

Pero volviendo a *Libertarias*, el resultado final está resuelto con artesanía. En conjunto, *Libertarias* es una película perfectamente ambientada cuyos exteriores fueron rodados en Barcelona, Vic (Barcelona), Colmenar Viejo (Madrid), Toledo, Aranjuez (Madrid), Calaceite (Teruel), Mas Labrador-Valjunquera (Teruel), La Fresneda (Teruel), Albalate del Arzobispo (Teruel), Alcañiz (Teruel) y Morata de Tajuña (Madrid). Exhibe un estilo narrativo fluido y continuo en el que la composición formal alcanza niveles visuales muy elegantes: ambientación, vestuario, extras, etc. El formato cinemascope permite describir una serie de acciones narrativas que un formato más pequeño no lo ofrece. A destacar dos escenas multitudinarias: la salida de los anarquistas de Barcelona en la plaza Real hacia el frente de Aragón; y la que se produce en la plaza Mayor de Vic cuando se queman varios objetos religiosos —entre ellos las pinturas que Josep Maria Sert pintó para la catedral de esta población— y otros documentos —como, por ejemplo, los del Registro de la Propiedad—. Esta última escena es de tal verismo que reproduce perfectamente las manifestaciones de este signo que tuvieron lugar en diversos lugares de la retaguardia republicana durante los primeros días de la guerra. Mientras arden todos estos elementos ante el entusiasmo de los presentes se escucha la voz del líder anarquista Buenaventura Durruti a través de un altavoz conectado a una emisora radiofónica. Durruti pronuncia la siguiente arenga: «En estos momentos históricos, en estas horas decisivas, multiplicados por el furor y el entusiasmo, los bravos hombres del pueblo, que han reducido al ejército en Barcelona, se disponen a marchar sobre Zaragoza en auxilio de sus hermanos aragoneses. La voluntad soberana de unas masas que todo lo pueden, cuando van unidas y agigantadas por la decisión de triunfar, influirá en los destinos del mundo. El 19 de julio marcará el comienzo de una nueva era. La faz del pasado ya no existe. Estamos gestando, entre ríos de sangre, una España nueva.»

La narración de la película se produce a través de la fuerza y el carácter de las anarquistas que lucharon en el frente de Aragón. Vicente Aranda extrae el mejor partido de un reparto de actrices encabezadas por Ana Belén, Victoria Abril, Loles León, Ariadna Gil y las menos conocidas Blanca Apilánez y Laura Mañá, que demuestran que hay una buena cantera de actrices. Aranda ha abandonado el erotismo, presente en la mayoría de sus obras, y se ha trasladado al verano de 1936. De todas formas, el director ha incluido alguna escena de este género —por ejemplo, durante la extracción de unas muestras de orina de unas mujeres—, mostrando la obsesión que tiene por este tema. Imágenes de lo más gratuito porque la trama no lo requiere.

Libertarias no es una película que se vea como un simple entretenimiento. Es dolorosa porque muestra un aspecto convulsivo de la historia española, pero que se cuenta desde un punto de vista diferente al que estamos acostumbrados. En cierto modo, esta película es una terapia, ya que supone rescatar del olvido aquellos aspectos desconocidos que pueden enriquecer nuestro presente y ayudarnos a entender el pasado. De hecho, son muy pocos los directores españoles que han tratado en su obra la Guerra Civil. Una de las pocas excepciones sería la filmografía de Jaime Camino con distintos títulos, tal como se ha podido comprobar anteriormente. Sobre este escaso interés de la cinematografía española por nuestro conflicto bélico, Aranda afirma que el olvido y la autocensura sobre este tema «fue una necesidad provocada por el consenso de la transición. Fue una decisión que a mí siempre me pareció equivocada, que nunca me la he aplicado a mí mismo, pero que fue democrática».[25] La verdad es que este film causó un impacto sobre la vena emocional de los espectadores, al igual que un año antes lo causó *Tierra y Libertad* de Ken Loach —como comprobaremos en el siguiente capítulo—, sobre todo teniendo en cuenta que está hablando de un pasado inmediato que ha influido enormemente, y todavía sigue influyendo, en la vida de los españoles.[26]

La presente película es un proyecto acariciado por el propio realizador desde hacía aproximadamente 14 años. El guión, escrito por Aranda y Antonio Rabinad, está basado en un argumento de Vicente Aranda y el desaparecido crítico José Luis Guarner. La película está dedicada a la memoria de José Luis Guarner, hijo del coronel de Estado Mayor José Guarner y sobrino del coronel de Infantería Vicente Guarner, ambos exiliados al concluir la Guerra Civil española. Pero el guión de la película no profundiza en algunos aspectos. Por ejemplo, cuando se ordena a las mujeres que abandonen el frente (de Aragón), en un principio dicen que no, pero después, mientras recapacitan sobre dónde se reincorporarán cuando estén en la retaguardia —no se explican los motivos que les llevan a cambiar de opinión—, son asesinadas, no por los propios anarquistas sino por los soldados franquistas. Mueren, de forma salvaje, en manos de las tropas moras. De esta manera su figura queda más mitificada. Al respecto, se ha de comentar que las tropas africanistas no estaban en el frente de Aragón durante el verano de 1936 sino en otra zona. En octubre de 1936 se inició la ofensiva del

25.   García, R., «Aranda: "Sólo yo podía hacer *Libertarias*"», *El País* (12-4-1996), p. 34.
26.   Una muestra son las polémicas históricas, éticas y políticas que se produjeron a partir del estreno de las películas *Tierra y Libertad* y *Libertarias* y que aparecieron en la revista *L'Avenç*. Aguilar, P., «Romanticisme i maniqueisme en la guerra civil: de *Tierra y Libertad* a *Libertarias*», *L'Avenç*, n.º 204 (junio 1996), pp. 66-70; Alba, V., «El maniqueisme de l'antimaniqueisme», *L'Avenç*, n.º 205 (julio-agosto 1996), pp 9-10; Álvarez Junco, J., «La idealització de la guerra», *L'Avenç*, n.º 205 (julio-agosto 1996), pp. 12-15; y Jackson, G., «Entorn de l'idealisme durant la guerra civil», *L'Avenç*, n.º 205 (julio-agosto 1996), p. 11.

Ejército nacional para conquistar Madrid. El coronel José Enrique Varela tuvo a sus órdenes a los efectivos africanos —alrededor de 10.000 hombres—, además de falangistas, requetés y soldados regulares. El motivo de este error se puede comprender cuando se comprueba que *Libertarias*, una película que trata un tema histórico, no tiene ningún asesor sobre el tema. Sobre este aspecto, el propio Aranda fue honesto cuando comentó: «En su día, en la primera elaboración del guión, hicimos uso de un material informativo muy voluminoso, pero a partir de un determinado momento he preferido olvidarlo, no he querido saber qué es lo que correspondía a una realidad documental y qué es lo que era simplemente invención o, si se quiere, interpretación de unos hechos.»[27] Esta claro, pues, que la película es una reconstrucción novelesca y por lo tanto se ha traicionado el hecho histórico. Por ello, a pesar del anacronismo de la escena de las tropas moras, ésta sirve para mostrar la brutalidad que empleaban en muchas ocasiones contra el enemigo.

Si bien el papel que interpreta Victoria Abril (Floren) refleja el ideario anarquista porque cree que el individuo es todo y el estado nada, no queda muy claro cómo una novicia, Ariadna Gil (María), pasa a convivir con unos anarquistas. Por cierto, en un momento determinado del film, Floren se cree poseída por el espíritu de Mateo Morral —el anarquista que lanzó una bomba contra Alfonso XIII el día de su boda con Victoria Eugenia de Batenberg el 30 de mayo de 1906—, quien dice que murió en el garrote vil. La verdad es que Morral se suicidó al comprobar que iba a ser detenido. En cambio, el papel de María resta credibilidad a la película y aquí se encuentra uno de los grandes problemas de *Libertarias*. El personaje encarnado por Ariadna Gil no resulta del todo creíble, ya que cuesta comprender cómo pasa de abrazar la palabra de Dios a Kropotkin sin ningún tipo de problema. En la película se transmite el mensaje que el anarquismo es un neocristianismo sin tener en cuenta que uno de los emblemas de los ácratas es: «Ni Dios, ni amo ni patria.» «María —según Vicente Aranda— cree que las fórmulas que defienden las milicianas son cristianas también, incluso con unos deseos más puros y más nobles de renovación en favor de la sociedad.»[28] Por ello, a más de una persona le puede resultar chocante ver en el film cómo unos anarquistas no se acobardan en matar a un sacerdote y sí en cambio de sacrificar a un cordero para comer.

27. Cit. en *Press book* del film.
28. Muñoz, D., «Entrevista a Vicente Aranda», *La Vanguardia* (14-4-1996), p. 58.

En la película de Aranda aparece un personaje que sí existió realmente. Es el cura secretario de Durruti que interpreta Miguel Bosé y que está basado en mosén Jesús Arnal, cura de Candasnos, en la provincia de Huesca.[29] En una escena, que sirve para entender el motivo por el que colabora con los anarcosindicalistas, María le pregunta qué tiene que hacer y él le responde: «Esperar. No hagas nada. Cumple simplemente con lo que te manden. Yo les ayudo porque Jesús, tu amo, ha dicho bien claro que los pobres son sagrados en su locura.» El cura secretario intenta convencer a las milicianas de la necesidad de organización y quiere que dejen el frente para que se dediquen a otras labores en la retaguardia. En realidad, sólo transmite las decisiones de Durruti porque este último opina que entre las mujeres hay más bajas por purgaciones que por balas del enemigo. Algunos autores, como José María Gironella, mencionan este episodio. Gironella narra en su novela histórica *Un millón de muertos* que estas mujeres fueron concentradas en la estación de Binéfar (Huesca), siendo fusiladas por el mismo Durruti.[30] Varios testimonios presenciales, incluido el propio mosén Jesús Arnal, niegan este hecho.[31] En este sentido, Jaume Miravitlles —jefe del Comisariado de Propaganda de la Generalitat de Catalunya— manifestó en el documental *La vieja memoria* (Jaime Camino, 1977) que la prostitución desapareció de Barcelona durante las primeras semanas de la guerra, ya que muchas prostitutas se hicieron milicianas y se fueron al frente. Miravitlles recordó que «Durruti fue terminante. Cuando se enteró de que había milicianas que eran prostitutas les dijo: *Os vais del frente u os fusilo a todas.* Y a partir de aquel momento, la prostitución volvió a tomar, digamos, su forma normal, aunque modificada, en virtud de las nuevas... de la nueva ética revolucionaria. Por ejemplo, se sindicaron».

29.   Mosén Jesús Arnal recordó sus experiencias durante la guerra en el libro *Por qué fui secretario de Durruti* (Andorra la Vella, Mirador del Pirineu, 1972). Sobrevivió a la guerra y después continuó siendo cura; lo que hace suponer que estaba bien protegido de las represalias que hubo después del conflicto civil o que fue un colaboracionista con las autoridades franquistas.
30.   Gironella, José María, *Un millón de muertos*, 16.ª ed., Barcelona, Planeta, 1966, pp. 260-261.
31.   Arnal, Mosén Jesús, *op. cit.*, p. 102. Antoni Espí Munné y José Moretones, componentes de la Columna Durruti, afirmaron en la sección de opinión de cartas al director de *La Vanguardia* —el 10 y 19 de mayo de 1996, respectivamente— que este suceso nunca se produjo. Por cierto, el estreno de *Libertarias* desató una polémica en la prensa española que enriqueció el debate historiográfico. Las 22 cartas aparecidas en *La Vanguardia* fueron reproducidas, por orden de aparición de cada una de ellas, en *Film-Historia*, vol. VI, n.º 3 (1996), pp. 300-309.

LA GUERRA CIVIL ESPAÑOLA: CINE Y PROPAGANDA

Uno de los aciertos de la obra de Vicente Aranda es la inclusión del personaje de Buenaventura Durruti —muy bien interpretado por Héctor Colomé—, que aparece en tres ocasiones y que ya había aparecido antes en un film español de ficción.[32] Aranda rodea las intervenciones de Durruti de un cierto misticismo. Su rostro casi nunca se puede ver claramente, ya que, o bien predominan los tonos oscuros, cuando el personaje interviene en un primer plano, o si es en una escena en la que está alejado de la cámara aparece su figura muy difuminada o de espaldas.

Durruti, figura mítica del anarquismo español, fue una de las personas que contribuyeron a abortar la sublevación militar en Barcelona. Inmediatamente después salió al mando de las columnas que partieron hacia Zaragoza, que no alcanzó a conquistar. A su paso se fue implantando por tierras aragonesas el anarcosindicalismo, tan discutido como expresión social. Precisamente, la primera intervención en la película de Durruti en persona es durante una charla con unos periodistas y que permite saber su posicionamiento ideológico.

— Periodista estadounidense: «Camarada Durruti, a los lectores del *New York Herald* les gustaría saber si ustedes los anarquistas se consideran a las órdenes del Gobierno o si por el contrario están enfrentados a él.»

— Durruti: «Se trata de aplastar para siempre al fascismo y ello si hace falta a pesar del Gobierno. Tal vez un día no lejano, este mismo Gobierno tenga necesidad de los militares rebeldes para destruir el movimiento obrero. Luchamos por la revolución. No esperamos ayuda de nadie. Les mostraremos a ustedes los bolcheviques rusos —dirigiéndose a un periodista soviético— cómo se hace la revolución. En su país hay una dictadura. En el Ejército Rojo hay coroneles y generales, mientras que en mi columna no hay jefes ni subordinados. Todos somos soldados. Yo también soy un simple soldado.»

— Periodista soviético: «Se acusa a los hombres de su columna de haber caído en un cierto desorden; caos, dicen algunos. Los militares profesionales tienen dificultades para hacerse respetar. ¿Y usted qué opina?»

---

32. Antonio Iranzo interpretó el papel de Buenaventura Durruti en la película española *Memorias del general Escobar* (José Luis Madrid, 1984). En el extranjero, la figura de Durruti ya había sido encarnada en alguna película de ficción. Tal es el caso de *Fedöneve: Lukacs* (Manosz Zahariaszy y Köö Sándor, 1976), un largometraje coproducido por Hungría y la URSS. Es la biografía del que fuera comandante de la XII Brigada Internacional, Pavel Lukacs, a partir del mes de noviembre de 1936.

— Durruti: «Los burgueses siempre tienden a identificar la libertad con el caos. Hemos organizado el entusiasmo, no la obediencia. Cada hombre, cada mujer es responsable ante sí mismo y ante los demás. Ésa es nuestra fuerza. Nosotros los obreros estamos destinados a heredar la tierra.»

— Periodista estadounidense: «Con toda seguridad será un triunfo muy costoso. Descansarán sobre un montón de ruinas.»

— Durruti: «No tenemos miedo a las ruinas. Los obreros hemos construido los palacios y ciudades de España y de América. Podemos volver a hacerlo. La burguesía podrá hacer saltar en pedazos su mundo antes de abandonar el escenario de la historia, pero nosotros llevamos en el corazón un mundo nuevo y ese mundo crece a cada instante. Está creciendo ahora mientras hablo con ustedes.»

Con ocasión de la presentación de esta película dentro del curso *Cinema i Història: qui depèn de qui?*, celebrado en el Museu d'Història de Catalunya entre el 6 de octubre y el 14 de diciembre de 1998 y coordinado por Lluís Bonet Mojica —periodista y crítico de cine de *La Vanguardia*—, le pregunté a Vicente Aranda[33] si el periodista de los Estados Unidos estaba inspirado en la figura de Ernest Hemingway —ya que éste vino a España como corresponsal de guerra de la North American News Alliance—. Me respondió que no, pero que el periodista soviético estaba inspirado en la figura de Mijail Koltzov.[34] Aranda me dijo que la única similitud entre la obra de Ernest Hemingway y su película es que las dos protagonistas de *Libertarias* se llaman igual que los dos personajes femeninos de *Por quién doblan las campanas*: Pilar y María.

La fama incorruptible de Durruti, su vida activista y su muerte en los alrededores de Madrid en noviembre de 1936 hicieron que su figura se convirtiera pronto en un mito. Hablando de su integridad, en el film dice a sus hombres en un debate sobre la militarización o no del Ejército republicano: «No creo que ninguno de vosotros pueda poner en duda mis convicciones. Pues bien, yo os digo que si es necesario implantaremos una disciplina de hierro. Estoy dispuesto a renunciar a todo menos a la victoria.»

33. Su intervención tuvo lugar el 2 de noviembre dentro de la sesión *Cine e historia inmediata: la Guerra Civil. ¿Cómo afrontar el tema?*

34. Mijail Koltzov fue corresponsal de *Pradva* en la España republicana. Participó en el Segundo Congreso Internacional de Escritores para la Defensa de la Cultura celebrado en julio de 1937. Como consecuencia de las purgas estalinistas fue ejecutado en 1941.

CAPÍTULO 8

LAS PELÍCULAS DE FICCIÓN III.
LA CINEMATOGRAFÍA EXTRANJERA:
TIERRA Y LIBERTAD (1995)

En el presente capítulo —como hicimos en los anteriores— sólo se comentan aquellos largometrajes de ficción estrenados en la gran pantalla en los que el argumento, o parte del mismo, transcurre durante la Guerra Civil española. Por tanto, no se citan aquellos films en los que uno de los protagonistas hace alguna referencia puntual al conflicto español una vez éste había finalizado. Tal es el caso, por ejemplo, de *The fallen sparrow* (Richard Wallace, 1943), donde se explican las aventuras de un ex brigadista con unos espías nazis a su regreso a los EE.UU. en 1940, después de haber escapado de una cárcel española en la que era torturado. Otra película de estas características es *Casablanca* (Michael Curtiz, 1943). El protagonista de este mítico film, Rick —papel interpretado por Humphrey Bogart— regenta durante la Segunda Guerra Mundial un café en esta población del Marruecos francés. En un momento determinado, Rick reconoce que, como fiel seguidor de las causas perdidas, combatió junto a los republicanos en el conflicto español. Por cierto, esta alusión fue suprimida por la censura franquista cuando la película se estrenó en España, en 1946; Rick pasó a ser un combatiente contra la anexión nazi de Austria, en 1938.

Asimismo, tampoco se citan aquellas películas que tienen como protagonistas a algún combatiente de la guerra española, pero cuya acción transcurre una vez ha finalizado ésta: *Popiol i diament* —Cenizas y diamantes— (Andrzej Wajda, 1958), *Jag är nyfiken* —Yo soy curiosa— (Vilgot Sjöman, 1967), *L'aveu* —La confesión— (Costa-Gavra, 1970), etc.

Comprobaremos que los argumentos de las películas que vienen a continuación presentan una de estas dos características: o el componente político del argumento es casi nulo porque, aunque la tra-

258 LA GUERRA CIVIL ESPAÑOLA: CINE Y PROPAGANDA

ma —en su totalidad o una parte de la misma— suceda durante el conflicto español, jamás se explicitan las razones ideológicas de sus protagonistas; o por el contrario, se produce una exaltación ideológica de uno de los bandos enfrentados en la guerra. El caso más evidente dentro del primer apartado es *Por quién doblan las campanas*, considerada como la película de ficción más conocida internacionalmente sobre la Guerra Civil española, vaciada de todo contenido y crítica política, a diferencia de la novela homónima escrita por Ernest Hemingway. En cambio, en los films producidos en la antigua República Democrática Alemana (RDA) que tienen como protagonistas a brigadistas se explica que estos combatientes, no sólo defendían la causa de la República española, sino que consideraban la guerra española como el primer paso para vencer al nazismo.

Del final de la Guerra Civil española a la conclusión de la Segunda Guerra Mundial

El escritor francés André Malraux, antes del estallido del conflicto español, había estado en Madrid como presidente del Comité Mundial Antifascista. A finales del mes de julio de 1936, Malraux creó la escuadrilla de aviación *España*, formada, en un principio, por tres aviones Potez-54 —obtenidos en Francia— que estaban mal equipados, ya que contaban con ametralladoras de la Primera Guerra Mundial. Dicha escuadrilla estuvo integrada en un inicio por pilotos franceses —más adelante habría norteamericanos, italianos, alemanes y algunos polacos—, alguno de los cuales, posteriormente, pasarían a pertenecer a las Brigadas Internacionales. A finales de 1936, André Malraux fue sustituido en el mando por Abel Guidez. Las últimas intervenciones de esta escuadrilla fueron en marzo de 1937 durante la batalla de Guadalajara.

Malraux, como piloto de guerra, participó en numerosas ocasiones. Sufrió un accidente, el 27 de diciembre de 1936, durante un plan de ataque con la finalidad de conquistar Teruel. Posteriormente, este episodio aparecería reflejado en su libro *L'espoir* (1937). A partir de este momento participó en diferentes actividades a favor de la República: en febrero de 1937 fue uno de los miembros de la Alianza de Intelectuales Antifascistas que viajó por los EE.UU. y Canadá, pronunciando varias conferencias y, en julio de ese mismo año, participó en Valencia en el Segundo Congreso Internacional de Escritores para la Defensa de la Cultura. André Malraux también formó parte del Comité Internacional de Ayuda al Pueblo Español con sede en París.

En diciembre de 1937 vio editada en Francia su novela *L'espoir*.[1] A principios de 1938, el escritor francés comenzó a adaptar a la gran pantalla una parte de su libro y tituló el film *Sierra de Teruel* y *Espoir*, en sus versiones castellana y francesa, respectivamente. Según Max Aub, durante el viaje que Malraux hizo por los EE.UU. en favor de la causa republicana, una organización liberal de ese país le había ofrecido «un circuito de 1.800 salas de espectáculos para una película dirigida por él. 1.800 cines, con un promedio de 2.000 entradas al día, son 3.600.000 espectadores (diarios)»[2]. Debido al bloqueo militar al que estaba sometida la República a través del Comité de no Intervención, la Subsecretaría de Propaganda del Ministerio de Estado del Gobierno republicano español se interesó en el proyecto y lo produjo, invirtiendo 750.000 pesetas y 100.000 francos franceses.[3] Esta actitud, por parte de las autoridades republicanas, demuestra la importancia que concedieron a la película como elemento de propaganda para sensibilizar la opinión extranjera. El Gobierno republicano no escatimó medios para que André Malraux pudiera realizar la película en las mejores condiciones posibles: poniendo a disposición del equipo de filmación vehículos; prestando material bélico —ametralladoras, aviones...—; etc.[4]

El guión, escrito por André Malraux y Denis Marion, estuvo basado en el tercer capítulo del libro escrito por el propio Malraux. Max Aub se encargó de la traducción al castellano. Aub y Marion fueron también ayudantes de dirección. El film se realizó entre julio de 1938 y enero de 1939 en diferentes poblaciones catalanas. Pero cuando se produjo la total ocupación militar de Cataluña por el Ejército franquista, en febrero de 1939, todavía quedaban algunas escenas por rodar. A partir de ese instante se filmaron en los estudios Joinville y en Villafranche de Rouergue las secuencias que quedaban para completar la película, gracias a la ayuda económica que André Malraux recibió de un amigo suyo, Edouard Corniglion-Molinier. El revelado y el montaje se

1. Malraux, André, *L'espoir*, París, Gallimard, 1937.
2. AUB, Max, Prólogo en Malraux, André, *Sierra de Teruel*, México, Era, 1968, p. 8.
3. Dato extraído de una carta de André Malraux a Sánchez Arcas, subsecretario de Propaganda del Gobierno republicano, fechada el 22 de julio de 1938. Cfr. *Archivos de la Filmoteca*, año I, n.º 3 (septiembre-noviembre 1989), p. 270.
4. *La Rambla* (18-11-1938). Para más información sobre el rodaje cfr. Crusells, Magí, «El filme *Espoir/Sierra de Teruel*, de Malraux, ejemplo de propaganda cinematográfica», *Historia y Vida*, n.º 349 (abril 1997), pp. 109-117.

llevaron a cabo en el estudio Pathé de París. El primer pase privado del film fue en el cine Le Paris de la capital francesa a finales del mes de julio de 1939 y contó con la asistencia de Juan Negrín, presidente del Gobierno republicano en el exilio. Hacía tres meses que había finalizado la Guerra Civil española, por lo que el proyecto cinematográfico republicano más ambicioso no pudo cumplir su función propagandística. En septiembre de 1939 fue prohibido su estreno por el Gobierno francés para evitar las protestas del general Franco. La primera exhibición pública en Francia no se hizo hasta junio de 1945 en el cine Max Linder de París. En España no se estrenó públicamente hasta el 28 de enero de 1977 en la Fundació Miró de Barcelona. Esta reconocida obra maestra de André Malraux obtuvo el Premio «Louis Delluc» del año 1945.

La versión exhibida de *Sierra de Teruel* durante el verano de 1939 contenía una breve introducción de Edouard Corniglion-Molinier, el productor francés, en la que se contextualizaba la película. Los nazis, durante la ocupación de Francia en la Segunda Guerra Mundial, no sólo destruyeron el negativo original de la película sino todas las copias que encontraron. Pero una copia *lavender* se pudo salvar por encontrarse ésta en una caja que por error llevaba el título de la película *Drôle de drame* (Marcel Carné, 1937).

Cuando se exhibió comercialmente la película, en junio de 1945, se cambió el título por *Espoir (Sierra de Teruel)*. El film fue subtitulado por Denis Marion; se añadieron siete textos explicativos —escritos por Marion— entre algunas escenas; se suprimieron algunas imágenes de la secuencia de la bajada de las víctimas y heridos por la montaña; y el prólogo de Edouard Corniglion-Molinier fue sustituido por una pequeña intervención de Maurice Schumann, presidente del partido democristiano Movimiento Republicano Popular, en la que se comparaba la lucha de los españoles republicanos con la de los franceses durante la Segunda Guerra Mundial. Todas estas modificaciones no fueron consultadas a André Malraux. La copia proyectada comercialmente en España no incluyó ninguna de las dos introducciones anteriormente comentadas.

En las versiones conservadas en la actualidad, los títulos de créditos de la película *Espoir (Sierra de Teruel)* están llenos de imprecisiones. Por ejemplo, la Subsecretaría de Propaganda del Gobierno republicano no aparece acreditada como productora; tampoco consta la actuación de los actores Josep Sempere y Pedro Codina; el escenógrafo valenciano Vicente Petit, responsable de los decorados del film, no consta; etc. La ficha técnica más completa hasta la fecha es la que fue publicada en la revista *Archivos de la Filmoteca* en 1989 gracias a la labor de investigación de la Filmoteca de la Generalitat Valenciana.[5]

Parte de la acción de *Sierra de Teruel* se centra en la destrucción de un campo de aviación y de un puente en poder de los nacionales, ambos situados en la provincia turolense. La escuadrilla aérea republicana que tiene que destruirlos está formada por combatientes internacionales: el comisario político francés Attignies (Julio Peña), el capitán alemán Schreiner (Pedro Codina), el musulmán Saidi (Serafín Ferro), el árabe Mercery (Nicolás Rodríguez), etc. El personaje de Attignies está inspirado en el capitán francés Bernier, que fue miembro de la escuadrilla *España* de André Malraux.[6] Todos ellos tienen un punto en común: la lucha antifascista. Según el propio Malraux, a él le era «profundamente indiferente ser comunista, anticomunista, liberal o lo que fuere, porque el único problema auténtico estriba en saber, por encima de las estructuras, bajo qué forma podemos recrear al hombre».[7]

Un campesino (José María Lado) informa al comandante Peña (José Sempere) que ha descubierto la situación de un aeródromo del enemigo. El comandante acepta la información y se prepara para realizar un ataque por sorpresa.

Existen algunas pequeñas diferencias entre el guión escrito en castellano por Max Aub y los diálogos que los actores recitaron durante la filmación de la película, porque éstos omitieron algunas palabras. Por ejemplo, cuando en el film el comisario político Attignies le pregunta al comandante Peña dónde está el material que falta a unos aviones, el segundo responde: «*¿La reserva? Hace seis meses que esperamos los motores.*» Sin embargo, el diálogo de esta escena, según el guión escrito en castellano por Max Aub, acentúa aún más las consecuencias del Comité de no Intervención,[8] que impedía obtener material de las democracias occidentales, ya que el comandante Peña responde con preocupación «*No Intervención*».

A continuación, como el campo de aviación republicano no posee iluminación, se opta por emplear faros de automóviles para en-

5. Cfr. *Archivos de la Filmoteca*, p. 49. En una carta que me remitió Elvira Farreras —una de las secretarias de André Malraux durante el rodaje español de *Sierra de Teruel*—, fechada el 7 de abril de 1997, me indicó que el único error de esta ficha era que el responsable de la foto fija no era Francisco Godes sino Emili Godes.

6. Castells, Andreu, *Las Brigadas Internacionales de la guerra de España*, Barcelona, Ariel, 1974, p. 45.

7. Malraux, André, *Antimemorias*, Barcelona, Círculo de Lectores, 1992, p. 9.

8. Cfr. *Archivos de la Filmoteca*, p. 125.

cuadrar el campo y conseguir, de esta forma, que los aviones puedan despegar. Una vez ha despegado, el avión consigue su objetivo, pero el enemigo consigue dañar el aparato. Por esta razón, el avión no consigue superar una montaña y se estrella ya en territorio republicano. Los habitantes del pueblo más cercano participan en las tareas de rescate. Una de las escenas más emotivas del film, por la solidaridad que transmite, es el descenso de la montaña de los voluntarios extranjeros junto con los campesinos transportando a las víctimas y heridos que han sufrido un accidente de aviación.

L'assedio dell'Alcazar (1940) es una coproducción entre Italia y España —estrenada en nuestro país como *Sin novedad en el Alcázar*—, dirigida por el italiano Augusto Genina, que recuerda uno de los episodios más mitificado y explotado por el franquismo: el asedio que sufrió la Academia de Infantería entre el 22 de julio y el 28 de septiembre de 1936. Anteriormente, el proyecto de llevar este episodio a la gran pantalla fue anunciado por la 20th Century Fox en 1936. Iban a interpretarlo Barbara Stanwyck y Robert Taylor bajo la dirección de Henry King. Al final, la idea no se llevó a cabo debido, se dijo, a las presiones por parte de los profesionales pro-republicanos que había en Hollywood.

Pero volviendo a la obra cinematográfica de Genina, la visión que se ofrece de los milicianos sólo es comparable a la de unos salvajes, ya que, por ejemplo, disparan durante una tregua y matan al novio de una de las protagonistas. El film se basa en la dicotomía: el orden y la disciplina de los martirizados y asediados, contra la anarquía y el caos de los indisciplinados y tiránicos anarquistas. En cambio, los militares republicanos son mostrados con más dignidad, como es el caso del comandante Vicente Rojo, ex profesor de la Academia, que fue el mediador enviado por el Gobierno de Largo Caballero, que prometió transmitir la petición de enviar un sacerdote, quien dio la absolución a los sitiados y a los familiares como personas condenadas a morir. Lo que no se cita en el film es el destino de los rehenes —unos 50— que se llevaron consigo los defensores al principio, y es de suponer que casi todos tuvieron un trágico final. Otro elemento que no coincide con la realidad es que cuando se muestra el Ejército nacional se obvia la presencia de las tropas moras. Además, éste llega de forma pacífica al Alcázar. La verdad fue muy diferente, ya que estuvo presidida por la violencia y la venganza. El teniente Noël Fitzpatrick, antiguo miembro del Ejército inglés que se enroló en la Legión española y participó en la conquista del Alcázar, escribió que, en represalia por el hallazgo de los cuerpos mutilados de dos aviadores del bando nacional, en los alrededores de Toledo, no se hicieron prisioneros al entrar en la ciudad, y que por la calle principal corría la sangre hacia las puertas de la población.[9] Los diálogos de la versión española fueron obra de Fernando Fernández de Córdoba, actor de cine, que se convirtió en la «voz» de los franquistas en Radio Nacional de España. Los asesores militares fueron los tenientes coroneles José Carvajal Arrieta y Ricardo Villalba Rubio. Fernández de Córdoba y Carvajal llegaron a entrevistarse con Benito Mussoluni durante una visita del *Duce* a los estudios Cinecittà en Roma.[10] La película tuvo un presupuesto de siete millones y medio de liras, una cifra muy elevada para la época. Los interiores se rodaron en los estudios Cinecittà, mientras que las secuencias de los bombardeos se realizaron a partir de maquetas, con exteriores en Toledo. El resultado es un film épico que exalta la hazaña franquista a partir de las tragedias personales de unos cuantos personajes seleccionados. El mismo Augusto Genina afirmó que su propósito al dirigir este film era «exaltar el heroísmo español ante el mundo».[11] Incluso comparaba su obra con *El acorazado Potemkin* (Sergei M. Eisenstein, 1925), pensando que el film de Eisenstein «turbó las masas, desviándolas de su justo camino», mientras que su película «servirá para afianzar en ellas los nobles ideales de la revolución e indicar, especialmente a los jóvenes, el camino a seguir. Patria, familia y religión operan el milagro del Alcázar. ¡Ojalá que las nuevas generaciones españolas comprendan que en este nuevo trinomio se basan la prosperidad, el porvenir y la grandeza de sus destinos futuros!».[12]

L'assedio dell'Alcazar —que obtuvo la Copa Mussolini en la Mostra de Venecia de 1940— ofrece la imagen de que el Álcazar fue prácticamente bombardeado y cañoneado de forma continua desde el inicio de la guerra, cuando la realidad es que lo fue de forma intermitente y mal coordinada por parte republicana. La intensidad sólo comenzó tres semanas antes de que llegaran las tropas franquistas. La decisión de minar los muros desde fuera no se tomó hasta mediados de septiembre, cuando el general Franco estaba a punto de enviar a sus tropas sobre la ciudad. *Sin novedad en el Alcázar* fue repuesta en los años sesenta en una versión que contenía algunos cortes y cambios para acomodarlos a las circunstancias políticas.[13]

9.   Extraído de un manuscrito escrito por Fitzpatrick cit. Thomas, Hugh (coord.), *La Guerra Civil española*, vol. 2, Madrid, Urbión, 1979, pp. 308-309.
10.   *Madrid* (17-1-1940).
11.   *Primer Plano*, n.º 146 (1-8-1943), p. 21.
12.   Genina, Augusto, «Por qué he realizado *Sin novedad en el Alcázar*», *Primer Plano*, n.º 3 (3-11-1940), p. 11.
13.   La copia que se conserva en la Filmoteca Española es la versión exhibida en nuestro país en los años sesenta.

Romolo Marcellini dirigió *L'uomo della Legione*, estrenada en España con el título *El hombre de la Legión*.[14] La trama cuenta cómo dos amigos, Pablo (Roberto Rey) y Mario (Mario Ferrari), se reintegran a la vida civil después de combatir en la guerra de Abisinia. Pablo se enamora de Ana, novia de Mario, pero no le confiesa su amor por fidelidad a su amigo. Pablo acepta con resignación esta situación hasta que se alista en la Legión extranjera para combatir en España y abandonar Italia. Ana, que también se ha enamorado de él, cree que su marcha se debe a que no desea casarse con ella. Pablo se distingue por su valentía en los combates. Durante un ataque republicano, él es herido de gravedad y trasladado a un hospital. Allí será atendido por un sacerdote al que Pablo le da una carta para que se la envíe a Ana. Cuando ella se entera de su situación, Mario, sacrificando su amor, consiente que Pablo y Ana se casen por poderes. Después de que Pablo se recupere de su lesión, regresa a Italia junto a su amada.

Otra producción de la Italia fascista es *Inviati speciali* (Romolo Marcellini, 1942). En esta ocasión se narra una relación amorosa iniciada en España. Marini (Otello Toso) es un periodista italiano que cubre la guerra española. En nuestro país conoce a Lidia (Dorothea Wieck), una extranjera de la que se enamora. Durante una contraofensiva republicana, él cae prisionero y es encarcelado. Lidia realizará una serie de gestiones para conseguir la libertad de Marini. Terminada la guerra, ella es acusada de ser una espía republicana. En esta ocasión, él intercede por su amada hasta que consigue su libertad. Cuando el protagonista le propone regresar juntos a Italia, ella desaparece. Al estallar la Segunda Guerra Mundial, el periodista es enviado al frente, donde encontrará a ella herida. Lidia acepta casarse con él, pero una serie de balas del enemigo provocará su muerte.

La producción soviética *Páren iz násheo góroda* (Alexei Stolper y Boris Ivanov, 1942) —cuya traducción castellana es *Un muchacho en nuestra ciudad*— permite seguir la historia de la Unión Soviética (URSS) desde la instauración del Gobierno de Stalin hasta el inicio de la Segunda Guerra Mundial. Tras la subida de Adolf Hitler al poder, la URSS vivió con bastante preocupación las ansias expansionistas de los nazis. Su participación en la guerra española fue un ejem-

14.   Los datos de producción de esta película no están suficientemente aclarados, ya que algunos autores apuntan que no es una película realizada sólo con capital italiano, sino que también tuvo participación española. Cfr. Amo, Alfonso del (ed. en colaboración con M.ª Luisa Ibáñez), *Catálogo general del cine de la Guerra Civil*, Madrid, Cátedra-Filmoteca, 1996, p. 549.

plo. El protagonista de este film es un oficial de carros de combate que es enviado a luchar a favor de la causa republicana. Su entusiasmo y valentía nada pueden hacer para impedir la victoria de los franquistas. La derrota republicana le supondrá un duro golpe del que podrá rehacerse cuando Alemania invada por sorpresa la URSS y este país luche con todas sus fuerzas contra la tiranía hitleriana. Esta película es una exaltación de los ideales patrióticos soviéticos. Conviene recordar que cuando se produjo este film los ejércitos alemanes avanzaban hasta las proximidades de Leningrado y Moscú.

For whom the bell tolls (Sam Wood, 1943), basada en la novela homónima de Ernest Hemingway, es sin lugar a dudas la más popular de las películas sobre la Guerra Civil española. La obra escrita fue empezada a finales de 1938, en el momento en que la suerte de la República estaba ya decidida, y se publicó en 1940. Cuando la derrota del bando republicano era un hecho, el novelista americano declaró con amargura que «la gran putada es no haber muerto de verdad, entonces, en aquella retirada».[15]

El personaje protagonista de *Por quién doblan las campanas* —título de la traducción española, tanto de la novela como de la película— es Robert Jordan. Jordan, profesor de literatura española en Montana, tiene un cierto parecido superficial con Robert Hale Merriman, maestro norteamericano de Economía procedente de una escuela superior de California.[16] Merriman, en un primer momento, fue nombrado jefe de la base americana situada en Tarazona de la Mancha entre el 5 abril y el 24 de mayo y, a continuación, director de la Escuela Militar Superior en Pozoblanco, entre el 25 de mayo y el 4 de agosto.[17] Después fue designado jefe del Estado Mayor de la XV Brigada Internacional entre el 4 de agosto de 1937 y el 7 de marzo de 1938. A partir de esa fecha y hasta el día de su muerte, a primeros de abril del mismo año, fue comandante de la misma brigada durante la defensa de Gandesa.[18] La mayoría de historiadores proporcionan el 1 de abril como la fecha en la que murió Robert Hale Merriman después de haber caído prisionero.[19] Según una carta que me envió el ex combatiente

15. Cit. Castillo-Puche, José Luis, *Hemingway, entre la vida y la muerte*, Barcelona, Destino, 1968, p. 70.

16. Cfr. Crusells, Magí, «Las Brigadas Internacionales en los filmes de ficción», *Historia y Vida*, n.° 321 (diciembre 1994), pp. 91-100.

17. Castells, Andreu, *op. cit.*, p. 458.

18. *Idem.*, p. 515.

19. Cfr. *Ibidem*, p. 496 y Landis, Arthur H., *The Abraham Lincoln Brigade*, Nueva York, Cita del Press, 1968, p. 464.

republicano Fausto Villar Esteban en 1995, Merriman falleció «el día 2 de abril frente a Gandesa, precisamente a 3 ó 4 metros de distancia de donde yo estaba apostado y también esperando morir de un momento a otro».[20]

En un principio, la productora de *Por quién doblan las campanas*, Paramount, consideró que el director podría ser Cecil B. De-Mille, pero cuando se dio la dirección a Sam Wood, éste quiso que la película fuera una coronación a su carrera. Wood era un buen artesano, conocido por haber dirigido a los Hermanos Marx en *Una noche en la ópera* (1935) y *Un día en las carreras* (1937), películas cimeras de los Marx.

El rodaje de *Por quién doblan las campanas* empezó en junio de 1943 y los exteriores se filmaron, hasta septiembre, en las montañas del norte de California, que tuvieron que ser acondicionadas como españolas tras un detallado estudio de la vegetación. Según Wood, «nunca tuve algo tan difícil; filmamos a una altura de tres mil metros, caminando entre pedruscos. Inclusive arrancamos flores silvestres y plantas verdes para evitar que el áspero paisaje se viera *bonito* en la cámara technicolor; pusimos algunos troncos viejos y nudosos en lugar de tales plantas. Además, con un pulverizador pintamos de oscuro las piedras para evitar que brillaran al sol. No nos conformamos con ir a la montaña; también la pintamos».[21] Entre octubre y noviembre se filmaron el resto de escenas en unos estudios.

Gary Cooper interpretó a Robert Jordan, a sugerencia del propio Hemingway, mientras que el papel de la protagonista, María, fue a parar a manos de Ingrid Bergman, que acababa de protagonizar *Casablanca*.

Aunque Dudley Nichols, el guionista, puso en la trama diversos elementos políticos de la novela, Hemingway manifestó que no habían quedado suficientemente resaltadas las profundas convicciones que llevaron a Jordan a dar su vida por los guerrilleros. Wood respondió que las cuestiones políticas se habían oscurecido, «porque es una historia de amor contra un trasfondo brutal».[22] Y es que en la película, a diferencia del libro, son casi nulas las referencias a la situación política española o a los motivos que llevan al protagonista a luchar a favor de la España republicana. Que Paramount escogiera a Sam Wood como director de *Por quién doblan las campanas* entraba en esa línea de vaciar la película de todo discurso político. Wood era una persona de

20. Carta fechada el 3 de julio de 1995.
21. Cit. Phillips, Gene D., *El cine de Hemingway*, México, Edamex, 1982, p. 55.
22. Cit. *ibidem*, p. 56.

ideología profundamente conservadora. Fue presidente de la Alianza Cinematográfica para la Preservación de los Ideales Americanos. En 1947 declaró ante el Comité de Actividades Antiamericanas creado por el Congreso de los EE.UU.

En la película, Robert Jordan recibe el encargo del general Golz para que dinamite un puente, en el momento en que debe iniciarse un ataque de los republicanos, con la finalidad de impedir la contraofensiva del Ejército nacional. El éxito de éstos se basa en la sorpresa del ataque. Jordan entra en contacto con un grupo de guerrilleros, entre los que está María, de la que se enamora. Los nacionales concentran fuerzas militares cerca del puente, por lo que Jordan decide enviar a Andrés, un joven guerrillero, con un mensaje para el general Golz. A pesar de las dificultades, Robert Jordan conseguirá destruir el puente, pero morirá a consecuencia de las heridas, ofreciendo su vida para que María y los guerrilleros salven las suyas.

Tras el personaje de Golz —que está al mando de la 35 División, que llevará el peso en la ofensiva— se esconde la personalidad del general Walter, perteneciente a las Brigadas Internacionales. El ataque, al que se hace referencia tanto en la novela como el film, es a la población de La Granja. Realmente, esta ofensiva existió y su objetivo era apoderarse de Segovia por sorpresa mediante una acción contundente. Finalmente no se consiguió. En *Por quién doblan las campanas* se narran tres días de estas acciones, desde el sábado 29 de mayo al martes 1 de junio. En el film también se omite que el plan de ataque fue preparado por el teniente coronel Vicente Rojo, «el profesor bonito que no tiene suerte con sus obras maestras».[23]

Una de las razones por las que el ataque republicano no tuvo éxito, claramente indicada en el film, se debe a la desconfianza, ignorancia y burocracia militar. Cuando Jordan envía a Andrés para que entregue un mensaje al general Golz para detener el ataque republicano, porque los nacionales lo han descubierto, éste tiene que enfrentarse a la desconfianza y burocracia de los oficiales republicanos. Desgraciadamente, el personaje de André Marty, jefe de las Brigadas Internacionales, no aparece en la versión que se exhibió comercialmente en los cines. En la primera versión que Sam Wood montó de la película, y que duraba alrededor de unos 30 minutos más que la que se estrenó en las salas cinematográficas, intervenía el personaje de André Marty. Éste sería el motivo por el que algu-

23. Hemingway, Ernest, *Por quien doblan las campanas*, Barcelona, Círculo de Lectores, 1971, p. 15.

nos autores citan en las fichas artísticas[24] de *For whom the bell tolls* a George Coulouris, interpretando a André Massart, cuando en las copias que se exhibieron tras su estreno el actor George Coulouris no aparece en los títulos de crédito. Cuando fue editada la novela de *For whom the bell tolls*, en 1940,[25] el personaje de André Marty apareció con su nombre real, pero en las ediciones francesas de la novela[26] figuró como André Massart. Posiblemente, esta postura fuera adoptada por el propio Ernest Hemingway o los responsables de la editorial gala, Éditions Heinemann et Zsolnay, para evitar problemas judiciales. Cuando la novela *Por quién doblan las campanas* fue publicada por primera vez en España en castellano, por la Editorial Planeta en 1968,[27] ésta incluía el nombre de André Marty porque la traducción se realizó teniendo en cuenta una versión inglesa. En cambio, cuando el libro fue editado en catalán, en 1971,[28] apareció el nombre de André Massart, ya que la traducción estaba basada en una versión francesa.

Hemingway, en su novela describe a Marty como un loco, que «tiene la manía de fusilar a la gente» porque «mata más que la peste bubónica. Pero no mata a los fascistas... mata a bichos raros. Trotskistas, desviacionistas, toda clase de bichos raros».[29] Conviene recordar que André Marty era conocido como «el carnicero de Albacete» por los métodos de coacción y castigo que empleaba contra sus subordinados.

Como se puede comprobar, la eliminación de todos estos elementos en la película provocó que el conflicto español quedara reducido a un plano muy secundario para destacar la relación amo rosa entre los dos protagonistas.

Ernest Hemingway no estuvo satisfecho con el resultado final de la película, diciendo que los guerrilleros parecían más «actores de cuarta clase de una producción de la *Carmen* de Georges Bizet o de una seudoespañolada hollywoodesca como *The mark of Zorro*

24.   Cfr. Katz, Ephrain, *The film encyclopedia*, Nueva York, Harper Perennial 1994, p. 298; Phillips, Gene D., *op. cit.*, p. 181; Ripoll Freixes, Enric, *100 película sobre la Guerra Civil española*, Barcelona, Cileh, 1992, p. 65.

25.   Hemingway, Ernest, *For whom the bell tolls*, Nueva York, Scribner Sons, 1940.

26.   Cfr. Hemingway, Ernest, *Pour qui sonne le glas*, París, Éditions Heine mann et Zsolnay, 1949, pp. 375-383.

27.   Hemingway, Ernest, *Por quién doblan las campanas*, Barcelona, Planeta 1968.

28.   Hemingway, Ernest, *Per qui toquen les campanes*, Barcelona, Aymà Proa, 1971.

29.   Hemingway, Ernest, *Por quién doblan las campanas*, p. 482.

no de un film serio sobre la Guerra Civil española».[30] De la misma forma, la escena de amor en que Robert y María se besan, se abrazan y se acarician en el interior de un saco de dormir, a Ernest Hemingway le pareció ridícula, porque el protagonista puede hacer el amor sin despeinarse ni sacarse la chaqueta.[31] Para contextualizar esta escena se ha de tener presente que en la década de los cuarenta el Código de Producción no permitía mostrar a una pareja en el interior de una misma cama, por lo que la escena de amor de la película se tiene que considerar como muy atrevida para su tiempo.

Por quién doblan las campanas, con un presupuesto aproximado de 200 millones de pesetas, se convirtió en el segundo film norteamericano más taquillero del año 1943. Paramount pagó alrededor de 150.000 dólares para adquirir los derechos cinematográficos de la novela, apenas tres días después de que ésta fuera publicada, lo que demuestra el interés que tenía la productora. La Academia de Hollywood la nominó con nueve Oscar —entre ellos, mejor película, actor y actriz principales, actor y actriz secundarios, dirección artística...—, aunque sólo Katina Paxinou, que encarna a una de las guerrilleras, consiguió la estatuilla como actriz secundaria.

José Díaz Morales —un periodista español que emigró a México en octubre de 1936— dirigió *Una gitana en México* (1943), en la que se explican las aventuras de unos refugiados españoles en este país centroamericano. La acción se sitúa en Sacro Monte, colina de Granada que es famosa por las cuevas de los gitanos que se abren en su ladera. Salustino Romero, alias *Faraón*, —papel interpretado por Ángel Garasa—, jefe de una tribu de gitanos, y su hija María Antonia (Paquita de Ronda), cantante y bailadora, el inicio de la guerra española les atrapa mientras están de fiesta. Meses después se embarcan como polizones rumbo a México. Ya en este país, se instalan en un modesto barrio. Ella vende lotería, mientras él se delica a la vagancia con sus nuevos amigos. Una serie de incidentes están a punto de arruinarlos, pero a última hora se solucionan. En ningún momento de la película se dislumbra la ideología política de sus protagonistas. Prueba de este contenido apolítico fue que las autoridades franquistas permitiesen su estreno en España, con el mismo título, en 1946.

The man from Morocco (1944) es una película dirigida por Mutz Greenbaum, bajo el seudónimo de Max Greene, que no se estrenó comercialmente en España. Fue emitida por Televisión Española (TVE) en 1992 con el título *El hombre de Marruecos*. El inicio de la

30. Cit. Phillips, Gene D., *op. cit.*, p. 56.
31. Cit. *ibidem*, p. 60.

historia está ambientado en 1939: un grupo de brigadistas, al mando está el teniente inglés Karel Langer (Anton Walbrook), se refugia en un palacio antes de cruzar la frontera con Francia. En la mansión descubren la presencia de una mujer, Manuela (Margaretta Scott), que en un principio muestra hostilidad hacia los hombres. Cuando éstos le demuestran que sus intenciones son buenas, ella cambia de actitud. Incluso nace una amistad entre Karel y Manuela. Poco antes de que él y sus hombres partan al día siguiente hacia Francia, Manuela le pide que le escriba. El éxodo republicano está muy bien ambientado en la película, ya que reproduce las diferentes escenas que se vivieron en la frontera francesa: colapso de gente, hambre y sufrimiento de las personas, entrega de las armas por parte de las personas que habían combatido por la República, etc. Posteriormente, Karel y la tropa son internados en un campo de refugiados. Las autoridades francesas les consideran prisioneros políticos y sólo serán puestos en libertad si obtienen un visado. Karel, con emoción, se dirige a sus hombres, y a modo de conclusión, tras haber combatido en España, les dice: «Muchachos, me habéis ayudado a no perder la fe en la humanidad. Si hombres de todos los credos y de todas las razas pueden estar unidos en pos de un ideal, no existe la derrota sino la victoria.» Con el estallido de la Segunda Guerra Mundial y la ocupación de Francia por los ejércitos de Adolf Hitler, Karel es trasladado a un campo de trabajos forzados en Marruecos, del que logra escapar y trasladarse a Londres. Karel, tras reintegrarse a la lucha contra los nazis, vuelve de nuevo a Marruecos en busca de Manuela, que se ha hecho amiga de Ricardi (Reginald Tate), un espía nazi. Finalmente, Karel desmonta la red de espionaje y se reencuentra con Manuela cuando ella estaba a punto de pasar al Marruecos español en compañía del espía nazi. Desesperado, Ricardi intenta asesinar a Karel y Manuela, pero es alcanzado mortalmente por las balas que disparan los compañeros de Karel.

The man from Morocco se tiene que clasificar dentro de las películas de propaganda de la Segunda Guerra Mundial realizadas en Inglaterra en su lucha contra la Alemania nazi. Su protagonista, el expresivo actor Anton Walbrook, ya había interpretado algunos papeles de «héroes» que se enfrentan a los nazis en films como *Los invasores* (Michael Powell, 1941), *Aquella noche en Varsovia* (Brian Desmond Hurst, 1941), *El coronel Blimp* (Michael Powell y Emeric Pressburger, 1943).

Confidential agent (Herman Shumlin, 1945) es una adaptación de una obra de Graham Greene y nos narra la misión de Denard (Charles Boyer), un pianista en funciones de agente secreto de la República, que tiene la misión de viajar a Inglaterra para procurar que unas reservas de carbón de este país no caigan en manos de los franquistas. En el trayecto conoce a Rose (Lauren Bacall), quien le ayudará a salirse airoso de los diferentes problemas que tendrá con los espías de la España nacional. En su factura, la película no destaca por su relevancia estética, ya que el argumento es de lo más convencional dentro del género. De todas formas, hay que señalar la presencia de Charles Boyer y Lauren Bacall, dos reconocidos antifascistas en el contexto de la Segunda Guerra Mundial. Por razones obvias, la película no fue estrenada en la España franquista. En su pase por TVE en los años ochenta se tituló *Agente confidencial*.

Del inicio de la Guerra Fría hasta la década de los sesenta

Luigi Zampa dirigió *Anni difficili* (1947), en la que se explica la colaboración de una humilde familia italiana con el régimen de Benito Mussolini por intereses laborales. Aldo (Umberto Spadaro) es un funcionario municipal en la zona de Sicilia. A consecuencia de las continuas presiones del alcalde se afilia al partido fascista y aconseja a su hijo Giovanni (Massimo Girotti) que se aliste en el ejército en su campaña por conquistar Abisinia. En 1936, Giovanni se presenta como voluntario, inducido por su padre, para participar en la guerra española. Como recompensa, Aldo es condecorado por la entrega de su familia a la Italia de Mussolini. Tras su regreso, Giovanni se casa, pero la entrada de su país en la Segunda Guerra Mundial, en 1940, le conducirá de nuevo a los campos de batalla: en África, primero, y después en la URSS, donde fallecerá. Tras la entrada de las tropas aliadas en Sicilia, el alcalde, en una maniobra política para conseguir la simpatía de los aliados, denuncia a Aldo por fascista. Éste será despedido de su empleo, encarando en la más absoluta miseria el futuro familiar.

Främmande hamn (Erik «Hampe» Faustman, 1948) es una producción sueca que se muestra favorable a la causa republicana. Su traducción al castellano es «Puerto extranjero». La acción está situada en plena Guerra Civil española y transcurre en el puerto de Gdynia (Polonia). Un barco cargado de conservas alemanas no llega a zarpar cuando los marineros descubren que en realidad lo que transportan son armas para el Ejército franquista. El capitán Greger (Adolf Jahr) se siente culpable por haber aceptado esta carga y decide denunciarlo a las autoridades, pero cuando va a hacerlo es asesinado por espías nazis. La policía obliga a los marineros a embarcarse, aunque la empresa naviera, intimidada por las consecuencias, renuncia a transportar la carga.

Darryl F. Zanuck había comprado a Ernest Hemingway los derechos de *The snows of Kilimanjaro* por 75.000 dólares y estuvo al cargo de la producción ejecutiva de la versión cinematográfica realizada en 1952, encargando a Henry King la dirección y a Casey Robinson que se ocupara de la producción y del guión —aunque éste sólo aparece en los créditos del film como guionista—. El argumento de la película está basado no sólo en el relato del mismo nombre, sino en otras obras de Hemingway como *A farewell to arms* [*Adiós a las armas*] y *The sun also rises* [*Fiesta*]. Por esta razón, Henry King recordó que cuando Hemingway visionó el film comentó que «había vendido a la Fox un cuento, no mis obras completas».[32] La trama de este film norteamericano está centrada en las vivencias de un escritor fracasado, llamado Harry Street —interpretado por Gregory Peck—, que ha contraído una enfermedad durante un safari en África. Mientras espera agonizando la llegada de un avión, junto a su esposa Helen (Susan Hayward), que lo transportará a un hospital, recuerda sucesos de su vida a modo de *flash-back*. Harry, durante su juventud, se enamoró de Cynthia —papel encarnado por Ava Gardner—, la cual acabará marchándose con un bailarín español por culpa de un malentendido. Posteriormente, Harry Street recibirá una carta de ella, remitida desde Madrid, pero que es destruida, en un ataque de celos, por una condesa que está enamorada del escritor. Harry se traslada a España e intenta contactar con Cynthia, con la única pista que ella trabaja para un centro médico conduciendo una ambulancia en la guerra española, por lo que él se alistará como soldado en el Ejército republicano. Al final, Harry halla a Cynthia de una forma bastante rocambolesca y mantienen su último encuentro romántico. Ella está herida de muerte a causa de las heridas sufridas por una granada que ha alcanzado la ambulancia que conducía. Cuando unos camilleros se llevan a Cynthia, Harry intenta seguirla, pero cae herido cuando un oficial republicano le dispara pensando que está desertando. Hospitalizado y desmovilizado, se va a París, donde se casará con Helen, una rica viuda. Harry nunca más volverá a ver a Cynthia. Según apunta Gene D. Phillips, en la película existen algunas metáforas visuales, como cuando «Harry halla a Cynthia agonizando en el campo de batalla, el humo y la flama que encienden las granadas que estallan a su alrededor señala que su relación está ya permanentemente destruida».[33] *Las nieves de Kilimanjaro* fue estrenada en España sin ningún tipo de problemas, ya que la escena de la guerra civil estaba vaciada de todo contenido político en 1953.

32. Cit. *ibidem*, p. 125.
33. *Ibidem*, p. 132.

Solange du lebst (1955), una producción de la República Federal Alemana dirigida por Harald Reinl y Joachim Bartsch, tiene como protagonista a Teresa (Marrianne Koch), novia de Juan (Luis B. Arroyo), capitán del Ejército nacional. Ella vive en un pueblo situado en la zona republicana. Un día, es derribado un avión pilotado por un alemán de la Legión Cóndor, Michel (Adrian Hoven). Teresa socorre a Michel, que está herido, y lo esconde en una cueva, evitando que caiga en manos de los republicanos. Un comisario de las Brigadas Internacionales sospecha de la actitud de Teresa y ordena que se controlen sus movimientos. El comisario consigue averiguar dónde está escondido el aviador, pero cuando está a punto de detenerlo, Teresa mata al comisario. Michel y Teresa se quedan en la cueva, mientras él le confiesa que está enamorado de ella. Al día siguiente, las tropas nacionales ocupan la población, provocando que ambos puedan salir de su escondite. De regreso al pueblo, Teresa vuelve junto a su primer novio por fidelidad. Seguramente, el aspecto más interesante de esta película, cuya traducción al castellano es *Mientras vivas*, es el propio reconocimiento de la presencia de aviadores nazis en el Ejército franquista durante la guerra.

Mich dürstet (Karl Paryla, 1956), cuya traducción es «La tierra tiene sed», es un film basado en la novela *Um spaniens freiheit* —«Por la libertad de España»—, publicada por Walter Gorrisch en 1946, y con guión del propio Gorrisch y del mismo director de la película, Paryla. En ella se narran las dificultades de unos campesinos para regar sus tierras, a causa de la arrogancia de un terrateniente que guarda para su uso personal el agua depositada en sus cisternas. Mientras esto ocurre, estalla la guerra civil. Los campesinos se alistan en el bando republicano para defender sus intereses. Walter Gorrisch fue oficial del Batallón Thaelman, ayudante de Ludwig Renn —jefe del Estado Mayor de la XI Brigada Internacional— y colaboró en la publicación *Pasaremos* —órgano de la XI Brigada—.[34] Gorrisch también escribiría el guión de otra película ambientada durante el conflicto español y de la que se hablará un poco más adelante, *Fünf patronenhülsen* (1960).

34. Albrecht, Günter *et al.*, *Lexikon deutschsprachiger schriftsteller*, tomo II, Hildesheim, Georg Olms Verlag, 1993, p. 232. Según este diccionario alemán, Gorrisch también colaboró en el guión del film *Königskinder* (1962). Por su parte, el historiador Carlos Fernández Cuenca cita en su obra *La guerra de España y el cine* la participación del ex brigadista Walter Gorrisch, aunque escribe erróneamente su apellido —Görrish—, en la película *Mich dürstet*. Cfr. Fernández Cuenca, Carlos, *op. cit.*, p. 424.

Wo du hingehst (Martin Hellberg, 1957) es también una película producida en la desaparecida RDA. Jack Rhode (Wolfgang Stumpf) es un antinazi que, junto con otros compañeros, se dedica a distribuir propaganda a los extranjeros que visitan Berlín con motivo de la X Olimpíada. Alertada de tal actividad, la Gestapo inicia una persecución contra ellos en la que Jack es herido por un disparo de bala. El azar le hace conocer a Thea Ricci (Gisela Trowe), una doctora suiza, que primero le cura, luego le protege y finalmente acabará enamorándose de él. Pero debido a la persecución de la Gestapo, Jack se ve obligado a emigrar a Francia. Poco tiempo después, ella va en su busca y cuando le encuentra, él está a punto de irse a España para participar en la guerra civil como voluntario de las Brigadas Internacionales. Thea, para no separarse de él, decide alistarse como doctora en las Brigadas. En territorio español, él en el frente y ella en la retaguardia, ayudarán a los españoles en su lucha contra el fascismo. Tras la derrota de la República, ambos se encuentran en un campo de concentración de refugiados instalado en Francia. Pero ella es expulsada, y regresa a Suiza con la esperanza de que algún día volverán los dos a encontrarse y formarán un hogar. Para Carlos Fernández Cuenca, «si se eliminan de este filme unas cuantas escenas de atrocidades atribuidas a los nacionales y que perturban el buen orden de la historia de amor, queda un relato limpiamente poético, a veces conmovedor y siempre noble y tierno. Por primera vez, la actuación de las Brigadas Internacionales en España sirve como base para una expresión lírica de sentimientos humanos eternos».[35] El título de la película puede traducirse por *Puesto que te amo*.

En *Leute mit flügeln* —cuya traducción es «Hombres con alas»—, asimismo producida por la RDA y dirigida por Konrad Wolf en 1960, se explica la historia de Erwin Geschonnek (Ludwig Bartushek), miembro del Partido Comunista alemán, de profesión mecánico de aviación, que, con el ascenso de Hitler al poder, abandona a su familia para trabajar en la clandestinidad porque se niega a contribuir al desarrollo de la aviación del Tercer Reich. Cuando estalla la Guerra Civil española se alista como voluntario de las Brigadas Internacionales, llegando a ostentar el cargo de comisario político. Finalizado el conflicto, viaja a la URSS y durante la Segunda Guerra Mundial regresa a Alemania como espía. Al ser descubierto, Erwin ingresa en un campo de concentración del que logrará sobrevivir. Acabada la guerra, se reúne con su hijo, y en la RDA volverá a ejercer su profesión, pero esta vez, según él, al servicio de la paz.

---

35. · *Ibidem*, p. 427.

Otro film producido por la RDA fue *Fünf patronenhülsen* —cuya traducción es «Cinco casquillos de bala»—, realizada por Franz Beyer en 1960. Su tema central es la participación de seis brigadistas en la Batalla del Ebro. Un comisario político y cinco soldados de las Brigadas Internacionales cubren la retaguardia de su batallón en retirada. El comisario político, mortalmente herido, ordena a los soldados que entreguen al Estado Mayor un mensaje. Prácticamente rodeados por el enemigo y con una gran escasez de víveres —sobre todo de agua—, tendrán que hacer frente a su misión. De los seis, cinco lograrán cruzar el río Ebro —el otro caerá abatido por el enemigo— y cumplir su objetivo. La Batalla del Ebro representó para la República el último intento militar para vencer al enemigo y para muchos especialistas está considerada como la más *moderna* y *europea* de la guerra española. Tal como hemos apuntado antes, el argumento y guión de *Fünf patronenhülsen* fue obra del ex brigadista Walter Gorrisch.

Italia y los EE.UU. coprodujeron *The angel wore red* (Nunnally Johnson, 1960). Al inicio de la guerra española, Alberto Correa (Dirk Bogarde), un sacerdote, sufre una crisis religiosa, abandonando el sacerdocio. Como en la ciudad en la que vive hay una feroz persecución religiosa, el ex sacerdote encuentra ayuda en Soledad (Ava Gardner), una prostituta. Al final ambos se enamoran. Mientras, otro sacerdote, Isidro Rota (Aldo Fabrizi), intenta proteger una reliquia de San Juan. El general republicano Clavé (Vittorio de Sica) desea recuperar la reliquia a través de Alberto. Éste, de forma inconsciente, lleva a los republicanos hasta el sacerdote Isidro Rota, el cual es martirizado para que diga dónde está el objeto venerado. La proximidad de los nacionales provoca que el general pierda el interés y ordene la evacuación. La mayoría de los prisioneros en poder de los republicanos son fusilados. Entretanto, Alberto entregará la reliquia a Soledad, pero ella fallecerá durante su escapada. La entrada de los nacionales salva a Alberto de la muerte y la recuperación de la reliquia, que Soledad había protegido con su vida, provocará que él reingrese de nuevo en la Iglesia.

A pesar de sus simpatías por la causa franquista, *The angel wore red* no fue estrenada en las salas cinematográficas de la España de Franco, ya que mostraba también los fusilamientos que practicaban los nacionales, aunque el capellán castrense conseguía aplazarlos momentáneamente, avisando que antes debían ser atendidos por un confesor. En su pase por TVE en los años ochenta se tituló *El ángel vestido de rojo.* Aunque su contrato con la productora Metro Goldwyn Mayer había concluido, Ava Gardner aceptó interpretar para esta productora esta película que iba a dirigir un viejo amigo suyo. Ava Gardner recordaba años más tarde no haber quedado muy satisfecha con esta película.[36]

En *La fête espagnole* (Jean-Jacques Vierne, 1961), el protagonista es un ucraniano nacionalizado francés, Michael Georgenko (Peter van Eyck), que en Collioure conoce a una periodista de los Estados Unidos, Nathalie Conrad (Dahlia Lavi). Juntos atraviesan la frontera hacia Barcelona en el otoño de 1936, pero él continúa hasta Albacete porque ha de incorporarse a su unidad como voluntario de las Brigadas Internacionales. Allí descubre la brutalidad y crueldad de la guerra: un compañero suyo ha perdido la vista debido a la explosión de una granada; y el fusilamiento, sin instrucción de causa, de unos prisioneros. Entonces, Georgenko deserta y se traslada a Barcelona para reunirse con Nathalie. Al intentar cruzar la frontera son detenidos y hechos prisioneros por los republicanos. Al día siguiente, mientras Nathalie descansa, a él le torturan y finalmente le fusilan. La película es ante todo la historia de amor de sus dos protagonistas, ambientada en los violentos primeros meses de la guerra en España.

En el balcón vacío (José Miguel García Ascot, 1962) es una producción independiente del cine mexicano que sólo se exhibió en los circuitos de cineclubes. A pesar de su muy escasa difusión, dada su producción marginal, obtuvo el Premio de la Crítica en el Festival de Locarno. La película fue rodada con un presupuesto muy bajo y es el único largometraje de ficción que el madrileño García Ascot, escritor y guionista de cine afincado en el país azteca, ha dirigido. El film está dedicado «A los españoles muertos en el exilio». El argumento fue idea de la navarra María Luisa Elío, esposa del realizador; mientras que en su adaptación participaron la propia Elío, García Ascot y el exiliado ibicenco Emilio García Riera, crítico cinematográfico. La trama nos expone los recuerdos de una mujer, Gabriela (María Luisa Elío), rememorando su infancia en España y el estallido de la contienda en su vida, cuando era niña (Nuri Peña), primero en la España nacional, luego en la España republicana y finalmente en México: la detención de un fugitivo por parte de la Guardia Civil, la desaparición de su padre, el apedreamiento a un republicano, el descubrimiento de la muerte de su padre, el traslado a Valencia, el éxodo hacia la frontera hispano-francesa —junto a su madre y hermana— y la llegada a México. Una vez instalada en este país, se oye la voz de la protagonista, ya mayor, haciendo reflexiones sobre el paso del tiem-

36. Gardner, Ava, *Ava Gardner, con su propia voz*, Barcelona, Grijalbo Mondadori, 1991, p. 300.

po. El tema de la película no es la guerra de España, sino la búsqueda del tiempo perdido. Tal como señala el crítico mexicano Juan García Ponce, la historia de este film nos narra «la nostalgia de la infancia, una nostalgia exacerbada por el exilio, que agrega al alejamiento en el tiempo un alejamiento material, producto de la distancia que separa al desterrado del lugar, del escenario concreto y más o menos inmutable, en que se desarrolló esa infancia. Es, pues, una historia que se bifurca en dos temas esenciales: el destierro natural, inevitable, del pasado, producido por el paso del tiempo, y el producido por las circunstancias particulares que afectan a la vida de los personajes».[37]

Fred Zinnemann dirigió *Behold a pale horse* (1964), una historia basada en el antagonismo de dos hombres armados. Manuel (Gregory Peck) es un combatiente republicano que atraviesa la frontera hispano-francesa, junto a varias unidades derrotadas de este ejército, cuando la guerra ha finalizado en Cataluña. Él proseguirá la lucha: primero contra el nazismo en Francia durante la Segunda Guerra Mundial y, después, participando en incursiones guerrilleras en España. Cuando se entera de que su madre está a punto de morir por enfermedad regresa clandestinamente a España, pero será asesinado por un capitán de la Guardia Civil (Anthony Quinn). A pesar de que la obra de Zinnemann es una velada denuncia del franquismo —la película es lo más parecido a un film de aventuras—, no sólo no se estrenó en la época en nuestro país, sino que provocó un conflicto entre el Gobierno de Franco y la Columbia, empresa productora y distribuidora. La cinta se rodó en el sur de Francia y las autoridades españolas ejercieron todo tipo de presiones para impedir su realización. Al no conseguirlo, se sancionó a la empresa, impidiendo la importación de películas a su filial española. José María García Escudero, Director General de Cinematografía por aquel entonces, afirma que su actividad en España estuvo suspendida dos años, costando a la Columbia unas pérdidas de dos millones y medio de dólares. Finalmente se llegó a un acuerdo, que consistió en que esta empresa tenía que distribuir en América un número determinado de películas españolas.[38] El estreno en España, bajo el título *Y llegó el día de la venganza*, no se produjo hasta 1979. Posiblemente, una de las razones por las que no se exhibió en la época franquista es porque el Guardia Civil tiene rasgos caricaturescos que despiertan antipatía en el espectador.

37. *Revista de la Universidad de México* (junio 1962), cit. en García Riera, Emilio, *Historia documental del cine mexicano*, tomo VIII, México, Ediciones Era, 1976, p 119.

38. García Escudero, José María, *La primera apertura. Diario de un director general*, Barcelona, Planeta, 1978, pp. 188 y 194.

Rostisláv Goriáev dirigió en 1966 el largometraje soviético *Noktiurn* —cuya traducción es «Nocturno»—. La trama está centrada en la historia de amor entre Geórge, un brigadista letón, y la francesa Ivétte durante la guerra española. Ambos combaten por la causa republicana. Al finalizar el conflicto se trasladan a Francia. Los dos ingresarán en la Resistencia cuando se produce la invasión nazi. Esto les permite continuar su lucha contra los que habían sido enemigos de la República española.

El guión de *Le mur* (Serge Roullet, 1967) está basado en un relato corto de Jean-Paul Sartre, escrito en 1939, en el que se explican las últimas horas de tres condenados a muerte: un anarquista, un adolescente que tiene un hermano revolucionario y un irlandés, Tom Steinbock (Denis Mahaffey), que pertenece a las Brigadas Internacionales. Para mayor crueldad psíquica, un médico estudia sus reacciones antes del fusilamiento. En la mente de los tres condenados aparecen pensamientos sobre la condición humana y reflexiones sobre el Más Allá. Al amanecer, el brigadista y el adolescente son fusilados, mientras que el anarquista, tras confesar el lugar donde estaba escondido un amigo, salva momentáneamente su vida a la espera de ser juzgado por un tribunal.

El guión de *The prime of Miss Brodie* (Ronald Neame, 1968) es obra de Jay Presson, según su versión teatral de la novela original de Muriel Spark, publicada en 1961. Tanto la novela como la obra de teatro tuvieron un extraordinario éxito en Inglaterra. En la película, Jean Brodie (Maggie Smith) es profesora en un colegio femenino de Edimburgo. Su modo de comportarse, de vestir e incluso su forma de tratar a las alumnas, induciéndolas a practicar la libertad sexual y a adoptar actitudes extremas, despierta todo tipo de comentarios entre sus compañeras de profesión y el odio de la propia directora del centro, que no desaprovecha ocasión para intentar despedirla. Siente admiración por los líderes fascistas, como Mussolini y Franco, a los que ve como hombres que combaten contra la vulgaridad. Brodie asegura, con mucha pasión, algo así como que Franco es el defensor de todos los valores de la civilización.

El exceso de romanticismo de la protagonista desencadenará la tragedia. Una de sus alumnas, Mary (Jane Carr), le comunica su intención de escaparse del internado para ir a España, donde está luchando un hermano suyo. La profesora que cree, debido a su propio entusiasmo, que el hermano de Mary lucha en el bando franquista, anima y ayuda a ésta en su huida. Mary, apenas cruzada la frontera española, muere víctima de un bombardeo de la aviación del Ejército nacional. Cuando la noticia llega al colegio conmociona a todos. Sandy (Pamela Franklin), una alumna, le dice a su admirada y odiada profesora que Mary se equivocó de bando por culpa de sus soflamas políticas, ya que el hermano en cuestión se encontraba en zona republicana. La profesora, culpada de haber favorecido la escapada de Mary, es expulsada del colegio. El film es la descripción sutil de un proceso psicológico íntimo de la protagonista, que apenas puede ocultar en sus buenos modales su propia frustración personal. Para superar sus sentimientos de frustración y fracaso como mujer se deja arrastrar por las corrientes políticas que en aquella época suponían una innovación. En definitiva, ella es víctima de sus propias contradicciones. Maggie Smith obtuvo un Oscar por su interpretación —Vanessa Redgrave interpretó a la actriz principal en la versión teatral en Inglaterra—. El film fue prohibido en nuestro país por las referencias al Generalísimo Franco, ídolo de la protagonista, y no se estrenó hasta 1977 con el título *Los mejores años de Miss Brodie*.

La producción soviética *Eto mgnovénie* (Emil Lotianu, 1969), su traducción es «Este instante», cuenta la participación de Mijail (Mijail Adam) en nuestra guerra civil a favor de la causa republicana. Se alista como piloto de aviación, más por afán aventurero que por razones políticas. Los diferentes combates con el enemigo provocarán que, poco a poco, se despierte su conciencia social hasta convencerse de que en España se combate contra el fascismo internacional. Durante un ataque será herido de muerte.

De los años setenta al final del siglo xx

Salyút Maria —cuya traducción es «Salud, María»— es una producción soviética, dirigida por Iosif Heifitz en 1970. En ella se narra la vida de María (Ana Rogovtseva), una joven republicana que contrae matrimonio con un soviético durante la guerra española. Ambos tendrán un hijo, pero ella perderá el rastro de su marido y el niño a causa de la confusión que reina en el conflicto. Finalizada la contienda, María se exilia a la URSS, incorporándose a los servicios secretos durante la Segunda Guerra Mundial. De esta forma, continuará la lucha contra los enemigos de la República española, los nazis, hasta su derrota.

¡Viva la muerte! (Fernando Arrabal, 1970), basada en una obra del propio Arrabal, es la historia del amor repulsivo de un niño hacia su madre y la constante nostalgia del padre desaparecido durante la guerra. La trama se inicia cuando aparece un camión lleno de combatientes que anuncian el final de la guerra, repitiendo el grito de la Legión *¡Viva la muerte!* Fando (Mahdi Chaouch) vive entre su madre (Nuria Espert) y su tía (Anouk Ferjac), dos mujeres

280 LA GUERRA CIVIL ESPAÑOLA: CINE Y PROPAGANDA

de rígida moral. El niño sufre mucho la ausencia de su padre, descubriendo que su madre denunció a su marido por revolucionario, fue arrestado y no volvió a verlo jamás. Un día, una amiga le dice a Fando que tal vez su padre pueda ser uno de los guerrilleros de la montaña. Los dos niños se dirigen hacia las montañas donde luchan los guerrilleros con la esperanza de encontrar al padre de Fando. Esta producción entre Francia y Túnez tiene tintes autobiográficos. Cuando Arrabal tenía cuatro años presenció la detención de su padre, al que no volverá a ver más. Su padre era teniente del Ejército en Melilla y el día de la rebelión militar se negó a unirse a sus compañeros de armas. Lo detuvieron, lo encarcelaron y le dieron dos horas para que cambiase de opinión. Se mantuvo firme y lo condenaron a muerte, conmutándole la pena por la de prisión de 30 años y un día. Se fugó en 1942 de un hospital y «nunca más supimos de él», afirma el propio Fernando Arrabal.[39] Él mismo reconoce que la búsqueda de su padre ha constituido toda una peregrinación en su vida.

El soviético Vladimir Rogovöi dirigió *Ofitséry* (1971), la traducción al castellano es «Los oficiales», que explica las aventuras y desaventuras de varios miembros del Ejército de la URSS en defensa de los intereses del comunismo, no sólo en su propio país, sino también en el extranjero. Precisamente, cuando alguno de ellos sean enviados a España durante nuestra guerra civil, demostrarán su valentía y valor en la lucha contra el fascismo internacional.

L'arbre de Guernica (Fernando Arrabal, 1975) es una producción entre Francia e Italia. En el transcurso de una fiesta, dos jóvenes —Goya (Ron Faer) y Vandale (Mariangela Melato)— se enamoran, pero en ese instante se produce el bombardeo de la población. Los dos enamorados se dispersan. Ella nos hará recordar la mujer que sabe imponerse a sus compañeros de lucha y a sus enemigos, pues, primero, arenga a los campesinos a defenderse de los nacionales y, luego, tras ser apresada y condenada a muerte, consigue escapar. Él combate contra los fascistas hasta que es capturado y encarcelado. Tras salvar su vida, después de que Goya haya sido brutalmente torturado, ambos se reencuentran y huyen juntos. La película se estrenó en España con el título *El árbol de Guernica*.

Aldo Florio dirigió *Una vita venduta* (1976). En esta película el protagonista es Miguel (Enrico Maria Salerno), un joven minero de Sicilia que se alista en el Cuerpo de Tropas Voluntarias (CTV), unidad de la Italia fascista que combatió al lado de las tropas franquistas durante la guerra española. Después de la ocupación de Málaga, Miguel

---

39. *La Vanguardia* (17-4-1998).

sufre una crisis de valores a consecuencia de la feroz represión ejercida por el Ejército nacional. En este entorno conoce a Ventura (Gerardo Amato), un sargento con el que confraterniza rápidamente. Tras la derrota italiana de Guadalajara, las continuas brutalidades de los combatientes del bando nacional provocarán un distanciamiento entre los dos amigos. Durante el final de la guerra en Cataluña, Miguel se opone a integrarse en un pelotón que ha de fusilar a unos republicanos que se rindieron confiando en las promesas de los vencedores. A causa de su actitud, Miguel será fusilado junto con los condenados republicanos. El sargento Ventura dirige el pelotón de fusilamiento.

A raíz de la presentación de este film en el Festival de Venecia de 1976, Aldo Florio declaró los motivos que le impulsaron a dirigirlo y a colaborar en el guión: «A niveles de guión, la intención de la película era poner de relieve que el fascismo, tanto el italiano como el español, se ha servido de la clase media para sojuzgar al proletariado. En cuanto a los voluntarios italianos, la mayoría fueron a España a ganar dinero, empujados por la miseria que les ahogaba en sus hogares, agravada por la endémica falta de trabajo, especialmente en Sicilia. Pensé en hacer la película hace tres años, no antes. No ha surgido como consecuencia directa de la muerte de Franco.»[40] Desgraciadamente, la obra de Florio no llegó a estrenarse en las salas cinematográficas españolas.

Fedöneve: Lukacs (Manosz Zahariaszy y Köö Sándor, 1976) es un largometraje coproducido por Hungría y la URSS y cuya traducción es «Pseudónimo: Lukacs». Es la biografía del que fuera comandante de la XII Brigada Internacional, Pavel Lukacs, a partir del mes de noviembre de 1936. Nació en un pueblo de Hungría que después de la Primera Guerra Mundial pasó a formar parte de Rumanía. Su nombre real era Bela Frankl. Prisionero de los rusos en 1916, participó más tarde en la Guerra Civil rusa obteniendo la Estrella Roja y la nacionalidad soviética. Fundó el Partido Comunista húngaro y combatió en Esmirna y China. Trabajó como escritor con el seudónimo de Maté Zalka. El último nombre que utilizó fue el de Lukacs durante su participación en la Guerra Civil española. Como brigadista luchó en el Cerro Rojo (noviembre 1936), Mirabueno (enero 1937), Jarama (febrero 1937) y Guadalajara (marzo 1937). Murió en el frente de Huesca, en Estrecho Quinto, el 11 de junio de 1937. Lukacs falleció cuando estaba a punto de ser detenido, acusado de desviacionista, por los servicios secretos soviéticos, los cuales organizaron un gran entierro. En esta película

---

40. Cit. Ripoll Freixes, Enric, *op. cit.*, p. 130.

de ficción aparecen diversas personas célebres del bando republicano como el anarquista Buenaventura Durruti, el comunista Enrique Líster y Luigi Gallo, comisario general de las Brigadas. La URSS y Suiza produjeron en 1977 *Barjátnyi sezón* —cuya traducción castellana es *Temporada de otoño*—, dirigida por Vladimir Pavlóvich. Los protagonistas son tres personas que han pertenecido a las Brigadas Internacionales: Shújov, soviético; Henri, francés; y Lize, estadounidense. La acción se sitúa en una pequeña población cerca de la frontera hispano-francesa en el otoño de 1938. Los tres ex brigadistas ayudan a Marta, que acompaña a un grupo de niños españoles que abandonan la España republicana. A causa de una falsa denuncia, Henri es detenido por la policía. Lize, tras ganar un concurso, paga la fianza de Henri. Mientras, un grupo fascista toma como rehenes a un grupo de personas para obtener la libertad de su jefe. Shújov, Henri y Lize actúan por su cuenta y con su heroísmo consiguen liberar a los rehenes.

Alberto Negrín realizó *Volontari per destinazione ignota* (1978), en la que se explica la intervención italiana en nuestra guerra a través de Antonio (Michele Placido), un campesino que ha sido despedido por pedir mejoras económicas en el trabajo. Seducido por el sueldo, se alista en el Ejército y es enviado a nuestro país para combatir el comunismo. En un principio se dejará convencer por la euforia, a causa de las victorias militares; pero cuando sea obligado a fusilar a una familia campesina aparecerá el desencanto y el desánimo. Durante la batalla de Guadalajara se produce una retirada desorganizada de las tropas italianas en la que es herido. Benito Mussolini, irritado por la conducta de sus combatientes, decide fusilar a los que salieron ilesos de la lucha, mientras que el resto es licenciado sin derecho a pensión. Antonio regresa a su pueblo donde, mutilado, se ve obligado a aceptar un trabajo con un sueldo muy bajo. Las consecuencias de la batalla de Guadalajara fueron que Roberto Cantalupo y Mario Roatta, embajador y general italiano al mando del CTV, respectivamente, fueron destituidos.

La producción soviética *Ispanski variant* (1980) —la traducción al castellano es «La variante española»— explica las diferentes aventuras de Jan (Janis Plesums), un joven periodista, que tras comprobar la represión del Gobierno de Adolf Hitler contra el movimiento obrero se incorpora a la lucha antinazi. En 1936, actúa en Londres como espía, haciéndose pasar por un germanófilo para atraer la atención del embajador alemán Joachim von Ribentrop, futuro ministro de Asuntos Exteriores. Una vez en Berlín, gracias a la confianza del ministro, Jan consigue enterarse de la ayuda que los nazis envían a la España nacional. Jan se traslada a Burgos, donde intentará obtener información sobre un nuevo modelo de avión alemán. Tras una serie de vicisitudes, al final conseguirá la información deseada.

Una de las últimas películas realizadas en los antiguos países del Este, y que tienen en su argumento como protagonistas a las Brigadas Internacionales, es *Verni ni ostánemsia* (Andrei Maliukov, 1988), «Regresa y no nos quedaremos» es su traducción castellana, una coproducción entre la URSS, Checoslovaquia, Bulgaria, RDA, Hungría y Polonia. El film abarca veinte años y se inicia en España con el estallido de la guerra civil. Para defender y ayudar a la República llegan a España los rusos Pedro Laptev y Valerio Chumacov; el checoslovaco Miroslav Bouchek; el húngaro Shandor; el polaco Ejhi Yaretski; el alemán Martin Shnaider; y la búlgara Liliana. En un principio, el único punto en común que tienen es que han venido a España para combatir a muerte el fascismo. Todos ellos se alistan en las Brigadas Internacionales y allí se iniciará una amistad que, a pesar de los imprevistos de la vida, permanecerá de un modo u otro viva en todos ellos. Lucharán en diversos frentes de guerra. La desilusión por la derrota de la República se compensará, en cierta manera, por el aniquilamiento del fascismo tras la Segunda Guerra Mundial. Todos ellos coinciden en la idea de que el general Franco consiguió la victoria gracias a la ayuda proporcionada por la Alemania nazi y la Italia fascista. Cuando, al cabo de un tiempo, algunos se reencuentran, son felices porque continúan siendo fieles a sus ideales de juventud. Este film fue rodado en diferentes estudios, entre ellos, los famosos Mosfilm (URSS) y Defa (RDA).

Bethune: the making of a hero (Phillip Borsos, 1990), estrenada comercialmente en España en vídeo con el título *Bethune: la forja de un héroe*, es una biografía sobre Norman Bethune, con un fuerte estilo documental, ya que, por ejemplo, se utilizan entrevistas de ficción. El papel principal estuvo a cargo de Donald Sutherland. Curiosamente, este mismo actor ya había protagonizado el mismo papel en el telefilm *Bethune* (Eric Till, 1977) para una televisión de Canadá. *Bethune: the making of a hero* fue una producción entre Canadá, China y Francia. Parte del film fue rodado en España y la ambientación corrió a cargo del español Enrique Alarcón. En algunas secuencias de la película se observa a Norman Bethune cómo atiende en su unidad sanitaria a brigadistas que necesitan transfusiones de sangre. La película de Borsos pone de manifiesto los ataques verbales violentos que padecía, así como la afición a la bebida que adquirió en España. Estos dos aspectos motivaron que en diversas ocasiones hubiera tensiones con sus colaboradores. En realidad, y en un intento para solucionar el problema, las Brigadas Internacionales enviaron a la unidad de transfusión a un voluntario canadiense —Ted Allan—, que conocía y admiraba a Bethune, para investigar el malestar. Finalmente no se practicó ninguna represalia. Allan participó años más tarde en una biografía sobre Norman Bethune[41] y sería el guionista del film de Phillip Borsos.

Francia y Alemania produjeron *L'ombre rouge* (1981), dirigida por Jean-Louis Comolli. La acción se sitúa en abril de 1937. Madrid está prácticamente rodeada por el Ejército franquista. Leo (Jacques Dutronc) y Antón (Claude Brasseur), agentes soviéticos, reciben la orden de conseguir armas para la República, pero la orden del Gobierno de la URSS es que el armamento que se obtenga sea repartido sólo entre los comunistas españoles. Leo y Antón son llamados a regresar a la Unión Soviética. Antón se niega a irse, siendo perseguido por la policía política soviética hasta que acaba suicidándose. En cambio, Leo huirá acompañado de Ana, la secretaria de Antón. El mérito de esta película es que denuncia las maniobras del Gobierno de Moscú dirigidas a favorecer al Partido Comunista en España, en detrimento de las otras fuerzas republicanas, así como las purgas estalinistas.

De toekomst van'36 —cuya traducción al castellano es «El futuro del 36»— es una coproducción entre Bélgica y Holanda en 1983. Está dirigida por Linda van Tulden y Willum Thijssen y basada en la autobiografía del líder anarcosindicalista Juan García Oliver *El eco de los pasos*. Una joven belga viaja a Cataluña para conocer su pasado y futuro. La revolución social que llevó a cabo la CNT-FAI es recordada por el propio García Oliver (Ramon Teixidor); la derrota de los militares sublevados en Barcelona y las colectivizaciones que se practicaron a continuación. La joven rememora que este movimiento para cambiar la sociedad tuvo su continuación en la gran huelga que hubo en Bélgica en el invierno de 1960, el movimiento *Provo* de Amsterdam y el *Mayo francés* de 1968.

Fiesta (Pierre Boutron, 1995) está basada en la novela del mismo título que José Luis de Vilallonga publicó en Francia en 1971 inspirándose en sus experiencias durante la guerra como miembro de un pelotón de fusilamiento.[42] El film narra la llegada a España, en plena contienda, de Rafael (Gregoire Colin), un joven español internado en un colegio francés pero que ha sido reclamado por su padre —un aristócrata militar franquista— con la finalidad de que ingrese en el Ejército nacional. Para que vaya acostumbrándose al

---

41. Allan, Ted y Gordon, Sidney, *The scalpel and the sword. The story of Dr. Norman Bethune*, Londres, Robert Hale, 1956.
42. Este aspecto lo recuerda el propio escritor en el documental *La vieja memoria*. En el capítulo 5 aparece un análisis más detallado de esta película y de sus declaraciones.

uso de las armas y a la violencia de la guerra ingresará en una unidad comandada por un cínico coronel homosexual (Jean-Louis Trintignant) que cohabita con su amante, un joven capitán. El título de la película hace referencia a una ironía del coronel, que así denomina a las ejecuciones masivas. El propio Vilallonga explica en sus memorias que el coronel homosexual está inspirado en el coronel Joaquín Gual de Torella.[43] *Fiesta* es un largometraje que merece ser tenido en cuenta por el insólito ángulo desde el que se explica un capítulo de la Guerra Civil española.

Según los créditos de *Death in Granada* (1996), una coproducción entre EE.UU. y España dirigida por el puertorriqueño Marcos Zurinaga, la película está basada en los libros de Ian Gibson *El asesinato de Federico García Lorca* y *Vida de Federico García Lorca*. Una vez visto el film —exhibido en nuestro país como *Muerte en Granada*— no es, en ningún caso, una obra sobre el célebre poeta, sino simplemente un *thriller* cuya intriga se centra en el descubrimiento de quién mató al escritor. Ricardo (Esai Morales) es un español exiliado en Puerto Rico, fascinado por la figura de García Lorca (Andy García), a quien conoció antes de la guerra, llega a Granada para averiguar la realidad del asesinato 18 años después. Al final, consigue las pistas que le conducirán a la verdad, pero ésta es mucho más espantosa de lo que hubiera podido sospechar jamás. La ficción de *Muerte en Granada* no resulta creíble porque el guión promete revelarnos verdades inéditas y finaliza confesando que las desconoce y, por tanto, las inventa. Con todo, el film crea un clima de simpatía hacia el escritor y de aversión a la dictadura implantada por el general Franco. Sirvan como ejemplo, las escenas de violencia y brutalidad de los nacionalistas y de la represión que practicaron durante el conflicto bélico.

Análisis de *Tierra y Libertad*

Ken Loach,[44] que nació el mismo año del inicio de la Guerra Civil española, plantea en *Land and Freedom* (1995) un tema no tratado, cinematográficamente, de dicho conflicto bélico: la revolución que dirigieron los anarquistas, junto a los miembros del Partido Obrero de Unificación Marxista (POUM), y que fue aplastada

43. Vilallonga, José Luis de, *La cruda y tierna verdad*, Barcelona, Plaza & Janés, 2000, p. 231.
44. Una biografía reciente sobre este cineasta es Fuller, Graham (ed.), *Ken Loach por Ken Loach*, Madrid, Alba, 1999. Otros estudios sobre este director inglés, que incluyan un comentario de *Tierra y Libertad*, son García Brusco, Carlos, *Ken Loach*, Madrid, Ediciones JC, 1996; Mc Knight, George (ed.), *Agent of challenge and defiance: the films of Ken Loach*, Wiltshire, Flicks Books, 1997; y Giusti, Luciano de, *Ken Loach*, Bilbao, Mensajero, 1998.

por la política del Partido Comunista de España (PCE) bajo el auspicio de la URSS. Es triste comprobar que haya sido un director extranjero el que tratara este aspecto. Esto demuestra que persisten algunos tabús en el cine español. *Land and Freedom* es una coproducción entre Gran Bretaña, Alemania y España.

Loach posee una serie de cualidades para que sus películas no sean un simple entretenimiento. Para el director británico, la ideología está por encima de la técnica y lo que él cree que es la verdad por encima de todo lo demás. Por ello, fiel a sus ideales ha reflejado diferentes aspectos de la sociedad de su país a través de sus películas: *Agenda oculta* (1990) —el terrorismo de Estado—, *Riff-Raff* (1991) —la supervivencia de unos albañiles—, *Lloviendo piedras* (1993) —la obsesión de un parado para que su hija pueda realizar la Primera Comunión— o *Ladybird, Ladybird* (1994) —la obstinación de una mujer a la que el Gobierno niega la tutela de sus hijos—. *Tierra y Libertad* no es el primer film «histórico» realizado por Loach: en 1973 dirigió para la televisión británica *Days of Hope* —película de 4 horas sobre la evolución de unos trabajadores desde la Primera Guerra Mundial hasta la huelga general que tuvo lugar en Gran Bretaña en 1926.

Tierra y Libertad se inicia a partir del momento en que una nieta descubre en un armario la maleta que contiene las cartas y recuerdos de su abuelo, que acaba de fallecer, de cuando éste vino a luchar a España. Un *flash-back* nos narra la experiencia de David (Ian Hart), un obrero de Liverpool en paro, que decide ayudar al Gobierno republicano para evitar el triunfo del fascismo europeo. Una vez en España, se encuentra con un Ejército republicano totalmente diferente del que se había imaginado: desorganizado y dividido por las luchas internas. Nuestro protagonista ingresa en una milicia del POUM —donde conviven alemanes, franceses, americanos, irlandeses e italianos— y se traslada al frente de Aragón. En el transcurso de la guerra se debate entre los miembros de la milicia si ésta debe integrarse o no dentro de la disciplina del Ejército Popular, pero, finalmente, por votación, se decide que no. Tras recuperarse en Barcelona de una herida en el brazo, David tiene intención de ingresar en las Brigadas Internacionales —de hecho, ya se ha alistado—, pero después de los Sucesos de Mayo en Barcelona comprueba que los estalinistas están traicionando la revolución. Finalmente, vuelve a la milicia en Aragón. Poco tiempo después, ésta es disuelta por una unidad comunista acusada de conspirar a favor de Franco. David huye y es perseguido como desertor, pero su sueño revolucionario no desaparece.

A pesar de lo que han escrito algunos críticos, *Tierra y Libertad* no está basada en el libro de George Orwell *Homenaje a Cataluña*, obra sobre la que Stanley Kubrick mostró su interés en llevarla a la pantalla. Curiosamente, el POUM fue calificado en su época de trotskista, cuando Leon Trotski no ahorró críticas sobre el mismo. Por tanto, el nombre con el que deben ser identificados los afiliados y simpatizantes del POUM es el de poumistas.

Loach no profundiza en *Tierra y Libertad* en algunas escenas. Por ejemplo, no queda claro cómo siendo David comunista —está afiliado al partido, pues en un momento determinado rompe su carnet— va a parar a una milicia y no a una brigada comunista. El protagonista de la película comenta que en Gran Bretaña no existe una organización por parte del Partido Comunista británico para reclutar y enviar voluntarios a España. Este comentario no es correcto porque la organización corrió a cargo del Partido Comunista británico y contó con el apoyo de los dirigentes del Partido Laborista Independiente y de la duquesa Katherine of Atholl.[45] En la oficina de reclutamiento se proporcionaban los medios necesarios para trasladarse a Figueres. Sin embargo, en la película, David viaja de Liverpool a Marsella en barco, gracias a la colaboración de un amigo.

Además, en el film no existe ningún problema mientras David viaja en tren y se presenta como comunista a los anarquistas. No obstante, existen testimonios de que hubo reticencias por parte de los segundos hacia los primeros. Referente a este último punto, Diego Abad de Santillán, dirigente libertario y *conseller* de Economía de la Generalitat de Catalunya, afirmó que la CNT dio orden a los delegados de frontera para que no permitiesen el paso de los voluntarios extranjeros, pero «a petición de diversas personalidades internacionales desistimos, aunque siguiéramos creyendo que aquella gente estaba de más. Se necesitaban armas y no hombres».[46] Según el testimonio de un voluntario italiano,[47] «como primer saludo al entrar en Portbou fuimos detenidos en el puesto de guardia; la ciudad se encontraba controlada y en manos de los anarquistas, los cuales nos arrestaron bajo la acusación de que éramos espías». Como consecuencia de tal ambiente, los primeros brigadistas americanos que pisaron la frontera española gritaban *¡Viva la República!* para evitar cualquier detención, pero los anarquistas matizaban replicando *¡No! ¡Viva la revolución proletaria!*»[48]

45. Castells, Andreu, *op. cit.*, p. 71.
46. Abad de Santillán, Diego, *La revolución y la guerra de España*, Barcelona, Nervio, 1937, p. 175.
47. Penchienati, Carlo, *I giustiziati accusano*, Roma, Arte della Stampa, 1965, p. 18.
48. Eby, Cecil, *Between the Bullet and the Lie*, Nueva York, Holt, 1969, p. 14.

En la película, los milicianos, tras combatir al enemigo y entrar en un pueblo, encuentran un pequeño foco de resistencia en la iglesia. Finalmente, las personas que estaban en el interior, entre ellas un cura, se rinden y se entregan. Tras registrar al sacerdote descubren que éste tiene una marca en el pecho producto del retroceso que se produce tras haber disparado un arma. Dejando de lado si resulta creíble o no, Loach les incluye para recordarnos que los miembros de la Iglesia católica española eran partidarios de los franquistas. Después, una mujer del pueblo acusa al cura de haber sido cómplice de la muerte de un familiar. Los milicianos, sin juicio previo, lo fusilan. Esta escena escenifica la represión que hubo en los dos bandos.

Por otra parte, existen otras escenas muy bien resueltas, como es la de la colectivización, que es didáctica. Las colectivizaciones eran una de las bases de la revolución anarquista, porque era donde tomaba un sentido concreto el cambio social. Cuando los anarquistas llegaban a una población se realizaban asambleas informativas y, posteriormente, se aplicaban las colectivizaciones agrarias. Otro aspecto es que fueran forzadas y que no se debatiera democráticamente en una asamblea. Loach, en la escena del debate sobre la conveniencia o no de colectivizar, que la rodó casi toda con sonido directo para hacerla más apasionada, no le interesa hacerla o no creíble, porque él no quiere rodar un documental, lo único que quiere es que queden claras las actitudes e ideologías de los personajes. La división de opiniones entre los habitantes del pueblo queda de manifiesto de la siguiente manera:[49]

— Teresa: «Hay que colectivizar, porque tened en cuenta que muchos hombres se han ido al frente, están sin suministros, no tienen nada y en el pueblo los fascistas lo han dejado al mínimo. No hay alimentos suficientes para los vecinos del pueblo. Tenemos que colectivizar lo antes posible. Buscar suministros y suministrar el frente, que para eso están nuestros vecinos, nuestros compañeros, en el frente, luchando por nosotros.»

— José: «Para esto también están las tierras de don Julián [el terrateniente del pueblo], quiero decirte que... Una cosa que yo estoy muy de acuerdo con que se haga esto, que se colectivicen; o sea, que las tierras esas sean de todos. De todas formas, también a cada uno lo suyo, ¿no? Quiero decirte que... ¿Entiendes? Porque yo mi tierra me la trabajo yo a mi manera y me da el ren-

49.   Allen, Jim, «Guión de *Tierra y Libertad*», *Viridiana*, n.º 10 (octubre 1995), pp. 40-41.

dimiento que me da. Yo empecé con un trocito de nada, y ahora tengo lo que tengo porque yo, joder, he empezado trabajando y he estado echándole horas allí.»

Cuando se les da la palabra a los combatientes extranjeros también encontramos posturas enfrentadas entre ellos: los que están a favor de hacer primero la guerra y después la revolución, los que piensan lo contrario, e incluso los que buscan una tercera vía, con una postura conciliadora:[50]

— Lawrence [habla en inglés y sus palabras son traducidas por una miliciana, Blanca]: «No estoy aquí para defender al terrateniente. Pero que si algún camarada como Pepe, un campesino con un par de hectáreas de tierra, o un comerciante, no quiere formar parte de vuestro colectivo, ¿qué vamos a hacer? Ellos también son antifascistas. No tenéis que enfrentar a los campesinos entre sí. ¿Pondréis en peligro vuestra producción de alimentos?»
— Bernard: «Lawrence, creo que hay que renunciar del todo a la propiedad privada de la tierra. Hay que olvidarse totalmente de ello, porque mantiene a la gente en la mentalidad capitalista.»
[...]
— Lawrence: «Yo quiero que miréis más allá de este pueblo. Que veáis el cuadro completo. No tengo ninguna duda de que los españoles, vosotros solos, podéis acabar con Franco. Pero no se trata solamente de Franco, está Mussolini y está Hitler detrás nuestro. Excepto México y Rusia, el resto de los países no quieren vender armas a la República. Son países capitalistas, pero si queremos su ayuda, que la necesitamos, tenéis que moderar vuestros eslóganes.»
— Max: «Nosotros en Alemania... yo soy de Alemania. En Alemania teníamos la idea de la revolución. Y ¿qué ha pasado? Hemos sido el movimiento más fuerte en toda Europa, con los trabajadores mejor organizados. Hemos sido seis millones de trabajadores en sindicatos, y ¿qué ha pasado? Está Hitler. Ahora está Hitler. Porque los socialistas y los comunistas dijeron *no a la revolución, la revolución más tarde*... ¡La revolución, ahora!»
[...]
— Marcel: «Todos los trabajadores franceses y de todo el mundo tienen los ojos puestos en España, y yo creo que no es el momento para enfrentarse, para que nos enfrentemos unos con otros. Todos conocemos el precio de la libertad y todos hemos perdido muchos amigos.»

50. *Ibidem*, pp. 45-48.

290 LA GUERRA CIVIL ESPAÑOLA: CINE Y PROPAGANDA

— Jimmy: «Lawrence, tienes unas ideas muy seductoras, pero quiero preguntarte algo: ¿A quién intentas calmar, a los gobiernos extranjeros? ¿A los banqueros extranjeros? ¿Qué es la revolución? ¿Quieres decirme? No es nada más que un cambio radical en los privilegios, la riqueza y el poder. ¿Qué pasará? ¿Cuál es la única forma de apaciguar a esta gente cuando las ideas queden diluidas de tal forma que ya no quede absolutamente nada? Ahora bien, tienes toda la razón cuando dices que deben ver más allá de su propio pueblo y observar lo que pasa fuera. Pero no sólo a banqueros y gobiernos extranjeros. Lo que debemos ver también es que detrás de estas ventanas, ahora, en esta misma tierra hay dos millones de campesinos sin tierra. Desde que nacieron, su vida no ha sido más que miseria. Y a menos que recojamos esa energía ahora mismo, las ideas morirán, no habrá ningún cambio y todo esto será en vano. Las ideas son la base de todo esto.»

La secuencia del enfrentamiento de anarquistas y partidarios del POUM contra comunistas del PCE —que intenta resumir los Hechos de Mayo de 1937— es pobre de medios: primero, los dos bandos enfrentados se comunican a voces como si estuvieran uno al lado del otro; y segundo, hay una escena que resulta irreal, aquella en la que los combatientes dejan de disparar por un momento después de que una mujer —que está en la calle— chille como protesta. Los diálogos de esta última secuencia son los siguientes:[51]

— Mujer: «¡Sinvergüenzas! ¡Por qué no vais a matar a los fascistas, en vez de mataros los unos a los otros! Eso es lo que sois, unos sinvergüenzas.»
— Comunista 1: «Dónde va, señora. Calle y márchese a casa.»
— Comunista 2: «Salga de aquí, abuela. Que aún le haremos daño.»
— Anarquista: «¿Pero qué hace aquí en medio?»
— Mujer: «¿Qué dices?»
— Anarquista: «La culpa es de Stalin.»
— Mujer: «¿Qué dices? ¿Es que no tenemos que comer, o qué? ¿Qué dices? Tenemos que poner la comida en la mesa.»
— Anarquistas: «¡Pero lárguese ya!»

En medio de la confusión, un anarcosindicalista se sitúa detrás de un coche. David le dispara, con tal mala fortuna que el proyectil impacta en el cesto de la compra de la señora.

51. *Ibidem*, pp. 65-66.

— Mujer: «¡Ay! Mi cena.»
— David: «Lo siento. Lo siento, amiga. Lo siento.»

Tras los enfrentamientos, el POUM fue declarado ilegal por las autoridades gubernativas republicanas. Según palabras del propio Loach, «para mí, es importante entender por qué fracasó aquella gran esperanza en que, por primera vez en su vida, los trabajadores creían y veían que era posible cambiar su vida y transformar la sociedad».[52] La secuencia de la disolución de la milicia es un gran trauma para David. Presenta a los del POUM como idealistas y románticos, según palabras del protagonista: «Las revoluciones son contagiosas y de haber triunfado aquí, y lo hubiésemos podido lograr, podríamos haber cambiado el mundo. No pasa nada, ya llegará nuestro día.» O sea que, a pesar de la realidad y de la frustración, la utopía nunca debe morir. Ken Loach cree que lo más importante es que el pueblo español tuvo en sus manos el mando de su propio destino, aunque finalmente se frustró. Loach intenta por un lado «infundir en la gente la confianza de que esto es posible, que la vida puede ser rica y buena, y por otro explicar por qué falló para que podamos aprender de ello».[53]

Cinematográficamente, Ken Loach ha conseguido no mitificar su film a pesar del tratamiento maniqueo. La solidaridad entre los pueblos está representada al exhibirse, en versión original, en tres idiomas: castellano, catalán e inglés. Loach quiso, acertadamente, que cada uno de los personajes extranjeros fuera encarnado por un actor de su propia nacionalidad. Una cosa habitual en su obra cinematográfica es que trabaja con actores no muy conocidos, intérpretes no profesionales e incluso con gente sin ninguna experiencia en el mundo del cine. El motivo de esta elección no responde a otra cosa que el afán por convertir sus películas en un reflejo lo más cercano posible a la realidad. En esta ocasión quiso encontrar actores que sintiesen la política, personas que, en otras circunstancias, hubiesen ido a luchar en una guerra. Por ejemplo, Pacal Demolon —que interpreta a un combatiente francés— había estado en Sarajevo luchando con los bosnios. También buscó gente que estuviera interesada en investigar. Tal fue el caso de Tom Gilroy —encarna a un antifascista americano— que no sólo consultó la prensa de la época sino que entrevistó a veteranos de los EE.UU. que vinieron a España. En cambio, el rostro de Ian Hart —David— es inexpresivo

52. Muñoz, Diego, «Entrevista a Ken Loach», *La Vanguardia* (7-4-1995), p. 51.
53. Vidal, Núria, «Entrevista a Ken Loach», *Viridiana*, n.º 10 (octubre 1995), p. 86.

y su papel no transmite la ilusión de una persona que abandona su país para luchar fervorosamente a favor de la Segunda República española. A destacar, la vitalidad que transmiten las protagonistas femeninas del film: Rosana Pastor y Iciar Bollain. La posición comprometida de Loach frente a la realidad proporciona a sus films una intensidad inolvidable. Para aumentar este efecto, el director inglés, durante el rodaje, entregaba a sus actores diariamente el guión para aquella jornada. Como en la vida, los actores nunca sabían lo que iba a pasar al día siguiente. De esta forma, no podían anticipar ni sus sentimientos ni sus reacciones. El director inglés explica de la siguiente forma su trabajo con los actores: «Obviamente, sabían más o menos el curso de la guerra, porque es un asunto histórico, pero no sabían lo que le iba a pasar a su sección de la milicia. Lo iban descubriendo a medida que íbamos rodando. Sabían que algunos morirían, porque uno de ellos tenía un contrato más corto que los demás, pero, aparte de esto, no sabían lo que les sucedería. Eso significa que tenían la misma incertidumbre que creo que se tiene en una guerra, no sabes qué pasará, si una bala perdida se cruzará en tu camino. Y respondieron muy bien, entregándose plenamente; y cuando hay este tipo de entrega se puede hacer de todo.»[54] Dos sargentos del Ejército español se encargaron de impartir nociones sobre aspectos militares. Para mostrar un mayor realismo, los hombres apenas son maquillados, mientras que las mujeres, no. De todas formas, en algunos momentos se nota la precariedad de medios, pues el presupuesto era de 500 millones de pesetas, una cifra realmente baja para un film de reconstrucción histórica.

En definitiva, la visión de *Tierra y Libertad* puede servir para un debate entre poumistas y comunistas fieles al Gobierno de Stalin. En diferentes medios de comunicación españoles despertó, a raíz de su estreno, agrias discusiones.[55] Ken Loach aporta, desde una perspectiva partidista —¿acaso se puede ser imparcial ante una guerra civil y permanecer pasivo sin tomar partido por un bando u otro?—, un importante documento de reconstitución histórica al mostrarse cómo la clase trabajadora se unió para combatir al fascismo, pero no supo organizarse conjuntamente. Precisamente, uno de los aciertos del film es que demuestra que a través de una película se puede reflexionar. De todas maneras, parte del público —si no posee unos conocimientos básicos sobre el tema— se puede sentir confundido y acaso encontrar aburrido el film de Loach, ya que *Tierra y Libertad* es una obra cinematográfica de alta especialización.

54. *Ibidem*, p. 90.
55. Consúltese al respecto la nota 26 del anterior capítulo.

ANEXO

PELÍCULAS ESTRENADAS EN ESPAÑA ENTRE 2001 Y 2003

Con motivo de la segunda edición de este libro, hemos considerado útil comentar los ocho filmes sobre la Guerra Civil española que se han estrenado en los cines españoles a partir del 2001 y hasta junio de 2003: *Extranjeros de sí mismos* (2000), *El espinazo del diablo* (2000), *Los niños de Rusia* (2001), *La guerra cotidiana* (2001), *El viaje de Carol, La luz prodigiosa, Soldados de Salamina* y *El lápiz del carpintero* (estos cuatro últimos producidos en 2002). Como veremos a continuación, el grado de interés es diferente en cada uno de ellos.

«Extranjeros de sí mismos»

El documental es una forma narrativa en crecimiento en España desde hace unos años que, aunque no ha generado escuelas, cuenta con un público cada vez más interesado en él. Dentro de esta coyuntura, el periodista Javier Rioyo y el director de fotografía José Luis López-Linares crearon en 1994 la productora Cero en Conducta. Desde sus inicios han apostado por el género documental. Hasta la fecha han realizado tres largometrajes documentales: *Asaltar a los cielos* (1996) —más allá de la historia de Ramón Mercader, el asesino de Trotski—, *A propósito de Buñuel* (2000) —sobre el célebre director aragonés—, y *Extranjeros de sí mismos* (2000). Este último está formado por testimonios de antiguos integrantes de las Brigadas Internacionales, de fascistas italianos que apoyaron a Franco durante la Guerra Civil y de ex componentes de la División Azul, tratando de desentrañar las motivaciones de aquellos millares de jóvenes que se movilizaron para participar en guerras que no les afectaban directamente, y el impacto que supuso para ellos entrar en combate, defender unas determinadas ideas u obedecer a su espíritu aventurero. Destaca la reducción al mínimo de la voz en *off* —por parte de la actriz Emma Suárez—, apenas una pequeña introducción al principio de cada bloque, de manera que son los personajes los que se definen a sí mismos a través de sus palabras y reconstruyen con su autoridad subjetiva los pormenores de la historia.

Las entrevistas fueron realizadas a lo largo de dos años en varios países —España, México, Estados Unidos, Rusia, Francia, etcétera—, rodándose más de 60 horas. Se entrevistaron a decenas de personas, pero al final los seleccionados fueron 18. Desde planteamientos ideológicos tan opuestos como el fascismo, el socialismo internacional o la lucha anticomunista, la película evidencia el compromiso ético asumido por aquellos jóvenes dispuestos a arriesgar sus vidas en nombre de un ideal. Muchos encontraron la muerte en el camino. Rioyo y Linares recopilan una deslumbrante montaña de material de archivo y la articulan modélicamente en torno a los testimonios de los supervivientes de aquellas tres aventuras tan diferentes, intentando desentrañar las razones que impulsaron la movilización de cada uno de ellos. En un primer momento, el tratamiento de igualdad de comunistas y fascistas puede provocar rechazo entre el espectador, pero la originalidad del documental radica en mezclar estas ideologías y comprobar qué queda de todo aquello. Las posturas van desde la exaltación, al convencimiento, pasando por el escepticismo o la decepción. Entre los testimonios destacan los brigadistas, por su generosa e idealista calidad humana, o las impresiones de los fascistas italianos durante su visita a las ruinas de Belchite, al Valle de los Caídos y durante una comida fraternal.

A pesar del transcurso de los años, algunos de los antiguos combatientes continúan manteniendo que su aventura fue de lo mejor de sus vidas, pero otros afirman que fue una idea estúpida por la violencia y brutalidad de la situación. En algunas ocasiones está expuesto con ligereza, lo que puede ofender a más de un espectador, pero es una forma de adentrarse en la historia. Asimismo, todos coinciden en constatar una huella que marca un antes y un después del conflicto bélico en el que intervinieron. Por lo que se refiere a los testimonios españoles hay que destacar al director Luis García Berlanga y el actor Luis Ciges, ambos alistados en la División Azul para demostrar su adhesión al régimen franquista ya que sus padres fueron condenados a muerte por republicanos —en el caso de Ciges fue finalmente ejecutado—.

El filme es un documento de innegable interés por su labor de investigación y reflexión sobre un período histórico que debería permanecer siempre presente en nuestra memoria colectiva. *Extranjeros de sí mismos* fue estrenada el 1 de junio de 2001, estando en cartel un mes. Durante este tiempo la vieron 8.066 espectadores, proporcionando una recaudación de 37.471 euros.

«El espinazo del diablo»

El mexicano Guillermo del Toro, después de rodar en América sus dos primeras películas —*Cronos* (1992) y *Mimic* (1997)— se trasladó a España para rodar *El espinazo del diablo* (2000), coproducida por México y la empresa de Pedro y Agustín Almodóvar, El Deseo, con un presupuesto cercano a los mil millones de pesetas. Este filme, al igual que los dos anteriores, es un melodrama de terror, aunque la diferencia es que está ambientado en la Guerra Civil con estética de *western* —el espacio desértico donde transcurre la acción tiene mucho de película del Oeste—.

Carlos (Fernando Tielve), de 12 años, es abandonado por su tutor en un orfanato aislado en un páramo desolado que recoge a los hijos de huérfanos de republicanos víctimas de la guerra. Poco a poco irá vislumbrando el trágico secreto que permanece grabado entre las paredes del colegio. Además del niño hay otros tres protagonistas. La directora (Marisa Paredes), mantiene una difícil relación con el único profesor (Federico Luppi), un republicano que nunca toma ninguna iniciativa, dejando que sean los acontecimientos los que decidan por él. El tercero es el portero (Eduardo Noriega) que es un hombre sádico y cruel.

De hecho, la obra de Guillermo del Toro poco o nada tiene que ver con las tradicionales historias de nuestra contienda fratricida sino que es sólo el marco, lejano pero envolvente, para escenificar una trama fantástica terrorífica. El trasfondo histórico es más metafórico que evidente, pero es fácilmente identificable la España más negra. Pero dejemos que sea el propio director, con sus propias palabras, el que nos explique los motivos por los que decidió ambientar su historia en este período: «¿Qué lugar más propicio para que suceda el cuento gótico que la guerra? Pero no es una fábula sobre la Guerra Civil, sino sobre la violencia, sobre los fantasmas. Para mí, la apuesta es que toda historia de guerra es una historia de fantasmas. Un fantasma es algo inconcluso que deja secuelas, un evento terrible que se repite una y otra vez, preñado de dolor y que requiere un acto de violencia para plasmarse. La guerra ya es un espectro en sí misma. Y he tratado de trasponer con más pureza que nunca las convenciones del cuento gótico a la época de la Guerra

Civil española. En ese sentido es completamente tradicional: un edificio con fantasma al que llega un observador inocente y descubre el crimen que se oculta en ese edificio y las relaciones humanas que hay allí.»[1] Su estreno tuvo lugar el 24 de abril de 2001 y durante las 16 semanas que estuvo en cartelera la vieron 712.178 espectadores, obteniendo una recaudación de 3.006.235 euros.

«Los niños de Rusia»

Jaime Camino, sin lugar a dudas el mejor cronista cinematográfico español que ha retratado nuestra guerra civil, anunció a mediados de la década de los noventa su retirada como director para dedicarse a la escritura. Afortunadamente, hay promesas que no llegan a cumplirse ya que ésta se rompió con el rodaje de *Los niños de Rusia* entre febrero y marzo de 2001.

Camino conoció, a través de tres primos suyos, la odisea de millares de niños españoles que fueron evacuados por la República a distintos países para alejarles del hambre y de los bombardeos. Unos tres mil fueron acogidos en la Unión Soviética. Jaime Camino rodó alrededor de 40 horas de película, en que antiguos niños que fueron instalados en la URSS relatan sus trayectorias, penas, frustraciones y alegrías a lo largo de todos estos años. Los protagonistas del documental son 20 personas de las cuales sólo 5 continúan residiendo en Moscú, mientras que 12 regresaron a España y el resto se instaló en La Habana.

Todos los niños entrevistados coinciden en afirmar que su partida fue dolorosa, pero con la esperanza de regresar tras la victoria republicana. A su llegada a territorio soviético recibieron un buen trato, como no podía ser menos de un país que decía ser amigo de la llamada España leal. Recibieron una serie de atenciones difíciles de encontrar en su país natal: comida abundante, asistencia médica, practicaban deportes y les asignaron escuelas en las que la enseñanza era en castellano. La situación cambió con la victoria franquista, primero, y tras la Segunda Guerra Mundial, poco después. Cuando el Ejército alemán invadió la URSS, las autoridades soviéticas decidieron trasladarlos hacia lugares alejados del frente como los montes Urales y al Asia Central. Por supuesto, sus condiciones variaron: las temperaturas eran extremadamente bajas a causa del crudo invierno, así como la escasez de alimentos y medicinas son

1. Ponga, Paula. *«El espinazo del diablo*. Pesadillas y fantasmas del 36», en *Fotogramas*, n.º 1883 (septiembre 2000), p. 157.

un ejemplo. Ahora la enseñanza era en su mayor parte en ruso. Los mayores, además de estudiar, debieron trabajar en los campos para asegurar la provisión de alimentos. Con la derrota de los nazis esos niños ya adultos vivieron en sus carnes los problemas propios de la Guerra Fría, aunque su deseo de regresar a España seguía vivo en la mayoría de ellos. Este sueño no se pudo efectuar hasta 1956. El acuerdo entre los Gobiernos soviéticos y español se hizo a través de la Cruz Roja, con mediación de la ONU. Pudo volver todo aquel que quisiese, pero con la promesa de que en el plazo de un año, si así lo estimaban, podrían viajar de nuevo a la Unión Soviética. Las mujeres lo tuvieron peor que los hombres ya que si estaban casadas con un ruso la única manera de abandonar el país era divorciándose, a diferencia de los varones que podían dejar a sus esposas sin problemas. De los 3.000 niños regresaron unos 1.500. La mitad de estos últimos retornaron a la URSS porque no se adaptaron a la España franquista al comprobar que, después de 20 años, los sentimientos entre padres e hijos se habían quebrado por la larga ausencia de tiempo. Los que se quedaron en España sufrieron un doble filtro: las autoridades franquistas los veían como agentes comunistas, mientras que la CIA y el MI-6 británico interrogó a los que habían trabajado en lugares de responsabilidad para averiguar secretos militares. Los que no se adaptaron a la España de Franco y emigraron a la Unión Soviética fueron vigilados por el KGB por si eran agentes de un país occidental capitalista.

Un cierto número de los que no se encontraban a gusto en el Estado español en lugar de instalarse de nuevo en la URSS se dirigieron a Cuba, cuando Fidel Castro derrotó al régimen de Fulgencio Batista. Una mujer que en la actualidad vive en la isla caribeña define en el filme su situación durante todo este tiempo: «Cuando volví a España yo era la rusa, al regresar a la URSS pasé a ser la española y cuando me trasladé a Cuba me convertí en la hispano-soviética.»

Todos los testimonios que aparecen en la película constatan que el exilio crea desarraigo al perder sus raíces, dolor por la lejanía del entorno familiar y de amistad; frustración por la impotencia al no poder regresar a su país natal junto a los suyos; y sensación de pérdida por los años transcurridos y que nunca más volverán.

Jaime Camino demuestra en *Los niños de Rusia*, una vez más, que su trayectoria cinematográfica está marcada por la independencia, mientras que su estilo creador, sencillo y transparente, está muy cuidado. La fuerza del documental radica en la forma de retratar sus vivencias. Camino ha optado por incluir ideologías y reflexiones diferentes: personas que se muestran críticas y otras que no. Se estrenó el 30 de noviembre de 2001 y estuvo en cartelera dos meses y medio, viéndola un total de 21.098 espectadores que dieron una recaudación de 99.884 euros.

«La guerra cotidiana»

Tras una experiencia en el mundo televisivo, los hermanos Daniel y Jaume Serra debutaron en la gran pantalla con este documental en el que un grupo de mujeres anónimas, de diferente condición social, son las protagonistas de este relato en primera persona. A través de las experiencias personales de 22 mujeres se recrea la vida cotidiana de Barcelona en tiempos de guerra: la búsqueda de alimentos, el miedo a los bombardeos, el sufrimiento, la angustia, etc. Se incide en el papel de las republicanas y nacionales y, especialmente, en el modo cómo se adaptaron al conflicto bélico. La intención de los responsables de esta película es relatar que en la guerra española hubo claros perdedores y esa fue la población civil (tanto de un bando como de otro) que sufrió primero los atropellos, luego los bombardeos, la muerte y la destrucción y, finalmente, el hambre, la pobreza y el exilio. Sus testimonios son también un homenaje a todos los inocentes, sobre todo mujeres y niños, frente al odio de la irracionalidad.

El filme se estructura a través de un eje cronológico que se inicia con la proclamación de la Segunda República y concluye con la posguerra. El principal mérito de esta obra cinematográfica es que se trata de una visión nueva, el de las mujeres, donde se destaca la capacidad de la condición humana para adaptarse a las condiciones más extremas. Los recuerdos de todas ellas, ciertos, falsos o distorsionados con el paso del tiempo —recordemos que la memoria es subjetiva—, son expuestos con naturalidad, pero el ritmo de la película es flojo y el montaje cronológico no consigue tener la fuerza que se pretende ni la emoción que desea mostrar.

Tuvo una explotación comercial casi nula ya que sólo se distribuyó una única copia en toda España, concretamente en Barcelona —estrenada el 19 de abril de 2002—, y con escasa publicidad. Debido a su estilo clásico y austero, a la utilización de imágenes y fotos de archivo y una voz en *off* que va relatando los hechos, y a su duración —71 minutos—, en momentos parece más un reportaje televisivo que un documental cinematográfico. Todos estos factores provocaron que sólo asistieran 281 espectadores y que su recaudación, durante los 10 días que estuvo en cartel, fuera de 1.342 euros.

El día antes de su estreno se realizó un pase a la prensa y al que también asistieron algunas de las protagonistas de *La guerra cotidiana*. Enriqueta Gallinat de 93 años, secretaria de Hilari Salvador, el último alcalde republicano de Barcelona, se negó a salir en una fotografía al lado de franquistas. Al final, los fotógrafos hicieron tres fotos: una con las de ideología afín a la de los vencedores de la guerra, otra con la de los partidarios de la República y una tercera con las que creyeron que la instantánea estaba por encima de pensamientos políticos.

«El viaje de Carol»

Imanol Uribe ha sido siempre militante de un cine de actualidad, radiografiando la situación vasca en *El proceso de Burgos* (1980), *La fuga de Segovia* (1981), *La muerte de Mikel* (1983) y *Días contados* (1994) o los problemas de la inmigración en *Bwana* (1995). Con *El viaje de Carol* (2002), estrenada el 6 de septiembre, nos acerca a la Guerra Civil española.

Carol (Clara Lago), una adolescente de madre española (María Barranco) y padre norteamericano (Ben Temple), viaja por primera vez al pueblo de su madre, situado en la España nacional, en la primavera de 1938. Separada de su padre, piloto de las Brigadas Internacionales al que ella adora, su llegada a la población materna transforma su entorno familiar lleno de secretos. Armada de un carácter rebelde, se opone a los convencionalismos de un mundo que le resulta desconocido. Para empezar, la mayoría de los miembros de la familia de su madre son conservadores y arraigados en antiguas costumbres retrógradas, a excepción de su abuelo (Álvaro de Luna), un hombre liberal que se autoexilia interiormente. En el pueblo también conocerá a una maestra cariñosa y progresista (Rosa Maria Sardà) y a Tomiche (Juan José Ballesta), un pilluelo del pueblo, hijo de un republicano asesinado, y de su misma edad y del que se enamorará. Todos ellos le abrirán las puertas a un universo de sentimientos adultos que harán de su viaje un trayecto interior desgarrado, tierno, vital e inolvidable.

El viaje de Carol es un filme narrado desde el punto de vista de una niña por lo que es una película sobre descubrimientos, que enlaza con esa tradición de niños que descubren la vida, que se hacen mayores y viven el mundo de los adultos. Por lo que se refiere a los adultos, el personaje del abuelo es el que más modificaciones sufre a lo largo de la película ya que con la ayuda de su nieta se enfrenta a sus miedos y a su cobardía.

La historia transcurre en un pueblo imaginario situado en el norte de España y construido en localizaciones de Portugal, Galicia y Cantabria. En este sentido hay que destacar la dirección artística en la elaboración de los decorados. La plaza y los decorados de las casas fueron elaborados para la película. No es un entorno gris ni siniestro a pesar del trasfondo de la guerra. Se trata de un lugar en el que los vestigios del conflicto están lejanos; es zona nacional desde hace tiempo y la vida cotidiana transcurre con normalidad. La guerra no está presente en un primer plano, sino que sigue a través de la radio o los periódicos.

Según Imanol Uribe, su obra quiere ser una especie de cuento que sirva para contemplar, desde los ojos de una niña, el mundo desgarrado que vivieron los adultos en los años de nuestra contienda civil. El guión original de Ángel García Roldán, basado en su novela *A boca de noche*, llamó la atención de Uribe que siempre había soñado con la posibilidad de realizar una película para niños, pero no infantil, y adultos. O mejor dicho, una historia de adultos contada por unos niños. A partir de este punto Uribe y García Roldán hicieron diversas modificaciones en el guión.

A la vez, *El viaje de Carol* es también la historia de un viaje iniciativo: el de esta niña que en contacto con una realidad difícil personal, familiar y social sufre una transformación. De todas formas, el guión debería haber cuidado algunos detalles para que éste fuera creíble. Por ejemplo, los personajes son muy estereotipados o la secuencia del vuelo rasante del avión sobre el pueblo tiene una planificación inadecuada, donde la unidad de espacio y tiempo queda dislocada. Por lo que se refiere a los personajes se entiende que sean así porque la película tiene una estructura de fábula. Por otro lado, resulta difícil de creer cómo, al final de la guerra, un aviador consigue atravesar el espacio aéreo enemigo sin ningún tipo de problema para reunirse con su hija. Su inclusión tal vez se deba a que en la historia todo parece un cuento y como tal tiene un mensaje positivo y de esperanza.

Son de gran acierto la interpretación de los dos niños: Juan José Ballesta —premio Goya al mejor actor revelación por *El Bola* (Achero Mañas, 1999)— y Clara Lago, todo un descubrimiento, que posee una mirada inolvidable. La elección de Carol fue muy laboriosa porque había que decidir qué imagen se quería de ella. En un principio, el director estuvo trabajando en el aspecto anglosajón, pero al no llegar a un buen puerto, reconduzco el tema hacia el aspecto más latino. El resto de actores menores de edad, como son los dos compañeros de correrías de Tomiche, derrochan naturalidad y soltura ante la cámara.

El romance entre dos críos es un aspecto bastante llamativo y original que dota al mismo de un trasfondo emocional de ternura con el que Uribe consigue un punto de apoyo enormemente apropiado para articular sobre el mismo ese viaje iniciativo de su protagonista que constituye el armazón principal de la trama. Pero no es una película sensiblera sino sensible, evitando recrearse en un exceso dramático que la pudiera hundir en un delirio de llantos y suspiros. Un ejemplo es la escena en que Carol descubre el cuerpo sin vida de su madre, que se corta abruptamente para no ahondar en un momento excesivamente dramático.

Durante las 12 semanas que estuvo en cartelera tuvo una recaudación de 1.640.621 euros, mientras que el número de espectadores fue de 368.363.

«La luz prodigiosa»

¿Qué pasaría si Federico García Lorca no hubiera muerto? Esta es la hipótesis central de esta película. La acción empieza en agosto de 1936. Joaquín, un joven pastor andaluz, recoge a un hombre al que sus verdugos han dado por muerto y le busca refugio en un asilo. El herido, por los disparos, ha quedado reducido a un estado semivegetal. En 1980, Joaquín vuelve a encontrar su pista: ahora es un anciano que recorre las calles de Granada malviviendo de limosnas. Un hecho fortuito reaviva su memoria muerta, y el viejo pastor se obstina en averiguar su auténtica personalidad. Poco a poco, la investigación desemboca en la verosímil posibilidad de que el hombre sea García Lorca.

En la trayectoria del director Miguel hermoso, granadino de nacimiento, hay algunas películas en las que se muestra el tratamiento de unos personajes que luchan por sobrevivir y van reconociendo unos sentimientos que afloran en ellos: *Truhanes* (1983), *Como un relámpago* (1998) o *Fugitivas* (2000). El guión de *La luz prodigiosa* está adaptado por el propio autor, Fernando Marías, de una obra suya escrita en 1989. La idea argumental es muy atrevida ya que propone una hipótesis de ficción histórica. La cuestión es hacer creíble este terrible suceso. Todo un reto. El problema es la veracidad, que no tiene nada que ver con la verdad, al menos en principio, pero que está ligado a la verosimilitud. Por razones obvias, la familia de García Lorca, tan sensible a cualquier utilización de la figura del poeta, se mantuvo al margen del proyecto.

Alfredo Landa interpreta a Joaquín de adulto, mientras que el actor italiano Nino Manfredi al presunto Federico García Lorca de anciano. Ambos mantienen un duelo interpretativo que se resuelve con solvencia. Manfredi no había rodado en España desde 1963, cuando protagonizó *El verdugo*, de Luis García Berlanga, junto a José Isbert. La música está compuesta por el legendario Ennio Morricone, brillando un tema interpretado por Dulce Pontes. La película es un verdadero canto a la reconciliación, a la amistad, a la lealtad y a la humanidad de las personas. Estos valores no contaron con el favor del público si nos atenemos al número de espectadores que fueron a verla durante las 7 semanas que se mantuvo en los cines: 61.685. La recaudación ascendió sólo a 301.145 euros. Su estreno, el 31 de enero de 2003, coincidió con el pase por la segunda cadena de Televisión Española del reportaje *Lorca y los paseados de Víznar*, emitido en dos partes —el 19 y el 26 de enero—, donde se abordaban las circunstancias que llevaron a la muerte, no sólo a uno de los poetas españoles más universales, sino a centenares de granadinos que fueron fusilados por los sublevados.

«Soldados de Salamina»

La novela *Soldados de Salamina* de Javier Cercas fue publicada en enero de 2001 e inmediatamente alcanzó el primer puesto de las listas de ventas, obteniendo una serie de reconocimientos nacionales e internacionales. Quince meses después había vendido más de 200.000 ejemplares e iba por la edición número 28, habiendo sido traducida al francés, inglés, italiano, sueco, entre otros idiomas. El protagonista de la obra es el propio Cercas que ha abandonado su carrera de escritor. Al redactar un artículo sobre la Guerra Civil española, rastrea una historia sucedida en los últimos días de la contienda: la huida del escritor y falangista Rafael Sánchez Mazas tras ser fusilado junto a otros prisioneros. A partir de aquí comienza un relato de investigación. En su búsqueda, sin saberlo, no sólo persigue encontrar la verdad, sino encontrarse a sí mismo.

Uno de los amigos a los que Javier Cercas regaló su novela nada más publicarla fue el escritor y director de cine David Trueba. Hacia el mes de junio de 2001, Trueba había tomado ya la decisión de que, tras *La buena vida* (1996) y *Obra maestra* (2000), su tercer largometraje como director sería una adaptación de la novela de Cercas. Verter en imágenes una novela de éxito es una tarea difícil no sólo porque la imagen fílmica difiere de la literaria, sino porque cada uno de los lectores ya la ha convertido en filme en su magín. Otra dificultad es que la historia se basa sobre una premisa expuesta de antemano y, por tanto, teóricamente pocas sorpresas puede deparar. David Trueba tenía claro que la adaptación tenía que ser libre porque «no creo que las novelas puedan llevarse al cine. Lo que puede llevarse al cine es la historia de las novelas, sus emociones, sus sucesos... Por eso quizá las adaptaciones sólo funcionan si proporcionan otra pieza diferente, si alcanzan la independencia de la obra original».[2] Por esta razón, el realizador hizo una serie de modificaciones:

- cambiar el protagonista por una mujer, interpretada por Ariadna Gil, alejándose del original literario para explorar más libremente la parte emocional de la historia a través de sus problemas familiares y personales;
- al cambiar de tono, el filme se olvida bastante de Rafael Sánchez Mazas, centrándose en el viaje físico y emocional de la protagonista. Por ello, a diferencia del libro, no hay una preocupación de retratar la figura del falangista.

David Trueba ha conseguido con los cambios realizados hacer suya la película y no una simple trascripción de un éxito literario. Los resultados han sido buenos ya que casi tres meses después de su estreno, el 21 de marzo de 2003, la recaudación ascendía a 1.343.789 euros, mientras que el número de espectadores era de 276.264.

Trueba ha manifestado que con su obra quiere hacer un ejercicio de recuperación de memoria histórica. Pero ello es difícil de conseguir si tenemos en cuenta que el eje central del filme es el viaje que la protagonista va realizando a través de una anécdota —el fusilamiento de Sánchez Mazas— para tratar de subsanar su frustración en la vida real. La trama enfocada así ocupa más del 80 % del tiempo de pantalla y no profundiza en lo que le ocurrió a Rafael Sánchez Mazas. Precisamente, uno de los elementos negativos es la presencia excesiva de la protagonista, en detrimento del personaje de Sánchez Mazas porque los datos sobre él son pocos. Ramon Fontseré, el actor que le da vida, casi no tiene papel y no está definido más que como un simple falangista.

Rafael Sánchez Mazas, que nació y murió en Madrid (1894-1966), llegó a Bilbao muy pequeño. Durante su adolescencia empezó a escribir versos, llegando a ser un intelectual orgánico de la burguesía vasca más conservadora. Con Manuel Aznar, inició su carrera periodística, que le llevó a Roma, en 1922, como corresponsal de *ABC*, siendo un testigo del triunfo del fascismo. Cuando vol-

---

2. Declaraciones extraídas de la ficha número 993 distribuida por las salas de cine Renoir de toda España, con motivo del estreno.

vió de Italia fue el inspirador de casi toda la simbología de Falange Española, teniendo el carné número 4. El estallido de la guerra civil le sorprendió en Madrid, refugiándose en las embajadas de Finlandia y Chile. Intentó huir clandestinamente a Francia, pero a su paso por Barcelona fue descubierto por las fuerzas de seguridad, condenado a muerte y encarcelado. Terminado el conflicto fue ministro sin cartera (1939-1940) y vicepresidente de la Junta Política de Falange Española Tradicionalista y de las JONS.

Llegados a este punto conviene destacar que algún autor, como el periodista y escritor Gregorio Morán, cree que Sánchez Mazas logró ser canjeado ya bien avanzada la guerra y que la historia de su fusilamiento fue inventada por el propio interesado.[3] La razón sería para contrarrestar su comportamiento durante su detención en Barcelona por el Servicio de Información Militar (SIM) de la República porque su testimonio proporcionó datos sobre la Quinta Columna en la Ciudad Condal. A consecuencia de ello se detuvo y asesinó a veinte personas en la playa de Garraf el 4 de abril de 1938.[4] Si esto fuera verdad nos encontraríamos que una falsificación histórica ha acabado sustituyendo a la realidad, aunque Morán no aporta ninguna prueba. En cambio, los historiadores Josep Maria Solé y Joan Villarroya, tras consultar diversos documentos, constatan que fue juzgado por el tribunal especial de guardia número 3 el 29 de noviembre de 1938, siendo condenado a muerte. En juicio de revisión, celebrado el 5 de enero de 1939 delante del Tribunal de Espionaje y Alta Traición de Cataluña, fue confirmada la sentencia. Ambos investigadores constatan que el expediente de Ramón Sánchez Mazas contiene una serie de organigramas donde se detallan los servicios de información de Falange en la Ciudad Condal, realizados por agentes del SIM, basándose en los interrogatorios de los detenidos —no sólo de Sánchez Mazas, sino de otras personas— y en la documentación que les encontraron. Se señala que la razón por la que está en su expediente es porque Ramón Sánchez Mazas estaba considerado como la máxima autoridad de Falange en dicha población.[5] El 21 de enero de 1939, ante el avance nacional por Cataluña, agentes del SIM se presentaron en la ofi-

3. Morán, Gregorio. *Los españoles que dejaron de serlo: Euskadi, 1937-1981*. Barcelona: Planeta, 1982, p. 139. En esta obra sólo se apunta que la historia del fusilamiento fue creada por él y escrita por su compadre Eugenio Montes.
    4. Morán, Gregorio. «Soldadito de plomo en Salamina», en *La Vanguardia* (Barcelona, 29-3-2003), p. 32.
    5. Solé Sabaté, Josep Maria y Villarroya Font, Joan. *La repressió a la reraguarda de Catalunya I: 1936-1939*. Barcelona: Abadía de Montserrat, 1989, pp. 249-250.

cina del Tribunal de Espionaje y Alta Traición, ubicada en Barcelona, para recoger una lista de todos los condenados a muerte por este organismo, eligiendo a los más implicados en la causa franquista. Fueron concentrados en Collell, seminario de la diócesis de Girona, siendo fusilados 50 el día 30, pero escaparon dos de ellos el citado Sánchez Mazas y Jesús Pascual.[6]

Volviendo a la película, a David Trueba sí que le interesan otros elementos como es la mezcla de géneros hasta el punto de que la frontera entre el drama y el documental se confunden. Para que el filme transmita verosimilitud cuenta con la participación real de «los amigos del bosque». Éstos eran tres jóvenes catalanes, que desertando del Ejército republicano en retirada hacia la frontera francesa, se ocultaron en el bosque esperando que terminara la guerra. En su espera encontraron a Sánchez Mazas y lo protegieron a cambio de que él los protegiera cuando llegaran las tropas franquistas. Todavía viven Joaquim Figueras y Daniel Angelats, con más de ochenta años, pero con una gran vitalidad. El hijo del otro amigo del bosque, Jaume Figueras, también colaboró recordando la experiencia de su padre. Los tres aceptaron interpretarse en la película y hacer avanzar la historia real, consiguiendo ser actores de su propia historia. Asimismo, también interviene Chico Sánchez Ferlosio, el menor de los cinco hijos de Rafael Sánchez Mazas.

Mención aparte es el excelente trabajo de Javier Aguirresarobe y Salvador Parra, director de fotografía y director artístico, respectivamente. Los *flahbacks* de la época bélica se cruzan con el presente. Las escenas ambientadas en la guerra están rodadas en los escenarios en que ocurrieron los hechos en tonos azulados-grisáceos, con fuerte presencia del frío y la lluvia —propios de finales de enero— y con un *atrezzo* creíble. La filmación de *Soldados de Salamina* se inició en marzo de 2002 y se prolongó durante once semanas.[7]

El actor Joan Dalmau está magistral encarnando a Miralles, el soldado que dejó escapar a Sánchez Mazas. Miralles, sensible al dolor ajeno, no lo mató. De esta forma, la historia tiene una parte positiva hacia la condición humana en el sentido de que en una guerra civil hubo algunas personas que actuaron según sus sentimientos más nobles.

6. Pascual, Jesús. *Yo fui asesinado por los rojos*. Barcelona: El autor, 1981, p. 157.

7. Fotografías del rodaje, realizadas por David Airob, y una conversación entre Cercas y Trueba se pueden encontrar en Alegre, Luis (ed.). *Diálogos de Salamina. Un paseo por el cine y la literatura. Javier Cercas - David Trueba*. Barcelona: Tusquets Editores, 2003.

«El lápiz del carpintero»

El 25 de marzo de 2003 se estrenó está película dirigida por Antón Reixa, uno de los principales agitadores culturales de Galicia ya que ha publicado diversos libros de poesía y narraciones o ha sido componente del mítico grupo musical Os Resentidos. En el campo audiovisual ha ejercido como realizador, presentador, director y guionista de vídeo y televisión. *El lápiz del carpintero* representa su debut como director de largometrajes. La trama empieza poco antes de la sublevación militar en Santiago de Compostela. Daniel Da Barca, interpretado por Tristán Ulloa, es un joven médico republicano, mientras que su novia Marisa, encarnada por María Adanes, es hija de un contrabandista que no acepta la relación. En una atmósfera cada vez más nublada, un sargento de la Guardia Civil da la orden de espiar a varios activistas republicanos. Uno de sus hombres, Herbal —el actor Luis Tosar le da vida—, se encarga de vigilar a Da Barca. De esta forma, cuando estalla el conflicto, el médico es detenido y llevado a prisión donde conocerá a varios presos que, como él, hacen lo imposible por no desmoralizarse. Mientras tanto Herbal observará fascinado la relación entre los dos enamorados y se verá obligado a intervenir en la vida del médico a causa de los fusilamientos clandestinos.

El guión del filme está escrito por Xosé Morais y Antón Reixa, basado en la novela de éxito de Manuel Rivas. El propio Rivas reconoce que esta obra la ve como una continuación, aunque sólo sea por una cuestión cronológica, de *La lengua de las mariposas*, el relato que adaptó al cine José Luis Cuerda en 1998. Tanto el guión cinematográfico como la novela de *El lápiz del carpintero* son ficción, pero están basados en infinidad de hechos reales como es la represión en Galicia tras el golpe de los militares. El Ejército rebelde se sublevó el 20 de julio y en una semana cayó el último reducto leal a la República, Tuy, imponiéndose rápidamente e iniciando una represión cruel que acabó con la vida de cientos de personas. La importancia del filme es que da voz a los que fueron presos en el hacinamiento de una cárcel, pudriéndose en ella, y a los que murieron ejecutados en los bosques y playas gallegas. El argumento explora toda una serie de sentimientos que, a pequeña escala, reproducen las divisiones que dividieron a los españoles en dos bandos, durante casi tres años, y de la cruel represión que ejercieron los vencedores. En un momento determinado, una religiosa se queja al alcaide sobre el trato a los prisioneros a lo que él responde: «Usted ocúpese del cielo que nosotros nos ocuparemos del infierno.»

Desgraciadamente algunos personajes están totalmente acartonados y salidos del cliché de los prejuicios más rancios: los republicanos todos dotados de muy buen corazón; los de derechas con una moral apergaminada y rígida; o el falangista con bigotito fino y pelo engominado que disfruta con su uniforme imponiendo su ley y ejecutando juicios sumarísimos. Por el contrario, aparece el verdugo que tiene espacio para la conciencia y el sentimiento. Este último papel está protagonizado por Herbal, Guardia Civil, ya que es la prueba evidente que los inocentes están siempre condenados: o son verdugos o víctimas. Uno de los elementos para vencer a la represión fue la fantasía y el amor como el que tienen los protagonistas, ya que su historia se sobrepone a la destrucción. En algunas escenas, el director impone su particular mundo estético sobre el dramático; por ejemplo, cuando un preso canta, junto a sus compañeros, una habanera en el patio de una prisión. En definitiva, *El lápiz del carpintero* es una historia personal sobre los niveles de compromiso emocional y político con la realidad. Durante los dos meses que estuvo en los cines fueron a verla 89.409 espectadores que proporcionaron una recaudación de 424.649 euros.

BIBLIOGRAFÍA

Por cuestiones de espacio, en la presente bibliografía solamente se citan aquellos textos cinematográficos utilizados para redactar este libro. Si las obras de carácter histórico no aparecen aquí se debe a que el lector las puede localizar a pie de página en los correspondientes capítulos; pues la bibliografía sobre la Guerra Civil española es casi inagotable.

LIBROS

ABAJO DE PABLO, Juan Julio, *Mis charlas con José Luis Sáenz de Heredia*, Valladolid, Quirón Ediciones, 1996.

ALDGATE, Anthony, *Cinema & History: British Newreels and the Spanish Civil War*, Londres, Scolar Press, 1979.

ALEGRE, Luis (ed.), *Diálogos de Salamina. Un paseo por el cine y la literatura. Javier Cercas - David Trueba*, Barcelona, Tusquets Editores, 2003.

ALEGRE, Sergio, *El Cine cambia la Historia. Las imágenes de la División Azul*, Barcelona, PPU, 1994.

ÁLVAREZ BERCIANO, Rosa y SALA NOGUER, Ramón, *El cine en la zona nacional: 1936-1939*, Bilbao, Mensajero, 2000.

AMO, Alfonso del (ed. en colaboración con M.ª Luisa Ibáñez), *Catálogo general del cine de la Guerra Civil*, Madrid, Cátedra/Filmoteca, 1996.

ANDRADE, Jaime (seudónimo de Francisco Franco), *Raza. Anecdotario para el guión de una película*, Madrid, Numancia, 1942.

AÑOVER, Rosa, *La política administrativa en el cine español y su vertiente censora*, Madrid, Universidad Complutense de Madrid, 1992.

BESSIE, Alvah, *Spain again*. San Francisco: Chandler and Sharp Publishers, 1975.

BLACK, Gregory D., *La Cruzada contra el cine: 1940-1974*, Madrid, Cambridge University, 1999.

CADARS, Pierre y COURTADE, Francis, *Le cinéma nazi*, París, Eric Losfeld, 1972.

CAPARRÓS LERA, José María, *Arte y política en el cine de la República (1931-1939)*, Barcelona, Universidad de Barcelona y Editorial 7 1/2, 1981.

— *Historia crítica del cine español (desde 1897 hasta hoy)*, Barcelona, Ariel, 1999.

— *Estudios sobre el cine español del franquismo: 1941-1964*, Valladolid, Fancy Ediciones, 2000.

CAPARRÓS LERA, Josep Maria y BIADIU, Ramon, *Petita història del cinema de la Generalitat: 1932-1939*, Mataró, Robrenyo, 1978.

CASTRO, Antonio, *El cine español en el banquillo*, Valencia, Fernando Torres Editor, 1974.

COLMENA, Enrique. *Vicente Aranda*, Madrid, Cátedra, 1996.

COMA, Javier, *La Brigada Hollywood*, Barcelona, Flor del Viento, 2002.

CRUSELLS, Magí, *Las Brigadas Internacionales en la pantalla*, Cuenca, Universidad de Castilla-La Mancha, 2001.

DÍEZ PUERTAS, Emeterio, *El montaje del franquismo. La política cinematográfica de las fuerzas sublevadas*, Barcelona, Alertes, 2002.

ESPAÑA, Rafael de, *El cine de Goebbels*, Barcelona, Ariel, 2000.

FERNÁNDEZ CUENCA, Carlos, *La guerra de España y el cine*, Madrid, Editora Nacional, 1972.

FULLER, Graham (ed)., *Ken Loach por Ken Loach*, Madrid, Alba, 1999.

GALÁN, Diego, *Venturas y desventuras de la prima Angélica*, Valencia, Fernando Torres Editor, 1974.

GARCÍA BRUSCO, Carlos, *Ken Loach*, Madrid, Ediciones JC, 1996.

GARCÍA ESCUDERO, José María, *La primera apertura. Diario de un director general*, Barcelona, Planeta, 1978.

GILI, Jean A., *L'Italie de Mussolini et son cinéma*, París, Henri Veyrier, 1985.

GUBERN, Román, *McCarthy contra Hollywood: la caza de brujas*, Barcelona, Anagrama, 1974.

— *Raza: un ensueño del general Franco*, Madrid, Ediciones 99, 1977.

— *1936-1939: la Guerra de España en la pantalla*, Madrid, Filmoteca Española, 1986.

GUBERN, Román y FONT, Domènec, *Un cine para el cadalso*, Barcelona, Euros, 1975, p. 324.

HEMINGWAY, Ernest, *The Spanish earth*, Cleveland: The J. B. Savage Company, 1938.

— *Por quién doblan las campanas*, Barcelona, Planeta, 1968.

HOGENKAMP, B., *Deadly Parallels. Films and the Left in Britain: 1929-1939*, Londres, Lawrence and Wishart, 1986.

LLORENS, Antonio y AMITRANO, Alessandra, *Francesc Betriu, profundas raíces*, Valencia, Filmoteca Generalitat Valenciana, 1999.

MALRAUX, André, *L'espoir*, París, Gallimard, 1937.

— *Sierra de Teruel*, México, Era, 1968.

Mc KNIGHT, George (ed.), *Agent of challenge and defiance: the films of Ken Loach*, Wiltshire, Flicks Books, 1997.

NOTHOMB, Paul, *Malraux en España*, Barcelona, Edhasa, 2001.

PASTOR PETIT, D., *Hollywood respon a la Guerra Civil: 1936-1939*, Barcelona, Llibres de l'Índex, 1997 (edición en castellano en 1998 con el título *Hollywood responde a la Guerra Civil: 1936-1939*.

PAZ, María Antonia y MONTERO, Julio, *Creando la realidad. El cine informativo: 1895-1945*, Barcelona, Ariel, 1999.

PÉREZ PERUCHA, Julio, *El cinema de Edgar Neville*, Valladolid, 27 Semana Internacional de Cine de Valladolid, 1982.

PHILLIPS, Gene D., *El cine de Hemingway*, México, EDAMEX, 1982.

PORTON, Richard, *Cine y anarquismo. La utopía anarquista en imágenes*, Barcelona, Gedisa, 2001.

ROSSIF, Frédéric y CHAPSAL, Madeleine, *Morir en Madrid*, México, Ediciones Era, 1970.

SALA, Ramón, *El cine en la España republicana durante la Guerra Civil*, Bilbao, Mensajero, 1993.

SALA, Ramón y ÁLVAREZ, Rosa, *Laya Films (1936-1939)*. Folleto editado por la Filmoteca Nacional de España, Madrid-Barcelona, marzo de 1978.

VERNON, Kathleen M. (ed.), *The Spanish Civil War and the visual arts*, Ithaca, Cornell University Press, 1990.

VIZCAÍNO CASAS, Fernando y JORDÁN, Ángel A., *De la checa a la meca: una vida de cine*, Barcelona, Planeta, 1988.

VV.AA., *Jaime Camino*, Málaga: XV Semana Internacional de Cine de Autor, 1987.

HEMEROGRAFÍA

AGUILAR, P., «Romanticisme i maniqueisme en la guerra civil: de *Tierra y Libertad* a *Libertarias*», *L'Avenç*, n.º 204 (junio 1996).

ALBA, V. «El maniqueisme de l'antimaniqueisme», *L'Avenç*, n.º 205 (julio-agosto 1996).

ALBERICH, Ferrán, «*Raza*. Cine y propaganda en la inmediata posguerra», *Archivos de la Filmoteca*, n.º 27 (octubre 1997).

ALEGRE, Sergio. «A propósito del cine catalán. Una charla con Josep Maria Forn», en Centro de Investigaciones *Film-Historia. El cine en Cataluña*, Barcelona, PPU, 1993.

ÁLVAREZ JUNCO, J., «La idealització de la guerra», *L'Avenç*, n.º 205 (julio-agosto 1996).

AÑOVER DÍAZ, Rosa, «Censura y guerra civil en el cine español: 1939-1945», *Historia 16*, n.º 158 (junio 1989).

AUB, Max, Prólogo en MALRAUX, André. *Sierra de Teruel*, México, Era, 1968

AZNAR, Manuel, «*Raza* o los símbolos de España», *Primer plano*, n.º 64 (enero 1942).

BONET MOJICA, Lluís, «Entrevista a Fernando Trueba», *La Vanguardia* (8-11-1998).

CAPARRÓS LERA, J. M., «El cinema de propaganda durant la Guerra Civil Espanyola», *Film-Historia*, vol. III, n.º 1-2 (1993), p. 379.

COBOS, Juan (ed.), «La guerra española en el cine», *Nickel Odeon*, n.º 19 (verano 2000).

CRISTÓBAL, Ramiro, «El general Franco censuró al caudillo», *El País* (14 de enero de 1996).

CRUSELLS, Magí, «Las Brigadas Internacionales en los filmes de ficción», *Historia y Vida*, n.º 321 (diciembre 1994).

— «Infrastructures del cinema de la Generalitat de Catalunya durant la Guerra Civil: *Espanya al dia*», *Cinematògraf*, n.º 2 (Segunda época), 1995.

— «El filme *Espoir/Sierra de Teruel*, de Malraux, ejemplo de propaganda cinematográfica», *Historia y Vida*, n.º 349 (abril 1997).

— «La URSS y la Guerra Civil española», PABLO, Santiago de (ed.). *La historia a través del cine. La Unión Soviética*, Vitoria, Universidad del País Vasco, 2001.

— «Biopics españoles sobre la Guerra Civil», CAMARERO, Gloria (ed.), *La mirada que habla (cine e ideologías)*, Madrid, Akal, 2002.

CRUSELLS, Magí y CAPARRÓS LERA, José María, «Las Brigadas Internacionales y la Guerra Civil española en la pantalla (1936-1939)», en REQUENA GALLEGO, Manuel (coord.), *La Guerra Civil española y las Brigadas Internacionales*, Cuenca, Ediciones de la Universidad de Castilla-La Mancha, 1998.

DELCLÒS, Tomàs, «Ramon Biadiu, documentalista de Laya Films», *L'Avenç*, n.º 11 (diciembre 1978).

DÍEZ PUERTAS, Emeterio, «El boicot nacionalista a las películas extranjeras favorables a la Segunda República (1938-1939)», *Cuadernos de la Academia*, n.º 2 (enero 1998).

— «La represión franquista en el ámbito profesional del cine», *Archivos de la Filmoteca*, n.º 30 (octubre 1998).

ELENA, Alberto, «¿Quién prohibió *Rojo y Negro*?», *Secuencias* n.º 7 (octubre 1997).

ESPAÑA, Rafael de, «Images of the Spanish Civil War in Spanish Feature Films», *Historical Journal of Film, Radio and Television*, vol. 6, n.º 2 (1986).

— «Cataluña y los catalanes vistos por el cine del franquismo», en Centro de Investigaciones Film-Historia, *El cine en Cataluña. Una aproximación histórica*, Barcelona, PPU, 1993.

FERNÁNDEZ CUENCA, Carlos, «Intimidades y triunfos de la realización de *Raza*», *Ya* (4-1-1942).

GALLEGO-DÍAZ, Soledad, «Cuando España era cementerio del mundo», *El País* (20-4-1985).

GARCÍA, R. «Aranda: "Sólo yo podía hacer *Libertarias*"», *El País* (12-4-1996).

GENINA, Augusto, «Por qué he realizado *Sin novedad en el Alcázar*», *Primer Plano*, n.º 3 (3-11-1940).

GIRÓ, Jaume, «Interpretar a Franco, el gran reto de un actor español», *La Vanguardia* (19-7-1986).

HOGENKAMP, Bert, «Interview met Ivor Montagu over het Progressive Film Institute», *Skrien*, n.º 51 (julio-agosto, 1975).

JACKSON, G., «Entorn de l'idealisme durant la guerra civil», *L'Avenç*, n.º 205 (julio-agosto 1996).

JACOB, Juan y AGUILÓ, Narcís, «Un film anticomunista: *Murió hace quince años* (1954) de Rafael Gil», *Film-Historia*, vol. I, n.º 3, 1993.

LÓPEZ LLAVI, J. M., «La guerra civil, va ser cosa de riure?», *Avui* (9-3-1985).

LÓPEZ-LUZZATTI, E., «Eduardo Manzanos, el cine infomativo», *El Noticiero Universal* (8-12-1976).

MIRAMBELL, Miquel, «Barcelona y *La plaza del Diamante*», *Film-Historia*, vol. IV, n.º 3, 1994.

MONTERDE, Enrique y RIAMBAU, Esteve, «Entrevista a Jaime Camino», *Dirigido por,* n.º 138 (julio-agosto 1986).

MUÑOZ, Diego, «Entrevista a Ken Loach», *La Vanguardia* (7-4-1995).

— «Entrevista a Vicente Aranda», *La Vanguardia* (14-4-1996).

PABLO, Santiago de, «El bombardeo de Gernika: información y propaganda en el Cine de la Guerra Civil», *Film-Historia*, vol. VIII, n.º 2-3 (1998).

PABLO, Santiago de y LOGROÑO, José María, «Cine y propaganda en el País Vasco durante la Guerra Civil: los reportajes franquistas», *Film-Historia*, vol. III, n.º 1-2 (1993).

RIAMBAU, Esteve y TORREIRO, Mirito, «Entrevistas con Joris Ivens y Jean-Paul Le Chanois», *Dirigido por,* n.º 138 (julio-agosto), 1986.

RIGOL, Antoni, «Cine anarcosindicalista en la Guerra Civil española», *Historia y Vida,* n.º extra 72 (1994).

RIGOL, Antoni y SEBASTIÁN, Jordi, «La Guerra Civil española vista pels anarquistes. Anàlisi de *Por qué perdimos la guerra*», *Film-Historia*, vol. III, n.º 1-2 (1993).

SAN AGUSTÍN, Arturo, «Entrevista a Jaime Camino», *El Periódico de Catalunya* (2-7-1986).

SÁNCHEZ-BIOSCA, Vicente (coord.), «Materiales para una iconografía de Francisco Franco», *Archivos de la Filmoteca*, n.ª 42-43 (octubre 2002-febrero 2003).

SÁNCHEZ, Inmaculada, «*L'Espagne vivra*, un ejemplo de cine documental francés en la Guerra Civil española», *Film-Historia*, vol. III, n.º 1-2 (1993).

SEBASTIÁN, Jordi, «*Raza*: la historia escrita por Franco», *Film-Historia*, vol. V, n.º 2-3 (1995).

VILA-MATAS, Enrique, «Entrevista con Jaime Camino», *Nuevo Fotogramas*, n.º 1.058 (24-1-1969).

VV.AA., «*Sierra de Teruel*, cincuenta años después», *Archivos de la Filmoteca*, año I, n.º 3 (septiembre-noviembre 1989).

— «*Tierra y Libertad* de Ken Loach», *Viridiana*, n.º 10 (octubre 1995).

— «Dossier: Franco en el cine español», *Film-Historia*, vol. V, n.º 2-3 (1995).

— «Polémica sobre *Libertarias*», *Film-Historia*, vol. VI, n.º 3 (1996).

ZUNZUNEGUI, Santos. «La producción fílmica en el País Vasco: 1936-1939», *Revista de Occidente*, n.º 53 (octubre 1985).